基金项目：宁波市教育规划重点课题（编号 2022YZD001）的成果之一

地理研学旅行课程设计指导
——金丽衢篇

马仁锋　周国强　丁清燕　等著

海洋出版社

2024 年·北京

图书在版编目(CIP)数据

地理研学旅行课程设计指导. 金丽衢篇 / 马仁锋等
著. -- 北京 : 海洋出版社, 2023.12
ISBN 978-7-5210-1220-0

Ⅰ. ①地… Ⅱ. ①马… Ⅲ. ①地理教学－教学设计
Ⅳ. ①K9

中国国家版本馆 CIP 数据核字(2024)第 000919 号

责任编辑:赵　武

责任印制:安　淼

排　　版:海洋计算机图书输出中心　晓阳

出版发行:海洋出版社

地　　址:北京市海淀区大慧寺路 8 号

邮政编码:100081

经　　销:新华书店

技术支持:(010) 62100052

发 行 部:(010) 62100090

总 编 室:(010) 62100034

网　　址:www.oceanpress.com.cn

承　　印:涿州市般润文化传播有限公司

版　　次:2024 年 12 月第 1 版第 1 次印刷

开　　本:787mm×1092mm　1/16

印　　张:20

字　　数:410 千字

定　　价:88.00 元

本书如有印、装质量问题可与发行部调换

总　序

　　中小学生研学旅行是由教育部门和学校有计划地组织安排和指导推动，以培养学生生活技能、集体观念、创新精神和实践能力为目标，主要通过学校组织的集体旅行或家庭亲子旅行、安排在外食宿等方式开展的研究性学习和旅行体验相结合的校外实践教育活动。

　　2016 年，国家教育部等 11 部门联合印发了《关于推进中小学生研学旅行的意见》。2018 年，浙江省作为国家研学旅行试点省，由浙江省教育厅等 10 部门下发《关于推进中小学研学旅行的实施意见》（浙教基〔2018〕67 号）。在规范各类研学旅行的同时，也带动了研学旅行市场的火爆，研学旅行越来越受到教育、发展改革、文旅等行政部门的广泛关注以及学校、家长以及学生的广泛参与。

　　中国大学、中小学及教育行政部门开展的研学旅行实践或研究具有较为明显的经世致用的实用主义特色，多从中小学文化特色培育、校外教育实践、旅行产品设计、家庭-学校-社区联动、课程思政等角度展开。研学旅行联通了不同的学习主体、书本知识与地方知识，形成了跨年级螺旋式感知学校所在地或更广袤地区人地关系，鲜明地指向了与地方相关的地理学实践力形塑过程。研学旅行过程"人-物-（历史）事件-地"之间的互动关系构成了研学旅行的主客体和全过程，影响着研学旅行的成效，但其中人地互动的过程和机制，依然很少被关注且缺乏深入探究。因此，研学旅行活动亟待培育一批专业精干的研学指导教师队伍，开发一批育人效果突出的研学实践活动课程，打造一批具有影响力的研学实践精品线路，不断提升研学旅行过程中对自然的关爱与责任、探究与辨证、合作与批判，方能促进不同学龄学生更好地融入"校园""家乡""城市""远方他者"的人与地之间的功利关系、运筹关系、生态环境关系感知或实践。

　　始建于 1982 年的宁波大学地理与空间信息技术系，1990 年以来便在宁波市各中学建立教育实习基地，2008 年至今深化了与浙江省象山中学、宁波市李惠利中学、宁波市第三中学、宁波市镇海区龙赛中学、宁波市效实中学、宁波市第四中学、宁波市姜山中学、宁波市鄞江中学、宁波市北仑区泰和中学等高中的合作内容，形成教学（学校特色课程开发、教学科研实践、师资培训和学校文化建设）资源共享的教师发展学校联盟，显著地提升了高水平大学-中学联动教科研合作和协同育人水平。2017 年以来，聚焦"宁波教改"特色和"地理实践力"的中学生、大学生联动育成路径，以浙江省级示范性教师发展学校为节点鼓励相关机构组建"教科研共同体",开展宁波市地理学科的教科研跨区域、跨学段的建设活动,重点推进:① 结合地理学前沿发展与国家大政方针,结合高中地理教学实际,通过教师发展学校建设带动一批高中地理课程思政建设,与高中教师总结强化教研经验,申请并获批多项宁波市教育科学规划课题及教学成果奖;② 将研究成果付诸实践,宁波大学地理学科与宁波市李惠利中学、浙江省象山中学、宁波市第四中学等高中合作,开展了面向高中生,以高中地理教师主导、高校地理教师担任顾问、部分师范生协助的红色教研活动。如李惠利中学面向部分高二同学组织了四明山红色研学旅行;象山中学面向部分高二同学组织了象山海洋地理研学;宁波市第四中学盘山劳动实践方案。在这些活动中,强化了高中生对宁波乡土地理中的革命老区精神和国家海洋战略的意识;师范生也在与高中生的密切指导和交流中不断强化从教意愿、增强使命感、陶冶师德。基于此并结合我系教师在地理科学(师范)专业、教育硕士学科教学(地理)方向的相关教学研究探索,结集出版"地理研学旅行课程设计指导丛书"。

"地理研学旅行课程设计指导丛书"大致按照浙江省自然地理单元分成杭嘉湖篇(高超教授牵头撰写)、金丽衢篇(马仁锋教授牵头撰写)、绍甬舟篇(徐皓副教授牵头撰写)、温台篇(李加林教授牵头撰写),丛书通过一系列的人地关系研学旅行导赏探索,认识"研学田野考察"(field trip)对了解和研究中小学生身处城市有何角色,强调研学旅行不只是一种用以搜集资料的辅助工具,同时亦是一种能够促进感知学习、改变既有想法、启发与议题介入的反身性实践(reflexive practice)。本丛书精选一系列有关浙江省各地城镇或村庄发展历史性、前沿性的研学主题路线作引介,供各地中小学教师或学生切身体验"研学田野考察"为本在不同城市处境所能发挥的各种功能,也会进一步触发当今各类研学旅行研究主体不断自省"研学田野考察"不断演变的主题与内涵,亦会帮助研学旅行核心主体"中小学生"学习如何通过系统组织地点与经验,尝试将各类城乡发展等问题以考察方式呈现。概而言之,编撰本套丛书初衷在于丰富浙江省中小学研学旅行课程资源,又以人为本还宁波大学地理学之于宁波市、浙江省一份人情。

2023 年 12 月 26 日

前　言

　　"读万卷书，行万里路"既是中国基础教育的传统，又是新时期大中小幼开展地理研学的初衷。本书精选一系列有关浙江省金华市、丽水市、衢州市各县的城镇或村庄发展历史性、前沿性的研学主题路线作引介，供各地中小学教师或学生切身体验"研学田野考察"为本在不同城市处境所能发挥的各种功能，也会进一步触发当今各类研学旅行研究主体不断自省"研学田野考察"（field trip）不断演变的主题与内涵，亦会帮助研学旅行核心主体"中小学生"学习如何通过系统组织地点与经验，尝试将各类人地关系现象、城乡与区域发展等问题以学生亲自考察方式予以感悟和把握，继而丰富大中小幼学生对日常生活区域中独有的、其他区域无法复制的自然和人文要素的认知和阐释，形成乡土情怀的区域本性（the nature of a region）感受。

　　本册作者在研究和编撰过程中广泛搜集和整理已有相关研究文献资料，包百余本地方志、地方文化研究著作和各级政府发布的相关规划文件，以及浙西南三市知名中小学官方微信公众号推送的学校研学活动推文及其经验总结发表在中国知网的文献，并使用县情与文脉演替的写法，系统梳理了各县自然、人文地理要素的空间分布、特征及其相互关系，以便充分表达地理研学的地理国情基础；同时，将历史文化与地理空间融合形成具有空间表达性强且县域特色明显的研学内容。由此，《地理研学旅行课程设计指导——金丽衢篇》由表征地方性的第一自然、第二自然、第三自然构成各县研学旅行设计逻辑。

　　全书内容由理论探讨（第一至三章）和三市案例（第四至七章）组成，其中第一至三章主要阐述了地方、研学、地方野外调查的基本概念、浙西南的地方性，以及本书的叙事主线与基本框架；随后在第四至七章中依次介绍了浙江省金华市、丽水市、衢州市各县的地理位置与行政区划、自然地理环境特征、人文地理环境特征、研学旅行线路设计重点，并总体设计了浙西南三市串成一片的研学主题线路及其第一、第二、第三自然本性把握方向。

　　本书认为，多山靠海是浙江的自然地理环境本质，浙西南的多山环境孕育了灵动和张扬的钱塘江流域、瓯江流域。进入当代，人类生产生活和流域的关系，逐渐形成人类与以水为核心的生态系统的协调共生，于是体现出整体性、综合性特点的流域，就成为当代浙江进行人口、资源、环境、经济、社会综合谋划的基本单元，也是生态文明建设的主体。限于以县为单元进行研学旅行设计，本书亦重点介绍了各县文化，试图引导各学段学生探索文化与本地先民择水而居的关系，进而理解浙江文化多样性的渊源。

本书提出，地理研学的内涵与界定可以从地方感视角来理解，重点应把握时空演化过程地方第一、第二、第三自然的内涵，以及当下可进入性所决定的本地中小学生沉浸式体验。与此同时，各县中小幼学校及学生家长应关注日常通勤、聚焦家庭周末游憩及农村家庭就近研学优势等系列路径，以期更多中小幼学生有机会进行可持续的地理研学，进而培养地方感、提升地理核心素养。这样有助于明确界定地理研学实现路径，可以淡化营利色彩，排除传统教条主义的学校或旅行社开展研学观念对地理研学发展的干扰，更好地认识到家庭本身及学生日常生活就包括了多种研学成分，家、校、社的日常生活即研学意识的发展壮大，本身就推动了多种形式的地理研学发展壮大。

本书强调，地理研学旅行"不仅了解事物在何地，而且也知道在一个地方作何感受"，这既是践行段义孚（Yi-Fu Tuan）的人文主义地理学（Humanist Geography），更是期盼中小幼学生在研学过程能够主动采用人类活动（包括人与自然相处的活动）的机制差异来理解地理学的核心术语，如"空间、地方、尺度、(时空)过程……"，以及这些术语背后的"每个地区丰富的（个人、家庭、企业、行政区划）历史事件"，使地理学对年轻人有吸引力，让"地理学"后继有人。

编撰《地理研学旅行课程设计指导——金丽衢篇》始于 2019 年，感谢宁波大学教育硕士学科教学(地理)方向研究生吕小璇（现任职于山东省淄博第五中学）、刘慧（现任职于宁波市北仑区泰河中学）、邓青（现任职于长沙市长郡自贸临空高级中学）承担文献资料整理等基础性工作，更感谢浙江省金华市兰溪市游埠中学周国强老师、浙江省丽水市庆元中学丁清燕老师合作过程所承担的撰写工作。限于作者的学识和能力，本书所设计研学线路虽然已经在浙西南相关中小学予以实践修正，仍存不足之处，还望广大读者和基础教育界同行指正。

2023 年 10 月于宁波大学载物楼

目　　录

第一章　地方与研学

地方源于人文地理学研究主观人地关系，随着研究的深入衍生地方感、地方认同等系列术语，地方感对于人地关系和人的价值观念发展的重大意义也逐步得到挖掘和证实。地方感不是先天根植于人心的，而是可以在环境和教育的影响下进行构建的，因此，近年来地方感的培养开始进入教育研究领域，通过地理教学加强学生对地方的感知能力无疑是一个有效的途径。地方性研学旅行是在研学旅行的基础上延伸出来的新概念，它也是研究性学习和体验相结合的教育模式。地方性研学旅行是借助于地域特色内容拓展课外教育，学生可以利用日常通勤、周末等时间参加的短期研学旅行。故通过研学教材的指导在经验的基础上再去有规划地感知地方，才能从一开始就融进去，实现名副其实的"研学旅行"，最终获得地方感，提升地理核心素养。

第一节　研学忽视了地方？

2013 年，研学旅行首次在国家的文件中出现，它的出现在一定程度上可以弥补传统课堂教学的不足，改变当前教学课程过于偏重书本知识、偏重课堂讲授、偏重被动接受的缺陷，而且对学生走出教室、走出学校、走进自然、走进生活、走进社会起到了推动作用，但是如今的研学领域，更多地注重研学理论设计，忽略了实践在研学中的重要性。于是作者运用 Citespace 软件对 CNKI 数据库中的 800 篇以研学旅行为主题的文献进行可视化分析，圆圈大小代表关键词出现频率的高低，连接线数量代表关联度高低。结合关键词频率和关联度大小分析得出，研学旅行是最多的关键词，也就是图 1-1 中最大的圈，核心素养、地理教学、高中地理是出现频率仅次于研学旅行的关键词，此外，对于乡土地理、中学地理关键词的探讨也与日俱增。从文献之间的关联度来看，研学旅行与其他关键词的关联度最高，形成了研学旅行主题研究的主题分支，从图中可以看出，虽然乡土地理作为关键词的频率不是最大的，但是与其他的关联度来讲，乡土地理和其他关键词有着密切的联系，尤其与地理事物。综上得出，地理研学一直以来都是地理教学学者重点关注的领域，而乡土地理因为与地理研学关系密切，可以看出其也占有重要地位。在这几大核心领域中，我们可以看出其与我们日常生活的联系性并不紧密，与学生的日常生活也有所脱节。而地理作为一门和生活密切相关的学科，其生活化的教学方式势必要成为课堂教学中最重要的一种方式，其目的是使学生更好地认识并解释自然和人文环境中的地理问题，更好地感知世界的神奇，能够将日常所见所闻与地理知识相结合，在真实的情境下进行教学，培养学生对地理知识的兴趣，在地理学习中锻炼学生的实践能力，激发对地理的热爱，体会到地理就在身边的情感意识。以核心素养为例，绝大部分地理研学主要以培养学生核心素养为目的，但是对其具有的理论性和实践性的探索，忽视了"地方"这一独特性。

相对于以上地理研学领域，地方这一关键词虽然较少，但是对于地方的关注度也较为凸显，以乡土资源和乡土地理两大关键词为例，地方即体现为乡土。葛佳浩和张建珍提到"乡土与地方是中学地理课程的重要内容，乡土地理教学影响个体地方感"。段义孚则将地方视作个体感觉价值中心，与空间有紧密联系，现实的乡土家园即为地方。姜道章建议将地方感置于地理课程中思考，他主张设置关于家乡的课程内容，使学生学习地理后形成恋地情感。故地方和乡土在研学课程中，尤其是在地理研学中占据重要地位。笔者认为乡土地理教学的地方化应包括两个方面：一是联系学生的现实生活，发现并解决生活中的地理问题，做到学以致用和区域认知；二是关注学生未来的可能生活，为未来的生活做准备、打基础，增强学生生存与生活的能力。地方作为理论和实践探索的统一体在地理研学中也发挥着巨大作用。

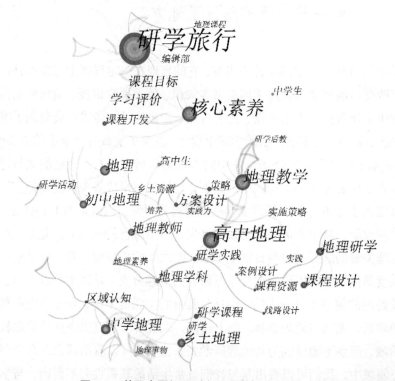

图 1-1　基于中国知网刊文的研学相关文献 Citespace 计量分析

在基础教育阶段，受时间、经济成本和空间本地化的制约，地理研学的地方化注定成为未来发展的一大趋势。目前，大多数地理研学目的地为具有典型性和代表性的地理事物，但是这些地理事物距离学生住所路程较远，耗费时间较长，造成其经济成本也成为研学旅行的制约因素。虽然现代交通和科技不断发展，但相对于本地而言，依旧具有时间和经济成本巨大劣势。所以地点的空间本地化，成为学生和老师们地理研学的最佳选择。再加上，学生在自己成长的地方，自身的认知与熟悉程度较强，在学习地理知识的过程中，更容易接受与消化。学生们对家乡的情感，有助于培养学生的家国情怀。故通过地方性研学旅行的方式在培养地理实践力的过程中，一方面可以在开放的环境中帮助学生学习新的知识和方法、提高学习效率；另一方面可以让学生亲近自然，认识地理环境。这样，更有利于提高地理教学的质量。

一、地方感的内涵

地方感作为概念一直是地理学重点关注的名词。地方感最早起于现象学，在现象学中将其划分为地方认同、地方依恋和地方依赖等。在地理学中，最早提出地方感的是华裔地理学家段义孚，他在《地方感：人的意义何在？》中提到与自然的亲密关系是人类满足感的最深来源之一。随后，Tuan 在其出版的《Space and Place: The Perspective of Experience》一书中明确提出了"地方感"这一概念，并进一步将其内涵解读为两个部分：一是地方固有的特性（即地方性），二是人们对于这个地方的依附感（即恋地情结），开启了地方研究的新层次。随着研究的深入，越来越多的学者对地方感秉持着不同的理解。比如唐文跃提出"地方感是关于人们对特定地理场所的信仰、情感和行为忠诚的多维概念。"朱竑，刘博等人则认为地方感是指人们对特定地方的情感依附和认同。张中华等意在于强调地方特殊性基础上人的情感成分，于 2009 年将地方感定义为"一个人在特定环境中的某种经历"。笔者结合众多学者专家的意见以及自身的感悟认为地方感基于个人成长经历与环境所产生的，表现为人与地理环境之间所产生的情感联系。笔者从一名地理教育工作者的角度，认为地方感教育更应该成为当前亟待培育与发展的趋势。人文地理学家周尚意先生就曾探讨地方感建构在青少年教育中的重要性。东北师范大学袁孝亭研究发现学生任何的乡土经历都对其地方感产生着重要影响。地方感这一概念在我国教育界并非十分普及，就连与地理理论密切相关的中学地理教育也忽视了地方感的培养，例如，中学地理教师对地方感概念及地方理论的了解甚少，虽然课堂教学的内容与组织形式偶有涉及地方依恋、地方认同或者地方依赖的提升，但地理教师并未有意识地将地方感培养融入地理教学中。所以，在地理教育中落实地方感的培养成为地理课程中一大重要任务。于是，本书将地方感划分为地方性知识、地方依赖、地方依恋和地方认同四个维度融于地理教学之中。

二、地方感与地理研学的关系

地理研学旅行课程是我国基础教育课程体系的重要组成之一，地理学科在课程内容和学科核心素养的培养方面都与研学旅行有着极高的契合度，所以地理研学旅行对于地理的学习发挥着至关重要的作用。地理研学旅行作为学校课程的重要补充，其自身的教育价值更多指向学生情感、态度价值观和能力维度的目标。然而，在长期的教育测量评价中，人们更多地指向于学生的知识储备，忽略了学生的情感、态度与价值观，不利于地理核心素养的测评，而地方感恰恰是反映地理核心素养中的情感认知的重要方式，故地方感与地理研学在地理核心素养中都有着趋于一致的方向与目标。其次，地理研学的开展必然要选择适当的地点与场所开展地理活动，地点与场所的设置在地理研学的过程中潜移默化地培养、影响着学生的地方感，所以地理研学的开展必定能够提升学生的地方感，而学生地方感的深化与发展同时推动学生地理研学的进行，促使学生发展更好的地理思维与认知方式。最后，地理研学是地方感教育的一种实现途径，地方感强调的是感知个体主观的感知，而地理学科的研究性学习也恰恰强调学习者的主动探究，在学习者进行主动的研究性学习时，形成对某一地方地理问题的主观认知的过程恰是一种形成地方感的过程，因此，地理研学是有针对性地实现地方感教育的有效途径。但是我国地理户外教育开展相对较慢，以研学旅行为主的地理教育没有主动地、有意识地去培养学生的地方感。

三、地方感具体化地理研学设计的方法与途径

地理研学本就是一个不断与地方打交道、从不同角度认识不同尺度地方的过程。学生由最初对世界对宇宙一无所知经过系统地理教育对世界与宇宙的自然环境有了科学的认知，在这个学生不断更新知识经验的过程中，不知不觉就提升了对地方感知的能力。换言之，地方感教育一词虽未明确写入地理课程教学目标中，但却贯穿于地理研学的整个过程，在地理课程中学生的地方感逐步由弱到强得到潜移默化的升华。既然地理研学与地方感的关系如此密切，那么如何将地方感具体化地呈现于地理研学设计之中，成为亟待解决的重要问题。笔者总结了现有文献涉及地方感具体化地理研学设计的方法与途径，如表1-1所示，大多数的方法与途径本质上侧重于从地方感自身概念入手和从地理研学的主体入手，于是笔者结合这两个角度，将本书的地方感具体化地呈现于地理研学设计的方法与途径归纳为：从"日常生活的地方"入手，以乡土地理为主题，围绕家庭工作日的通勤行为、家庭周末游憩、家庭成员偶尔的跨省旅游行为开展地理研学设计，期冀能够使地方感成为一种具象化、落实到实际生活中的一种可触摸到的"情感认知方式"。

表 1-1　地方感具体化地理研学设计的方法与途径

研学地点	方法与途径	地方感培养侧重点
云南省元阳县梯田，张真珍（2019）	1.演绎地方意义建构过程的整体脉络规划 2.填充脉络即地方的形成 3.填充脉络对地方的基本情感	基于地方感培养的开放格局
无指定地点葛佳浩，张建珍（2021）	1.教学目标：渗透地理学科价值观因子，以人地观念强化地方认同 2.教学内容：精选乡土地理因子，以区域地理特色夯实地方性知识 3.教学主题：突出功能因子，以生活化主题情境增强地方依赖等	综合思维
无指定地点，吴江洁（2016）	1.干预地方性情感因子选择 2.活动设计结合功能性依赖 3.以区域特征联动地方认同 4.地方感纳入课程评价体系	人的主动性
山东青岛，鲁茜茜（2020）	1.基于地方性知识的乡土地理案例编制策略 2.基于地方依赖的乡土地理案例编制策略 3.基于地方依恋的乡土地理案例编制策略	地方性知识
广东顺德，肖丹（2017）	1.以学生的生活环境及生活经验为基础 2.培养学生自主学习及合作学习的能力 3.要体现鲜明的区域性特点	日常生活

第二节　地方感与地理核心素养的关系

地理学科所具有的区域性、综合性、空间性、开放性、动态性特性，使其较其他学科更注重空间的感知。因此，以培养学生地方感为主要目标的地理地方研学教材，通过对具体地方的研学，以其直观性和探究性，既贴合了地理学科的特性，又实现了与系统教材相配合，进而实现知识的运用和升华，激发学生的家国情怀，从长远看是一个可尝试之计。地理是一门综合性的学科，地理学是研究地理环境以及人类活动和地理环境关系的学科，兼有自然科学和人文社会科学的性质。地理核心素养包括人地协调观、综合思维、区域认知和地理实践力。它要求学生运用所学地理知识和原理来联系生活实际，解决地理的实际问题。地理学科核心素养的确定要求我们转变之前的教学理念，而教学理念的改变必然带来学习方式的变化。要求培养学生的道德品质和人格，转变知识的运用方式，使我们教授的知识不仅仅在考试中发挥作用，更重要的是培养学生的综合素质和实践能力。我们的地理学习要重视对地理问题的探究，培养未来公民必备的地理素养。而地理核心素养也要求我们关注地理学科的区域性特点。地理事物具有两个基本的特点、地域性和综合性。所以，树立关于区域的地方感，对于我们形成对一个地方的正确认知和活跃的地理思维能力有着至关重要的作用，如图 1-2 所示，地方感与地理核心素养存在密切联系。

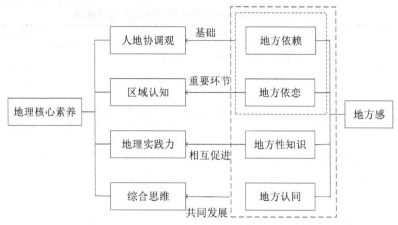

图 1-2   地理核心素养与地方感关系示意图

一、地方感与人地协调观

地方感中一个重要维度为地方依赖，是最直接反映人与特定地理环境的关系的一部分，能够为人与地方认知建立最直接的联系，促进区域情感的发展，是推动地方感形成与发展的重要环节。发挥纽带作用的地方依恋能够使在地方依赖人地关系认识上产生更加深刻的触动与共鸣，强调对地方情感的依附，而非客观环境本身。而人地协调观是人们对人类与地理环境之间关系秉持的正确的价值观。邓伟军提出："学生通过看得见、摸得着的乡土地理知识，认识他们所生活的地理环境，了解自己的家乡，进而更加热爱自己的家乡。"所以它有助于培养学生的家国情怀，帮助学生更好地分析、认识和解决人地关系问题。因此，地方感的形成与人地协调观的发展是浑然一体的，其形成过程深化发展着学生们地理学科核心素养中人地协调观的形成。

二、地方感与地理实践力

作为地方感的落脚点，地方认同的形成与发展使地方不再是人们产生认知、发生行为与酝酿情感的背景，反而恰恰是将地方发展成为自我认知的一部分，成为一种自我彰显的象征与符号。张雷认为教育更应贴近学生的生活经验和实际感受，以实现教学由"课本知识"向"生活知识"的拓展。地理实践力恰恰同样成为地理学科核心素养中前三大素养的落脚点，它在提升人们的行动意识和行动能力，更好地在真实情境中观察和感悟地理环境及其与人类活动的关系，增强社会责任感中发挥着关键作用。据此可以看出，两者的最终目的都是回归于人本身，强调个体的自身属性和人文价值，故两者同样为相辅相成、相互促进的发展关系。

三、地方感与综合思维

人类生存的地理环境是一个综合体，在不同时空组合条件下，地理要素相互作用，综合决定了地理环境的形成与发展。而综合性思维的发展为学生建立地理学科逻辑结构和认识地理本体性学科知识提供更为便捷的路径。美国社会科学家西奥多·卡尔松（Theodore Kaltsounis）认为地方感教育可以提供给儿童进行社会行动、学习社会知识及获取社会技能等许多良好机会。故地方感可以通过地方依赖、地方依恋、地方性知识和地方认同这四个方面共同促进学生综合思维的发展，培养学生学习其他知识和技能的过程中，锻炼学生的综合思维能力。

四、地方感与区域认知

对于地方感的培养，其中蕴含的地方性知识不仅是地理位置，更多的是在地方长期生活、发展中产生的一种与地域和民族相关的文化体系，其是地理环境与人文风俗相融合渗透形成的，蕴含着鲜明的地方特色，是地方感的基础。乔平认为重视乡土地理教育的原因在通过乡土地理知识的教学，可以使学生获得感性知识，并且在感性知识的基础上形成地理观念和地理概念。而区域认知是指人们运用空间——区域的观点认识地理环境的思维方式和能力，因为人类生存的地理环境是多样的，故将其划分为不同尺度和类型的区域加以认识，这是人们认识地理环境复杂性的方法。由于这一方法的养成要立足于一定的地方性知识基础之上，所以地方感的培养有助于学生从区域的角度，分析和认识地理环境，落实区域认知这一核心素养。而核心素养的发展，也促进了学生地方性知识的学习和眼界的提升。

第三节　寻找日常生活的地方

乡土地理研学通过日常的实践，帮助学生培养生活的能力，提升学生对于生活的可支配范围。所以寻找日常生活的地方成为乡土地理研学必不可少的组成部分。但是不同层次的家庭决定学生们日常生活的半径，限制其地理研学的范围和深度，进而影响孩子事业与发展的上限。研学旅行离不开家庭的全力支持和深度参与，而这些家庭的内在特征与外部环境会对研学旅行产生多重影响。所以本文的乡土地理研学综合城市和乡村不同境况下的学生发展，针对目前的地理研学在于试错，以此帮助学生建立空间思维和地理学科核心素养，所以从不同的家庭日常生活地方出发，设计不同的研学方案成为落实地方感的具体实现途径。

一、关注日常通勤

随着现代社会经济的发展，经济压力和时间成本不仅限制成年人的地域活动范围，更加影响青少年的活动范围。每日往返于学校与家庭之间成为当代学生的日常生活，为学生提供恰当的地理研学时间成为当前的一大困扰。于是，在日常通勤活动范围中穿插地理研学实践活动，就成为我们当前采取的措施。地理研学实践活动既可以是教师带领下地理知识的详细讲解，也可以是学生在通勤路上亲自动手的实践与发现。既可以帮助学生从身边日常出发，引起学生的兴趣与注意力，实现地理研学地方化，也可以培养学生独立探索世界的能力，同时了解自己所在城市、所在街道的自然环境，加强学生的地方性知识与地方认同。首先，可以从学生的日常通勤方式出发。无论是选择地铁、公共汽车或者私家车出行，学生在乘车的过程中，通过辨别不同交通方式的运时、运费和运距等区别，深化学生对于交通方式的理解。同时，在出行的过程中，排队和与人交流等方式，不仅能够培养学生基本的生活能力，而且使学生的与人交往能力得到锻炼和提升。其次，在通勤过程中，学生增强对于地方景观的感知与体验，加强了学生对于该地区地方感知中点与网络的形成，培养了学生的区域认知能力。最后，立足于整个社会背景下，学生通过通勤感知整个社会经济的节律性，能够使学生更好地融入自己所处的环境，扮演好在社会中的角色和地位。同一班级中的学生以自身的通勤线路为主体，兼顾全班，从个性中发现共性，培养学生对空间尺度的认识。所以日常通勤与地理研学的结合也可以成为培养地方感的关键举措。

二、聚焦家庭周末游憩

除日常通勤外，对于一个家庭来说共同行动的闲暇时间只能为周末。许多都市家庭都选择周末作为出门游憩的时间，此时其出行的半径便扩大。那么对于研学来说，其目的地的选择性便增加。其认识的尺度和角度也有所扩大。对于家庭周末休憩，其参与的对象为家庭成员，这时的研学更加注重家庭成员之间感情的培养。学生不仅注意到个体与所在地理环境之间的联系，而且开始注重人际之间的情感构架。所谓家国情怀在此基础上得以深化发展。但对于这样的机会来说，家庭研学要立足于专属研学主题，一味到处游憩，没有实际研学活动的开展是无法培养学生的地方感的。所以此时依旧需要学校的加入，研学之前的理论知识和注意事项需要家长共同参与，据此开展的周末游憩地理研学才更具科学性与实践性，学生地理核心素养和地方感得以落实发展（表1-2）。

表 1-2　2020—2022 年地理教学、地理教育、中学地理教学参考中涉及研学主题

自然风光类	红色教育类	工业厂区类	知名院校和科研院所类
岱崮地貌地理研学	北大荒	华晨宝马铁西工厂	武汉市农业科学院
三清山	井冈山红色研学	湖北省黄石工业遗产	湖南省蚕桑科技文化中心
北部湾海岸	韶关市仁化县红军长征粤北纪念馆	杭州工业研学	杨凌研学游
永春东溪大峡谷	西畴县三光村、麻栗坡烈士陵园	沧州中铁工业园	横州市西津水电厂
珠海淇澳岛地理研学	柳州红色研学旅行	广州市南沙区工业研学	中科院黑河上游生态-水文研究站

三、注重家庭成员跨省旅游行为

跨省旅游行为相较于前面二者参与机会更少，但实际开展下来的往往收获更大。跨省旅游行为一定程度上超过了学生原有认知的地理环境，与本土地方感的培养相违背。但是，只着眼于本土地理研学就是将地理研学限制化和死板化。跨省旅游度假的时间范围对于绝大多数家庭而言，寒暑假与小长假具有可行性。跨省旅游行为是将学生置于另一个陌生的环境中，这对学生认识新的地理环境具有极大帮助。从地理位置、与家乡的区位关系再到此地人文景观体现的地域文化再到人地相互关系的具体表现都是学生地理实践力培养中的重要目标。大多数目的省份与本地毗邻，且具有一定的相关性，故地理研学不仅在于寻找不同点，更多在于寻找相似之处，感受不同尺度地理环境塑造的景观与风俗习惯，引起学生对家乡的热爱与关注，培养归属感与地方感。宁波四中《探路特色化研学旅行》跨省旅游的相关案例，如表 1-3 展示宁波四中在跨省旅游中的思路设计。

表 1-3　典型跨省旅游案例

典型案例	研学地点	研学主题
秦时明月汉时关	延安	1. 黄河的环境变迁 2. 关于黄河地区民风民俗的研究 3. 西安护城河的水质状况研究 4. 黄河的水土流失之因及保护
访六朝古都，品江南风韵	南京	1. 中国科学院紫金山天文台——中国古代天文学对传统农业的影响，二十四节气的天文意义 2. 太湖鼋头渚：浅谈淡水资源的污染与治理；吴文化与京杭大运河
一生痴绝处，无梦到徽州	安徽	1. 宏村：徽派民居建筑特征；徽派建筑的文化意义 2. 呈坎：古村落的风水学；水土与人文 3. 渔梁古阜：渔梁坝的水利及科技意义 4. 水路交通与徽商的关系
绿水青山，红色摇篮	江西	1. 三清山：世界自然遗产地；世界地质公园 2. 鄱阳湖国家级自然保护区：湿地资源的保护与开发

续表

典型案例	研学地点	研学主题
春天的故事	珠三角地区	1. 大鹏所城：从海防到海权的中国海洋战略研究 2. 广州塔：海上丝绸之路的历史演进 3. 区域差异下宁波舟山港与广州港对比分析
丝绸之路，大梦敦煌	兰州、张掖、嘉峪关、酒泉	1. 石羊河：土地沙漠化 2. 黑河：水权改革 3. 疏勒河：甘肃最大的自流灌区

资料来源：《探路特色化研学旅行》

四、农村家庭发挥就近研学优势

由于经济发展和教育资源分配的不均衡，地理研学旅行的开展存在显著的城乡差异。较于城市家庭，农村家庭缺乏经济条件，故他们面临地理研学的困境更甚。目前的研学旅行可看作是乡村素质教育的生命脉搏，更是促进乡村学生德智体美劳全面发展和遏制乡村家庭贫困代际传递的持久源泉。毋庸置疑，乡村家庭作为研学旅行最基础的组织管理者，不仅是研学旅行的直接受益者，也是现阶段研学旅行费用的主要承担者。然而城乡发展的不均衡仍是研学旅行全面推进的主要难题之一，这不仅导致研学旅行地区间差异显著，更是让乡村家庭游离在研学旅行发展的"边缘"。所以就近研学成为农村家庭的重要选择（表1-4）。例如，石家庄市第四十中学教育集团于2020年举行"城乡学校教育共同体"启动仪式暨第一届共同体活动。大多数农村学生对于土壤植被有着亲身体验与经历，所以对他们的教育不在于将理论转化为实践，而是如何将理论与实践紧密结合，将经验感受转化为科学。农村家庭中父母普遍不具备特有优势，所以教师和学生在研学活动中发挥着愈发重要的作用。将农村孩子对于土地、田野的归属感拓展为对未来眼界、理想的追求是农村地理研学所要完成的任务，地方依恋与地方认同在这里得到天然实现和发展，故对地方感的培养更为重要。

表1-4 典型农业研学旅行活动

农业生产场景	研学内容	研学目的
洪庄城郊农业研学活动设计	对比研究大棚蔬菜生产、花卉生产、园艺生产等农业类型	丰富地理知识和旅行经验，有效提升知识构建能力、获取地理信息的能力
福建省连江县长龙茶园	考察研究茶叶生长的自然环境和茶叶生产的社会经济环境	帮助高中学生深刻认识地理环境与区域发展之间的联系
蒙村农业园	感受农业区位因素的变化	提高学生地理操作能力、地理观察能力、地理调查与考察力、地理工具使用能力
中山市神湾镇	通过课程学习，让学生学会分析某区域特色农业发展的条件。通过研学活动，能结合案例分析农业区位的变化对农业生产的影响	通过研学活动，能评价中山市神湾镇特色农业发展的现状和前景，形成一定的综合思维，培养学生热爱家乡的情怀，促进其全面发展

第二章 研学视角地方野外考察

第一节 地方（家乡）是日常生活建构的起点

一、地方（家乡）与日常生活研学关系

教育部等部门提出，中小学研学旅行要因地制宜，呈现地域特色，依托自然和文化遗产资源、红色教育资源和综合实践基地等，逐步建立小学阶段以乡土乡情为主、初中阶段以县情市情为主、高中阶段以省情国情为主的研学旅行活动课程体系。由此可见，地方或家乡的乡土文化与资源在中小学日常生活研学中处于重要地位。

（一）提供丰富内容素材、合适的活动场所

中学地理教材主要围绕地质地貌、植被土壤、自然灾害、陆地水体等自然主题，以及人口、城乡空间结构、地域文化、产业区位因素、交通与区域发展等人文主题展开教学。地理研学旅行是地理教学资源的重要补充，为地理教学提供丰富的素材，家乡既可以为地质地貌、土壤植被的野外观察提供资源，也可以进行人口分布、城乡空间结构、地域文化等内容的调查研究。通过提供丰富的素材，让学生做到"望闻问切"，全方位地达到学生地理实践力的培养要求。

家乡是每个学生最熟悉的空间，也是地理研学旅行最合适的场所。一是从研学旅行活动的安排考虑，可以减轻学校的安全保护压力与经济压力；二是从学生的个人情感出发，用地理的视角去认识家乡的自然与人文环境，有利于学生更加透彻地了解自己的家乡，培养学生的家国情怀；三是学生在熟悉的环境中进行研学，更容易应用地理知识发现及解决家乡的问题，切实提高解决地理实际问题的能力。

（二）体现地理课程特性，融合学科性质

地理学是一门可以充分利用各种社会资源、让学生在野外或社会调查中学习的科学。家乡地理环境尽管其区域范围受限，但地理组成要素与时间尺度却完整，小学阶段的家乡认知与初高中地理课程的各模块都有其相应附着空间。家乡地理环境作为地理原

理和规律最直接最现实的"模型",为各阶段学生开展日常研学提供可能。融合家乡地理环境的日常研学可以让学生在自然、社会和生活的大课堂中观察、行动和思考。

家乡研学对学生地理核心素养的培养也有重要意义。在综合思维方面,日常研学贴近学生的日常生活,寓于复杂的地方环境之中,融合了地方特色鲜明的自然环境和文化底蕴,是学生最为熟悉并与其密切相关的各类地理环境要素相互作用与制约的结果。学生对家乡环境的各要素进行剖析,有助于学生地理综合思维的发展。认识到家乡未来的发展必须树立正确的价值观念,培养学生认识、分析和解决人地关系问题的能力,促进其人地协调观的形成。其次,日常研学最为鲜明地反映了当地的区域特色,例如家乡的气候特征、主要农作物种类等,有利于学生从区域的角度分析和认识地理环境与人类活动的关系,从而培养学生的区域认知能力。最后,基于家乡地理环境而开展的研学有广泛而丰富的场地资源可供选择,便于教师或组织者开发为地理实践活动方案,让学生利用考察、调查、实验等方式观察和感悟家乡地理环境与日常人类活动的关系,养成科学严谨的态度。

(三)地理实践力与热爱家乡价值观培养

家乡地理环境是开展野外考察、社会调查、研学旅行得天独厚的大课堂。因此,基于日常生活的研学旅行倡导在家乡真实而复杂的场景下开展,有利于培养学生的地理实践力与热爱家乡的价值观。在设计研学活动规划方案时,要尽量活动学生的双手,开动学生的脑筋,让学生亲自参与到地理实践活动过程中,积极引导学生对家乡常见地理现象进行思考,鼓励学生提出疑问与想法,在实践过程中不断联想教材中的地理内容,有效提高学生的主动学习能力、语言表达能力及动手实践能力。地理是研究某区域的资源、环境、民族、聚落等要素的综合性学科,设计研学活动方案时要重点突出家乡特点,选取当地最具特色的区域作为研学主要地点,针对不同年龄段的学生提供不同研学地点与目标。引导学生积极主动参与,帮助学生树立可持续发展观念,增强学生爱祖国、爱家乡的情感。例如,利用校园及家庭周边地理环境即时开展易于操作的地理观察、地理测量、地理模型制作等活动,可以深化学生对校园及居住地周围具体情况的了解;开展生活环境观察活动、社会调查活动或者城市乡村发展评价活动等,鼓励学生利用家乡周边自然、人文资源自主设计调查方案或研学线路,在了解家乡的同时培养学生的地理实践力。

二、作为研学场景的地方与家国认同

(一)乡土地理课程资源开发难度小,易选择合适内容

关于乡土地理课程资源开发方面,《乡土地理教材编写建议》中提出确定乡土资源

开发要有鲜明的地方特色；乡土地理的阐述要突出特色，重点讨论能反映区域地理特征的内容；突出人地协调思想；关注家乡的变化；突出实践性；内容要生动有趣，内容结果要突破地方志模式，符合学生生理心理特色与认知规律；要有活动栏目，开展研究性学习。《乡土地理教材镇宁地理的编写认识》中提到乡土地理应以学生在日常生活中能够直接观察、亲手摸到、经常接触并生活期间的那部分地理环境以及那里的人地关系作为讲授与研究的对象，以便更好地培养学生的地理观察和社会调查能力。以乡土地理为基础开展研学场景，更加熟悉当地自然资源或人居关系，开展研学容易方便选取主题与内容。例如衢州开化县齐溪镇位于钱塘江的源头，拥有钱江源国家森林公园，森林资源极其丰富。基于此乡土资源，可以开展地貌观察、植被观察及土壤观测等自然地理考察项目；也可以调查研究森林公园的旅游发展对当地经济的影响、森林公园的游客来源等人文地理调查项目。

（二）学生更熟悉生活环境，易解决实际问题，提高参与度

家乡作为成长及生活的地方，是学生最为熟悉的环境。小尺度如小区、校园内的树木植被，大尺度如家乡主要旅游景区或行政区划。相较于选择其他地区作为研学场地，以家乡的乡土资源为载体开发，学生更加熟悉周边的自然环境和人文特色，更加留意身边某些自然要素存在的问题或人地关系不协调等现象，因此也更加关注与此相关的人口、资源、环境及发展问题。与自己生活息息相关的问题影响着家乡的发展，学生在发现、分析和解决实际问题的时候会存在主人公意识的引导，结合所学知识所提出的看法及建议都有可能会被采纳，为家乡的发展作出贡献。例如自然地理中家乡某区域植被的种类及覆盖程度，当地的哪些自然因素会影响植被的生长，植被的覆盖率与土壤或生物量存在某种关联等；或者人文调查中针对自己家乡跟随美丽乡村建设的大潮有哪些方面的突出进展，特色农业发展现状，村民的经济收入与当地的农业、旅游业发展有何关联等。学生从地理角度发现及分析的家乡问题更具有针对性和真实性，一定程度上也促进其人地协调观和区域认知素养的提升。

（三）利于地方本位教育，培养学生地方认同感

地方本位教育指的是将当前所处的环境作为课程的内容和题材而开展的教育形式。在我国《义务教育地理课程标准（2011年版）》中有明确的表述：地理课程选择与生活密切相关的地球与地图、世界地理、中国地理和乡土地理等基础知识，引导学生在生活中发现地理问题，理解其形成的地理背景，提升学生的生活品位，增强学生的生存能力。开展生活化的地理教学需合理开发乡土地理资源，把校内校外的地理要素有机统一。基于乡土资源的地方本位教育有多种形式，利用当地某现象作为研学课程开发的基础，鼓励学生以实地考察或社会调查等形式去深度了解当地情况，加深学生对家乡的认识。基

于地方的教育方法能加强学生、学校与其家乡之间的联系，通过提高学生经验的相关性和真实性从而减少学生的疏离感，提供积极参与民主进程的机会，包括解决问题和提出对策，提高学生对当地环境的认识。真实考察家乡某区域，对当地的自然地理环境及身边的生产生活有基本的了解，也有利于培养学生的地方认同感。以往的研学活动是选择附近的研学基地开展，虽然也可以锻炼学生的地理实践力和小组合作探究意识，但相比之下会缺少对家乡的亲切感与认同感。

三、劳动教育与家乡常见农作物与农业生产过程研学

（一）茶文化主题研学

"能以一叶之轻，牵众生之口，唯茶是也。"中国人爱茶举世闻名，世界绿茶看浙江，浙江绿茶丽水香。丽水素有"中国绿茶第一市"的美誉，丰沛的雨水和湿润透气的土壤给茶树格外优渥的生存环境，山好水好茶才好。2019年浙江省教育厅办公室发文公布了首批浙江省中小学生研学实践教育基地和营地名单，其中丽水市松阳县的大木山茶园研学基地以"人文自然、耕读文化"为标签被正式认定为"浙江省中小学研学实践教育基地"。以大木山茶园为基础，艺为形式，礼为重点，开展以茶文化为主题的研学，主要可分为茶树栽培、茶叶采摘、茶叶加工、茶叶销售等环节设计研学过程，如图2-1所示。根据其环节设计了具体的操作步骤，如品茶、采茶、制茶等一系列体验活动，设置不同活动环节让学生了解茶叶的起源与历史、探寻茶叶是如何走出国门的，茶叶背后的经济价值等方面的知识，以参观讲解、考察记录、体验实践、研究分析等方式，全方位地对学生开展茶文化的知识普及，了解茶文化背后的文化背景，致力于提高学生的中国传统文化涵养，培养茶文化素养、茶艺技能、礼仪习惯等综合素质能力，锻炼学生的基本生活技能，如表2-1所示。整个茶文化主题研学课程中渗透德育教育、强化基本实践技能锻炼，引发学生的情感触动，促成反思与提升。

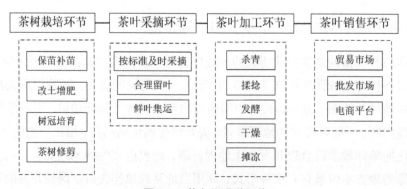

图2-1　茶文化研学环节

表 2-1　茶文化研学主要环节设计

茶文化研学环节	主要活动	设计意图
环节一 茶艺茶道	以识茶、品茶为主，也将教授学生们如何辨茶、识茶，认识不同种类的茶叶、辨别茶叶的色泽、外形等。通过对比观察品评不同种类的茶叶	有目标有计划地发挥自主能动性，增长茶文化知识及技能，为随后的采茶制茶充实知识储备。亲自体验泡茶、品茶的乐趣，感悟中国茶道之美
环节二 茶农体验	转换茶农角色体验采茶乐趣，包括参观茶园、观察茶树、体验采茶、学习茶文化历史等	切身感受茶叶采摘也有大学问，既可以拓展其知识广度又可以提升动手实践能力。老师带领学生在采茶过程中更生动全面地领略茶的起源与历史
环节三 匠心传承	学习茶的制作工序，尝试"日光萎凋""高温杀青，先高后低""轻压慢捻""干燥"等过程形成杯中茗茶	通过体验式学习，通过制茶工艺了解茶的故事
环节四 汇报升华	指导学生成果整理与展示汇报，分享研学感悟或现场演示茶艺等	提高学生采茶评茶技能，达到综合实践育人目标

（二）校园农场，锻炼劳动技能

对初高中生的成长而言，虽有部分同学生长在农村地域，但也离生产劳动相去甚远，从小生长在城镇的学生更加普遍表现为"五谷不分""四季不识"，家长忙于生计缺乏对孩子进行基本的劳动教育，促使学校加强实施中小学劳动实践课程显得异常重要。上述现象，主要由于以下几种原因：① 课程资源少，存在"三无"问题，即无场地、无教材、无设施。② 重视程度不够，面临考试升学的压力，学校普遍以知识传授教学为主，劳动实践课程则处于边缘。很多家长及教师认为此种课程的开设浪费时间。③ 缺乏课程开发，与普通课程一样，劳动实践课程的开发更要基于校内基础设施，在课程目标、课程内容、课程评价等方面进行合理化探索，既要体现学校特色又要兼顾学生学习能力。

鉴于此，宁波市李惠利中学立足校内各种地理要素资源，围绕地理学科开发了校园实践场景与活动：例如对校园土壤可以测量酸碱度、土壤分层、土壤含水量等；并配套建设了屋顶农场、一米农场、垂直绿化、校园梯田、下沉式体艺馆等特色小场景开展实践活动。同时还开发了《校园放大镜》等校本课程。以屋顶农场、一米农场、校园梯田为载体的地理实践活动，可以带领学生体验小麦、水稻等农作物种植与收割，亲自动手操作培土、播种、养护、收割等一系列的农业生产活动，培养其基本劳动技能。除此之外，也可以更加充分地利用校园农场，组织学生种植蔬菜、水果等短期可收获的产品，可以得到四季不同的收获，若学校有水池也可以在其中养殖适应能力较强的鱼类。学生可对校园农场所处区域的地理环境进行全面调查，了解水源、土壤、风力风向等地理要素对作物生长的影响，进而选择更为适合的区域栽培。

（三）绘制校园等高线，培养地理绘图技能

地图作为地理知识的综合载体，也是地理学科独特的语言。掌握运用地图的技能可以帮助学生更加高效地理解知识，因此判读使用地图是学习地理学科最基本的技能。除了会使用地图之外，绘制地图更加可以考验学生获取与处理信息的能力，学生以自己的视角采用合适的方法开展实地测绘并不断尝试与纠错，在操作中体验地图测绘原理，可加深对知识的理解并提高地理实践力。等高线图是学生学习地理的基础，也是高中地理的重难点之一，通过绘图形式将立体的地形地势转化成图片信息，更有利于学生抽象与具体思维的转化，利于地理绘图技能的提升。

以校园作为此次活动的地点，首先山区的校园地势起伏相对较大，城区的校园也有不同的小地形单元，适合作为载体绘制等高线图，其次在校园内开展活动更加便利安全。活动开始前以分配小组的形式进行，全班学生分为三个小组，每组由组织能力强的学生担任组长，并选出负责协调分工、绘图主力等不同任务的学生。如表2-2所示，活动过程需小组成员密切配合完成各环节任务。活动结束后，各组展示绘制的地图，并撰写任务完成报告，简述本组的结论与所遇到的问题。

表2-2　校园等高线活动设计

绘制地图环节	学生活动
1	确定等高距。根据校园地图比例尺大小及地势陡缓程度选择合适的等高距
2	实地初定观测点。目测学校地势起伏状况，初步绘制每根等高线需要的实测点个数和相应位置
3	图上定位观测点。利用安装有海拔测量仪的手机进行测量定位，采用等比例缩放原则和参照物方法，在平面图底图上标注每根等高线的主要观测点
4	连点成线。将海拔高度相等的点用平滑的曲线连起来，形成等高线。通过实地对比不断修正完善，形成等高线地形图
5	转绘地图。根据活动目标将所需内容重新绘制在白纸上。根据校园实际信息增绘相关信息，形成最终作品

第二节　合作认知地方，野外中培养地理实践能力

一、野外实践中培养地理实践力

（一）侧重学生分组合作探究

在中学地理教学中，无论是针对某种地理现象开展活动验证，或是运用书本提及的方法观察生活中的地理，大多数的资料与数据都来源于野外实践。地理课程的主要特色

在于可以在自然与社会中学习地理，但受现实因素的影响，目前初高中地理教育只注重知识的传授而忽略了培养学生将地理知识运用到实际生活的能力。学生所习得的大多是间接的经验，所获取的知识也仅停留在记忆层面，缺少将直观知识内化成生活中的地理素养。而野外实践作为综合性地理活动就是培养学生地理实践力的重要方法之一，野外实践最大的优势在于让学生处于真实环境下以地理的视角感受事物的演变过程，通过亲眼观察、亲身感受有助于学生对书本上理论知识的深度理解，主动应用所学地理知识与技能解决实践中发现的问题，例如地图的正确使用、等高线的绘制、如何进行土壤或水文的观测等；也有利于学生在实践中不断思考探索，促进其全面发展。

以小组合作探究的方式参与野外实践活动更有利于突破传统教学模式，学生在教师的指导下以小组为单位进行合作探究，亲身体验自然环境的变化，充分发挥学生的兴趣和潜能，更加主动创造性地提高地理实践力。首先，学生在野外实践中处于活动主体地位，给予其更大的思考空间利于形成新的想法，培养学生综合创新能力。学生在野外观察或实践中发现问题后，教师可以引导小组间合作讨论初步分析问题进而解决问题，促进学生探究能力的发展。其次，学生对家乡自然环境实地考察后，通过小组合作的方式围绕同一地理问题共同完成任务，在与他人交流中提升交流与表达能力，在探究中增强小组间合作意识。有利于帮助学生在实践活动中既提高自身的地理实践力水平，又锻炼增强合作意识与综合素养。最后，以小组合作探究方式进行实践有利于节省教学时间，细化重难点实践任务。初高中生虽然已经具备了一定的思维或实践能力，但由于个人成长环境与自身知识储备的差异，面对一些任务量大或较为复杂的实践任务，例如土壤剖面的挖掘，仅凭个人的力量会耗时过长影响任务进度与成效。因此，采用小组合作方式参与野外实践，有利于将复杂任务分配细化，既减轻了学生个人的任务量，又可以提高学习效率。

（二）区域土壤植被观测实践

结合中学地理教材内容与浙西南地区自然地理环境，以自然地理为主筛选出一部分适合野外实践活动的考察地点。如表 2-3 所示，实践地点包括基本的家庭或学校周边等小范围的短途实践场所，也包括可开展较大范围土壤或植被考察、水文观测等活动的较长距离的某山区河流。内容涵盖观察地形地貌特征、河流水质的观测、植被土壤等基本自然地理要素的实践活动，满足了不同年龄段、不同求知兴趣的家庭或学校开展野外实践的需要。

表 2-3　金丽衢地区自然地理实践活动地点

考察地点			实践活动	蕴含知识点
丽水龙泉山	金华尖峰山	衢州药王山	植被土壤考察	土壤、植被等
遂昌十四都源	金华浦阳江	衢州乌溪江或邻近某条河	河流水文考察	河流的水系和水文特征
丽水南尖岩	金华山	衢州浮盖山	地形地貌考察	地形地貌特征、岩石的分类

基于校园或周边公园内开展的植被土壤考察实践活动，在教师的指导下，学生以合作小组为学习单位，印发学案将实践任务提前告知学生。活动开展前，学生要熟悉此次实践所验证的地理知识或现象是什么，小组内应采取怎样的合作方式更好地获得实践结果。实践活动如表2-4所示，教师除了要观察操作程序或步骤的规范性，更应关注小组间合作配合能力的体现，制定好合作探究考察量表，活动结束后学生可通过自评、互评等形式对自身地理实践力的提升、合作素养的提升进行打分。

表2-4　土壤剖面观测实践活动设计

实践活动	学生活动	设计意图
土壤与植被选点	小组合作在区域内典型的有草地覆盖、裸地等分布区分别设置一个剖面点	学生自主选择设置剖面点，提高自主学习与操作能力
样本采集与植被观察	（1）选择有树林或草地植被覆盖的区域，小组合作挖掘2m×2m左右的正方形土块并编号 （2）组员依次观察该区域主要分布的乔木和灌木种类、高度、生长习性和覆盖面积等，并做好考察记录	合作挖掘土块有利于提高学生合作动手意识，依次观察与记录植被有利于培养学生先独立思考再讨论总结的习惯
挖掘并观察土壤剖面（重点）	（1）观察植被的同时，各小组派出一两名体力和身体素质较好的同学，在空地处完整掀开草皮 （2）垂直挖掘规格大致1m×1m的土壤样方，根据土壤颜色、质地大致划分土层 （3）观察土壤剖面层数、颜色、硬度等，重点关注腐殖质层的厚度和颜色，做好考察记录 （4）所挖掘剖面中取少量土壤放置手心，两手指捏搓判断土壤质地	学生通过实际挖掘土壤剖面，加深对土壤剖面的认识与理解，提其动手操作能力与小组合作意识
土壤样本采集及pH测定	（1）学生分组进行剖面分层样本采集 （2）分组用pH试纸测定样本土壤酸碱度，并结合植被分析基本环境情况 （3）高年段学生可以将样本保管好带回教室，用更加精确的实验仪器测定酸碱度	针对不同年段学生建议不同方式测定，更利于因材施教；土壤酸碱度测定，利于地理与化学跨学科的融合
小组汇报实践总结	（1）各小组收拾用具，通过资料搜集和询问老师，合作完善实践报告 （2）组内代表汇报实践结果，教师依据学生自评、互评及观察表现，对小组进行实践评价	教师根据组内成员评价与观察表现进行评价，利于了解小组合作及此次活动中地理实践力提升效果

二、社会调查中培养地理实践力

（一）学生访谈提纲、调查方案设计

社会调查活动是以促进学生地理实践力发展为主旨，贴近社会和乡土资源，能够在活动过程中提高学生的合作意识与表达能力的课外实践活动。鼓励学生走出校园走向社

会，运用自己所学知识发现生活中存在的问题，真正做到"做中学"。调查主题要同时关注课标、教材、社会，以课程标准为指导，以教材为具体知识背景，以乡土资源为载体，以现实社会地理问题为核心。与自然地理实验类似的是，人文地理的社会调查也可以采用"研学后教"的模式，通过布置任务、小组合作、教师指导等步骤完成实践。程序如图 2-2 所示，教师事先确定调查主题，准备及实施阶段交由学生合作商讨确定，可以充分发挥主观能动性，教师可提供参考意见，但调查过程的实施全权由学生自主把握，最后根据各组的调查结果教师给予评价与总结。

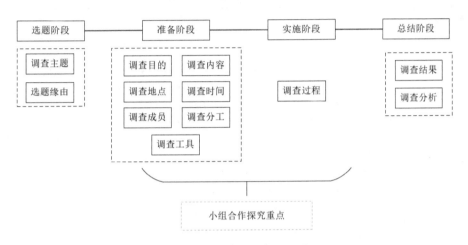

图 2-2 社会调查重点环节

（二）衢州开化旅游业与当地居民致富关系调查案例

依照初高中地理课堂中提及的人口相关知识，延伸出地理社会调查活动课题，结合选择性开发的浙西南乡土地理课程资源，如表 2-5 所示，在金华、丽水、衢州等地选择不同资源作为课题载体，具体可分为城市类、产业类、旅游类等地理社会调查活动课题。满足了不同地区学生从不同角度对家乡周边的人文情况进行基本调查，学会用动态思维分析身边的地理事物。

表 2-5 人文地理社会调查活动汇总

地理知识点	社会调查活动
城市土地利用和功能分区	考察城市 CBD、住宅小区、工业区的建筑形态、地价和商业环境情况
城市化对地理环境的影响	考察当地的图书馆、城市及郊区环境，分析城乡环境差异及原因
农业的区位选择	考察当地主要或特色农业园区、农产品加工厂、农家乐等，了解现代农业、观光农业等，尝试分析其农业区位和影响
工业的区位选择	考察当地主要工业园区、工厂等，了解工业类型和集聚类型，并尝试分析其工业区位及影响，提出相应发展建议
旅游业的现状与发展	考察当地热门景区，调查游客来源及发展现状，为未来该景区的规划提出相关建议

以衢州开化音坑乡下淤村为例进行旅游业发展与当地居民致富关系的社会调查，如表 2-6 所示。在教师指导下，学生初步学会设计并实施调查方案，选择并运用适当的地图和访谈提纲对旅游业与当地居民生活情况进行调查，获取和处理当地居民信息。在设计和实施方案过程中，学生通过组内分工对相应问题进行专项调查和决策，不断提升小组合作能力。在活动中，促进体验社会的态度深入发展，锻炼克服困难的毅力，发展实事求是的科学素养，提升自身地理实践力与社会责任感。

表 2-6　衢州开化音坑乡下淤村社会调查设计

调查主题	衢州开化音坑乡下淤村旅游业与当地居民致富关系
选题缘由	近年来，下淤村依托优美的自然山水风光，将昔日无人问津的河岸摇身一变成为村里的"聚宝盆"，逐渐发展多处骑游、钓鱼、划船、观看花海等赏玩项目，将此村打造成了集吃、住、玩、赏于一体的生态旅游村庄，成功摘获"中国十大最美乡村"和"中国美丽休闲乡村"等国字号品牌，成为网红打卡地。旅游公司也应运而生，民宿、农家乐和一系列旅游观光产业蓬勃发展，河滩经济如火如荼。村民们吃上了旅游饭，鼓起了钱袋子。2020 年，下淤村共接待游客 42 万人次，旅游收入达 1360 万元，村集体全年经营性收入达 300 万元，村民年人均纯收入达 3.3 万元。据此，调查下淤村旅游业的发展与当地村民致富有何关系对未来乡村建设有重要意义
调查目的	制作调查方法与访谈提纲，获取当地居民基本信息 通过调查分析，为旅游业发展提出合理建议 学会问卷调查、访谈等社会调查的基本方法，提高获取、处理地理信息的能力
调查内容	调查内容主要分为三部分：第一部分准备阶段，小组合作设计当地居民基本收入来源及选择调查方法，依据合作设计的调查方案进行室内模拟。第二部分实施阶段，在教师指导下学生依据调查方案开展活动。第三部分，学生将收集的游客信息进行统计分析，总结其特点，并进行小组讨论
调查地点	衢州开化音坑乡下淤村
调查对象	开化县音坑乡下淤村当地居民
调查成员	原则上全班同学都要参与社会调查活动（特殊情况除外）
调查分工	教师根据参加实地调查成员的学情和性别合理分配，4~6 人一组，共 5 组，每组选出组长，由组长对组内成员进行分工，例如沟通能力较好的进行访谈，拍照技术好的进行摄影等
调查工具	笔、记录本、问卷调查表、访谈提纲、照相机等

第三节　在合作中实现小区域调查素养提升

培养地理核心素养需将学生们的机械学习转化为创造性学习。小组协作能力是促进学生核心素养提高的重要手段之一，在教育实践活动中开展团队合作能极大地提升学生对本学科的学习热情，激发创新精神与探索能力。在地理学科实践活动中合作学习的形式很常见，但在实际应用中存在过分追求形式而忽略实际效果、过分注重学习结果而轻视合作学习组成要素的作用，追求学生主观能动性而未给予实时有效指导从而导致实践效果不明显等问题。因此教师需改变教学模式，思考实践活动的有效性，构建以学生主动参与、师生双向互动的实践教学模式，不断提高教学质量与效率。

地方研学的研究对象是与自身成长密切相关的地理环境，具有一定的多变性与复杂性，因此在研学过程中学生需要运用空间—区域的观点。区域认知素养是地理核心素养之一，也是学习地理所必备的思维方式与能力，培养学生从区域角度分析和认识地理环境，对促进学生掌握地理学习基本方法与技能具有一定的现实意义。如图 2-3 所示，地方视角下的研学是以小组合作为主要方式，选择固定小区域环境以分组对比的形式进行学生认知素养的测评及针对性的指导提升。设定不同主题与时间段进行汇报总结，根据学生对此区域的位置认知、特征认知、差异认知等汇报，对其区域认知维度与组内合作能力进行测定。汇报结束后，教师选择部分小组开展针对性指导再进行汇报考察，重点对比两次学生核心素养的测评结果，总结提高学生核心素养提升的方法，对达成育人目标具有一定的现实意义。选取"农业区位选择"为主题，以金华市磐安县特色中药材种植为例，根据课前查阅资料、实地考察等方式学习磐安中药材种植的区位因素。与普通学习课程不同的是，学生在经过一系列的合作探究与教师的指导后，对该区域的自然及人文要素间的联系理解是否更加透彻，并对此进行评价测定，验证教师指导后的学生实践素养是否有所提升。这对学生的区域联系和区域分析能力、小组合作探究能力都有更高要求，引导学生质疑、调查、探究，促进学生在实践中学习。

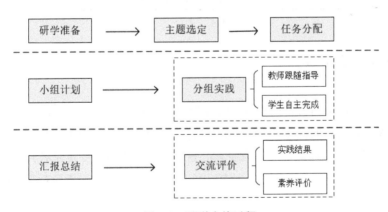

图 2-3　研学实施过程

一、固定范围内小组合作

金华市磐安县地处浙中，灵动的山水赋予磐安优美的生态环境。磐安的中药材历史文化源远流长，享誉全球的"浙八味"中的白术、元胡、浙贝母、玄参、白芍五味地道药材就生产于此（俗称"磐五味"），磐安也被誉为"中国药材之乡"。此次研学就以磐安县中药材产地大盘山为例，通过给出特色中药材——白术的生长习性，让学生通过合作探究得出影响此药材生产的农业区位因素有哪些。与常规研学不同的是，此次活动的变量在于学生分组中的其中一组是有老师跟随的，该组同学在进行一系列的实践过程时，教师都会随时给予指导和解答，例如规范其用具的使用方法、解答相关知识、指导相关活动的进行等。

此次研学活动只提供白术的生长习性，具体问题如表2-7所示，学生通过查阅资料及实地考察总结出白术种植的区位条件。上午各小组统一在大盘山观察水源、测定土壤肥力等，总结出适合白术生长的自然条件，下午前往江南药镇通过访问或问卷调查等形式了解其生长的人文因素，例如市场的需求量、种植技术、制药历史传统等。

表2-7　农业区位因素研学活动设计

主要背景知识及研学活动	时间	地点	主要活动设计
白术生长习性 1.喜凉爽气候，怕高温高湿环境，对土壤要求不严格，但以排水良好、土层深厚的微酸、碱及轻黏土为好； 2.平原地区土质疏松、肥力中等的地块最为适宜	上午	大盘山	1.通过查阅资料，获知当地主要气候条件 2.通过观察大盘山地区，判断此地受水源影响大小 3.通过土壤干湿度、土壤酸碱度、黏粒程度的测定，再结合白术的生长习性，归纳出土壤是否影响其生长的主要区位因素
	下午	江南药镇	1.通过访问当地商铺，了解白术的目前销售及未来发展情况 2.通过访问种植白术的居民，了解与传统种植技术相比，现今有没有良种培育 3.通过参观药镇展览馆，了解白术的制药传统历史等，考虑历史文化也是其区位因素之一

二、不同团体实践指导

根据既定的活动设计，各小组分工合作按部就班地进行白术生长的自然因素及人文因素的实践探索，规定时间结束后，各组同学需要派出代表汇报本组实践结果，汇报结束后各小组可互相交流在此活动中自身核心素养的提升。活动变量是教师跟随某组参与指导，由此可以产生两类团体对比，比较出实践过程中教师参与指导对于学生素养提升的重要意义。

上午在大盘山进行水源、土壤等自然要素的观测时，全班同学都要前往地势较高地方观察附近有无水源流经或交汇，由此得出水源是否为白术生长的区位要素之一，此因素的观察较为简单，考察重点在于学生对于家乡水域的了解。教师指导的重点在于土壤质地的测定，此实践活动课堂中提及过但是没有实地动手挖掘土壤剖面，剖面的挖掘、土壤酸碱度、干湿度的测定、土壤样本的取样等一系列活动都交由小组分工合作完成。在此过程中，在有教师跟随的那一组别中，教师可随时观察学生的操作步骤并及时规范指导，在实践步骤方面，例如，在进行土壤剖面的挖掘时，可提醒学生选点位置需要垂直并向阳挖掘，且需避免不同土层剖面土粒的混合，否则会影响样本的采集和质地的检测结果。在素养提升观察方面，教师随途观察小组合作情况并可以提出相关问题让其思考，帮助学生提升综合思维和地理实践力。下午前往江南药镇，小组合作以访问或问卷调查等形式调查沿途商贩，了解磐安白术的种植规模与市场，大致调查目前白术的市场需求，考虑市场是否主要影响到磐安白术的种植，也可参观游览药膳一条街、中药材博物馆等，了解磐安白术的种植及制药传统。教师途中重点观察指导学生访问题目的侧重方向，如何用更为简短有效的提问获取最关键的信息等。

三、指导后素养提升进展

活动结束后，重点对比两类组别的实践结果和素养提升水平。以图 2-4 素养评价标准为参考，各小组汇总通过实践所得影响磐安白术生产的主要区位因素为哪些，比较归纳所得区位因素准确度，并派出代表阐述在实践过程中关于地理知识的迁移与应用、地理思维与实践能力的提升、访问调查中沟通交流与小组协作能力的体现、以及人地协调观、地理实践力等核心素养的提升情况。小组各成员可以通过自评互评、教师总结评价的形式将学生研学素养进行量化打分。在各小组交流评价过后，随途教师阐述评价一整天的观察指导，总结评价该组成员的自主实践能力与指导过后哪些方面有所提升，同样也根据素养评价标准进行量化打分。

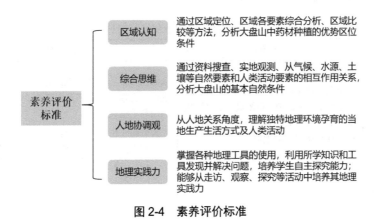

图 2-4　素养评价标准

第三章　浙西南的地方性

第一节　山水林草田表征的第一自然

一、地貌类型结构与人类活动利用方式

金丽衢位于浙西南山地丘陵地区，总体地势呈南高北低。中部为东北—西南走向的走廊式盆地，金衢盆地是省内最大盆地，由四周的台地与中间的河谷平原组成，包括金兰衢盆地、常山盆地、江山盆地、南马盆地、东阳盆地、浦江盆地、墩头盆地和诸暨盆地一部分及其周围的山地西面开口，由盆周向盆地中心呈现出中山、低山、丘陵岗地、河谷平原阶梯式分布的特点。在盆地周围的丘陵区发育有丹霞地貌，例如金华的九峰山与方岩、衢州的江郎山、丽水的东西岩等。区域内山脉多西南—东北走向，如表3-1所示，各地区具体地貌特征与分布，表3-2为金丽衢地区不同海拔陆域面积构成。其中浙江省第一高峰龙泉市黄茅尖、第二高峰庆元县百山祖均属武夷山系洞宫山脉。

表 3-1　金丽衢地区的地貌特征与分布

城市	位置	总体特征	地貌分布
金华	金衢盆地东段	南北高、中部低 以金衢盆地东段为主体，四周镶嵌着浦江盆地、墩头盆地、东阳盆地、南马盆地、永康盆地、武义盆地等山间小盆地，构成环状相间的盆地群 "三面环山夹一川，盆地错落涵三江"	以海拔 500～1000 米低山为主，东部与东北部有大盘山、会稽山；南部有仙霞岭；北部及西北部有龙门山与千里岗山脉 丘陵分布于山地内侧，且以江山—绍兴断裂带为界，分为北部丘陵和中部丘陵
衢州	金衢盆地西段	南北高，中部低，西部高，东部低 以衢江为轴呈南北对称的"纺锤"型，向南北两侧海拔高度逐渐升高，依次为河谷平原、缓坡岗地、低中丘陵、山地	仙霞岭山脉、怀玉山脉、千里岗山脉将衢州三面合抱 东部以河谷平原为主，地势平缓；南部为仙霞岭山脉，是钱塘江水系和瓯江水系的分水岭；西部有怀玉山脉，是长江鄱阳湖水系和钱塘江水系的分水岭；北部为千里岗山脉，是衢江和新安江的分水岭；西北及北部边缘为白际山脉南段与千里岗山脉部分，多低山、丘陵；中部河谷平原、低丘岗地交错分布，常山港、江山港、衢江贯穿其间，江河两侧沿河有众多大小盆地、河谷平原，地势平缓

续表

城市	位置	总体特征	地貌分布
丽水	金衢盆地西段	西南高、东北低 地貌以中山、丘陵为主，山脉属武夷山系，呈西南向东北走向 "九山半水半分田"	西南部以中山为主，有低山、丘陵和山间谷地；东北部以低山为主，有中山及河谷盆地 西北部的仙霞岭山脉是瓯江水系与钱塘江水系的分水岭；西南部洞宫山山脉是瓯江水系与闽江、飞云江和赛江的分水岭；东北部括苍山山脉是瓯江水系与椒江水系的分水岭

表 3-2　金丽衢地区不同海拔陆域面积构成

海拔分级(m)	构成比(%)
≤200	27.01
200～500	22.57
500～800	33.83
800～1000	7.88
≥1000	8.72

注：构成比指不同海拔分级陆域面积与全市陆域面积的比值。

金丽衢地处亚热带季风气候区，有着独特的山区气候生态资源，具有丰富的生物多样性和优良的自然环境，是浙江省重要的生态屏障区域。区域总体气候特点为四季分明，冬夏长、春秋短，光热充足、降水丰沛、气温适中、无霜期长，具有"春早秋短、夏冬长，温适、光足，旱涝明显"的特征，盆地小气候多样，且存在一定的垂直差异。尤其是丽水市南部由于海拔高差悬殊，因而垂直气候差异明显，从南亚热带至高寒带气候均有分布，总的趋势是随着高度的升高气温下降，降水增加，形成本地区特有的低层温暖半湿润、中层温暖湿润、高层湿润的季风山地气候特点。金丽衢平均海拔、年平均气温及降水量统计数据如表 3-3。

表 3-3　2020 年金丽衢平均海拔、年平均气温及降水量

城市	地区	平均海拔（m）	年平均气温（℃）	年降水量（mm）
金华	市区	259.77	19.4	1608.5
	兰溪市	166.61	19.1	1735.8
	义乌市	197.83	18.8	1501.2
	东阳市	296.35	19.1	1534.5
	永康市	214.10	19.5	1534.6
	武义县	415.38	18.8	1656.3
	浦江县	315.62	18.0	1658.2
	磐安县	591.96	17.3	1748.5

续表

城市	地区	平均海拔（m）	年平均气温（℃）	年降水量（mm）
衢州	市区	81.85	18.8	2134
	江山市	393.92	18.8	1837.7
	常山县	272.73	18.6	2087.8
	开化县	381.02	17.7	2359
	龙游县	249.61	18.7	1916
丽水	市区	351.15	19.9	1428.2
	青田县	479.21		
	缙云县	491.98		
	遂昌县	696.75		
	松阳县	571.05		
	云和县	632.60		
	庆元县	863.95		
	景宁县	782.12		
	龙泉市	716.17		

　　史前时期的宁绍平原越族居民因卷转虫海侵而迁移至金衢地区，在自然因素主要影响下，土地利用方式为狩猎与刀耕火种结合。春秋战国时期，因金华江一带以河谷平原为主利于开发，就此兴起一国名为姑蔑，据《国语·越语》记载越国"南至于句无，北至于御儿，东至于鄞，西至于姑蔑"，由此可见当时的姑蔑位于越国境内。公元前334年楚灭越，部分越人南迁至金华江一带，或者进入周围山区。据《史记》记载，秦始皇25年（前222）"王翦遂定荆江南地，除越君，置会稽郡"，金衢地区自此归于秦国统治，后《越绝书》记载有"乌程、余杭、黝、歙、无湖、石城县以南，皆故大越徙民也，秦始皇刻石徙之"，当时的金衢地区正是位于黝、歙以南，《汉书》载道"江南卑湿，丈夫早夭"，此次强制迁徙人员多因水土不服纷纷迁回，造成金衢地区人员稀少而陷入衰落，因此生产方式也未有发展进步，仍为稻作渔猎。根据杜预注文，姑蔑又进一步南迁，地在两汉时期的大末县，即今浙江省龙游县境。汉朝的局势趋于稳定，内部繁育与外来移民使得金衢地区人口数量见长，加之"与民生息""轻徭薄赋"、牛耕政策的实行等，精耕细作成为该时期的农业特点。隋唐时期社会稳定且经济繁荣，金衢地区发展境况鼎盛，河谷平原精耕细作的劳动密集型的传统水田耕作技术体系进入成熟阶段，而安史之乱后，经历六朝及隋唐时期诸多繁盛累积的金衢地区成为部分北人南迁的定居地。至南宋以后，陆续发生稻麦二熟制的普及、生产实践经验的丰富、旱作开沟作垄技术的出现，也可见唐宋时期的金衢地区是以粮食种植业为主。明清时期随着人口的持续增长，河谷平原的土地面积有限而无法满足种植需求，因此，人们将目光转向丘陵与山地的开垦。

二、低山丘陵主导的浙西南地区亟待保育山地生态系统与钱江源

金华境内的金华江（又名婺江）位于钱塘江上游，也是钱塘江水系最大的支流，由义乌江、武义江汇合而成，永康、武义的一部分河流属于瓯江水系。衢州位于钱塘江上游，境内绝大部分河流均属于钱塘江南源水系，钱塘江南源发源于安徽省休宁县的板仓，在衢州市境内的主要干流分别有马金溪、常山港和衢江。丽水市被称为"六江之源"，溪流与山脉走向平行，瓯江水系为丽水主要水系，其次为钱塘江、闽江水系。瓯江源头龙泉溪由西南流向东北贯穿全境；西北部有住溪，是钱塘江水系乌溪江源流；西部浙闽边境有宝溪，为闽江水系源头。各水系具体特征及分布如表3-4。

表3-4　金丽衢地区六大水系具体特征及分布

水系	特点	干流	主要支流	分布地区
钱塘江水系	位于亚热带季风气候区，河川径流年内、年际变化较大，4—6月多雨易发生洪涝灾害，7—9月旱灾频繁	齐溪、马金溪、常山港、衢江、兰江	江山港、乌溪江、东阳江、武义江、金华江、浦阳江	金华、衢州、丽水
瓯江水系	位于亚热带季风气候区，雨水充沛，水资源年际间差异大，年内季节变化大，洪涝、干旱、台风灾害频发	源头河段：南溪和梅溪 上游河段：龙泉溪 中游河段：大溪 下游河段：瓯江	上游龙泉溪河段支流、松阴溪、中游大溪河段支流、小溪、菇溪、小楠溪、好溪	金华、丽水
椒江水系	位于亚热带地区，水量充沛，径流量丰富，地表径流主要来自降水补给	金坑	雅溪	金华、丽水
飞云江水系		大白坑	北溪	丽水
闽江水系		沙溪	富屯溪、松溪、建溪、程蒲扇形水系	丽水
赛江水系		东溪	西溪、八炉溪水	丽水

其中钱塘江水系是浙江省内最大的水系，浙北源为新安江，南源为兰江，南北两源在建德梅城汇合后经杭州市入杭州湾，主要干流有马金溪、常山港、衢江、兰江、新安江、富春江、钱塘江。开化县位于钱塘江发源地因而被称为钱江源，既是浙江省林业重点县也是我国南方48个重点林业县之一，全县森林覆盖率80.54%，森林资源十分丰富。但由于造林速度过快、乱砍滥伐、林种比例失调、植被受到破坏等，山地生态系统问题逐渐凸显，主要体现为森林覆盖率下降，水土流失现象加剧，按全国水土流失类型区的划分，属于水力侵蚀类型区。《浙江生态省建设总体规划纲要》按二级结构将全省划分为6个生态区、15个生态亚区，其中浙西南山地生态区（含乌溪江流域农林生态亚区、瓯江以北针叶林生态亚区和瓯江以南常绿阔叶林生态亚区）包括蔺州市、金华市、丽水市、台州市、温州市的近30多个县、市、区，为瓯江、飞云江、鳌江、椒江等水系的发源地，也是钱塘江支流乌溪江、江山港、武义江的发源地，目前存在的主要生态问题是山高源短流急，自然

蓄水能力较差，水利工程不足，山体滑坡等突发性地质灾害频发，破坏了阔叶林资源，森林生态功能减弱耕地紧缺造成坡地陡坡地过度开发，水土流失较为严重。

就水土流失成因而言，其中自然因素包括地形地貌、地质条件、土壤性状以及降水情况等。钱江源山地丘陵面积大，土壤类型主要为红壤且抗侵蚀能力差，土层较薄且透水性较弱。又因位于亚热带季风气候区，雨量较为充沛，3—6月降雨量集中易发生洪涝，7—9月降雨量较少而蒸发量较大，易发生干旱，因此出现的旱涝交替现象产生水土流失。另外强降雨导致的地表径流冲刷、植被破坏也将加剧水土流失并引发滑坡、泥石流等自然灾害。

但自然因素作用并不会导致水土流失的迅速加剧，能够改变水土流失性质和强度的人为因素才是主导原因。如表3-5、表3-6所示，与早期人类活动的平均海拔相比，如今衢州旅游景区的人类活动海拔上限已大幅增长，随着人类活动范围的扩大，植被破坏、过度的垦殖、盲目的低丘缓坡开发以及不注重水土保持设施的保护等不合理人类活动的进行都将导致水土流失。如毁林开荒使得山区森林植被遭到破坏并导致林相结构单一，由于长期以来偏重于速生林种植，导致森林系统林种比例失调，针叶林多阔叶林少，单层林多复层林少，单纯林多混交林少，中幼林多成熟林少，林分质量不高，群落结构和树种单一，针叶林化问题突出，生态稳定性较差，造成森林调蓄、涵养水源能力大幅下降，不能有效发挥其生态功能及对水土流失的控制作用。另外，过量采伐薪炭林将增加地表裸露面积，同样会加剧水土流失，特别是在人口稠密的中部丘陵盆地地区，荒山面积较大，水土流失情况尤为严重。

表 3-5　衢州市人类活动历史遗迹平均海拔

遗址	年代	地点	海拔（m）	简介
葱口洞穴遗址	新石器时代	衢州市衢江区上方镇龙祥村	179	由葱洞及观音洞组成。葱洞遗址位于上方镇龙祥村葱口自然村，距离该自然村西东方向约500米处，洞口宽约3米，高4米 观音洞遗址地处龙祥村葱口自然村西南方向200米的无名小山，洞高约4米，宽约14米，进深18米左右。总面积60平方米，出土较多的动物化石。葱洞、观音洞遗址洞内出土陶片等遗物表明该洞穴是一个新石器时代的洞穴遗址，距今约6000年
寺底袁遗址	新石器时代晚期—商早期	衢州市龙游县湖镇寺底袁村	44	东西长50米，南北宽40米，总面积约2000平方米，文化层残存约0.3米。根据石器的器型和几片夹炭陶片显示，时间距今为4000年左右，其中一"猪头"形象的石器表明浙西先人饲养猪的历史长达4000多年。这些器物的主要特征是地方文化内涵深厚，有着典型的良渚文化印记，对研究龙游姑蔑文化起着非常重要的作用

续表

遗址	年代	地点	海拔（m）	简介
鸡鸣山遗址	新石器时代—商	衢州市龙游城南郊鸡鸣山	55	东西长约 200 米，南北宽约 250 米，总面积约 5 万平方米。遗址范围内采集多件石锛、穿孔石镰、石镞、石网坠等石器，印纹陶片比皆是，纹饰有席纹、条纹羽毛纹、方格纹、云雷纹、回字纹、绳纹等。另有泥质陶豆、夹砂陶鼎、圆锥形鼎足等残件
牛形山遗址	商—周	龙游上圩头乡下杨村北牛形山	90	面积约 1500 平方米，地表散落各种纹饰软硬陶片、零星石器，采集到部分陶器残件。印纹陶片纹饰有席纹、绳纹、叶脉纹、菱形纹、圆圈纹、方格纹等。石器有石镞、石网坠、有段石锛等
双溪口遗址	新石器时代—春秋	衢州市开化县中村乡中村双溪口自然村	253	面积约 1500 平方米，文化层厚约 0.6 米。出土夹砂红陶、夹砂灰陶、泥质灰陶、着黑陶、印纹硬陶等陶片。印纹陶纹饰有瓦纹、方格纹、曲折纹、席纹等。石器有单孔斧、三孔斧、锛、镞、网坠等
鲤鱼山遗址	新石器时代—战国	衢州市开化县池淮镇池淮村	203	人类居住遗址，总面积约 1800 平方米，出土泥质红（灰）陶、夹砂陶。印纹陶纹饰有编织纹、回纹、弦纹、曲折纹和米字纹。石器有刀、镞、有段锛、网坠等，还有陶网坠

表 3-6　衢州市部分景区海拔上限

景区	最高海拔（m）	简介
钱江源国家森林公园	1266.8	钱江源国家森林公园建立于 1999 年，由枫楼坑、水湖和齐溪水库组成的东部景区，莲花塘、卓马坑、广潮元和里秧田组成的西部景区，并由一条经年不断的莲花溪串联。有千米以上山峰 25 座，最高峰外溪岗 1266.8 米，莲花尖海拔 1089 米，是钱塘江的发源地，伞老尖海拔 1136 米
天脊龙门景区	1452.6	天脊龙门景区位于黄坛口乡境内，是紫微山国家森林公园、烂柯山——乌溪江省级风景名胜区内的主景区。其中海拔 1452.6 米的水门尖为浙西第一高峰，区内山岭走向复杂，范围广阔，山势挺拔、陡峭，流水切割山体，山体坡度均在 40 度以上，从龙门到水门尖为一条长达 25 华里的大峡谷，相对高差近 1000 米。这里有海拔千米以上的山峰 54 座，沟谷深达几百米，呈典型的"V"字型谷地，由而形成了峡谷纵横、峰峦盘踞的深谷奇峰景观
红色千里岗旅游景区	1929	位于衢州市衢江区灰坪乡境内，景区是集"资源保护、探险旅游、红色教育"于一体的人文新景，旅游资源丰富多样，有天然溶洞群、中共衢遂寿中心县委第二区委旧址纪念碑、朱氏祠堂、徽派民居、红军墓群等四级旅游资源 8 处，有大麦源原始次森林、仙峰水库、两头洞与金鸡洞等三级旅游资源 5 处，有三十六湾、古树群等二级旅游资源 6 处，有衢北第一高峰"黄茅尖"、蛤蟆岭红军路等一级旅游资源 9 处

水土流失会带走土壤中的大量养分，同时土壤蓄水能力下降而导致土质的沙化，使得土地日渐贫瘠；保持水土的植被受到破坏，使得生态系统失去平衡。此外，随着水土流失的加剧，河道逐渐淤积导致河床、河底抬高，河流泄洪能力下降，又将进一步加剧洪涝灾害。且河流泥沙主要来源于植被覆盖率低的山地，因此防止水土流失必须首抓荒山绿化。

在保持水土方面，山区主要可以采取穴垦造林、封山育林、退耕还林等措施提高森林覆盖率，有效控制水土流失、涵养水源。穴垦造林能加速林木生长，利于保持水土和养分。此外，从不同林分的涵养水源以及保护植物多样性功能看，松林、松阔混交林和落叶阔叶林要高于毛竹林和杉木林，针对马尾松、湿地松以及杉木等人工林，建议首先进行结构疏伐或带状改造，降低郁闭度，引入乡土的阔叶树种，将针叶纯林改造为针阔混交林；针对松阔混交或落叶阔叶人工林，优化调整林分树种结构、年龄结构、层次结构，将树种单一、稳定性差的同龄纯林结构，逐步改造为针阔混交异龄林，以丰富林分乔木树种、灌木、草本的多样性，培育具有明显乔木层、灌木层、草本层和枯落物层等多层结构的水源林，从而进一步增强林分的稳定性及综合效益。封山育林是提高森林覆盖率的另一重要措施，但须因地制宜地进行封造结合，根据原植被条件及山地坡度选取长封、轮封、半封等方式。

对于低丘缓坡的开发应进行合理规划，如修建梯田以增强截流、保水、保肥、固土作用，增加植被覆盖率、改良土壤及增强土壤抗蚀能力等。另外，小流域是水土流失的源地，径流和泥沙在这里产生、汇集，因此水土保持工作应以小流域为基础，并进行山、水、林、田、路等各方面的综合治理，力求生物、工程水土保持措施双管齐下，其中的生物措施如营造防护林、完善林相结构等；工程措施如修筑水平带，建造泥埂，挖鱼鳞坑等（图3-1）。

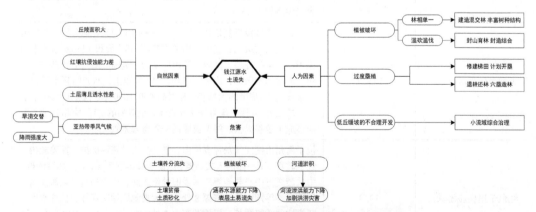

图3-1　钱江源水土流失形成因素、危害及治理措施

三、国家与浙江规划中的浙西南生态系统保护与利用趋势

对于浙西南地区的生态系统保护，国家与地方的相关规划内容如表 3-7。以建设浙西南山区绿色生态屏障为总出发点，以千里岗山脉、仙霞山脉、新安江、千岛湖、钱塘江、瓯江、太湖等主要流域源头及钱江源—百山祖国家公园钱江源等为重点区域，聚焦于森林湿地资源保护、水土保持、水体治理、农业污染管控、自然保护区与国家公园建设等生态保护工作。各规划大多指出浙西南地区需加强水系源头水源涵养和生物多样性保护，提高针阔混交和常绿阔叶林比重，加强生态公益林工程建设，提高森林覆盖率和水源涵养能力；搞好退耕还林，封山育林，建设水源涵养林，开展小流域综合治理，加固防洪堤，加强重要生态功能区保护与建设；为治理水土流失建设标准防洪堤，加强水库配套工程和农田灌溉等设施建设，增强防洪抗旱能力，加大环境污染治理力度，建立水系源头等重要生态功能保护区，合理开发后备土地资源建设以农林牧复合经营为重点的生态农业。

表 3-7　国家及浙江生态保护规划中浙西南地区的相关内容

层面	名称	内　　容	来源
国家	《长江三角洲区域一体化发展规划纲要》	第六章　强化生态环境共保联治 第一节　共同加强生态保护 以皖西大别山区和皖南—浙西—浙南山区为重点，共筑长三角绿色生态屏障 加强自然保护区、风景名胜区、重要水源地、森林公园、重要湿地等其他生态空间保护力度，提升浙江开化钱江源国家公园建设水平，建立以国家公园为主体的自然保护地体系 总结推广新安江流域生态补偿机制经验，高水平建设新安江—千岛湖生态补偿实验区 第二节　推进环境协同防治 推动流域生态系统治理，强化长江、淮河、太湖、新安江、巢湖等森林资源保护，实施重要水源地保护工程、水土保持生态清洁型小流域治理工程、长江流域露天矿山和尾矿库复绿工程、淮河行蓄洪区安全建设工程、两淮矿区塌陷区治理工程 共同制定长江、新安江—千岛湖、京杭大运河、太湖、巢湖、太浦河、淀山湖等重点跨界水体联保专项治理方案，开展废水循环利用和污染物集中处理，建立长江、淮河等干流跨省联防联控机制，全面加强水污染治理协作 第三节　推动生态环境协同监管 在总结新安江建立生态补偿机制试点经验的基础上，研究建立跨流域生态补偿、污染赔偿标准和水质考核体系。 在浙江丽水开展生态产品价值实现机制试点。建设新安江—千岛湖生态补偿试验区	

续表

层面	名称	内　　容	来源
浙江	浙江省山区经济发展规划（2012-08-20）	四、重点工程 （五）生态屏障建设工程。依据主体功能区划和生态环境功能区划，加强生态环境分区保护、分类管理，严格项目准入，加大生态修复与环境污染治理力度，保护生态屏障 优化提升四大生态功能片。按照功能定位，实行差别化的空间环境准入和分类管理政策，浙中丘陵盆地生态片和浙东南沿海及近岸生态片，实行更为严格的污染物排放标准和总量控制指标，限制资源依赖型产业扩张。浙西北山地丘陵生态片和浙西南山地生态片，坚持保护优先，严控污染产业布点，科学开发利用资源要素 保护完善三大生态功能区。完善管理体制，健全补偿机制，重点保护好以淳安、开化为主的浙西山地丘陵重点生态功能区，以文成、泰顺、遂昌、云和、庆元、景宁、龙泉为主的浙南山地丘陵重点生态功能区，以磐安为主的浙中江河源头重点生态功能区，加强水土保持，增强生态屏障功能 建设修复一批生态功能点。加大保护力度，严格产业准入，重点抓好钱塘江、瓯江、太湖等主要流域源头地区、自然保护区、饮用水源保护区的生态建设，加强河流与湖泊湿地、污染流域、矿山等区域的生态功能修复，加强风景名胜区、森林公园、旅游景区、地质公园建设管理与保护，继续推进各区域生态公益林建设，保障生态功能 专栏五：生态功能点建设修复重点项目 "三江两岸"生态景观保护与建设，千岛湖及新安江流域水资源和水环境保护与建设；湖州环太湖印染企业搬迁及产业提升改造，钱江源头污染企业集中搬迁；山区生态湿地治理，鳌江生态修复，瓯江和义乌江等水域生态治理，开化、仙居、遂昌等县水土流失综合治理	http://www.zj.gov.cn/art/2012/8/20/art_1229019365_62267.html
	《浙江省生态环境保护"十四五"规划》（2021-07-12）	三、重点任务 （八）统筹保护修复，守住自然生态安全边界 强化重要生态系统保护与修复。以森林浙江建设为载体，大力开展山地、坡地、城市、乡村、通道、沿海"六大森林"建设。加强钱塘江、瓯江、太湖等主要流域源头地区以及平原河网等水生态健康退化水域保护修复。推行森林河流湖泊休养生息，有序开展退耕还林还草、退田还湖还湿。全面推进绿色地质勘查，加强矿山生态环境整治、修复和绿化，实现矿产资源勘查开发和生态环境保护的良性循环。开展新安江国家级水土流失预防区和其他重点区域水土流失综合治理。因地制宜开展土地综合整治。加强城市公园绿地、城郊生态绿地、绿化隔离地等建设，开展城市受损山体和废弃工矿用地修复，推进城市生态系统修复 专栏7 生态保护领域重大工程 1. 山水林田湖草生态系统保护与修复。开展新安江国家级水土流失预防区及其它重点区域水土流失综合治理。推进全域绿色地质勘查和绿色矿山建设，强化公益林建设和天然林保护，加强湿地保护修复，因地制宜开展土地综合整治，开展海岸线保护与整治修复	

层面	名称	内　　容	来源
		2. 生物多样性保护。开展陆域和海域生物多样性本底调查和评估，在钱江源—百山祖国家公园钱江源片区范围内开展生物多样性保护示范建设，支持丽水市打造国家生物多样性保护引领区。加强全省自然保护区规范化管理	
		专栏8 生态文明示范领域重大平台	
		1. 钱江源—百山祖国家公园建设。建设范围涉及开化、龙泉、庆元、景宁4县市14乡镇53个行政村。按照《钱江源—百山祖国家公园总体规划》，组建国家公园管理机构，完善自然生态系统保护制度，实施山水林田湖草一体化保护和系统修复，有效解决多头管理的碎片化问题，形成自然生态系统保护的新体制新模式，保障区域生态安全	
		2. 淳安特别生态功能区建设。按照《淳安特别生态功能区建设框架方案》，以持续提升水质、持续改善景观为目标，以保护生态环境、推动绿色发展、增进民生福祉为重点，以体制创新、制度供给、模式探索为动力，建立健全水生态系统保护新体系，探索实施生态经济高质量发展新路径，推动形成城乡融合民生幸福新模式，加快构建生态环境共建共保新机制，在全国率先形成饮用水源地保护与发展的千岛湖模式，使淳安县域成为生态更优、发展更好、生活更幸福的美丽浙江大花园样本地	
		（十二）促进开放协作，推动区域共保联治	
		共保区域重要生态系统。以自然保护地等生态空间为重点，合力保护跨省重要生态系统，整体提升生态系统功能。协同推进天然林保护，共筑皖南—浙西—浙南山区绿色生态屏障	
		共治跨界环境污染。推动跨界水生态环境治理，协同推进新安江—千岛湖、大运河、太湖、太浦河等重点跨界水体治理	
	《浙江省水生态环境保护"十四五"规划》(2021-06-08)	四、重要水体水生态环境保护方案	
		（一）钱塘江流域	
		"十三五"期间，钱塘江流域部分地区污水处理能力存在短板，农业面源污染面大量广，化工园区环境风险防控能力仍需进一步加强，上游生态流量保障不足，源头地区水源涵养能力有待进一步提升，水生生物种群数量降低趋势未得到有效遏制	
		"十四五"期间，钱塘江流域重点实施污水处理提质增效行动、农业面源污染治理、水生态保护与修复、生物多样性保护等任务	
		专栏1 钱塘江流域"十四五"期间水生态环境保护重点任务	
		1. 污水处理提质增效。补齐杭州、金华等地污水处理能力短板，加快推进城镇生活污水处理厂清洁排放改造。建设江山市江东园区等污水处理厂	
		2. 农业面源污染治理。优化农业空间布局，严格执行禁限养区制度，推进"肥药两制"改革，推进农田氮磷生态拦截沟渠系统建设，发展现代化生态循环农业，开展农业废弃物资源化利用	
		3. 生态流量保障。实施流域内河湖生态流量保障方案，开展小水电生态化改造，研究建立生态流量监测预警和信息发布机制，加快重要控制断面生态流量监测站点建设	

层面	名称	内　容	来源
		4. 水生态保护与修复工程。完成钱塘江源头区域山水林田湖草生态保护修复工程试点。开展湖南镇水库、浦阳江生态缓冲带修复和阳陂湖、汾口五强溪生态湿地建设等生态保护修复工程，实施增殖放流，保护水生生物多样性	
		（二）瓯江流域	
		"十三五"期间，瓯江流域部分城镇和工业园区污水处理能力还存在缺口，"污水零直排区"建设整体水平不高；电镀、不锈钢等行业治理仍需进一步加强；饮用水水源地规范化建设水平仍需提升，"千吨万人"饮用水水源地保护仍需加强；瓯江上游水电站众多，部分区域生态流量保障不足	
		"十四五"期间，瓯江流域重点实施"污水零直排区"建设质量提升、饮用水水源保护、河湖生态流量保障、水生态保护与修复等任务。到 2025 年，地表水省控断面达到或优于Ⅲ类水质比例达到 100%，丽水市出境断面水质达到或优于Ⅱ类，城市污水处理率达到 97%以上，强化重要河湖水域岸线监管，水生态功能逐步提升	
		专栏 2 瓯江流域"十四五"期间水生态环境保护重点任务	
		1. "污水零直排区"建设。深化推进瓯江流域城镇"污水零直排区"和工业园区（工业集聚区）"污水零直排区"建设，开展已建"污水零直排区""回头看"工作，提升建设质量，巩固建设成果。完成城镇污水处理厂清洁排放提升改造	
		2. 饮用水水源保护。强化饮用水水源规范化建设，加强"千吨万人"饮用水水源地保护；加强泽雅水库等重要饮用水水源地周边污染治理，深化污染源解析及水华预警机制研究	
		3. 生态流量保障。加快流域内泽雅水库、仰义水库等水利工程生态流量保障目标确定，完善生态流量泄放设施建设，加强生态流量监控	
		4. 水生态修复工程。推进瓯江源头区域山水林田湖草沙一体化保护和修复工程，黄村水库、潜明水库、松阴溪、龙泉溪等河湖生态缓冲带修复，龙湖坑等人工湿地建设，实施景宁县小溪流域、莲都区宣平溪流域等河道综合治理工程	
		（五）椒江流域	
		"十三五"期间，椒江流域"污水零直排区"建设质量不高，医化行业污染较为突出，饮用水水源周边生活和农业面源污染负荷高，部分河道生态流量无法保障，部分区域岸线受侵占，生态系统安全性和稳定性较差，上下游协同治理机制有待完善	
		专栏 5 椒江流域"十四五"期间水生态环境保护重点任务	
		1. 医化行业综合整治。对医化企业污水处理设施提升改造，实施医化企业污水管网架空改造、初期雨水收集等，提升临海医化园区、仙居现代医化园区、椒江外沙岩头医化园区等"污水零直排区"建设质量	
		2. 城镇"污水零直排区"建设。开展"污水零直排区"建设"回头看"，提升所有镇级（含）以上生活小区、其他类"污水零直排区"建设质量	

层面	名称	内　　容	来源
		3. 水生态保护修复。建设水下森林、人工湿地、农田氮磷生态拦截沟渠系统等恢复河道生态系统，重点推进椒江、长潭水库、牛头山水库生态缓冲带修复，推进临海红杉林湿地等人工湿地建设。完成椒江岸线违法侵占项目的整治 4. 水资源优化调度。开展强排、引水调水工程，鼓励再生水循环利用，连通水系、补水活水，满足区域内用水需求 （六）飞云江流域 "十三五"期间，飞云江流域"污水零直排区"建设质量不高，截污纳管不彻底，部分农污处理终端运行效率低，农污工程未能达到预期的效果，珊溪（赵山渡）水库、泗溪等饮用水水源保护区规范化建设有待提升。"十四五"期间，飞云江流域重点落实"污水零直排区"建设、农村生活污水治理、饮用水水源地保护、水生态保护与修复等任务 专栏6飞云江流域"十四五"期间水生态环境保护主要任务及工程 1. "污水零直排区"建设。全面完成"污水零直排区"建设，开展已建"污水零直排区"建设成果"回头看"专项行动，进一步完善污水处理厂及配套管网建设 2. 农村生活污染治理。加快推进农村生活污水处理设施建设和提升改造，加大农村生活污水处理设施标准化运维力度 3. 饮用水水源地保护。开展珊溪（赵山渡）水库、泗溪等饮用水水源保护区规范化建设，实施农村饮水安全巩固提升工程 4. 水生态保护与修复。实施河湖水系综合治理，开展中塘河等生态缓冲带修复，文成城东污水处理厂深度处理湿地等人工湿地建设，开展飞云江水生态健康评价，开展水生生物增殖放流	
	《浙江省自然保护地体系发展"十四五"规划》（2021-05-19）	三、总体布局 （二）分区建设发展 2. 浙西北丘陵山地区 概况：该区位于浙江西北部，与安徽省和江西省接壤，涉及杭州市、湖州市、金华市、衢州市的近15个县（市、区），主要有两个关键点：一是以浙江天目山、浙江清凉峰、浙江安吉小鲵三个国家级自然保护区为中心的浙西北山区；二是以浙江钱江源国家公园、衢江千里岗省级自然保护区以及淳安磨心尖为中心的浙西山区。 保护价值与保护对象：该区是黄山-怀玉山生物多样性保护优先区的重要组成部分，区内的天目山国家级自然保护区被纳入联合国"人与生物圈"计划。区内主要水系有钱塘江水系的富春江、新安江、分水江和太湖水系的东、西苕溪，该区是杭嘉湖地区水源供给地和浙北地区重要的生态屏障，也是浙江生态环境较好的地区和"黄金旅游"之地，在土壤保持、水源涵养及生物多样性保护方面具有重要的生态保护价值。该区主要保护对象为钱塘江流域水生态系统、典型的亚热带森林生态系统和众多自然生态人文景观资源，以及重点保护野生动植物。	

层面	名称	内　　容	来源
		发展思路：结合现有自然保护地分布情况，发现区内森林生态系统的保护仍存在空缺，特别是天目山脉和千里岗一带的山地森林植被仍具有较大的保护潜力和价值，规划在地带性植被特征明显、现状保存完整的森林生态系统基础上建立自然保护地，以提升该区域生态保护的完整性。 3. 浙南山地区 概况：该区位于浙江省西南部，分别与福建省和江西省接壤，涉及温州市、金华市、衢州市、丽水市的近20个县（市、区），主要有两个关键点：一是以浙江凤阳山—百山祖、乌岩岭、景宁望东洋等自然保护区为中心的浙南山区；二是以浙江九龙山国家级自然保护区所在的仙霞岭山脉为中心的浙西南山区。 保护价值与保护对象：该区是武夷山生物多样性保护优先区的重要组成部分，也是浙江省山地面积最大、海拔最高的区域，坐落有浙江第一高峰凤阳山主峰黄茅尖以及第二高峰的百山祖，是瓯江、飞云江、鳌江等水系的发源地，也是钱塘江支流乌溪江、江山港和武义江的发源地。该区在生物多样性保护、水源涵养和土壤保持方面具有重要的生态保护价值，主要保护对象有中亚热带森林生态系统和内陆湿地生态系统，以及珍稀濒危植物、重点保护野生动物。 发展思路：该区自然保护地建设成效显著，已建有各类自然保护地80余个，空间分布较为均匀，区域生态保护完整性较好，规划进一步优化现有自然保护地体系，对生态保护价值极为重要的区域可加大保护力度，加强钱江源-百山祖国家公园百山祖园区和九龙山国家级自然保护区能力建设，强化野生动物生境与栖息地修复，减小破碎度。 4. 浙中东丘陵区 概况：该区位于浙江省中部，涉及宁波市、绍兴市、金华市、台州市的近20个县（市、区），主要有三个关键点：一是以浙江大盘山国家级自然保护区为中心的浙中山区；二是以括苍山为中心的浙东山区；三是以天台山、四明山为中心的浙东丘陵。 保护价值与保护对象：该区是浙江省最大的丘陵、盆地集中分布区，涉及武夷山生物多样性保护优先区，区内有钱塘江水系的金华江、浦阳江等，曹娥江水系、椒江水系及甬江水系的奉化江等；丘陵起伏平缓，底部开阔，由河谷中部向南北两侧呈阶梯状分布。该区在水土保持、水源涵养及生物多样性保护方面具有重要的生态保护价值，主要保护对象为重点保护野生植物以及珍稀野生动物。 发展思路：该区自然保护地建设类型多以森林公园为主，森林资源得到了较好的保护，但湿地资源保护仍有空缺。规划在自然保护地体系建设过程中，通过新增和提升湿地公园，进一步加强对重要湿地资源的保护。 （五）规划新建自然保护地 其中针对浙西北丘陵山地区，规划新建位于杭州淳安的磨心尖省级自然保护区，杭州、湖州、衢州等地规划新建3个自然公园；针对浙南山地区，温州、台州等地规划新建5个自然公园；针对浙中东丘陵山区，金华规划新建婺城的南山省级自然保护区及3个自然公园。	

续表

层面	名称	内　　容	来源
		四、主要任务和重点工程 （一）完善治理体系 专栏 2 国家公园提升工程 1. 加快推进钱江源—百山祖国家公园建设，完成国家公园地方立法，健全体制机制，完善规划体系、制度政策体系、标准体系、资金保障体系、科技支撑体系、评估考核体系。深化集体林地、农田承包地和宅基地地役权改革，实现国家公园与相邻省份毗连区域跨行政区域合作保护。 2. 加强国家公园旗舰物种及典型生态系统保护，开展以中亚热带常绿阔叶林生态系统和百山祖冷杉、黑麂等珍稀濒危物种栖息地（生境）为核心的生态保护修复，实施主要保护对象的生境（栖息地）保护修复 2 万亩。 3. 组织实施钱江源—百山祖国家公园总体规划，大力提升国家公园保护、科研、教育、游憩等综合功能，加强管护基础设施建设，组建国家公园研究院，开展科普馆、游憩设施等建设，积极开展自然教育活动。	
	《浙江省林业发展"十四五"规划》的通知（2021-05- 11）	二、"十四五"时期林业发展总体思路 （五）空间布局 "一地"：浙西南生态高地 浙西南生态高地是指由丽水、衢州东部和温州西部组成的区域，该区域包括仙霞岭、洞宫山山脉和瓯江、飞云江、鳌江等水系流域，地势全省最高，森林资源最富集，生物多样性最丰富，拥有钱江源—百山祖国家公园百山祖园区等众多自然保护地，是全省大花园建设核心区。该区域主要发展方向是加强资源保护保育，保障资源战略安全。通过加强森林资源保育和野生动植物保护、实施山水林田湖草生态修复、推进国家公园百山祖园区建设，探索自然保护地群发展，打造全省生态高地。 "两屏"：钱塘江山水生态屏和浙东沿海生态屏 钱塘江山水生态屏是指由杭州、衢州西部以及湖州西部组成的区域，该区域以钱塘江流域核心区为主，包括天目山、白际山、千里岗、龙门山等山脉，水资源和森林资源十分丰富，是钱江源—百山祖国家公园钱江源园区所在地。该区域主要发展方向是提升森林涵养水源功能，保障水源地生态安全。通过加强钱塘江流域水源涵养林建设，提升森林涵养水源的功能，保障长三角地区重要战略水源地生态安全。推进国家公园钱江源园区建设，开展重要栖息地和生境修复，提升钱江源生态系统稳定性和完整性。 "三区"：环杭州湾平原林业发展区、金衢盆地林业发展区和浙中东丘陵林业发展区 金衢盆地林业发展区是指以金华、衢州的盆地和周边丘陵地区等组成的区域，该区域横贯全省东西，介于千里岗、仙霞岭、金华山和大盘山之间，是全省最大的盆地。该区域主要发展方向是提升林业产业发展水平，打造全省现代化林业产业大平台。	

层面	名称	内　容	来源
		充分发挥中国（义乌）国际森林产品博览会的平台优势，推进国家林草装备科技创新园建设，做大做强香榧、油茶、花卉苗木、东阳木雕等绿色富民产业，创新生态惠民新路径。推进金义都市区森林城市群试点建设，形成浙中地区生态共建共享的新格局。 浙中东丘陵林业发展区是指以金华东部、绍兴、台州等组成的区域，该区域包括会稽山、四明山、天台山、大盘山、括苍山、雁荡山等山脉，名山公园集聚，吴越文化悠久，处于四大都市区之间，是"山-城-人"关系最紧密区域。该区域主要发展方向是重点建设名山公园，融合发展生态、产业和文化，打造人与自然和谐共生的示范区域。围绕名山公园和浙东唐诗之路，实施生态提升建设，发展绿色富民产业，优化完善基础设施，挖掘和弘扬生态文化，依托便利的交通区位带动周边城镇融合发展，打造全省"生态大客厅"，助力四大都市区建设。 "多群"：是指通过加强改革创新，优化要素配置，推进生态经济化，着力打通绿水青山就是金山银山转化通道。重点打造以常山、青田、松阳、临安、诸暨等区域为主辐射带动发展木本粮油产业集群，以德清、南浔、安吉、龙泉、江山等区域为主辐射带动发展竹木加工产业集群，以磐安、淳安、乐清等区域为主辐射带动发展林下中药材产业集群，以海宁、长兴、金东等区域为主辐射带动发展花卉苗木产业集群和以杭州、温州、湖州、丽水、衢州等区域为主辐射带动发展森林康养产业集群。 三、高标准实施资源保护，构建生态安全新格局 （三）推进自然保护地体系建设 推进钱江源—百山祖国家公园建设。加快推进钱江源—百山祖国家公园创建，推动国家公园地方立法，健全体制机制，深化集体林地地役权改革成果，推进承包土地和宅基地地役权改革，加强跨区域合作保护。全面实施钱江源-百山祖国家公园总体规划，加强国家公园旗舰物种及典型生态系统保护，开展以中亚热带常绿阔叶林生态系统和百山祖冷杉、黑麂等珍稀濒危物种栖息地（生境）为核心的生态保护修复。大力提升国家公园保护、科研、教育、游憩等综合功能，加强管护基础设施建设，组建国家公园研究院，开展科普馆、游憩设施等建设，积极开展自然教育活动。探索建立国家公园社区共管机制，开展国家公园特色小镇和入口社区建设，引导社区参与国家公园公益性建设项目，深化特许经营管理，全面提升国家公园建设管理水平。 强化自然保护区建设。推进自然保护区整合优化和勘界立标，完善全省自然保护区空间布局，优化功能区划，严格执行分区管控。全面加强自然保护区珍稀濒危野生动植物和典型生态系统整体性保护，加强重点物种栖息地修复，开展自然遗迹抢救性保护修复，确保生物多样性得到有效保护。全面提升自然保护区保护管理能力，重点开展江山仙霞岭、临安清凉峰、婺城南山等自然保护区示范建设，利用数字化技术和高科技手段，进一步完善提升资源管护、科研监测、自然教育、应急防灾、基础设施等体系，逐步实现全省自然保护区的现代化管理。	

续表

层面	名称	内　容	来源
		四、高水平推进生态修复，谱写美丽浙江新篇章 （一）精准提升森林质量 加快美丽生态廊道建设。坚持系统化修复治理，以钱塘江、瓯江、京杭大运河为重点开展河流生态廊道建设，以杭新景、龙丽温、常台等高速两侧山体为重点开展道路生态廊道建设，依托沿海岸线开展海岸生态廊道建设。 （二）推进湿地生态建设 加强重要湿地修复。推进钱塘江山水生态屏、环杭州湾平原林业发展区等区域的河流湖泊湿地生态修复，保持与恢复湿地的自然性、连续性和生态完整性，构建结构完善、功能协同的湿地—森林复合生态系统 开展湿地城市创建。开展淳安特别生态功能区建设，提升三江两岸生态人文景观，打造城市湿地保护与修复的样板 十、着力实施重点建设工程 专栏2千万亩森林质量精准提升工程建设重点 1. 美丽生态廊道建设。开展山水林田湖海生态系统修复示范，以钱塘江、瓯江和京杭大运河等3条江河，杭新景高速、龙丽温高速、常台高速上三段等3条高速和沿海为重点，建设河流、道路、海岸等7条美丽生态主廊道，加强森林、河流、海岸、湿地生态系统修复提升，建设美丽生态廊道150万亩。 2. 自然保护地体系建设工程。稳步推进以国家公园为主体的自然保护地体系建设，开展钱江源-百山祖国家公园建设，完成自然保护地整合优化，提升自然保护区保护能力，增强自然公园生态服务功能，努力打造长三角最具魅力的自然保护地先行区。 专栏5自然保护地体系建设工程建设重点 1.钱江源—百山祖国家公园建设。全面实施钱江源—百山祖国家公园总体规划，加强旗舰物种和典型生态系统保护，实施主要保护对象的生境（栖息地）保护修复2万亩。加强保护能力建设，建立保护管理站点54个，新建和提升巡护道路180千米。提升科研、教育等综合能力，加强国家公园研究院、科普馆建设，开展自然教育活动。	
	《浙江省生态环境保护"十三五"规划》（2017-01-05）	三、重点任务 （五）推进"两大工程"，增强生态承载能力 以提升生态系统服务功能为目标，实施生态环境保护建设工程和生态环境整治修复工程，严守生态保护红线，对生态敏感地区实施强制性保护，全力打造山水林田湖生命共同体。 1. 实施生态环境保护建设工程。加大生态功能保障区等重点区域的生态保护力度，深化重点生态功能区保护与管理，重点生态功能区所属县域生态环境状况指数（EI）持续提升，确保钱塘江、瓯江、太湖等主要流域源头地区和海洋生态功能区维持原生态。	

层面	名称	内　　容	来源
	《浙江省环境保护"十二五"规划》（2012-07-14）	三、重点任务 （四）全面加强生态建设和保护，构建美好生态家园 1. 推进生态屏障建设 加强生态保护分区管理和分类指导。依据主体功能区划，完善生态功能区划体系，构建"两屏六区"生态空间格局。按照区域主体功能定位，实行差别化的空间环境准入和分类管理政策。长三角南翼城市密集区、温州都市区、金丽衢中心城区等优化开发区域，提高环境准入条件，制订较高的排污权有偿取得价格，实行更为严格的污染物排放标准和总量控制指标，限制资源依赖性产业扩张；甬台温沿海地区、舟山海岛地区、绍金丽衢丘陵盆地等重点开发区域，科学开发利用资源要素和环境容量，加快完善城乡环保基础设施，实行严格的污染物排放总量控制指标；浙西南山区、浙西北山地丘陵区、浙中江河上游地区等限制开发区域，坚持保护优先，严控污染产业布点，实现污染物排放总量持续下降。 自然保护区、风景名胜区等禁止开发区域依法实施保护，严禁不符合功能定位的产业活动。 加强自然生态保护区建设。加强自然保护区规范化建设，着力提高管护能力和建设水平。到2015年，省级以上自然保护区均达到规范化建设要求。开展重要生态功能保护区建设，重点抓好钱塘江、瓯江、太湖等主要流域源头地区的生态保护。加强滨海湿地、河流湿地、湖泊湿地等国家和省级重要湿地的建设，有效遏制湿地面积萎缩和功能退化的趋势。 优化用地空间布局，严格保护耕地和生态用地，合理开发低丘缓坡，提高土地资源集约节约利用水平。加快矿业结构和布局调整，减少矿山数量，促进规模化开采、集约化经营。加强森林资源保护，大力推进林业重点工程建设，加强中幼林抚育、低效林改造、林相改造，提高林分质量。统筹滩涂开发和湿地保护，控制滩涂开发强度，确保滩涂面积动态平衡。 四、重点工程 （七）生态保护与建设工程。完成钱塘江上游、太湖流域和重要饮用水源保护区26个县（市、区）农村环境连片整治示范项目。	
金华	《金华市生态文明示范创建实施方案》（2018-12-27）	七、强化生态体系建设，构建山水林田湖草生命共同体 （一）加强生态保护空间管理。执行最严格的环境保护制度，坚决守住生态保护、永久基本农田、城镇开发边界三条红线，守护绿色空间系统，保护生物多样性，以生态为基、产业为要、文化为魂、山水为脉、美丽为韵，高质量建设宜居、宜业、宜学、宜游、宜养"浙中大花园"。按照《生态保护红线管理暂行办法》，强化生态保护红线刚性约束，确保生态保护红线划定方案能落地、守得住。按省统一部署要求，完成生态保护红线勘界定标，建立基本单元生态红线台账，严格考核问责，对生态保护红线内生态环境实施动态监管。	

层面	名称	内　容	来源
	《森林金华行动方案》（2012-07-30）	（二）切实加强生态保护与修复。深化重点生态功能区保护与管理，生态环境状况指数（EI）持续提升。推进自然保护区规范化建设和管理，省级以上自然保护区全部达到国家级规范化建设要求。重点推进磐安大盘山国家级自然保护区、东阳市东江源省级自然保护区以及磐安七仙湖、武义熟溪和浙江浦阳江等省级及以上湿地公园的生态保护。深入推进"森林金华"建设，积极创建 1 至 2 个国家森林城市，打造森林城市群。支持武义争创国家生态文明先行试验区、浦江等地争创省级生态文明先行示范区。加强"一区两园"创建，强化生物多样性和栖息地保护，积极开展古树名木专项保护，加强主要生物物种资源监测、调查和保护。加强山水林田湖草系统治理，实施重要生态系统保护和修复重大工程。继续推进中小河流治理，重点开展 16 条中小流域综合治理，全面改善河道水生态系统，全面提升河岸景观。加大河湖水系连通及水生态保护与修复力度，实施湖海塘、长湖综合整治及水系连通工程、义乌城市水系激活工程；开展河湖库塘等清污清淤整治，提高水域水环境自净能力。加强湿地保护与修复，启动湿地修复与提升工程，逐步恢复湿地生态功能。全面加强矿山生态环境整治、复垦。 二、主要任务 （一）大力实施森林生态工程 1. 加强生态公益林建设管理。进一步优化重点生态公益林建设布局，扩大生态公益林建设范围，组织实施生态公益林示范提升工程，提高生态公益林建设水平。建立健全重点生态公益林管护网络、效益监测、信息管理、投入保障等体系，完善森林生态效益补偿制度。 2. 加强重点防护林建设。继续推进长江重点防护工程建设，完善平原农区与城镇防护林以及山地丘陵防护林三道防线的布局，进一步扩大建设规模，优化结构，提高质量，增强防灾减灾能力，基本构筑起结构稳定、功能完善的森林生态防御屏障。到 2015 年，全市建设重点防护林 12 万亩。 3. 加快平原绿化步伐。以实施森林城市创建、森林城镇创建、千村绿地百村精品、园区绿化提档、万企千校绿化提升、千家万户庭院立体绿化、万里公路补植增绿、千里河堤植被绿化、万亩农田防护林带建设等"九大行动"为抓手，统筹规划，合理布局，全面推进平原绿化建设，提高林木覆盖率，着力构建完善的平原森林生态系统。到 2015 年，全市平原地区林木覆盖率达 18% 以上，新增林木面积 16.5 万亩。 4. 扎实推进通道绿化。以公路、铁路、河渠、堤坝等沿线绿化为重点，坚持高起点规划、高质量建设、高效能管理，坚持新建与改造相结合，坚持绿化、美化、彩化相结合，加快公路沿线绿化进程。优先抓好高速公路、高速铁路绿化，重点加强市际、县际交接地段绿化、高速入城口绿化，同时加强公路绿化管理和养护，全面提高沿线绿化水平。到 2015 年，全市新增交通干线公路绿化里程 200 千米。	

层面	名称	内　　容	来源
		5. 大力发展碳汇林业。筹备建立中国绿色碳汇基金会专项基金金华专项。探索构建社会捐助造林、认建认养和碳汇造林市场机制，启动碳汇造林项目。	
		7. 努力提升森林质量。坚持森林科学经营，认真组织实施全省"1165"森林提质行动，以松、杉等针叶林为重点，加快推进中幼林抚育经营、林相改造和珍贵用材林培育，优化森林结构，提高森林质量，增强森林碳汇能力和生态功能。到2015年，全市完成森林抚育经营100万亩，建设珍贵树种培育基地10万亩，森林单位面积蓄积量每公顷达65立方米以上。	
		（三）切实加强森林生态和资源保护	
		1. 加强林地、湿地保护管理。组织编制县级林地保护利用规划，严格实施林地用途管理制度，认真落实征占用林地定额管理，引导节约集约使用林地。积极补充林地数量，多途径增加林地资源，确保全市林地资源动态平衡。完善湿地管理体制，加大湿地公园、湿地保护区（小区）保护建设力度，新建湿地公园及湿地保护区（小区）5个。加强城市湿地公园生态保护管理，积极推进城市湿地公园建设，优化人居环境。	
		3. 加强林业有害生物防治。贯彻"预防为主、科学防控、依法治理、促进健康"的防治方针，进一步落实目标管理责任，加大林业有害生物监测预警、检疫御灾、防治减灾三大体系以及公共防治服务、重要生态区域防控基础设施的建设力度，创新防治机制，防范外来有害生物入侵，形成较完善的林业有害生物防控体系。林业有害生物成灾率控制在0.9‰以下。	
		5. 加强森林资源监测。完善市、县两级网络化森林资源动态监测体系。加强森林群落结构、树种类型结构、森林健康、森林受灾程度及综合反映森林生态状况的生态指数等指标监测，加快新技术应用，提高监测数据分析能力和信息化水平，开展森林生物量、碳汇、生物多样性、森林防灾减灾等方面的监测和研究，逐步建立森林功能价值评估监测体系。	
		6. 加强水土流失治理。健全水土保持监督管理体系，规范水土流失重点防治区的划定、公告及监督管理，强化开发建设项目水土流失预防监督，加快建设水土保持重点工程，推进水土流失综合防治。扎实推进生态清洁型小流域建设，突出抓好坡耕地和经济林地水土流失治理。切实加强中小河流治理和山洪地质灾害防治等工作。到2015年，全市完成水土流失治理415平方千米，小流域堤防加固100千米。	
		7. 开展矿山、废弃矿山及坟墓环境治理修复。按照"谁开发、谁保护，谁破坏、谁治理"的要求，大力推进绿色矿山创建活动，切实抓好废弃矿山复绿工作，力争把新建矿山建成县级或市级、省级绿色矿山，把符合条件的大中型矿山基本建成绿色矿山。大力推行"绿色葬法"，继续推进"三沿五区"坟墓整治和绿化，扎实抓好乡村公益性生态墓地建设和城镇经营性公墓"四化"建设，扶持发展乡村公益性墓地建设。到2015年，全市完成"三沿五区"3万穴坟墓治理任务，治理率达85%以上，"生态葬法"行政村覆盖率达到88%。	

层面	名称	内 容	来源
		8. 加强自然保护区和生物多样性保护。继续抓好原有自然保护区（小区）的建设管理，加快形成建设类型齐全、功能完善的自然保护区体系。开展动植物资源调查，加强野生动植物资源保护，实行就地保护和迁地保护并举的措施；加强狩猎管理，保持物种种群稳定；加强执法检查，打击破坏野生动植物资源的行为，维护生态系统平衡。	
	《衢州市高质量推进国土绿化美化行动实施方案（2020—2024 年）》（2020-04-23）	三、建设内容 （一）以山地为主，加强坡地森林建设。挖掘现有林地、未利用土地、严重污染土地的造林潜力，确保宜林空间应绿尽绿。加大对坡度 25 度以上、重要水源地 15—25 度坡耕地的生态修复力度。加快荒山荒地等规划造林地、困难造林地、造林失败地等地块的造林步伐，鼓励山地使用 2 年生以上容器苗造林，提高林地绿化程度。加大残次林、疏林、一般灌木林的补植改造力度，积极促进生态修复。加强未成林造林地的抚育管理，促进早日郁闭成林。	
衢州	《衢州市创建国家生态文明建设示范市规划（2018—2025 年）》（2020-04-17）	二、创建内容 （一）优化空间发展布局，落实环境分区管控 2. 优化空间发展布局。构建科学合理、发展与保护相协调的生态—城镇—农业空间格局：古田山—钱江源、千里岗山脉为中心的北部山地丘陵区以及仙霞山脉为中心的南部山地丘陵区构成全市生态功能重要区；中部与东部金衢盆地为全市农业与城镇环境维护区；西部重点为农林产品提供与生态功能调节区。以衢州市主体功能区划分及水、大气等环境管理需求和资源开发利用需求为基本依据，统筹全市产业发展布局：全市总体定位为限制开发区域，主要类型包括国家农产品主产区和省级重点生态功能区，其中开化县、常山县定位为国家级重点生态功能区，衢江区、龙游县、江山市定位为国家农产品主产区，中心城区柯城区属省级重点开发区域。 （四）保护生态系统，提供生态产品 1. 构建区域生态安全格局。依托衢州市山、水、林、田、湖、草等生态要素以及丰富的自然资源，构建"两轴、两翼、十廊、多点"的生态安全格局。以常山港—衢江和江山港—衢江为"两轴"，推进游憩、观光滨水景观带景观设计和配套设施建设。以千里岗山脉生态屏障区和仙霞山脉生态屏障区为两翼，严格保护山区生态空间，构筑浙西生态安全屏障。以池淮溪、龙山溪、芳村溪、大俱源溪、石梁溪、庙源溪、芝溪、乌溪江、上下山溪、灵山港等衢江主要支流为"十廊"，建设生态廊道，联通生态源地，隔离城镇组团，串联形成覆盖全市域城镇乡村的多元自然生态空间。以衢州市内各类自然保护区、森林公园、风景名胜区、湿地公园、饮用水水源保护地等重点生态功能区，以及全市分散的林地、公园、自然小区等小型生态绿地斑块为"多点"，保护全市重要的生态节点。	

层面	名称	内　　容	来源
		2. 推进生态保护修复。开展生态修复，加强马金溪、池淮溪、龙山溪等河流的河道整治和岸边生态修复，强化对"一江两港""十廊"等骨干河道、城镇河网的清淤、疏浚、清障、保洁、生态护岸等综合治理，开展常山金源溪、坑桥溪等重点小流域的水土流失综合治理及退耕还林。系统实施生态保护。优先维护南北两翼山地生态屏障及其他生态功能重要区，提升南北两翼重点生态功能区的水源涵养和生物多样性维护功能；对钱江源地区河流湖库以及衢江干支流流域重要河湖湿地实施生态保护；保护森林生态系统，推进公益林天然林保护和抚育。保护动植物资源多样性。在钱江源国家公园体制试点区、千里岗、常山中部及南部、仙霞岭等区域优先开展生物多样性保护，开展珍稀濒危野生动植物及其生境抢救性修复；加大名贵树种资源保护力度，对全市衰弱、濒危古树名木实施抢救性保护。	
		3. 围绕常山港、江山港和衢江"Y"型生态景观轴开展蓝绿生态廊道建设，优先开展一江两港河道型滨水景观长廊建设，以现有地貌环境为基础，沿河两侧建设提升滩林湿地、滨河绿道、湿地公园等特色景观，串联形成沿岸景观资源群；沿池淮溪、龙山溪、芳村溪、大俱源溪、石梁溪、庙源溪、芝溪、乌溪江、上下山溪、灵山港等山水河流廊道水系实施生态廊道建设，新建并提升沿岸绿道，提高水系两侧和周边山体间的绿化水平，形成山水交融、蓝绿交织的生态廊道。通过实施分类分区的生态保护与合理利用，推进全市域的河湖湿地生态保护和草地草原保护，提升山林水草的水源涵养和气候滋养功能。	
	《衢州市生态文明示范创建行动实施方案》（2019-05-22）	四、坚决打好治水长效战，持续提升水环境质量	
		（一）开展"污水零直排区"建设及污水处理厂清洁排放。建设工业园区（工业集聚区）"污水零直排区"，力争 2020 年底前全市基本完成工业园区"污水零直排区"建设，到 2022 年，各县（市、区）、衢州绿色产业集聚区、西区全面建成"污水零直排区"。	
		（二）深化流域水环境治理及强化饮用水水源保护。开展重点区域、涉水行业环境整治，全面开展"美丽河湖"建设，持续开展清水保卫战，推进水环境质量持续提升。到 2022 年，全市建成"美丽河湖"30 条（个）。开展饮用水水源地安全保障达标建设，全面提高城乡饮用水安全保障水平。积极推进龙游县、开化县水源地建设，全面建立县级以上饮用水双水源供水格局。	
		（三）强化农业农村水污染防治。健全养殖场污染治理线上线下长效防控体系，50 头以上规模养殖场污染监控全部纳入环保监管平台。	
		七、加大生态保护与修复力度，促进人与自然和谐共生	
		（一）严格落实生态保护红线管控。全面建立生态保护红线制度，严守生态保护红线，实现"一条红线"管控重要生态空间。2020 年，全面完成全市生态保护红线勘界定标工作。严格考核问责，研究建立生态保护红线绩效考核评价机制。	

层面	名称	内　　容	来源
		（二）系统推进生态建设和保护。按照全域景区化的目标要求，打造沿江、沿河、沿山、沿湖美丽走廊。持续推进绿化造林工程，深入开展平原绿化和森林质量精准提升工程，实施新植 1000 万株珍贵树和"一村万树"行动。推进省级及以上自然保护区规范化建设和管理，加强生物多样性保护、古树名木等专项保护。 （三）切实加大生态环境整治修复。加快推进山水林田湖草生态保护修复各类试点工作。实施以流域为单元的"百河综治"，推进生态清洁小流域项目建设，启动湿地修复与提升工程，持续推进河湖生态修复和保护。加大重大林业有害生物灾害的防控力度，加快推进全市废弃矿山生态环境治理与修复利用。	
	《衢州市治水长效战 2020年工作计划》（2020-04-30）	二、工作任务 （一）改善水生态环境质量 1. 打好清水保卫战。针对双塔底、双港口、郑家、东迹渡、下界首等省控以上断面水质不稳定的实际情况，持续开展清水保卫行动，以氨氮、总磷、阴离子表面活性剂、氟化物等污染因子为重点，加强对重点流域、重点区块、重点园区、重点企业的水质管控，特别是对江山市江山港流域断面的水环境监管。 2. 加强交接断面水质保护。进一步完善跨行政区域河流交接断面水质联合防治协调机制，实施联合监测、联合执法、应急联动、信息共享。加强洋港、半潭、文图、航埠、后溪等 5 个跨行政区域河流交接断面水环境监管。 3. 提高市区支流、排渠水质控制标准。 4. 建立生态调水机制。针对部分国控断面部分时段出现水质超标的实际情况，在深化巨化片区、高新片区环境整治和优化排污口、水质监控断面布局的基础上，特殊时段实施应急调水，在保证必需的生活、生产用水的前提下，增加一定的河道流量，提高东迹渡、双港口、双塔底、下界首等国控断面水质达标率。 5. 加强港口码头污染治理。严格执行《衢州市船舶水污染物接收转运处置联合监管办法》（衢市交〔2019〕136 号）文件，强化港口和船舶监测和监管能力建设，开展船舶污染物接收、转运、处置联合整治活动，强化对船舶防污染设施、污染物偷漏排行为的监督检查。继续实施防治船舶及其有关作业活动水域环境应急能力建设规划，完成年度建设内容。	
	《衢州市治土（清废）持久战2020年工作计划》（2020-04-26）	一、主要目标 坚持"预防为主、保护优先、风险管控"原则，围绕三大重点任务（农用地安全利用、污染地块风险管控和"无废城市"建设），持续推进治土清废行动。 二、主要任务 （一）治土方面 1. 完成土壤污染状况详查。初步掌握调查地块的环境风险情况，形成全市污染地块清单和优先管控名录。	

层面	名称	内　容	来源
		2. 建成土壤环境监测网络。在农用地方面，由农业农村部门负责农产品产地风险点位布设；在重点企业用地方面，由生态环境部门负责重点工业园区（产业集聚区）、重点企业、污水处理设施、固废处置设施等周边土壤监测点位布设。 3. 完成土壤环境质量类别划定。根据农用地污染状况详查数据成果和历史监测数据，由农业农村部门会同生态环境部门按照国家和省里有关农用地土壤环境质量类别划定要求，划定全市耕地土壤质量类别，并按程序分别上报省级有关部门。 5. 实施农用地分类管控措施。完成 2020 年国家、省下达的轻度和中度污染耕地安全利用和治理修复、重度污染耕地用途管控任务。 6. 开展建设用地土壤污染调查。按照《土壤污染防治法》相关规定，由自然资源和规划部门会同生态环境部门，对各类农用地、建设用地或未利用地变更为住宅、公共管理和公共服务用地的地块开展土壤污染状况调查，对 2019 年已出让但未开展土壤污染状况调查的地块，补充开展调查，及时更新疑似污染地块和污染地块名录。 7. 实施暂不利用污染地块风险管控。各县（市、区）应结合年度污染地块名录，确定暂不开发利用污染地块名单，按要求发布暂不开发利用污染地块公告，并将辖区相应地块的风险管控纳入土壤污染防治工作年度计划，组织划定管控区域、落实管控措施。 8. 完成重点污染地块治理修复任务。 9. 推进化肥农药持续减量。实施农田化肥减量增效行动，推进农业"两区"测土配方施肥全覆盖，提高肥料利用率、降低施用量。推进农药控害增效行动，推进农作物病虫害绿色防控与统防统治融合发展。全市主要农作物化肥、农药使用量实现零增长，测土配方施肥技术推广覆盖率达到 90%以上。 10. 深化畜禽养殖污染治理。加快畜禽粪便收集处理中心及配套户用沼气工程建设，推进畜禽养殖排泄物的减量化、无害化和资源化处理和利用。开展饲料添加剂和兽药生产使用专项整治，进一步降低饲料和兽药中重金属物质残留。 11. 开展涉耕地土壤污染排查整治试点。根据农用地详查成果，在常山县、开化县各开展 1 个中重度污染耕地污染"源解析"试点工作，查明耕地土壤污染来源和污染途径。经排查表明属工业企业污染物排放造成的，应形成污染源清单、制定并实施污染整治方案。 12. 落实重点监管单位自行监测。按照《工矿用地土壤环境管理办法（试行）》，督促 75 家土壤重点监管单位落实建设项目用地土壤调查、企业用地年度自行监测、地下储罐排查报备、拆除活动污染防治等要求。 13. 严防矿产资源开发污染土壤。督促完成尾矿库环境风险评估，强化尾矿库污染治理设施的运行管理，因地制宜完善压土、排洪、堤坝加固等隐患治理和闭库措施。 14. 严格涉重金属排放项目审批。严格涉重金属排放项目审批把关，新增项目必须减量替代，确保重金属排放总量不新增。	

续表

层面	名称	内　　容	来源
	《衢州"两山"实践示范区建设规划》（2018-05-17）	一、衢州推进"两山"实践的主要做法与成效 一是积极打造全市域生态功能区，坚定不移建设浙江生态屏障。我们把生态作为衢州最大的优势和区域核心竞争力，全面落实浙江省主体功能区规划和环境功能区规划，加大生态环境保护和修复力度，狠抓环境治理，确保生态环境持续改善。 二是加强源头地区的生态保护。以维护钱塘江上游生态系统整体功能为重点，加强对湖泊、湿地、自然保护区、森林公园、资源重点开发区等区域的生态保护和利用。加强水土保持工作，做好水生态的保护、治理和修复，成功创建国家水土保持生态文明城市和全国水生态文明城市建设试点。强化生态公益林保护，推进绿化造林，成功创建国家森林城市。开展国家公园体制改革，全面实施减员增效、减村并镇、调整区划、调整职能"两减两调"改革，组建钱江源国家公园管委会，探索管委会统一行使资源管理权与使用权的管理机制，形成与保护要求相适应的运行机制。 三、2018 年"两山"实践总体设想 我们将把握新趋势，抓住新机遇，加大改革创新力度，大力推进落地实施，形成整体合力，着力打造可推广、可复制的"两山"实践全国示范、浙江样板和衢州模式。 （二）以"大统筹"为路径，建成"两山"实践典范 二是从内涵看，推进"五美五区"建设。即：突出生态美建设，打造浙江生态屏障保护区。具体抓好六项主要任务，即：夯实生态本底，保值增值绿色资产；重点做大金山银山，构建绿色经济体系；护美绿水青山，树立环境质量"标杆"；深化体制改革，创新绿色发展模式；打通转化通道，激活绿色发展动力；共享绿水青山，实现绿色富民惠民 （三）以"大改革"为重点，构建"两山"制度体系。一是构建"绿水青山"保护体系，建设全国生态环境质量标杆。力争构建全国同类地区最先进的生态空间格局、最完善的生态保护网络、最严格的环境保护制度，继续深化国家公园体制改革、全市域生态功能区试点、"多规合一"改革，大力推进以生态资源评估量化为基础，以"绿水青山"标准化评价考核为关键，以离任审计、损害追责和责任延伸等为保证的生态环境建设责任体系建设，抓好"碧水、蓝天、净土"三大工程，努力在打好污染防治攻坚战上领跑全省全国。值化为核心的全国生态文明体制改革标杆。	
	《衢州江山市构建"三大体系"打造钱江源头绿色生态市》（2010-03-15）	二、构建生态环境体系 一是抓生态林业建设。加大了对国土绿化的补助和奖励力度，对重点生态公益林、封山育（护）林、新建万亩环城景观林和城区饮用水源保护涵养林方面建立了财政补偿机制，对连片造林、改林达到规定要求的实行以奖代补财政政策。 二是抓空气质量提升。拆除所有水泥机立窑，实行干法回转窑生产技术；关闭和淘汰粘土实心砖瓦生产企业；在城区实施建筑垃圾封闭运输、工地车辆用水冲洗等措施，减少建筑粉尘污染；	

层面	名称	内　　容	来源
		对规模较大的酒店、宾馆、学校等单位燃煤锅炉改燃油、太阳能或电热水器；开展热电企业二氧化硫污染专项整治，加强对热电企业的环境管理；对化工企业的生产设备和管道密封件进行了系统的改造。	
		三是抓水质治理。依托该市列入全国水土保持生态修复试点县的契机，加快水土流失治理步伐，通过治理，该市的出境水和各水环境功能区的水质均达到或优于水环境管理的目标，集中式饮用水源水质达标率100%。	
		四是抓废弃矿山复绿复垦。该市根据不同废弃矿山的实际，实施复绿复垦。以政府重点投入为主，乡、村及农民辅助投入的方式，对废弃矿山采用平整采石场及外围加土加肥、选择耐碱性绿化树种及水果来复绿。	

第二节　七山二水一分田反映的第二自然

浙西南自然地理环境以山地为主，素有"七山二水一分田"的说法。在以山地为主导的自然地理环境中，浙西南产生了其独特的农业结构，并形成了农业与工商业并重的局面。

一、浙西南地区山水林田湖草生态系统

浙西南自然地理环境是一个有机体，第二自然应该遵从第一自然的整体性和差异性。在以山地为主导的自然地理环境中，既要遵循浙西南整体环境特征，又要尊重区域的地方差异。

（一）自然环境的整体性

生态本身就是一个有机的系统，生态系统的建设与治理也应该以系统思维考量、以整体观念推进，这样才能顺应生态环保的内在规律。党的十八大以来，习近平总书记从生态文明建设的整体视野出发提出"山水林田湖草是生命共同体"的论断，习近平总书记深刻指出："人的命脉在田，田的命脉在水，水的命脉在山，山的命脉在土，土的命脉在树。"由山川、林草、湖沼等组成的自然生态系统，存在着无数相互依存、紧密联系的有机链条，牵一发而动全身。浙西南的"七山""二水""一分田"都处于紧密的联系之中。

（二）自然环境的差异性

在浙西南整体的生态系统中，各个区域间也存在着差异性，这些差异性结合不同的开发历史、技术发明与人类活动的能动性造就了截然不同的土地利用方式。以义乌市、龙游县和婺城区为例，三地均位于金衢盆地，龙游县是以种植业为主的传统农业县，婺城区作为金华市中心城区，它的乳畜与园艺等现代农业较为典型，而境域内 89.78% 地区都是 25°以上的陡坡和 15°~25°的斜坡的义乌市，在田地不足以养活本地人口的情况下，凭借浙中交通枢纽的地理位置与当地人的商业思维成为扬名海内外的商业重镇。

二、山地主导的农业生态系统

浙江省的耕地主要分布在平原（主要在杭嘉湖平原、宁绍平原和东南沿海平原）和低丘河谷，随着海拔的增高而减少。山地、丘陵带的耕地和数量因地而异，其中浙西北丘陵一般坡度较缓，土层深厚，开垦的耕地较多。林地主要分布在浙西南丘陵山区，呈现从东北向西南逐步增加和从东向西增加的趋势。根据农业资源禀赋、区位优势、生产结构等特征，浙江的农业生产可分为浙北及沿海、浙中丘陵、浙西北浙西南山区三大地带，与浙北平原地区不同，浙西南农业生态系统是以山地为主导的，浙西南是瓯江、飞云江、鳌江和灵江等水系的发源地，自然生态条件优越，林地生产力高，是浙江重点用材林产区，素有"浙江林海"之称。

将 2020 年浙西南三市农业结构与全省的整体情况及嘉兴进行比较（表 3-8），可以看出，与"六田一水三分地"的嘉兴市不同，地形对浙西南三市农业类型的影响无疑是巨大的，在以山地为主导的生态系统中，林业和牧业产值占比高于平原地区，种植业产值占比低于平原地区。

表 3-8　全省、嘉兴及浙西南三市 2020 年主要农产品播种面积/产量

农产品类型	全省 播种面积/产量	嘉兴 播种面积/产量	金华 播种面积/产量	丽水 播种面积/产量	衢州 播种面积/产量
粮食	993（千公顷）	151（千公顷）	78（千公顷）	73（千公顷）	89（千公顷）
油菜籽	114（千公顷）	1（万吨）	—	7（千公顷）	30（千公顷）
蔬菜	660（千公顷）	—	51（千公顷）	46（千公顷）	40（千公顷）
花卉苗木	21（千公顷）	—	—	1（千公顷）	5（千公顷）
中药材	50（千公顷）	—	9（千公顷）	5（千公顷）	—
瓜果类	97（千公顷）	—	10（千公顷）	3（千公顷）	—
家禽肉类	90（万吨）	8（万吨）	10（万吨）	6（万吨）	14（万吨）
水产品	615（万吨）	17（万吨）	—	—	7（万吨）

资料来源：2020 年浙江省国民经济和社会发展统计公报、2020 年嘉兴市国民经济和社会发展统计公报和 2020 年浙西南三市国民经济和社会发展统计公报。

三、多元化农业与工商业并重

在"七山二水一分田"的情况下，浙西南农业朝立体、多元化发展。由于人多地少、人地矛盾尖锐，当地有重视工商业的发展的传统，从"鸡毛换糖"到今天闻名世界的"小商品之都"，浙西南三市第一产业与第三产业增加值对经济的贡献率高于全省平均水平（表3-9），浙西南的工商业与多元化农业并头发展。

表3-9　全省与浙西南三市三次产业增加值及结构

	第一产业（亿元）	第二产业（亿元）	第三产业（亿元）	三次产业结构
金华	157.17	1814	2732.79	3.3:38.6:58.1
丽水	104.61	555.19	880.22	6.8:36.0:57.2
衢州	92.27	659.48	887.37	5.5:41.1:53.4
全省	2169	26413	36031	3.3:40.9:55.8

资料来源：2020年浙江省国民经济和社会发展统计公报、2020年嘉兴市国民经济和社会发展统计公报和2020年浙西南三市国民经济和社会发展统计公报。

（一）小商品、大市场

浙江是我国市场经济最为发达的省份之一，在过去的20多年时间里，数以万计的中小企业在浙江形成了近500个工业产值在5亿元以上的"产业集群"（表3-10）。块状经济的崛起可以说是近年浙江经济中最为突出的一个亮点，浙江资源匮乏——经济学界和当地人士甚至把这种匮乏称为"零资源"，但却是市场大省。一个有规模的、成熟的"块状经济"旁边，必定有一个相应的专业市场，例如永康五金区块旁边就是"中国五金城"，"块状经济"催生了专业市场，而专业市场的繁荣，又反过来推动"块状经济"的进一步壮大。两者相辅相成，互促共进，相得益彰。

表3-10　浙西南三市产业集群

城市	产业类型
金华	金华汽车及零部件产业集群
	永康五金产业集群
	横店影视产业集群
	义乌小商品产业群
	东阳建筑产业群
	浦江水晶产业群
	兰溪织造产业集群

续表

丽水	缙云带锯床产业集群
	遂昌竹炭产业集群
	龙泉木制太阳伞产业群
	龙泉剑瓷产业集群
	云和木制玩具产业集群
衢州	衢州氟硅产业集群
	江山羽毛球产业集群
	江山机电产业集群
	龙游特种纸产业集群

资料来源：金华市人民政府官网、丽水市政府门户网站、衢州市人民政府官网。

（二）地理标志保护产品

浙西南由于水热资源丰富、生态环境优良，孕育了众多的地理标志保护产品，截至2019年底，金丽衢三市共有地理标志产品52个（表3-11），形成了在全省乃至全国都有影响力的品牌效应；推动了山区经济的发展，增加了农民的收入，丰富了居民的"果篮子、菜篮子"。

表 3-11　浙西南三市地理标志产品数量

市	地理标志产品数量（个）
金华	22
丽水	16
衢州	14

地理标志产品的产生与发展受到人文环境和自然环境等因素影响，其中自然环境因素包括气候、水、温度、土壤、地貌等。浙西南自然地理环境对地理标志产品的影响具有如下特征：一是自然环境处于亚热带季风气候带内，地形地貌以丘陵山地为主；二是全省多年降雨量均在1500mm左右，且多年平均气温均在16℃左右，土壤均以酸性红壤黄壤为主。除此之外，浙西南的地理标志产品还受人文环境因素影响。地理标志产品主要受区域经济基础、农民收入水平、政府关注程度等人文因素影响。

根据国家知识产权局商标局2021年信息，浙西南三市有以下地理标志产品：

金华市地理标志产品有金华佛手、兰溪杨梅、兰溪小萝卜、磐安茭白、武义宣莲、武义铁皮石斛、磐五味、磐安白术、磐安云峰、永康方山柿、永康五指岩生姜、东阳香榧、磐安香菇、磐安玄参、磐安元胡、浙贝母、磐安白芍、金华酥饼、金华火腿、义乌红糖、金华两头乌猪。

丽水市地理标志产品有龙泉灵芝孢子粉、松阳茶、龙泉灵芝、庆元香菇、云和黑木耳、松阳晒烟、遂昌竹炭、景宁惠明茶、庆元灰树花、缙云黄茶、龙泉黑木耳、龙泉香菇、遂昌菊米、缙云麻鸭、青田田鱼。

衢州市地理标志产品有常山胡柚、常山山茶油、衢州椪柑、志棠白莲、江山白菇、常山猴头菇、开化杜仲茶、开化龙顶、江山绿牡丹茶、龙游小辣椒、常山银毫、开化清水鱼、龙游乌猪、龙游发糕。

第三节　地方精神与文化认同耦合生成第三自然

一、浙西南地区考古中的流域文明与地方考古

文化遗址是指某个民族、国家或群体在社会发展过程中所创造的一切物质财富与精神财富。其作为人类活动的遗迹，是人与自然环境共同作用的产物，反映了当时社会发展状况和自然环境演化过程。通过对于文化遗址的考古追寻，了解古城文明的建设，领悟文化遗产所蕴含的深刻内涵和文化底蕴。从而更为深刻的体悟历史学科唯物史观、时空观念、历史解释、史料实证、家国情怀。

浙江省地处长江下游，浙北地区属于长江流域中一个相对独立的子流域——太湖流域，而浙北地区以外的省内大部分水分别汇入七条独流入海的河流，自北向南分别为钱塘江（含曹娥江）、甬江、灵江、金清港、瓯江、飞云江、鳌江。其中钱塘江把浙江分为南北两块，而浙西南的瓯江流域则是一个相对独立的地理单元。

（一）钱塘江流域与良渚文化

钱塘江流域位于浙江省西部，有南、北两源，均发源于安徽省休宁县，北源也是正源新安江经淳安至建德与兰江汇合，东北流入钱塘江，是钱塘江正源。钱塘江流域是浙江省八大水系之一，是浙江省第一大河，世代孕育着浙江文明。

吴越文化是长江下游的区域文化，长江下游就是吴越文化的区域范围。中国古代一般以淮河为南北方的分界线。淮河以南的长江下游地区，从新石器时代以来，文化面貌相对比较一致。春秋战国时期，在这片土地上先后崛起吴、越二霸，因此称这一带为吴越文化区。吴越文化的中心区在太湖、钱塘江流域，而太湖、钱塘江流域的文化面貌可以钱塘江为界，分为浙西与浙东（或称吴文化与越文化）两种类型。吴越文化的起源则是可以追溯到河姆渡文化与良渚文化的千年历程。

良渚文化和良渚遗址自发现以来，经过了几代考古人的不懈努力，今天已经越来越清晰地展现在世人面前。通过对良渚长达 80 年之久的考古发掘与研究工作，发现在距

今 5000 年的新石器时代这个地区就已经存在如此成熟发达的文明社会，并且有着完善的城市规划、纯熟的稻作农业和严格的用玉制度。

玉文化是中华文明的重要文化基因之一，良渚可谓是其中最具典型的代表。良渚人创造的以琮、璧、钺、冠状饰、三叉形器、玉璜、锥形器为代表的玉礼器系统，同时在许多玉器上都雕刻有神徽图案，并且玉琮、冠状饰、玉钺柄端饰等许多玉礼器的构形都与表现这一神徽有着直接的关系。玉礼器系统及神徽在整个流域的良渚玉器上表现得极为统一，是维系良渚社会政权组织的主要手段和纽带，显示良渚文化有着极强的社会凝聚力，且存在统一的神灵信仰。总体而言，良渚文明是一种以神权为纽带的文明模式。

长江流域的中下游地区，是目前所知的稻作农业的原产地，稻作驯化始于一万多年以前。发展到良渚文化时期，稻作已达到很高的水平。在良渚文明的核心区环太湖流域、钱塘江流域，并未发现黍、粟等旱作农业品种，稻米是良渚先民唯一的主食，这是良渚文明区别于中国及世界其他文明的重要特征之一。良渚文明的另一大特点是对原始家畜的饲养，驯养的主要对象是猪。根据良渚古城钟家港等古河道里出土的动物骨头统计，猪骨头的数量可以占到 80% 以上，证明猪是良渚人主要的肉食来源。

良渚文化作为长江下游地区太湖流域的一支有自身发展序列的新石器时代晚期文化，其神徽形式的刻划，在偌大的太湖流域及钱塘江流域，所表现出的如出一辙的统一模式，使人们越来越感受到，这一文化的内在凝聚力和政权的统一程度。

（二）瓯江流域与好川文化

瓯江是浙江省第二大江，古名慎江，《太平寰宇记》称屦川，《名胜志》称温江。其干流发源于今丽水地区南部百山祖自然保护区的锅冒尖西北麓，自西向东流经丽水、温州地区，出温州湾入海。其干流全长约 388 千米，在丽水地区境内的干流长 316 千米。境内瓯江流域面积约 12 985 平方千米，占丽水地区总面积的 75.2%，瓯江流域总面积的 72.7%，且今地区内的 9 座城市有 8 座位于瓯江干支流沿岸。瓯江流域的好川文化属于新石器时代晚期，地域特色浓厚，是一支与良渚文化晚期并存的有着发达用玉制度的考古学文化。

好川文化是距今 4000 年前后的新石器时代晚期的文化，是浙江省继河姆渡文化、马家浜文化、良渚文化之后确立的又一支考古学文化，是浙西南地区史前考古发掘研究的重大突破，填补了浙江省西南部浙、闽、赣三省交界地区新石器时代考古的空白。

好川文化遗址位于浙江省遂昌县三仁畲族自治乡好川村岭头岗，地处丽水、金华、衢州三市交界处的仙霞岭南麓的大山深处，山高坡陡、森林茂密、雨量充沛、动植物资源丰富，可供耕种土地稀少。距县城妙高镇约 12 千米，属山间低谷丘陵地貌，发源于好川西约 8 千米的忠溪，经好川襟溪汇入松阴溪属瓯江水系。新石器时代末期的好川文化是一支分布于浙西南仙霞岭山地的考古学文化。

一种文明或文化产生后总是不断发展和向外传播，而好川先民在生产和生活中的发展和迁徙的过程，在距好川墓地 8 千米、沿忠溪下游大约 8 千米处发现多件完整和可复原的印纹硬陶器，罐形制以圜底内凹为特点，部分印纹硬陶片特征与此相似，年代相当于商代。在温州老鼠山遗址的发掘中发现了好川文化连片的石构建筑遗迹，并出土了 1000 多件石器、陶器、瓷器、铜器以及大量的陶片，增进了今人对史前好川文化的认识。

老鼠山遗址的地理环境也很值得注意：瓯江、蜿蜒曲折的戌浦江流经此处，周围高山连绵。结合 1997 年好川墓地的发掘，考古人员认为好川文化是以瓯江流域为主要分布区的浙江省又一支史前文化，其发现与确立对中华文明起源的研究将产生积极的影响。

由于史前人类的生产力发展水平所限，人类文明都是起源于河流两岸，并且一开始也是沿着江河迁徙生活。好川先民是先在傍依忠溪的好川附近，过着渔猎采集生活，其中的一支沿忠溪向下发展来到瓯江流域，再沿瓯江向下发展一直来到温州，最后这一地区的好川先民发展成为后来的瓯越民族，再融入到中华民族大家庭。

二、历史时期浙西南治辖隶属与行政变化

金华自秦王政二十五年建县，因其"地处金星与婺女两星争华之处"得名；位于浙江中部，下辖 2 个区、3 个县，代管 4 个县级市。最早在夏商春秋战国时期，地属越国、楚国；后秦汉统一属乌伤县（治所在今义乌境内），南朝陈天嘉三年时期首次改名为金华郡。后至隋唐时期改置婺州一直沿用至明朝。明朝时期设金华府，领金华、兰溪、东阳、义乌、永康、武义、浦江、汤溪 8 县。而后民国从废除金华府设金华道，至 1949年 5 月，设立浙江省第八行政区。其具体历史沿革如表 3-12。

表 3-12　金华市历史沿革

时　　期	事　　件
元至元十三年（1276）	改婺州路
元至正十八年（1358）	朱元璋攻取婺州路，改宁越府
元至正二十年（1360）	改金华府
明成化八年（1472）	析遂昌、金华、兰溪、龙游县部分地置汤溪县。金华府领金华、兰溪、东阳、义乌、永康、武义、浦江、汤溪 8 县
民国二年（1912）	废府
民国四年（1914）	置金华道，辖区扩及原衢州、严州府
民国十七年（1927）	废道，各县仍直属于省
民国二十八年（1939）	设磐安县，划缙云县之 5 乡，永康县之 3 乡，天台县之飞山乡，东阳县等都乡，为磐安县境

续表

时　　期	事　　件
1949 年 5 月 7 日	中国人民解放军第二野战军解放金华，设立浙江省第八行政区
1949 年 10 月	改名金华专区，辖 2 市 9 县
1955 年 3 月	衢州专区撤销并入
1958 年 11 月	撤销汤溪县
1968 年 4 月	改为金华地区
1985 年 5 月	撤销金华地区，原金华、衢州两县级市分别升为地级市，实行市管县体制，并于金华城区设立婺城区，郊区设立金华县，同时撤销兰溪县，设立兰溪市（县级）。金华市辖婺城区、兰溪市和金华、永康、武义、东阳、磐安、义乌、浦江 7 县。原金华地区的龙游、开化、常山、江山县划归衢州市管辖
1988 年 5 月	撤销义乌县设立义乌市（县级），撤销东阳县设立东阳市（县级）
1992 年 10 月	撤销永康县设立永康市（县级）
2000 年 12 月	撤销金华县，与婺城区互有调整，县境东部设立金华市金东区

资料来源：据金华市人民政府官网《金华历史沿革》整理 http://www.jinhua.gov.cn/col/col1229159908/index.html。

丽水，古称处州，浙江省辖陆地面积最大的地级市。与金华在先秦时期均属百越之地，至东汉建安年间始建松阳县，后建置遂昌县。于隋唐时期建处州，后至明朝处州府辖丽水、松阳、缙云、青田、遂昌、龙泉、庆元、宣平、云和、景宁 10 县。民国年间撤销处州，由浙江省都府直辖。1949 年设为浙江省人民政府第七专区。至 2000 年设立地级市丽水市。其具体历史沿革如下表 3-13。

表 3-13　丽水市历史沿革

时　　间	事　　件
明景泰三年（1452）	处州府辖丽水、松阳、缙云、青田、遂昌、龙泉、庆元、宣平、云和、景宁 10 县
清宣统三年（1911）	辛亥革命后成立处州军政分府
民国元年（1912）	撤销处州军政分府，由浙江省都督府直辖县
民国三年（1914）	属瓯海道管辖
民国十六年（1927）	撤销瓯海道改省直辖县
民国二十一年（1932）6 月	设第十一、十二行政督察区管辖
民国二十四年（1935）6 月	改为丽水行政督察区
民国二十五年（1936）4 月	改为第九行政督察区
民国三十七年（1948）4 月	改为第六行政督察区
民国三十七年（1948）7 月	改为第七行政督察区，辖丽水、松阳、缙云、龙泉、庆元、宣平、景宁、云和 8 个县
1949 年 4—5 月	丽水全境解放
1949 年 8 月	设浙江省人民政府第七专区
1949 年 10 月	改为浙江省丽水专区

续表

时　间	事　件
1952 年 1 月	撤销丽水专区，各县分别划归温州、金华、衢州专区
1963 年 5 月	恢复丽水专区，辖丽水、青田、缙云、遂昌、云和、龙泉 6 个县
1968 年 11 月	改为丽水地区
1973 年 7 月	恢复庆元县
1982 年 1 月	恢复松阳县
1984 年 6 月	设立景宁畲族自治县
1986 年 3 月	撤销丽水县，建立丽水市
1990 年 12 月	撤销龙泉县，建立龙泉市
2000 年 5 月	撤销丽水地区，设立地级丽水市，同时撤销县级丽水市，设莲都区
2000 年 7 月 18—19 日	莲都区与丽水市先后挂牌

　　衢州是一座历史文化名城。始建于东汉初平三年，有 6000 多年的文明史、1800 多年的建城史。先秦时期同属百越之地，春秋战国时期先属越国后归属楚国。秦王灭楚后于吴越之地置会稽郡，今衢州即属会稽郡之太末县。后至东汉年间，分太末县置新安县，为衢县建县之始。至明代设衢州府，隶属浙江等处行中书省，清代沿袭明制。民国时期设衢县，1949 年解放衢县，逐渐将其他县并入后恢复衢州市并升为省辖市。其具体历史沿革如表 3-14。

表 3-14　丽水市历史沿革

时　间	事　件
五代十国	衢州属吴越国（907—978 年）
元太祖己亥年（1359）	改衢州路为龙游府，治所西安
元至正二十六年（1366）	改龙游府为衢州府，西安倚廓，隶浙江等处行中书省
明永乐二十二年（1424）	建越王府
明宣德二年（1427）	越王府除
明成化八年（1472）	龙游洋埠等部分地析出，与遂昌八九两都，金华汤溪、蒋堂，兰溪游埠等置汤溪县，隶属金华
清代	沿袭明制，仍为衢州府，隶浙江省金衢严道
清康熙二十三年（1684）	裁撤，西安县仍为府治外，又为金衢严道治所
清宣统三年七月（1911 年 8 月 7 日）	裁西安县并入衢州府，由府兼理县事
辛亥革命后（1911 年 11 月 7 日）	成立衢州军政分府，兼理县事
民国五年（1916）	裁道，翌年复设，道尹仍驻衢县
民国十六年（1927）	设第一特区县政督察专员公署，驻衢县
1948 年	衢县属第三行政督察专员公署，属址移金华，辖衢县、龙游、常山、江山、开化、遂昌、金华、兰溪、东阳、义乌、永康、武义、浦江、汤溪

续表

时　　间	事　　件
1949 年 5 月 6 日	中国人民解放军第二野战军解放衢县，始设军管会
1949 年 10 月	建衢州专员公署
1951 年	撤销衢州市，县府迁回衢县城区，专署驻衢县
1955 年 3 月	衢州专员公署撤销，衢县属金华专区
1958 年 10 月	松阳县并入遂昌，改属丽水专区
1958 年 11 月	常山并入衢县
1960 年 1 月 1 日	龙游县并入
1961 年	复置常山县
1979 年 9 月	恢复衢州市，县、市并存
1981 年 4 月	撤县并入市
1983 年 9 月 13 日	龙游县析出，另立县治
1985 年 5 月	金华地区撤销，衢州市升省辖市，原衢州市分设柯城区与衢县，实行市管县，市辖衢县、江山、常山、开化、龙游五县及柯城区
1987 年 12 月	江山县改县级市，属衢州市
2001 年	衢县为衢江区

三、低山丘陵与盆地主导的人地关系趋势

新石器原始社会生产力低下，人类为了生存和发展，首先需要选择适宜的生产和生活环境，而适宜的地貌环境是最重要的条件。全新世海平面变化是中国滨海区地貌演化的第一控制因素，海平面变化也控制或者影响了人类的居住、迁徙、生产和生活，这在新石器遗址的时空分布格局上有很好的反映。

（一）早期文明受制于环境

1. 环境孕育文明

在 9～7ka，中国东部滨海平原区发生广泛海侵，处于开放的浅海、海湾和河口环境。杭嘉湖的西侧和宁绍盆地的南侧为濒临海洋的低山及岛屿，这是新石器人类的有限生存空间。跨湖桥时期和河姆渡早期的人类，就是生活在这样的地貌环境下。他们渔猎和采摘，也会利用有限的土地种植水稻，但食谱中的海洋成分占有重要的比例，因此可以称为"海洋文化"。

约 7ka 前后海平面上升速率大幅度降低，东亚夏季风强盛，降雨充沛，流域侵蚀作用加强，大量的沉积物向河流下游运移，充填河口，淤积形成三角洲平原。陆地逐渐生长并向海洋方向推进，海岸线东撤，为新石器人类的生产和生活提供了广阔的空间，新

石器文化得以蓬勃发展，最终孕育出璀璨的良渚文明。

良渚文化从海洋文明到水田农业文明、再发展成为更高级别的新石器文明形式，是人类适应这里的地理环境的最佳诠释。

2. 环境迁移文明

由于交通闭塞，对外交流少，河姆渡文化领先的优势消失殆尽，逐渐落后于交通方便的太湖流域的马家浜、崧泽文化。马家浜文化举族南迁，与宁绍当地文化融合后形成以马家浜文化为主、两种文化因素共存的新文化。环太湖和长三角地区的良渚文化逐渐强盛，更具广阔发展的区位优势，南下扩张占据整个宁绍平原，彻底取代了河姆渡文化。

因此除了自然环境的挑战，河姆渡文化还受到了其他同期新石器文化扩张的影响，是人类自身社会性的挑战。因此，南退浙闽丘陵成为了河姆渡文化无奈和必然的选择。

（二）人地耦合的佳作——稻作农业

农业是气候环境与人类文明耦合的佳作。冰后期的农业起源是新石器时代开启的重要标志之一，农业的发生和发展是早期人类社会发展的基础和缩影；同时，农业文明的发展也是人类对于自然本质性的超越，在利用自然的同时也对环境本身产生了重大影响。

气候环境上，在7kaBP左右，长江三角洲南部及杭州湾平原地区年平均气温比现在高4℃，冬季气温高过现代不止于此，降雨丰沛，属亚热带至热带海洋性季风气候。海面升高，地下水位较高，湖泊众多，水网密集，属湿热湖沼环境。全新世高温期的气候环境非常适宜，是长江中下游农业文化创立及发展的时代。

地貌环境上，当河姆渡与良渚文化区成陆生长时，"工字形"地貌两翼尚处于海水有规律的涨落之中，湖水随之升降，为稻田创造了灌溉条件，具有适宜水环境的疏林草原成为容易衍生农业的环境。

第四章　金华市地理研学设计

第一节　吴越古城，荟萃婺城

一、地理位置与行政区划

婺城区位于金华市西部，东经 119°18'—119°46'，北纬 28°44'—28°15'。东邻金东区，南毗武义县，西和西南与龙游县和遂昌县接壤，北连兰溪市。婺城区不仅是金华市的核心城区，还是上海经济区、沿海发达地区和内陆腹地的结合部，东衔沪、甬、温三个港口城市，西临浙江西部及闽赣皖三省，是浙江省及中国的重要交通枢纽，闽浙皖赣四省的交通要道。

康熙《金华府志》据《太平寰宇记》载："梁武帝改置金华郡"，并注有《玉台新咏》序云："金星与婺女争华，故曰金华"。隋文帝开皇时期置婺州，始称婺州，金华城称婺城，简称婺。婺城区历史悠久，春秋战国时期属越国地；秦始皇时（前 222）分吴越地，置会稽郡，设乌伤县（今义乌），婺城区属乌伤县；东汉献帝初平三年（192）分乌伤南乡地（实为西南乡地）置长山县，因县东北长山（即金华山）而名；三国吴宝鼎元年（266）分会稽郡置东阳郡，郡治在长山县；隋文帝开皇九年（589）废郡置婺州，长山县改名吴宁县，开皇十二年又改名为东阳县，至十八年（598）更名为金华县；唐武则天垂拱四年（688）改称金山县，唐中宗神龙元年（705）复名金华县；宋淳化年（990）为婺州保宁军；元世祖至元十三年（1276）金华县为婺州路治；戊戌年（1358）金华县为宁越府治，庚子年（1360）为金华府治；明清二朝五百五十年间，均为金华府治所在地；民国元年（1912）浙江光复时府废，金华县直属浙江省；民国三年（1914）设金华道，辖金华、衢州二府地，道尹驻道前街；民国十六年（1926）道废，金华县又属浙江省；民国二十一年（1932）设浙江省第四行政督察专员公署于金华；民国三十六年（1947年）改浙江省第八行政督察专员公署于义乌，金华县属之。1949 年 5 月金华解放，设金华县，10 月析金华县城区设金华市。

1949 年以来婺城区行政区划历经多次变更（表 4-1），截至 2019 年，婺城区辖 9 镇 9 乡 9 街道（其中 3 镇 1 乡 4 街道由金华经济技术开发区托管），110 个社区居民委员会，

317 个村民委员会。总面积 1391.24 平方千米。

表4-1　1949 年后婺城区行政区划变更

年份	变更情况
1949 年 5 月	金华解放，设金华县，10 月析金华县城区设金华市
1951 年	仍分设金华县、金华市
1958 年	撤汤溪县，除两个乡并入兰溪外，余均并入金华县
1959 年	撤销龙游县，其中湖镇区并入金华县，其后金华县城区曾两度设市（县级）
1981 年	金华县称金华市
1983 年	恢复龙游县其湖镇区仍划归龙游县
1985 年	撤地建市，原金华市分设婺城区、金华县
2000 年 12 月 30 日	将原金华县的雅畈、安地、白龙桥、琅琊、蒋堂、汤溪、罗埠、洋埠、长山、沙畈、塔石、岭上、莘畈、箬阳 14 个乡（镇）划归婺城区管辖。加上原来的 7 个街道和罗店、秋滨、竹马、乾西、新狮、苏孟 6 个乡镇，金华市婺城区下辖 7 个街道、20 个乡镇，77 个居委会、639 个建制村、人口 62.24 万人
2002 年 7 月 31 日	婺城区部分行政区划进行调整。行政区划调整后，婺城区辖 9 个镇，9 个乡，9 个街道办事处
2019 年	婺城区辖 9 镇 9 乡 9 街道（其中 3 镇 1 乡 4 街道由金华经济技术开发区托管），110 个社区居民委员会，317 个村民委员会

二、自然地理环境

（一）地形地貌

金华市婺城区地处金衢盆地中东部，属浙中丘陵盆地区，地势南北高，中间低，依次为中山、低山、丘陵，向中部递减，遂成河谷平原和低丘盆地，五个层次的地貌特征明显；其中，中低山约占 18.72%，丘陵和缓坡岗地约占 67.02%，河谷平原占 14.26%，素有"七山半水二分田，半分道路和宅园"之称。与遂昌县界上海拔 1336 米的小金竹尖为境内最高点，白龙桥镇雅苏，海拔 31 米为全区最低点。

（二）气候水系

金华市属亚热带季候风气候，四季分明，气温适中，热量丰富，雨量充沛。年均气温为 17.9℃，年降水 1400mm，无霜期为 263 天；全年平均日照时数 2062 小时，大于 10℃的有效积温 5500℃左右。

婺城区境内江河均属钱塘江水系，主要河流金华江、衢江为钱塘江一级支流，金华江上游由义乌江和武义江在三江口汇合而成。境内建有安地、金兰、沙畈、莘畈 4 座中型水库和 70 座小型水库。

（三）自然资源

尽管婺城区地处金华中心城区，但其生物资源非常丰富，尤其是森林资源与动物资源品种多样。此外，婺城还有十多种矿藏。

婺城区森林树种有 83 科 439 种，草本 70 科 300 种。属国家与省重点保护树种有 10 余种，其中一、二级重点保护的野生植物有南方红豆杉、榉树、花榈木、凹叶厚朴、樟等。有 100 年以上古树名木 833 株。

婺城区有兽类 59 种，鸟类 125 种，蝶类 300 种，爬行类 45 种，两栖类 28 种，占全省资源种类的 50%～60%，国家一级重点保护野生动物有黑麂，二级有鬣羚、猕猴、大鲵、虎纹蛙、穿山甲等，其中南山猕猴群落有 250 只左右。此外，婺城区有萤石、石灰石、沸石、珍珠岩、花岗石、凝灰岩等十多种矿藏。

三、人文地理环境

（一）人口发展

根据第七次全国人口普查，婺城区(不含市经济技术开发区)常住人口为 479 117 人，与 2010 年第六次全国人口普查的 424 829 人相比，十年增长 12.78%，年平均增长率为 1.21%（表 4-2），人口缓慢增长；从民族构成来看，全区共有 30 个少数民族，其中畲族为世居少数民族。

表 4-2　婺城区第七次人口普查常住人口

2020 年（人）	2010 年（人）	增长人口数（人）	增长率（%）	年平均增长率（%）
479 117	424 829	54 288	12.78	1.21

从户别结构来看，2020 年平均家庭规模为 2.31 人（表 4-3），与 2010 年的 2.45 人相比，平均家庭规模有所缩小。

表 4-3　婺城区第七次人口普查户别结构

年份	户数		人口数		平均家庭规模（人/户）
	家庭户（户）	集体户（户）	家庭户（人）	集体户（人）	
2020 年	182 663	15 443	421 305	57 812	2.31

从年龄结构看，常住人口中劳动人口出现明显负增长，60 岁及以上人口出现较高速度增长（表 4-4），全区出现人口老龄化趋势。

表4-4　婺城区第七次人口普查年龄结构

年龄	人口数（人）	比重（%）	同比（%）
总计	479 117	100	12.78
0～14岁	65 462	13.66	1.59
15～59岁	317 821	66.33	-6.78
60岁及以上	95 834	20.01	5.18
其中：65岁及以上	68 242	14.24	4.19

从城乡结构来看，婺城区城镇人口占总人口的70%（表4-5），全区城镇化率达70%，城镇化水平较高。

表4-5　婺城区第七次人口普查城乡结构

	人口数（人）	占比（%）	城镇人口比重（%）
城镇人口	335 182	70	70%
乡村人口	143 935	30	

婺城历史悠久，是人文荟萃的吴越古城（表4-6），艺术领域有山水画宗师黄宾虹与中国现代漫画鼻祖丰子恺；教育领域有著名史学家与教育家何炳松；文学领域有文学巨匠艾青。

表4-6　婺城名人

姓名	籍贯	突出贡献
黄宾虹（1865—1955年）	浙江金华	近现代画家、学者。擅画山水，为山水画一代宗师
丰子恺（1898—1975年）	金华汤溪黄堂村	中国现代著名的书画家、文学家、散文家、翻译家，被誉为"现代中国最艺术的艺术家""中国现代漫画鼻祖"
蒋莲僧（1865—1943年）	—	在金华兰溪门创办金华电气公司，解决全城照明和工农业用电，使婺州古城大放光明，并积极开发金华双龙风景区，造福乡里
张恭（1877—1912年）	金华城区	金华辛亥革命的先驱
何炳松（1890—1946年）	金华罗店后溪何村	现代著名史学家和教育家，他的著作甚丰，他撰写《历史研究法》《通史新义》《程朱辩异》《浙东派溯源》，译有《新史学》《西洋史学》《历史教学法》，并编译了《中古欧洲史》《近世欧洲史》等，其中不少被用作大学教材。曾被誉为"中国新史学派的领袖"
艾青（1910—1996年）	浙江金华	现当代文学家、诗人、画家。曾任中国作家协会副主席、国际笔会中心副会长等职。1985年获法国文学艺术最高勋章

（二）产业特色

婺城区已形成建材、化工、机电、汽配、电子、纺织、服装、食品等工业体系,用地43.6平方千米的工业园区正在开发进行中。婺城区农业产业化成效显著,被命名为"中国茶花之乡""中国桂花之乡""中国苗木盆景之乡""中国南方奶牛和乳品之乡"。婺城区还是全国农民合作社质量提升整县推进试点单位。

婺城区近年生产总值处于较高水平,但增速逐渐放缓。其中第一产业由低速增长转为明显的负增长;第二产业以较为稳定的中高速增长;第三产业前几年高速增长,近年增速放缓。2018年第一、第二、第三产业增加值占地区生产总值的比重为3.2:31:65.8(表4-7),第三产业无疑成为全区主导产业。

表4-7 近年婺城区三次产业增加值及增速

产业名称	2018年		2016年		2014年	
	增加值（亿元）	增速（%）	增加值（亿元）	增速（%）	增加值（亿元）	增速（%）
第一产业	18.21	-4.7	19.4	1.0	19.11	2.5
第二产业	175.72	4.1	170.3	3.4	182.19	7.4
第三产业	373.79	2.4	327.1	9.1	255.17	7.8
总计	567.73	2.7	516.8	6.8	456.47	7.4

资料来源：2018、2016、2014年金华市婺城区国民经济和社会发展统计公报。

婺城区农业产业化成效显著,被命名为"中国茶花之乡""中国桂花之乡""中国苗木盆景之乡""中国南方奶牛和乳品之乡"。近年来婺城区粮食作物播种面积出现大幅度的负增长趋势;而花卉苗木播种面积、水产品产量则以较高速增长(表4-8)。

表4-8 近年婺城农林牧渔总产值及各项指标数据

指标	2018年		2016年		2014年	
	数值	同比（%）	数值	同比（%）	数值	同比（%）
总产值	21.6（亿元）	-4.9	23.2（亿元）	3.5	22.5（亿元）	2.8
粮食作物播种面积	5.7（万亩）	-7.1	9.7（万亩）	-10.4	20.2（万亩）	-5.4
花卉苗木种植面积	10.50（万亩）	2.8	7.8（万亩）	18	6.04（万亩）	2.5
油菜籽产量	3090（吨）	4.9	2990（吨）	85.3	3896（吨）	8.4
生猪出栏	17.4（万头）	-25.63	33.2（万头）	4.2	38.2（万头）	-4.6
水产品产量	9674.3（吨）	3.17	7475（吨）	4.4	8114（吨）	43

资料来源：2018、2016、2014年金华市婺城区国民经济和社会发展统计公报。

近年来,婺城区第二产业与其他县市相比,发展相对较缓(表4-9)。工业增加值以中低速增长,规上工业总产值、销售产值、规上工业出口交货值,前期呈负增长趋势,2018年转为正向增长。

表 4-9 近年婺城区第二产业部分指标数据

指标	2018 年		2016 年		2014 年	
	金额（亿元）	增速（%）	金额（亿元）	增速（%）	金额（亿元）	增速（%）
工业增加值	46.62	4.4	49.2	1.9	56.22	5
规上工业总产值	164.52	9.14	150.0	-13.1	153.7	-1.5
销售产值	163.53	8.23	143.2	-11.4	146.1	-2.8
规上工业出口交货值	27.74	3.43	20.5	-6.3	26.7	-14.4

资料来源：2018、2016、2014 年金华市婺城区国民经济和社会发展统计公报。

近年来，婺城区第三产业发展迅速，社会消费品零售总额维持高水平增长、外贸进出口总额及外贸出口额增速大幅度上升（表 4-10）。

表 4-10 近年婺城区第三产业部分行业数据

行业名称	2018 年		2016 年		2014 年	
	金额	增速（%）	金额	增速（%）	金额	增速（%）
社会消费品零售总额	339.60（亿元）	9.4	311.3（亿元）	8.8	266.6（亿元）	10.1
外贸进出口总额	8.33（亿美元）	33.84	5.7（亿美元）	1.2	8.7（亿美元）	13.7
其中：外贸出口额	7.98（亿美元）	34.76	5.4（亿美元）	0.8	8.4（亿美元）	15.6

【"两头乌"猪】

金华"两头乌"猪又称金华猪，是中国四大名猪之一，其因头颈部和臀尾部毛为黑色，其余各处为白色，故又称"两头乌"。金华猪具有成熟早，肉质好，繁殖率高等优良特点，是全国地方良种猪之一。以金华两头乌猪为原料的金华火腿为世界三大著名火腿之一。2008 年，"金华火腿腌制技艺"被列为国家非物质文化遗产；2014 年，"金华市金华火腿"证明商标被认定为中国驰名商标。2020 年 7 月，在正式签署的中欧地理标志协定中，"金华两头乌猪"为唯一入选的猪肉类畜种。

【奶牛特色农产品】

婺城区奶牛特色农产品以其现代化的养殖体系、完善的技术服务体系、乳品加工及销售体系和牛奶质量监控体系等明显优势脱颖而出，列入浙江省特色农产品优势区，婺城区蒋堂奶牛精品园被认定为第五批浙江省现代农业精品园。根据婺城区人民政府官网，截至 2021 年 1 月，婺城区奶牛存栏 9691 头，占全省奶牛存栏的四分之一，为浙江省最大的奶牛养殖区；建有奶牛养殖场（小区）12 个，规模养殖比例高达 100%；拥有规上乳制品加工企业 5 家，其中国家级农业龙头企业 1 家，省级农业龙头企业 1 家，市级龙头企业 1 家。婺城奶牛产业链总产值超过 40 亿元。

【中国桂花之乡】

　　金华桂花种植历史悠久，尤其在婺城区安地镇，农户素有栽培花卉苗木的传统。安地镇种植有状元红、金球桂、天香台阁等58个桂花品种，已成为目前全国品种最齐全的桂花物种基地之一，有"中国桂花之乡"之称。目前，安地镇的桂花苗木主要销往全省各地以及广东、上海、江苏、山东等省市。由于安地镇桂花种植历史悠久、品种丰富，加上附近的仙源湖山水风景优美，已被开辟为省级风景旅游区，也吸引了大型房地产企业进入开发。结合桂花、山水和人居三大亮点和优势，婺城区举办了中国金华桂花节，依托仙源湖的旅游资源，结合安地桂花特色，打响仙源湖的旅游品牌，同时推动安地桂花产业的规模经营和深度开发，全面提升安地镇与仙源湖景区的经济层次和文化形象。

（三）旅游资源

　　婺城山清水秀，是休闲度假的旅游胜地。北有国家4A级旅游景区双龙国家级风景名胜区，南有"金华桂花谷"城郊湖山型仙源湖省级旅游度假区。近年来，乡村旅游发展势头良好，全国环境优美乡莘畈乡、"中国美丽田园"梯田景观前十强塔石高山梯田等特色乡村旅游点星罗棋布。

1. 金华双龙风景旅游区

　　金华双龙洞坐落在海拔350~450米的罗店镇金华山北山南坡，距金华市区约15千米，除底层的双龙洞之外，还有中层的冰壶洞和最高的英真洞。双龙洞分内外两洞，内洞与外洞仅相隔5米，有一块巨大石屏相隔，仅留长10米、宽3米多的地下河水道。水道水面离地下河顶灰岩仅有0.30米左右的间隙，进内洞须仰卧小舟而入。洞内陈放着一排排石桌、石椅，可容千人品茶避暑。内洞比外洞更大，有效使用面积约2000~2200平方米。年平均气温比城区低6℃，是一处以山岳森林为背景，地下悬河、岩溶奇观、赤松祖庭为特色，观光旅游、康体休闲、避暑纳凉、海外朝圣为主要功能的国家重点风景名胜区。

2. 仙源湖度假区

　　仙源湖度假区位于中国"桂花之乡"金华"千年古镇"——安地镇境内，距市区10千米。仙源湖三面环山，一面平川，湖面宽阔，水质清纯。常有薄雾弥漫，虚幻缥缈，雾散云开时，绿水青山，相映成趣，是继千岛湖、莫干山之后的浙江省第十二个省级旅游度假区。景区内融峰、湖、瀑、岛、岩、林等多种独特景观于一体，形成"秀、幽、奇、神"的特色，犹如一幅绚丽多彩的美丽画卷。

湖中岛屿如散落着的珠玉，白鹭飞翔，鸳鸯戏水，令人赏心悦目。度假区的环境空气质量达到一级标准，负离子浓度为每立方厘米一千万个以上，是大自然赋予的天然氧吧，更是人们回归大自然、开展水上游览活动和避暑度假休闲的绝佳胜地。

3. 杜鹃王国

"杜鹃王国"位于浙江省金华市婺城区雅畈镇上岭殿村，占地 120 亩，园内种植 700 多个优良品种的杜鹃花。金华"杜鹃王国"杜鹃园由国内最大的杜鹃花品种培育和生产企业——金华市永根杜鹃花培育有限公司投资建设，为杜鹃花主题展示园。杜鹃园依山林缓坡而建，根据不同杜鹃花品种，设计了多种景观布局类型，漫步园中移步换景，怡人性情。多彩壮观的杜鹃花景色吸引了大批游客前来观赏和摄影采风。"杜鹃王国"计划每年 4 月初在园内举办杜鹃花展，展示目前全国最多的杜鹃花品种，时间为 20 天左右，花展上花开锦绣，美不胜收。

四、研学旅行

婺城区研学旅行资源以人文资源为主，根据婺城区旅游资源特征可将研学路线大致分为非遗文化之旅与婺城古道之旅（表 4-11），非遗文化之旅包括诗画岩头和汉灶婺州窑两处景点，让学生感受婺城的人文底蕴；婺城古道之旅包括塔石、安地和琴坛穿峡谷三个景点，学生在实地考察的基础上，感受自然地理与人居环境的协调发展。

表 4-11　婺城区研学线路

主题	线路
非遗文化之旅	诗画岩头—汉灶婺州窑
婺城古道之旅	塔石—安地—琴坛穿峡谷

婺城区非遗旅游资源丰富，设计研学线路（表 4-12）将非遗文化与当地特色产业融合在一起，学生身临其境地体验非遗文化，并自己动手体验，有助于提高学生的地理实践力。

表 4-12　非遗文化之旅研学路线

地点	研学内容	知识定位	设计意图
诗画岩头	1. 走进灵岩书院，赏百家家训，感受中华民族世代相传的精神瑰宝 2. 参观婺州染坊，体验非遗传统手工艺	安地镇岩头村坐落于南山脚下，群山环绕，西临梅溪，依山傍水，气候宜人。岩头村凭借着得天独厚的地理环境和民俗文化发展意识，成为婺城区美丽乡村建设的样板村 灵岩书院中的新训字字在墙，不管是耕读传家、家国天下，还是积德行善、仁孝清廉，好的家风家训浓缩着中华民族几千年来的价值取向和精神追求	岩头—汉灶路线的特色在于非遗文化氛围浓厚，学生可以在此赏美景、学新知之后进行有趣的非遗手作体验。并且可以感受到非遗文化是融入日常生活中。目的是让

地点	研学内容	知识定位	设计意图
	3. 诗画岩头体验非遗美食项目，例如，桂花糕、麻糍等	婺州染坊的位置在穿溪而过的河道东边，离廊桥不远。黄泥土房与染坊带给人们独具一格的古朴气息。学生可以在此体验扎染、布艺、剪纸的制作，扎染是中国民间传统而独特的染色工艺，学生在体验扎染后可以得到一份与众不同的手工作品	学生感受中华民族浓厚的文化，培养其民族自豪感
汉灶婺州窑	1. 参观中国婺州窑博物馆 2. 前往婺州窑体验馆体验陶艺，既可以锻炼学生想象和动手能力，又对婺州窑文化有更深的认识	1. 博物馆陈列分为古代婺州窑瓷器的"探寻古迹"、婺州窑烧制技艺、当代婺州窑作品"古今对话"及婺州窑非遗体验几大部分，集中展示了婺州窑的烧制技艺、发展传承历史、各个时代的代表作品 2. 在参观完中国婺州窑博物馆后，进入婺州窑体验馆进行陶艺体验，手工拉坯、泥条盘筑等步骤	

婺城古道之旅研学线路以婺城区历史悠久的古道为主题，带领学生重走几千年前的古道，感受独特的历史文化。此外，游览古道沿途也可以观察村庄的布局与农作物的种植等，感受自然地理与人居环境的协调发展（表4-13）。

表4-13 婺城古道之旅研学路线

地点	研学内容	知识定位	设计意图
塔石	1. 游览古道，重温旧影 2. 观赏五叠瀑，观察思考此瀑布落差如此之大的原因，影响何种侵蚀类型 3. 沿途观赏梯田与村落的布局，感受自然地理环境对人类居住的影响。思考梯田修筑的自然条件有哪些	五叠瀑：顺着游览步道而下，瀑布分为五层，落差有100多米，作为"古道第一景"，此瀑布是叠加式的，一层接一层，气势磅礴。沿着古色古香的游览步道近距离观赏，瀑布与岩石激荡起一声声回响，在山间构成一道声障 塔石乡山脉纵横，古道沿途全是密密麻麻的梯田，村落就如围棋上的黑白棋子恰到好处地落在山清水秀之间	感受自然地理与人居环境的协调发展。培养学生的人地协调观。
安地	1. 游览古道，观察记录沿途植物主要种类 2. 观察古道附近流水地貌的侵蚀与堆积作用的体现	在金华城南的南山，盘亘于山石之上，是一条延绵婉转的古道，连接着安地和武义两地，当地人称之为"王尖岭古道"。信步于林间，仿佛时光流转千年，来到那片鸟语花香、静谧闲适的世外桃源 沿着古道一路前行，不曾想，路边看似不起眼的花草，竟都是草药和食材。浸染糯米制作"乌饭"的南烛叶、包裹粽子的箬叶、晒干即可入药的金钩藤、散寒除湿的艾草……	
龙潭古道	1. 参观琴坛村与岩溪沿村，调查此处村落的人居情况 2. 游览琴坛峡谷，观察流水对地形的侵蚀与冲刷	琴坛峡谷的穿越，大部分都在一条经过千百年的自然流水冲刷而成的山间溪流中完成。该溪流最宽处10米有余，最窄处仅2米，两边均为高达200余米的山，一路上，都要在一块块鹅卵石上走过，"奇、险、深"是此路线的最大特色	

第二节　探秘文人故里魅力金东

一、地理位置与行政区划

金义新区（金东区）位于浙江省中部偏西，界于北纬 28°44′—29°19′、东经119°8′—119°56′之间。金东位于金华、义乌之间，西接金华城区，东邻义乌，南连永康、武义，北靠兰溪，是浙中城市群、金义都市区的核心区，金义黄金主轴的节点区。杭金衢高速、金丽温高速、甬金高速以及正在规划建设的建金高速均在金东区互通交汇，浙赣铁路复线、杭长客运专线、金温铁路以及正在建设的金义轨道交通贯穿全境，03 省道、330 国道穿境而过，金义快速路、金义南线、东二环、曹塘澧等高等级公路路网密集。

金义新区（金东区）是老县新区，建县已有 2200 多年历史。金华市域春秋时属越国。秦、汉为乌伤县，属会稽郡。三国吴宝鼎元年（266）置郡名东阳，以郡在瀫水（即衢江）之东、长山之阳得名。金华设立郡府建置自此始。2000 年 12 月 31 日，国务院国函〔2000〕138 号《关于同意浙江省调整金华市部分行政区划的批复》批准，撤销金华县，设立金华市金东区，将原金华县的傅村、孝顺、曹宅、塘雅、澧浦、岭下、江东、赤松、源东和婺城区的仙桥、东孝、多湖 12 个乡（镇）划为金东区行政区域，面积 657平方千米，有 1 个居委会，510 个建制村，人口 30.70 万人，区人民政府驻多湖镇。

中华人民共和国成立后金东区行政区划发生多次变更（表 4-14）。2001 年 2 月正式撤金华县设金东区；2020 年 5 月省政府批复同意设立金义新区，为浙江第五个省级新区。全区总面积 661.8 平方千米，现辖 11 个乡镇（街道），354 个行政村（社区），常住人口61 万，其中户籍人口 34 万。

表 4-14　1949 年后金东区行政区划变更

年份	变更情况
1949 年 5 月	金华解放。金华县设 5 区 25 乡。其中现属金东区的有澧孝区（辖 5 个乡）、塘雅区（辖 6 个乡）两个建制区和玉壶、旌孝（均属双芙区）、多湖（属安南区）3 个乡，共 14 个乡
1950 年 6 月	全县划为 8 区 62 乡。其中现属金东的有 36 个乡
1956 年 4 月	经再次撤区并乡，全县设 9 个县直属乡和 3 区 14 乡、2 镇。其中现属金东的除多湖、东孝、仙桥 3 个县直属乡外，有 2 区 11 乡 2 镇。分别是：孝顺区辖孝顺镇和义浦、傅村、鞋塘、源东、岩屏、塘雅、双岩、双溪 8 个乡；澧浦区辖澧浦镇和岭下、西溪、东湖 3 个乡
1958 年 10 月	实行人民公社化。现属金东区的有澧浦、孝顺、塘雅 3 个人民公社
1983 年 10 月	实行政社分设，"以社建乡，以生产大队建村"
1985 年 5 月	撤销金华地区，金华市（县级）升为地级市，实行市管县体制

年份	变更情况
1992 年 4 月	金华县和婺城区实施"撤区、扩镇、并乡"区划大调整
2000 年 12 月	国务院同意浙江省调整金华市部分行政区划,撤销金华县,设立金华市金东区,辖原金华县的傅村、孝顺、曹宅、塘雅、澧浦、岭下、江东、赤松、源东和原婺城区的仙桥、多湖、东孝 12 个乡镇
2002 年 7 月	撤销金东区多湖镇、东孝乡建制,设立多湖、东孝街道办事处;撤销金东区仙桥镇、赤松乡建制,合并设立赤松镇
2020 年 5 月	省政府批复同意设立金义新区,为浙江第五个省级新区

二、自然地理环境

(一)地形地貌

金东区地势南北高,中部低。北部为金华山所绵延,海拔多在 500 ~ 900 米之间,与兰溪市界上的螺蛳尖,海拔 890 米为境内最高点,往南缓降为低岗浅丘。南部为仙霞岭余脉所延伸,为低山浅丘与溪谷平原相间地形。中部义乌江和武义江沿岸及其支流下游为冲积平原。

积道山位于金华市区东南部,地处澧浦和岭下两镇交界处。积道山是一座奇山,它的海拔虽然只有 306 米。但它是金东区境内唯一的孤山,平地而起,山势雄奇。属金华东山,是仙霞岭的余脉。山体由火成岩(侵入岩)构成,是 2500 万年以前地质新生代第三纪以块状断裂为主要特征的地壳运动——频繁的火山与岩浆活动的产物。

(二)气候水系

金东区属亚热带季风气候,年平均气温 17℃左右,7 月平均气温 29℃,1 月平均气温 4.8℃左右。年均降水 1300 ~ 1400mm 之间。无霜期 250 天左右,日照 2028 小时。由于时空分布不均,地区差异较大,也会出现不同程度的旱涝、冰雹、台风等自然灾害。

金东区属钱塘江水系。义乌江自低田入境,自东而西流经区境中部,沿途接纳航慈溪、孝顺溪、东溪、西溪、山河溪、芎溪、赤松溪诸水后,于城区燕尾洲与自焦岩入境,沿西南边境北流的武义江会合后称金华江,亦称婺江,西流入婺城区。

三、人文地理环境

(一)人口发展

根据第七次人口普查数据,截至 2020 年 11 月 1 日零时,金东区常住人口为 506 935

人。自 2010 年第六次人口普查以来，增长率为 60.63%，人口年平均增长率为 4.85%（表 4-15），人口保持较高的增速。

表 4-15　金东区第七次人口普查常住人口

2020 年（人）	2010 年（人）	增长人口数（人）	增长率（%）	年平均增长率（%）
506 935	315 583	191 352	60.63	4.85

全区共有家庭户 195 230 户，集体户 21 935 户，家庭户人口为 440 119 人，集体户人口为 66 816 人。平均每个家庭户的人口为 2.25 人，比 2010 年第六次全国人口普查 2.36 人，减少 0.11 人（表 4-16），家庭规模小幅度缩小。

表 4-16　金东区第七次人口普查人口户别构成

年份	户数		人口数		平均家庭规模（人/户）
	家庭户（户）	集体户（户）	家庭户（人）	集体户（人）	
2020 年	195 230	21 935	440 119	66 816	2.25
2010 年	120 228	7145	283 807	31 776	2.36

与 2010 年第六次人口普查相比，2020 年金东区男性人口占比呈上升趋势，女性人口占比有所下降。总人口性别比为 115.31，与 2010 年相比上升 6.92 个百分点（表 4-17），性别失调问题进一步加剧。

表 4-17　金东区第七次人口普查人口性别构成

	总计（人）	男性		女性		性别比（女=100）
		人口数（人）	占比（%）	人口数（人）	占比（%）	
2020 年	506 935	271 492	53.56	235 443	46.44	115.31
2010 年	315 583	164 146	52.01	151 437	47.99	108.39

从人口年龄结构来看，与 2010 年第六次人口普查相比，金东区各年龄段人口比例变动较小，其中 15～59 岁年龄段人口占比小幅度下降，60 岁以上老龄人口小幅度上升（表 4-18），未出现明显的人口老龄化倾向。

表 4-18　金东区第七次人口普查人口年龄构成

年龄	人口数（人）	比重（%）	同比（%）
总计	506 935	100	60.63
0～14 岁	66 560	13.13	0.08
15～59 岁	356 149	70.26	-1.04
60 岁及以上	84 226	16.61	0.96
其中：65 岁及以上	60 361	11.91	1.5

根据 2020 年第七次人口普查数据，金东区城镇人口为 305 243 人，城镇人口占总人口比例为 60.21%，城镇化率达到 60.21%（表 4-19），与 2010 年相比大幅增长。

表 4-19　金东区第七次人口普查人口城乡构成

	人口数（人）	占比（%）	城镇人口比重（%）	同比（%）
城镇人口	305 243	60.21	60.21	13.44
乡村人口	201 692	39.79		

金东区民族种类多样，有蒙古族、回族、藏族、维吾尔族、苗族、彝族、壮族、布依族、朝鲜族、满族、侗族、瑶族、白族、土家族、哈尼族、傣族、黎族、畲族、哈萨克族、俄罗斯族、鄂伦春族、高山族、水族、纳西族、土族、撒拉族、仡佬族、锡伯族、阿昌族、羌族、塔吉克族、京族等民族分布。

金东人文底蕴蕴深厚，不仅孕育了明初文首宋濂、革命先驱施复亮、人民音乐家施光南（表 4-20）、诗坛泰斗艾青等英才俊彦，而且是孔子、严子陵、沈约、范仲淹、黄庭坚等名人后裔的聚居地，凝练了"耕读求真、实干创新、包容奋进"的金东人文精神。

表 4-20　金东名人

姓名	籍贯	突出贡献
施复亮（1899—1970 年）	源东乡叶村	原名施存统，是早期活动家、领导者。在中国社会主义青年团第一次全国代表大会当选为团中央书记。1949 年后，任劳动部第一副部长，一、二、三届全国人代会常务委员会委员，全国政协委员。为著名文学家、翻译家、社会活动家
施光南（1940—1990 年）	源东乡叶村	被称为"时代歌手"，为新中国成立后中国自己培养的新一代作曲家

（二）产业特色

自 2001 年建区以来，金东区大力实施"开放带动，工业化、城市化和城乡一体化战略"，社会经济取得了快速增长，到 2020 年，全区实现地区生产总值(GDP)259.27 亿元，成为金华市增速最快的地区。据金东区人民政府 2020 年 12 月更新，金东现有规上企业 390 家，超亿元企业 62 家，主板上市企业 2 家，初步形成了五金工量具、塑棉制品、建筑建材、食品加工等传统产业，以及新能源汽车、信息技术、跨境电商、新材料、先进装备制造等新兴产业。2019 年金东区信息经济综合评价指数位列全市第二，仅次于义乌。金华市农产品批发市场、金华汽车城、浙中建材市场、金华汽配城、澧浦苗木城等市区主要的专业市场都在金东。金东农业特色鲜明，是中国花木之乡、中国苗木盆景之乡、中国佛手之乡，获评省休闲农业和乡村旅游示范区。

金东区生产总值由 2016 年的 168.90 亿元快速增至 2020 年的 259.27 亿元，但增速出现持续下降的趋势。三次产业中，第一产业维持较为稳定低速增长；第二产业持续增长，但增速逐渐放缓；第三产业维持较高的增长速度，逐渐在三次产业中占据主要位置（表 4-21）。三次产业附加值结构由 2016 年 8.6:45.7:45.7 调整为 2020 年 5.7:43.5:50.8。

表 4-21　近年金东三次产业增加值及增速

产业名称	2020 年		2018 年		2016 年	
	增加值（亿元）	增速（%）	增加值（亿元）	增速（%）	增加值（亿元）	增速（%）
第一产业	14.90	3.0	12.95	1.9	14.56	2.0
第二产业	112.61	1.6	94.74	4.9	77.09	5.3
第三产业	131.75	4.1	93.78	7.6	77.26	11.0
总计	259.27	2.9	201.47	5.8	168.90	7.5

资料来源：金东区国民经济和社会发展统计公报。

金东区农林牧渔总产值处于较为稳定的状态，但出现小幅度的下降趋势；其中，种植业在农林牧渔总产值中占据主要地位，且产值逐年上升；林业和渔业在农林牧渔总产值中占比较低，但增速较为稳定；牧业产值出现逐年下降的趋势（表 4-22）。此外，受乡村旅游兴起的影响，农林牧渔专业及辅助性活动产值呈现上升趋势。

表 4-22　近年金东农林牧渔总产值及分项产值

行业名称	2019 年（亿元）	2017 年（亿元）	2015 年（亿元）
总计	25.21	25.72	25.81
种植业	18.44	16.86	15.14
林业	0.22	0.24	0.18
牧业	4.83	6.83	8.89
渔业	1.24	1.46	1.31
农林牧渔专业及辅助性活动	0.49	0.34	0.29

资料来源：金东区国民经济和社会发展统计公报。

近年金东区第二产业中工业生产增速较快，工业增加值保持较高的增长水平，2020年增速有所回落；其中规模以上工业增加值同样保持较高速度增长，2020年增速高于整体工业增速（表 4-23）。

表 4-23　近年金东工业增加值及增速

行业名称	2020 年		2018 年		2016 年	
	增加值（亿元）	增速（%）	增加值（亿元）	增速（%）	增加值（亿元）	增速（%）
工业	89.49	4.3	74.59	10.0	58.37	5.7
其中：规上工业	59.5	6.0	44.73	8.1	37.62	3.8

资料来源：金东区国民经济和社会发展统计公报。

金东区近年第三产业维持较高的增长速度，逐渐在三次产业中占据主要位置。其中零售业、批发业和住宿业出现负增长；餐饮业 2018 年出现剧烈下跌（表 4-24）；进口业和出口业以极高速度增长，且出口业增速不断加快。

表4-24　近年金东第三产业部分行业增速

行业名称	2020年（%）	2018年（%）	2016年（%）
零售业	-5.7	-1.1	20.2
批发业	-31.7	-12.6	-13.5
住宿业	-10.5	-3.6	20.4
餐饮业	12.3	-131.8	
进口业	163.7	330.7	56.1
出口业	104.0	34.9	14.8

金东区位于浙江金衢盆地东部，属亚热带季风性气候，四季分明，光照充足，具有发展特色农业的良好自然条件，现已形成了果蔬、花卉、苗木、佛手、畜禽、奶牛等主导优势产业，出现了一些种养殖专业村，分别被中国特产之乡推荐暨宣传组织委员会命名为中国草莓、白桃、藤稔葡萄、毛芋、佛手、苗木、奶牛、番鸭等八大特色产业之乡。

【源东白桃】

浙江省金东区源东乡是全国著名的白桃之乡。果实卵圆形至圆形，缝合线浅，平均单果重286克，最大485克。果皮色泽白中透黄，阳面有断续红色条纹。果肉乳白透黄，无红色素，肉质细，柔软多汁，纤维少，味浓甜具芳香。2002年源东白桃被认定为"浙江省无公害农产品基地"和"浙江省绿色农产品"，2003年被浙江省质量技术监督局认定为浙江省名牌产品。截至2019年12月，全乡共建立农村电商服务点47个，农产品通过线上线下销售实现交易近4000万元。

【澧浦苗木】

澧浦镇的花卉苗木起源于20世纪60年代，发展于80年代初，目前已初具规模，形成了具有自己特色的小苗木大市场的良好格局。2012年至2015年，全区花卉苗木种植面积约7.5万余亩，年销售额达25.79亿元，辐射带动3.7万余人从事花卉苗木生产经营，已经形成集苗木种植、展示、经销、休闲观光为一体的苗木产业链。

苗木的生产布局形成了工程绿化苗木、果苗生产为主的三垅(即里垅、外垅、东溪垅)、二畈(野毛畈、洪时畈)、一中心(即以郡塘下为中心的花木果苗专业村)为格局的省级万亩花木生产示范基地。花木品种从几十个发展到目前的300余个，苗木生产总量占金东区生产总量的70%左右，建立了优良名贵绿化树种生产基地，在华东地区有较高的知名度和影响力。花木生产已成为该镇农业的主导产业，也是农民收入的主要来源。苗木大户种植个体面积从几十亩到上百亩，最多的达500多亩。澧浦镇成为"中国苗木盆景乡"。

（三）旅游资源

金东区旅游资源丰富，类型多样，是黄大仙文化的发源地，是"诗坛泰斗"艾青、"人民音乐家"施光南的故乡，已开发以黄大仙景区、大佛寺景区为代表的宗教文化旅游项目；以艾青、施光南名人故居及琐园古建筑群为代表的古建筑文化观光项目；以锦林佛手文化园、上荷塘寨春农场青蛙乐园、浙中桃花源景区为代表的乡村休闲旅游项目等。依托丰富的旅游资源，金东区将围绕"打造精品城市标杆区、打造特色鲜明风情小镇、打造农旅融合示范样板"三大措施，推动长三角都市乡村休闲旅游目的地的构建。

1. 大佛寺

千年古刹大佛寺风景区位于金东区曹宅镇境内，景区建于公元 540 年梁武帝时期，历史悠久，饱经沧桑。这里的文化积淀深厚，山势地貌独特，数百年古木参天，环境清幽宜人，景区总面积 19.3 平方千米。风景区以大佛寺景点为依托，东岩湖、西岩湖、锣鼓洞、点将台镶嵌其间，三个景区临山面水，悬崖幽林，鳞次栉比，风景绝佳。景区内有著名大佛寺（又名石佛寺），五百罗汉堂，有星罗棋布连理成双的树木被称作为"华夏一绝"的鸳鸯林。景区内有功能齐全的游人接待中心。

2. 黄大仙景区

黄大仙景区位于国家级重点风景名胜区、国家级森林公园、国家级自然保护区、国家首批 AAAA 级风景名胜区、浙江省十佳美景乐园的金华双龙风景名胜区的中心景区。赤松黄大仙景区位于金东区赤松镇境内。景区是以黄大仙文化为核心，融自然山水为一体，以观光朝觐、休闲度假为主要功能的综合性风景区。

黄大仙景区为道教第三十六洞天所在地。面积 10.2 平方千米，以洞奇、石怪、山清水秀及黄大仙文化为特色，并有秀丽的自然风光，主要景点有黄大仙祖宫、朝真洞、仙瀑洞、鹿田湖、鹿田书院、徐公庙、斗鸡岩等。其中仙瀑洞以 73 米高的洞中飞瀑荣列吉尼斯世界纪录。

3. 山头下村

山头下村是国家历史文化名村，位于傅村镇以东 1 千米处。该村属明清年代建筑，有 550 多年的历史，至今仍保持五门原貌的沈约后裔居住区街巷格局，村内现有重点文保建筑 28 栋，一般文保建筑 50 多栋。村落西依潜溪，东临航慈溪，整体风貌保护较好。2000 年由省政府批准公布为省级历史文化保护区，2010 年 9 月列入第五批国家历史文化名村。

走进山头下村，有狭窄的石子路，整齐的排水沟，规划错落有致的老房子，仿佛进入民国、清朝、明朝的历史。山头下村现存着很好的村落原始形态与结构，核心区面积 2.69 公顷，保持着古建筑 48 栋，可谓是婺州大地唯——部原汁原味的历史古民居实物教科书，是一座袖珍版的城市。

四、研学旅行

根据金东区的资源禀赋，可将当地研学旅行资源大致分为宗教文化体验类与乡村休闲类（表 4-25）。宗教文化与喀斯特地貌体验之旅主要包括黄大仙景区和大佛寺，目的是让学生感受历史悠久的本土宗教文化、观察喀斯特地貌。乡村休闲之旅立足于当地的特色产业白桃和古村落，让学生感知特色古村落中蕴含的人文精神，以及农业如何转身实现乡村旅游与休闲农业的结合。

表 4-25　金东区研学旅行线路

主题	线路
宗教文化与喀斯特地貌体验之旅	黄大仙景区—大佛寺
乡村休闲之旅	山头下村—浙中桃花源景区

（一）宗教文化与喀斯特地貌体验之旅

本线路（表 4-26）探秘以洞奇、石怪、山清水秀及黄大仙文化为特色的黄大仙景区，在黄大仙祖宫感受道教文化的神秘氛围，在仙瀑洞感受绚丽壮观的地下溶洞，观察喀斯特地貌，在大佛寺切身感受文化的传承与古建筑的保护。

表 4-26　宗教文化与喀斯特地貌体验之旅

地点	研学内容	知识定位	设计意图
黄大仙景区	1. 上山途中，识别主要植被类型，并描述其特征 2. 参观黄大仙祖宫，感受道教文化 3. 观察仙瀑洞地貌特征，识别地貌类型，并思考其成因	【黄大仙祖宫】金华山黄大仙景区为道教第三十六洞天所在地。景区内林木葱郁、空气清新、湖泊水碧如镜、溪泉瀑瀑流畅、气候凉爽宜人，动植物资源极为丰富，共有野生动植物 9000 余种，植被生长茂密，覆盖率达 95%，成为自然景观的重要组成部分。针、阔叶林成带状分布 【仙瀑洞】仙瀑洞洞口海拔 705 米，是金华北山溶洞群中最高一层的地下河溶洞。位于朝真洞东侧，距离黄大仙祖宫约 200 多米的山谷中，洞中新发现的瀑布，落差达 73 米，引起了国内外的轰动和关注。仙瀑洞为崩塌溶蚀型地下溶洞，其多层地下河系统中冷凝水沉积的石花、石珊瑚等近代碳酸盐沉积，地下河深蚀廊道，在全国对外开放的大中型溶洞中，具有独特的魅力 【朝真洞】朝真洞主洞内有"石棋盘"和"天池"，相传为当年仙人用水与弈棋之处。洞顶有一罕见大石梁，长达数丈，上有无数千奇百怪的钟乳石，纵横交错，侧垂悬挂，极为壮观。朝真洞是个燥洞，可居人，传说在此"修仙"或"隐居"者颇多。洞内还有一线天、石花瓶诸景	通过让学生亲临大自然，感受自然中的地理知识，树立学生人地协调观，提升学生的地理实践力

续表

地点	研学内容	知识定位	设计意图
大佛寺		【佛教建筑】大佛寺现存主要佛教建筑有古佛院、石坊、山门、天王殿、大雄宝殿、罗汉堂等；湖面山光，珍珠七宝，古佛庄严仍在，金华宝盖犹存。岩高林密，白云缭绕的大佛寺，因其丹红石崖、曲径通幽的庄严神圣之美，向为古往今来之香客游人所赞叹。这座饱经风霜的千年古刹，作为文化遗产被当地政府善加保护。寺内所悬匾额中，记述了其曲折荏苒的兴衰历史。大殿檐前正中悬挂"大雄宝殿"四字匾额，字体苍劲有力，系近人黄人望于1941年所书。大雄宝殿前两株百年银杏，另有许多同根异种树木令人称奇，为金华市重点文物保护单位	

（二）乡村休闲之旅

金东区坐落着众多保存良好的古村落，参观古村、思考村落空间结构蕴含的地域文化，及其与自然环境的关系。金东区坐拥众多特色农业，其中源东乡不仅白桃远近闻名，还发展了现代休闲农业，将农业与旅游业巧妙结合。本研学线路参观源东浙中桃花源景区，探索农业发展新思路（表4-27）。

表4-27　乡村休闲之旅

地点	研学内容	知识定位	设计意图
山头下村	1. 观察古村落，绘制村落空间结构略图 2. 村落结构中蕴含的人文精神 3. 分析古村落结构与自然环境的关系	【乡村空间结构】山头下村古村落规模较大，建筑类型丰富，选址严格依照中国传统风水理论进行，与"五行八卦"说暗合。该村门口很特别，即在东面、西面、北面各有一个城门，南面则有两个。5道独特的城门连接着5条街巷，所有街、路、巷、弄。据说只要关闭这5道城门，整个村庄就会形成一个独立的"城堡"，外人根本无法入内，而村内则可互相通行。据说是按照"金木水火土"的五行建造设计的。每条小道旁边根据高低地势巧妙地挖置了排水沟渠，雨水沿着这些水道流下，形成了村内完善的排水设施，勾勒出我国古代城市雏形的活标本 【旅游开发】早在1999年6月，山头下村古建筑就被评为县级文物保护单位。2000年2月，浙江省人民政府公布山头下村古建筑群为省级历史文化保护区。2008年，《山头下村古建筑营造技艺》被列为金华市非物质文化遗产名录。2010年，山头下村被列为第五批中国历史文化名村。2012年12月，山头下村入选由住房城乡建设部、文化部、财政部三部门公示的第一批中国传统村落。有着550多年历史的山头下村再次迎来保护和发展的新机遇	历史文化与人文地理的孕育都离不开自然环境的作用，学生通过观察村落结构，体会其中蕴含的地域文化，思考村落结构与自然环境的关系。培养学生的区域认知、地理实践力与人地协调观

续表

地点	研学内容	知识定位	设计意图
浙中桃花源景区	1. 分析源东乡发展桃花源风景区的有利自然区位条件 2. 分析源东乡发展桃花源风景区的有利人文区位条件 3. 思考传统农业与旅游业结合的意义。 4. 为金东区发展休闲农业与旅游业提出建议	国家 AAA 级旅游景区，位于中国白桃之乡——源东乡，源东乡是国家休闲农业与乡村旅游示范乡，空气清新，水质清澈，森林覆盖率达到 72%。源东乡是一个开放型的全域景区，包括万亩桃林、乐优生态主题乐园、二师兄的花花世界、洞井古街等景点。每年 3、4 月份，万亩桃花竞相盛开，随着高高低低回转起伏的山坡蔓延开去，犹如陶渊明笔下的桃源。"每当三月桃花开，未发邀函游客来，有心等待三个月，踏山昂首硕桃摘。"每年的三月份，这里都会举办盛大的桃花节，六月份举办蟠桃节，这片甜美静谧的桃源吸引着众多游客纷至沓来	通过分析浙中桃花源景区的区位条件，培养学生综合思维与区域认知 培养学生人地协调观与解决实际地理问题的能力

第三节　温泉之城，萤石之乡——武义

一、地理位置与行政区划

武义县隶属浙江省金华市，位于浙江省中部，金华市南部，金衢盆地东南，介于北纬 28°31'—29°03'、东经 119°27'—119°58'之间，南北长 59 千米，东西宽 50 千米，县域总面积 1577 平方千米。武义县东与永康市、缙云县接壤，东北与义乌市交界，南与丽水市相依，西南与松阳县毗连，西与遂昌县为邻，西北与正北分别与金华市婺城区、金东区相接。武义县位于"长三角"经济圈南缘，金温铁路、金丽温高速公路、330 国道、44 省道穿境而过，交通干线纵横交错，四通八达；距义乌 45 分钟车程，距杭州、温州 2 小时车程，距上海 4 小时车程。

武义县境春秋属越，战国后期属楚，秦至东汉属乌伤县，三国至隋为永康县地。唐天授二年（691），始建武义县，属婺州。五代至宋不变。元、明、清三朝，虽曾改州为路、改路为宁越府、最后又改称为金华府，但隶属关系一直没有变化。民国元年（1912）属金华道。

1927 年废道制，直属浙江省。1935 年属第四行政督察区。1946 年撤销第四行政督察区，再度直属浙江省。1948 年属第三行政督察区，同年 7 月改属第八行政督察区。1949 年，武义县属金华专区。

武义县的行政区划，1949 年后经历了 15 次调整（表 4-28）。2020 年末全县户籍总人口 345 174 人，辖 8 个建制镇、7 个乡、3 个街道：履坦镇、桐琴镇、王宅镇、桃溪镇、泉溪镇、新宅镇、茭道镇、柳城畲族镇；大田乡、白姆乡、俞源乡、坦洪乡、西联乡、

三港乡、大溪口乡；白洋街道、壶山街道、熟溪街道。政府驻地为壶山街道壶山下街。截至 2020 年 11 月 1 日零时，武义县常住人口为 462 462 人。

表 4-28　1949 年后武义县行政区划变更

年份	变更情况
1949 年 5 月	武义县解放，属金华专区
1949 年 6 月—1950 年 5 月	武义县设 6 个区分辖旧制乡镇
1950 年 6 月	武义县重新划建 5 个区 32 个乡 1 个镇
1956 年 2 月	永康县桐琴镇（包括和平、桐三、桐联、上宅、孙宅、姚村 6 个村）划属武义县
1958 年 5 月	原宣平县建制撤销，有 16 个乡镇划入武义县，至此全县设 2 个镇、28 个乡，武义县的县名虽继续相沿，但县境面积从原先的 874.23 平方千米拓展到 1577.2 平方千米
1958 年 10 月	武义县建置撤销，并入永康县，原武义县称永康县武义片
1961 年 12 月	经国务院批准恢复武义县建置，属金华专区
1968 年 4 月	金华专区改为金华地区，武义县属之。1983 年，政社分设，恢复乡、村两级建制，全县设 6 个区、1 个镇、32 个乡
1985 年 5 月	金华地区改为金华市，武义县属金华市。1986 年年底，全县设 6 个区、5 个镇（其中区级 2 个、乡级 3 个）、29 个乡（其中 1 个民族乡）
1992 年 5 月	扩镇并乡后，34 个乡镇调整为 23 个乡镇（其中镇 6 个、民族镇 1 个、乡 16 个）
2001 年 9 月	武义县的行政区划调整为 3 个街道办事处、8 个镇、7 个乡
2004 年底	武义县辖 3 个街道、8 个镇、7 个乡，14 个社区居委会、2 个居委会、544 个村委会

二、自然地理环境

（一）地形地貌

武义地形西南高、东北低，南部、西部和北部三面环山，峰峦连绵。境内山脉属浙中山系，包括西南部来自遂昌县界的仙霞岭山脉，东南部来自缙云县界的括苍山脉，东北部来自义乌和永康的仙霞余脉的八素山脉。全县千米以上山峰有 102 座，西部西联乡的牛头山海拔 1560.2 米，为金华市的第一高峰。境内最低处为北部履坦镇范村，海拔高度仅 57 米。中部丘陵蜿蜒起伏，其间樊岭——大庙岭东西向横贯县境中部，形成武义和宣平两个河谷盆地，并把县境内的水流分成钱塘江、瓯江两大水系。整个地理格局被俗称为"八山、半水、半分田"。

（二）气候水系

武义县境属中亚热带季风气候，四季分明，温和湿润，雨量丰沛。自 1962 至 2005 年的 44 年间，年平均温度 17.07℃，无霜期平均在 242 天左右，年平均降水量 1474.49

毫米，年平均相对湿度 80.09%，年平均日照时数为 1891.51 小时，年均风速 1.33 米/秒，常年多东北风。因境内地形复杂，气候多变，灾害性天气频繁。主要是春播育秧期的低温阴雨，梅汛期的暴雨洪涝，盛夏的干旱，春夏秋季的冰雹和雷雨大风，秋季的低温，冬季的寒潮、冰冻。台风直接影响不大，但有时亦带来大面积降雨，形成洪涝灾害。

钱塘江水系位于县境北部武义河谷盆地，主要干支流 11 条，全长 384.4 千米，集雨面积 900.4 平方千米；瓯江水系位于南部宣平河谷盆地，干支流 18 条，全长 274.6 千米，集雨面积 676.8 平方千米。两大水系均系山溪性水系，源短流急、河床比降大，水量丰沛，洪枯水位变化明显。

（三）自然资源

武义县自然资源丰富多样，其中矿产资源量大质优，有"萤石之乡"的美称；土壤资源以红壤为主；生物资源丰富，生物多样性得到较好保护。

武义县素有"萤石之乡，温泉之城"美誉。萤石蕴藏量约 4000 万吨，量大质优。溪里温泉日出水量超 2500 吨，水温 42.6～44℃，含多种对人体有益微量元素。尚有矿泉水、金、银、钴、硫等矿藏。

武义县境的土壤分红壤、黄壤、岩性土、潮土、水稻土 5 个土类、11 个亚类、34 个土属、75 个土种；红壤占全县土壤总面积的 48.19%，黄壤占 18.67%，水稻土占 18.34%，岩性土占 13.99%，潮土占 0.81%。

武义生态环境优越，是全球绿色城市、国家生态文明建设示范县、全国生态养生产业示范基地、国家卫生县城、中国天然氧吧，入选"两山"发展百强县。全县拥有国家级森林公园、省级自然保护区 10 处，森林面积 11.58 万公顷，森林覆盖率 74%，79% 的地表水达到Ⅱ类标准，空气质量优良率 90%，是名副其实的"江南桃花源"和"浙中绿岛"。野生动植物资源丰富，有野生动物 265 种，其中国家Ⅰ级保护动物 4 种，Ⅱ级保护动物 32 种；野生植物 656 种，珍稀濒危植物 24 种，其中国家二级以上保护植物 11 种。

武义县水力资源理论蕴藏量 12 万千瓦，已建成水电站 134 座，装机总容量 4.62 万千瓦，是全国首批农村电气化试点县之一。武义境内河流分属钱塘江和瓯江两个水系。以凡岭、大殿岭一线为分水岭，有清溪、郭西坑、熟溪、白鹭溪自西南向东北流，汇入斜穿境东北的武义江，白溪自北而南流入武义江。宣平溪和菊溪分别自向南流，于丽水市境入瓯江。先后建成中、小型水库 110 座，总库容 14 490 万立方米。

武义县森林覆盖率达 72%，位居金华全市之首，木材蓄积量 160 余万立方米，并有伯乐等多种国家二、三级珍稀植物。全县有木本植物 93 科，308 属，820 种；古树名木有 8723 株，是金华市植物种类最丰富的县。

三、人文地理环境

（一）人口发展

根据第七次人口普查数据，截至 2020 年 11 月 1 日零时，武义县常住人口为 462 462 人，与 2010 年第六次人口普查相比，增长了 32.17%，年平均增长率为 2.83（表 4-29），人口增长较快。

表 4-29　武义县第七次人口普查常住人口

2020 年（人）	2010 年（人）	增长人口数（人）	增长率（%）	年平均增长率（%）
462 462	349 899	112 563	32.17	2.83

武义县境以汉族为主，少数民族则以畲族为主，另外 100 人以上的有苗族、布依族、侗族，10 人以上的有土家族、彝族、壮族、蒙古族、回族、满族、水族、白族、黎族，10 人以下的有哈尼族、仡佬族、瑶族、朝鲜族、维吾尔族、藏族、傣族、土族、傈僳族。

从人口户别构成来看，家庭户数及家庭户人口均有所增加，平均家庭规模由 2020 年的每户 2.38 人缩小至 2020 年的每户 2.20 人（表 4-30），平均家庭规模缩小。

表 4-30　武义县第七次人口普查人口户别构成

年份	户数		人口数		平均家庭规模（人/户）
	家庭户（户）	集体户（户）	家庭户（人）	集体户（人）	
2020 年	200 628	8274	440 948	21 514	2.20
2010 年	141 852	3701	337 270	12 629	2.38

从性别构成来看，与 2010 年相比，武义县 2020 年男性人口占比上升，女性人口占比有所下降。总人口性别比由 2010 年的 109.18 上升至 2020 年的 113.33（表 4-31），性别失调进一步加剧。

表 4-31　武义县第七次人口普查人口性别构成

年份	总计（人）	男性		女性		性别比（女=100）
		人口数（人）	占比（%）	人口数（人）	占比（%）	
2020 年	462 462	245 677	53.12	216 785	46.88	113.33
2010 年	349 899	182 627	52.19	167 272	47.81	109.18

从人口年龄结构来看，15 ~ 59 岁年龄段人口占比下降较为明显，60 岁以上老龄人口占比明显上升（表 4-32），人口老龄化趋势明显。

表 4-32　武义县第七次人口普查人口年龄构成

年龄	人口数（人）	比重（%）	同比（%）
总计	462 462	100	32.17
0～14 岁	68 766	14.87	1.02
15～59 岁	311 114	67.27	-3.80
60 岁及以上	82 582	17.86	2.78
其中：65 岁及以上	58 732	12.70	2.24

从城镇人口比例来看，2020 年武义县城镇人口数为 318 165，居住在乡村的人口数为 256 636，城镇人口占总人口的 55.35%，城镇化率达到 55.35%（表 4-33），与 2010 年相比增长了 18.19%。城镇化率在金华处于较低水平。

表 4-33　武义县第七次人口普查人口城乡构成

	人口数（人）	占比（%）	城镇人口比重（%）	同比（%）
城镇人口	318 165	55.35	55.35	18.19
乡村人口	256 636	44.65		

武义县人文荟萃，是新文化运动先驱、湖畔诗人潘漠华、著名经济学家千家驹和著名工笔人物画家潘絜兹的家乡（表 4-34）。

表 4-34　武义名人

姓名	籍贯	突出贡献
潘漠华（1902—1934 年）	浙江宣平（今属武义）	新文化运动先驱、湖畔诗人
千家驹（1909—2002 年）	浙江武义	中国经济学家。《中国农村》《经济通讯》主编，北京交通大学教授
潘絜兹（1915—2002 年）	浙江宣平（今属武义）	当代著名工笔人物画家。历任中国历史博物馆美术组组长，《美术》月刊编辑，《中国画》主编，北京画院专业画师及艺术委员会副主任，北京工笔画会会长，中国工笔画学会首任会长，中国美术家协会北京分会副主席

（二）产业特色

武义县凭借得天独厚的资源禀赋，形成了极具特色的萤石产业、温泉旅游业以及有机茶产业，依托这些产业，武义县生产总值以较高的水平增长，并且呈现第二产业与第三产业齐头并进的趋势。

武义县近年生产总值不断增长，但增速逐渐下降。与其他县市相比，第一产业增速位于较高水平；第二产业增速较低，且出现下降趋势；第三产业增速较高，且增加值逐渐接近第二产业（表 4-35）。2020 年三次产业结构为 6.1∶48.0∶45.9。

表 4-35　近年武义三次产业增加值及增速

产业名称	2020 年		2018 年		2016 年	
	增加值（亿元）	增速（%）	增加值（亿元）	增速（%）	增加值（亿元）	增速（%）
第一产业	16.56	3.5	14.57	4.1	16.24	1.8
第二产业	130.35	2.4	127.57	5.5	108.94	4.1
第三产业	124.42	5.3	104.44	4.4	91.37	11.8
总计	271.33	3.7	246.58	5.0	216.55	7.0

武义县近年农林牧渔总产值先上升后下降，增速维持在较为稳定的水平。其中：种植业增加值小幅度波动，增速出现下降趋势；林业与渔业增速先上升后下降，增速比较高；牧业增加值由高速增长急剧下降至负增长（表 4-36）。此外，随着乡村旅游的火热，农林牧渔专业及辅助性活动增加值近年高速增长。

表 4-36　近年武义农林牧渔总产值及分项产值

行业名称	2019 年		2017 年		2015 年	
	产值（亿元）	同比（%）	产值（亿元）	同比（%）	产值（亿元）	同比（%）
总产值	16.03	2.4	16.36	3.6	15.99	2.3
种植业	11.95	3.4	12.10	7.6	11.21	6.8
林业	0.92	3.6	0.86	6.3	0.79	3.4
牧业	2.13	-6.4	2.47	-12.8	3.21	11.2
渔业	0.49	4.6	0.48	9.5	0.44	5.3
农林牧渔专业及辅助性活动	0.54	8.8	0.45	14.0	—	—

相比金华其他县市，武义县近年第二产业增速相对较慢（表 4-37）。各项指标中，工业增加值以较高速度增长；规上工业总产值与工业销售产值波动较大；新产品产值增速不断上升，并且以高速增长。

表 4-37　近年武义各工业指标产值与增速

指标	2019 年		2017 年		2015 年	
	金额（亿元）	增速（%）	金额（亿元）	增速（%）	金额（亿元）	增速（%）
工业增加值	122.59	6.6	110.03	5.6	—	—
规上工业总产值	481.42	3.0	461.78	7.4	493.75	1.8
新产品产值	131.59	27.9	115.03	21.9	123.20	6.0
工业销售产值	472.85	2.8	435.79	9.4	437.17	-2.2

武义县近年第三产业快速增长（表 4-38）。其中房地产业波动起伏较大；零售业增速较高，但有下降的趋势；餐饮业维持在较为稳定的高速增长；进口业由负增长转为高速增长；交通运输、仓储和邮政业保持低速增长；旅游业 2015 年呈爆发式增长，2015

年后增速放缓。

表 4-38　近年武义第三产业部分行业增速

行业名称	2019 年（%）	2017 年（%）	2015 年（%）
房地产业	-39.9	30.8	39.7
零售业	8.1	10.2	13.6
餐饮业	10.0	11.2	11.2
进口业	12.5	15.5	-30.5
出口业	4.5	18.0	-11.0
交通运输、仓储和邮政业	4.3	4.2	1.0
金融业	12.4	11.6	-0.1
旅游业	16.4	45.2	53.2

【有机茶之乡】

　　武义县位于浙江省中部，是个"八山半水分半田"的山区县，武义是浙江省产茶大县，全国重点产茶县。2017 年，全县茶园面积 10.5 万亩，产茶 1.62 万吨，产值 9.26 亿元，面积、产量、产值均居浙江省前列。全县茶企中，县级以上农业龙头企业 17 家，茶叶专业合作社 113 家，全县基本形成"企业+农户+基地"和"企业+专业合作社+基地"的经营模式，带动茶农 6 万余人。茶叶产值已占农业总产值的三分之一以上。武义茶产业逐步走向规模化、生态化、品牌化、产业化发展的道路，形成了以高品质名茶"武阳春雨"茶和"中国有机茶之乡"为背景的"有机、健康、养生"茶文化。2018 年 4 月，"武阳春雨"在 2018 中国茶叶区域公用品牌价值评估中荣获"最具品牌溢价力的三大品牌"。

【温泉之城】

　　武义温泉以量大、水优、温度适宜著称。武义温泉的温度在 42～45℃，出水量 6000 吨左右，含有多种对人体有益的微量元素，根据《武义县志》记载，武义温泉属于中性硫化氢温热泉水，符合国家标准，水质清澈透明，富含偏硅酸、锶、钾、铁、氟等元素，具有多种理疗用途，用于泡浴对皮肤病、肌肉劳损、各类关节炎等慢性疾病具有良好的治疗和保健作用，誉称"浙江第一，华东一流"。近年来，武义旅游的知名度日益提升，背后是武义旅游以温泉为特色，自 2015 年启动国家 4A 级旅游风景区创建工作以来，该温泉小镇已累计完成固定资产有效投资 29.13 亿元，累计吸引企业入驻 67 家，其中旅游企业 61 家，初步实现以温泉为特色，文化、健康、运动、养生等产业与旅游融合发展的目标。仅 2019 年，"温泉小镇"这张金名片吸引游客达 359.8 万人次。

【萤石之乡】

"世界萤石在中国，中国萤石在浙江，浙江萤石在金华，金华萤石在武义"。武义县素有"萤石之乡"的美誉，是全国最早开采和利用萤石的地区。如今，武义萤石工艺品已热销韩国、英国、美国、澳大利亚等 20 多个国家和地区。得益于不断开发和创新，武义萤石工艺品的艺术附加值逐步提升。据不完全统计，截至 2015 年底，武义县从事萤石加工和萤石工艺品加工的企业和销售单位有 100 余家，占当地工业比例的 2.1%，在全国同行业中占比 60%。2015 年度全县萤石产业总收入为 26.4 亿元，出口创汇 1.5 亿美元，出口单件均价从 2010 年的 14.7 美元上升到现在的 19.8 美元，增幅高达 35%。

2016 年 3 月，全国第一家萤石博物馆——武义温泉萤石博物馆建成开馆，将萤石资源从萤石产业、萤石经济，进一步上升为了萤石文化。武义温泉萤石博物馆是全县重要的科普实践基地之一，在 2017 年还正式被评为金华市市级科普教育基地。

（三）旅游资源

武义旅游资源丰富，共有 4A 级景区 4 个（清水湾、牛头山、大红岩、璟园）、3A 级景区 8 个（郭洞、俞源、寿仙谷、十里荷花、江下畲乡、大博金一乐园、骆驼九龙、坛头湿地），十里丹霞大红岩是国家级风景名胜区，浙中最高峰牛头山是国家森林公园，还有温泉萤石博物馆、花田小镇、千丈岩、石鹅湖、大莱梯田、白革竹海等景区。

1. 大红岩景区

大红岩景区位于浙江省武义县白姆乡、俞源乡和王宅镇交界处，该景区是武义新开发的核心景区，也是浙江省重点风景名胜区。景区毗邻太极星象村——俞源及刘秀垄等景点，距武义县城 18 千米，至金华市区 60 千米，有杭—金—衢高速公路，44 省道上松线等与杭州、温州相通，交通十分便利。2012 年 10 月 31 日，国务院关于发布第八批国家级风景名胜区名单的通知，大红岩风景名胜区获批为"国家级风景名胜区"。

景区有近 10 平方千米的典型丹霞地貌"十里丹霞，十里画廊"，区内丘陵峰石连绵，奇岩怪石罗列，尤其是丹霞洞穴十分丰富，山上层层叠叠分布着大小不一、深浅不同、千姿百态的丹霞洞穴。其洞之多，其形之奇，堪称丹霞洞穴博物馆。山谷内植物茂密，竹海、苍松郁绿，藤萝攀岩附树，置身峡谷之中，恍若世外桃源。秀峰赤岩是丹霞地貌的基本特征，这也是大红岩景区地文景观的主要特点。景区主要有望夫岩、盘龙岩、天堂岭、荷花心、秋风洞、通天峡、拇指岩、大红岩、留仙湖等 50 余个景点，连接四个天门构成的一条环状封闭的精致旅游线路，可谓是丹霞地貌中的珍品。受地形和水体影响，景区内空气湿度大，春夏多雾，尤其是雨后时常云遮雾裹。

2. 俞源村

俞源以太极星象出名，是中国民俗文化村，浙江省历史文化保护区，金华市四大景点之一。坐落在浙江省武义县西南部，距县城 20 千米，系明朝开国谋士刘伯温按天体星象排列设计建造。风景名胜俞源山川秀丽，风光旖旎，名胜古迹甚多，现存宋元明清古建筑 1027 间。古建筑内木雕，砖雕，石雕精致，巧夺天工，在村口有占地 120 亩的巨星太极图：村中布有"七星塘""七星井"，俞源村文化底蕴深厚，人文景观与自然景观密切融合，是寻古探秘休闲的旅游胜地。

3. 中国温泉萤石博物馆

温泉萤石博物馆是国内第一家集温泉养生、萤石利用、萤石鉴赏、萤石科普教学以及学术交流为一体的中国萤石文化博览园，也是世界最大的萤石博物馆，馆内展有 11 860 件萤石晶体，为世界萤石晶体收藏数量之最，其中还有世界最大的"武义溪里萤石"原石，萤石夜明珠，以及重 748 克拉的萤石宝石等，让世人开阔视野，启迪思维。正在开发和利用保存的矿山遗址而建设的矿山地质公园，又将让世人改变心目中萤石工业矿产的定位，可进行矿洞体验矿脉展现，带给人们萤石利用之美，从而使原本单一的萤石矿物，为人类美化生活做出新的作用。

四、研学旅行

武义县旅游资源丰富，森林公园、地质公园与古村落并存，蕴含丰富的自然与人文价值，此外，参观中国温泉萤石博物馆，可帮助学生理解产业发展与资源禀赋的关系，了解特色产业的发展路径，培养乡土情怀。根据武义县旅游资源类型与分布，为其设计三条研学路线（表4-39）：生态文化之旅、科考探险之旅和未来企业家之旅。

表4-39　武义县研学线路

主题	线路
生态文化之旅	大红岩景区—俞源村—牛头山国家森林公园
科考探险之旅	寿仙谷景区—石鹅岩—刘秀赤壁
未来企业家之旅	中国温泉萤石博物馆

（一）生态文化之旅

生态文化之旅线路（表4-40）将自然地理与人文地理巧妙结合，包括大红岩景区、俞源村和牛头山国家森林公园三个景点。学生在大红岩景区和牛头山国家森林公园中切身实地感知自然环境，在俞源村的古民居中与中华古老的传统文化对话。

表4-40　生态文化之旅研学路线

地点	研学内容	知识定位	设计意图
大红岩	1. 根据课上学习的地貌知识，判断此处为何种地貌类型，并思考其哪种侵蚀导致 2. 参观双岩洞，思考其形成原因	大红岩景区有近10平方千米的典型丹霞地貌"十里丹霞，十里画廊"。各个景点连接四个天门构成的一条环状封闭的精致旅游线路，可谓是丹霞地貌中的珍品，其中高300余米、宽650米的赤壁丹霞大红岩尤为壮观，抬头仰望时，岩壁上镶嵌着众多天然象形物 丹霞地貌是由巨厚的红色砂岩、砾岩组成的方山、奇峰、峭壁、岩洞和石柱等特殊地貌的总称。岩石地貌类型之一。主要发育于侏罗纪到第三纪，产状水平或缓倾斜的红色陆相地层中。具有顶平、坡陡、麓缓的形态特点。其作为流水侵蚀地貌的典型代表	通过让学生亲临大自然，感受自然中的地理知识，树立学生人地协调观，提升学生的地理实践力
俞源村	1. 观察俞源村聚落形态，思考其中蕴含的人文思想 2. 思考人居环境与自然环境之间的关系	俞源太极星象村系明朝开国谋士刘伯温按天体星象"黄道十二宫二十八星宿"排列设计建造，名胜古迹众多，现存古建筑1072间3.4万平方米。古屋、古桥保存完好，木雕、砖雕、石雕精美，巧夺天工。始建于南宋的洞主庙，是远近闻名的圆梦胜地。村口设一占地达8公顷的巨型太极图，村中布有"七星塘""七星井"，人文景观与自然景观密切融合，是古生态文化的经典遗存，是考察、观光、游览的首选之地	通过参观古村落，让学生感知中国传统人文思想，理解聚落形态与自然环境之间的关系
牛头山国家森林公园	1. 判断此处属于什么地貌，地形地貌有何特点 2. 沿途观察公园内土壤类型有哪几种分类，小组合作挖掘土壤剖面并取样 3. 深入森林公园，思考此处地带性植被以什么为主，辨识一两种特色植物	浙江牛头山国家森林公园境内峰峦叠嶂，为仙霞岭山脉的延伸，属中山地貌，最高点牛头山海拔1560米，最低处海拔380米。地形切割深度达200～400米，断崖、峭壁、险壑错综有致 土壤类型土壤有红壤、黄壤、岩性土、水稻土4个土类，以黄壤为主 牛头山国家森林公园以天然林占优势的森林生长繁茂，植被分区属北亚热带常绿阔叶林北部亚地带，浙闽山丘，甜槠、木荷林区，地带性植被为中亚热带常绿阔叶林	通过让学生亲临大自然，感受自然中的地理知识，帮助学生树立人地协调观，提升学生的地理实践力

（二）科考探险之旅

本条线路聚焦于大自然的奇特地形与地貌，沿线可以观察众多的丹霞地貌、火山岩地貌与各种奇山异石，培养学生的区域认知与地理实践力（表4-41）。

表4-41　科考探险之旅研学路线

地点	研学内容	知识定位	设计意图
寿仙谷	观察并判断景区内峡谷主要地貌类型，思考其是如何形成的	寿仙谷是丹霞地貌向火山岩地貌渐变的峡谷景观。丹霞地貌形成的条件主要包括受地壳活动的影响，部分红色地层发生倾斜和舒缓褶曲，并使红色盆地抬升。并经过流水、风化、风蚀等外力作用形成 火山岩石地貌景观是火山岩构成的地貌总称。中国有不同地质年代的火山岩，其中广泛分布有中生代火山岩。火山岩经外动力地质作用，构成各种具有观赏价值的地貌。诸如嶂、峰、洞、溪谷、方山等	通过让学生亲临大自然，感受自然中的地理知识，帮助学生树立人地协调观，提升学生的地理实践力

续表

地点	研学内容	知识定位	设计意图
石鹅岩	1. 观察石鹅岩等景区内其他奇特形态的岩石，判断其是受何种地质作用形成的 2. 观赏瀑布，辨识其主要属于的侵蚀类型	奇岩洞石景区内有众多的秃岩、断崖、岩洞、奇石，如石鹅岩、鲸鱼岩、金牛岩、五神石等，构成丰富多彩的地表象形景物 主景点石鹅岩由一块巨大的岩石与岩坡下的大岩洞组成，在连绵的群山丘壑中突兀着，远远望去犹如一只凌空欲飞的石鹅，大岩洞又恰似那张嘴吃食的鹅嘴，故名石鹅岩	
刘秀赤壁	1. 观察此处属于什么地貌类型，并判断其地层的地质年代 2. 了解其蕴含的历史典故	典型的丹霞地貌景区，地质为白垩系方岩组地层，紫红色砂砾岩沉积岩，经冲刷、切割、崩塌，形成了一片片危岩峭壁，并衍生了刘秀避难等民间传说，使林立奇峰增添了浓郁的人文色彩。也是我国最大的丹霞绝壁；双岩洞和清风寨飞桥六洞，是我国最深广的丹霞洞之一	

（三）未来企业家之旅

本条线路聚焦于武义县的两大特色产业——温泉与萤石，学生通过参观与体验，了解当地产业发展的历史、现状与前景，分析武义发展这两大企业的优势区位条件，培养学生的综合思维与人地协调观（表4-42）。

表4-42 未来企业家之旅研学线路

地点	研学内容	知识定位	设计意图
中国温泉萤石博物馆	1. 参观博物馆展厅内的萤石晶体、进矿洞参观矿脉，了解武义萤石开采与制作的历史，了解目前武义萤石产业的发展现状与前景，思考武义县发展萤石产业的优势与限制条件 2. 参观与体验馆内温泉，分析与思考武义县发展温泉产业的条件与未来方向	中国温泉萤石博物馆，是国内第一家集温泉养生、萤石利用、萤石鉴赏、萤石科普教学以及学术交流为一体的中国萤石文化博览园。也是世界最大的萤石博物馆，馆内展有11 860件萤石晶体，为世界萤石晶体收藏数量之最，其中还有世界最大的"武义溪里萤石"原石，萤石夜明珠，以及重748克拉的萤石宝石等，让世人开阔视野，启迪思维 温泉体验吧是博览园的一大特色，展示了武义县的另一大特色产业——温泉 整个博览园动态和静态有机结合，在博览园内可以体验到参与性、互动性、科学性、趣味性。能全面了解武义萤石历史文化、温泉文化	带领学生参观与体验武义的两大特色产业，加深学生对当地产业状况的了解，提高学生的区域认知；带领学生分析武义县发展萤石产业与温泉产业的条件，培养学生的综合思维与解决实际问题的能力

第四节 中国水晶之都——浦江

一、地理位置与行政区划

浦江县位于浙江中部，金华市北部，东经119°42′—120°07′、北纬29°21′—29°41′之间。东北邻诸暨市，东南接义乌市，西南与兰溪市毗连，西北和建德、桐庐市接壤，距金华城区 46 千米。浦江县面积 920 平方千米，辖 7 镇 5 乡 3 街道、227 个行政村和 23 个社区。

东汉献帝兴平二年（195），孙策据有江东，分太末、诸暨部分境地立丰安县，为浦江建县之始。时属扬州刺史部会稽郡，《读史方舆纪要》称县治在今治浦阳镇之西南。历三国、两晋及南朝，按曾改属东阳郡、金华郡。隋开皇九年（589），并省江南州县，废丰安县，其地并入吴宁（今金华），立为戍镇，属吴州总管府东阳郡。唐天宝十三年（754），析义乌、兰溪、富阳地置浦阳县，以境内浦阳江得名，属江南东道东阳郡，县治在今浦阳镇所在地。五代时属吴越国之婺州，吴越王钱缪因与吴王杨隆演之父杨行密相仇，上书梁太祖凡郡县名称与杨字同音者都予奏改。后梁开平四年（吴越天宝三年，910）改浦阳县为浦江县。后隶属关系屡有变动，而浦江之名沿用至今。1949 年 5 月 11 日浦江解放，隶属浙江省金华专区(初称第八专区)。

1949 年后，浦江县行政区划经历多次变更（表 4-43）。当前浦江县面积 920 平方千米，辖 7 个镇 5 个乡 3 个街道，分别是：黄宅镇、岩头镇、郑宅镇、檀溪镇、杭坪镇、白马镇、郑家坞镇；虞宅乡、大畈乡、中余乡、前吴乡、花桥乡；浦阳街道、浦南街道、仙华街道。

表 4-43　1949 年后浦江县行政区划变更

年份	变更情况
1949 年 5 月 11 日	浦江解放，隶属浙江省金华专区(初称第八专区)，全县划为浦阳、黄宅、横溪、平湖 4 区 20 个乡镇
1950 年 10 月	设 7 区，辖 1 镇 73 乡
1958 年 9 月	以区建社，乡镇设为管理区，全县建为 7 个人民公社，分设 39 个管理区
1959 年 2 月	管理区改称生产大队
1959 年 8 月	恢复浦阳镇建制，全县有 1 镇、8 个人民公社 42 个大队，总面积 1327.35 平方千米
1960 年 1 月	撤销浦江县建制，除梅江人民公社（含蜀山、长陵、墩头、石埠、白沙 5 个大队，面积 207.78 平方千米）行政区域划归兰溪县外，其余行政区域并入义乌县
1961 年 9 月	调整人民公社组织规模，恢复区公所，浦江地区设 5 区 26 个公社
1962 年 7 月	新合公社复归桐庐县
1966 年 12 月	1966 年 12 月恢复浦江县建制，青山、马剑两公社划归诸暨县。辖 1 镇 4 区、24 个公社、421 个大队
1969 年 6 月	撤销区级行政机构
1980 年 5 月	恢复区级行政机构，设 1 镇 5 区 25 公社
1983 年 8 月	政社分设，公社改称乡（镇），原平湖公社析为平湖、大元、外罗家 3 乡
1985 年	黄宅、岩头、白马、郑宅 4 乡改为镇，至年底全县为 1 直属镇、5 区 4 镇 22 乡
1986 年 12 月	平湖乡改为檀溪镇
1991 年 11 月	郑家坞乡改为镇，全县为 1 直属镇、5 区 6 镇 20 乡
1992 年 5 月	撤区扩镇并乡，撤销 5 个区，原 27 个乡镇调整为 8 镇 8 乡，乡镇平均面积由原 33.3 平方千米扩大到 56.2 平方千米

二、自然地理环境

（一）地形地貌

浦江县位于金衢盆地北侧，地形西北高，东南低，地貌以低山丘陵为主。全县地表高低起伏，山丘广布，溪涧萦纡，东南为环山的浦江盆地，檀溪、杭坪、虞宅等地有小块盆地错落。境内地貌类型为平畈、岗地、丘陵和山地。平畈面积为 121 平方千米，分河谷平畈和山间平畈：河谷平畈主要分布在浦阳江两侧，面积 107 平方千米；山间平畈分布于西北部壶源江流域，面积 13 平方千米。岗地为浦阳江两侧二三级阶地，地势平缓，面积 38 平方千米。丘陵主要分布于盆地南北和县城东北部。

（二）气候水系

浦江县属亚热带季风气候，四季分明，气候温和，雨水丰富，光照充足，山区和盆地气候差异明显。四季气温变化明显，1 月最低，7 月最高，气温日较差春秋大于冬夏。各月主导风以东南风为主，7 月主要是西南风和偏西风。全县多年平均降雨量 1457.1mm，自东南向西北递增，西北山区多于浦江盆地。降雨量分配不均匀，春秋多、秋冬少，4—6 月约占全年总降雨量的 43.9%。水面蒸发量年际变化在 900mm 左右，多年平均径流深 725.6mm，径流系数 0.5。由于季风气候的不稳定性，往往出现暴雨、洪涝、干旱、低温等灾害性天气。

浦江县水系属钱塘江水系的上游支流，具有源短流急，河床比降大，径流季节变化显著等山溪型河流特征。境内河流主要有浦阳江、壶源江和大陈江，按水系分为浦阳江流域和壶源江流域。

（三）自然资源

浦江县自然资源主要分为森林资源与矿产资源，其中森林资源主要由用材林及经济林组成，矿产资源中石灰石储量最大。

浦江县森林覆盖率高，林地面积达 9000 余公顷。主要分布于西部与北部，以松、杉、毛竹等用材林为主、并有油桐、乌柏、油茶、板栗等经济林。

浦江县矿产资源有石灰石、萤石、钾长石、石煤、磷矿石、凝灰岩、磁铁矿和铜矿等矿产，其中以石灰石储量最大。

三、人文地理环境

（一）人口发展

根据第七次人口普查数据，截至 2020 年 11 月 1 日零时，浦江县常住人口为 460 726 人，比 2010 年第六次人口普查的 437 346 人增长了 23 380 人，增长率为 5.35%，人口年平均增长率为 0.52%（表 4-44），人口实现缓慢增长。

表 4-44　第七次、第六次人口普查常住人口

2020 年（人）	2010 年（人）	增长人口数（人）	增长率（%）	年平均增长率（%）
460 726	437 346	23 380	5.35	0.52

2020 年浦江县家庭户数为 182 596，集体户数为 7798，家庭户人口 431 382，集体户人口 29 344，平均家庭规模由 2010 年的每户 2.64 人降至每户 2.36 人（表 4-45），家庭规模缩小。

表 4-45　第七次、第六次人口普查人口户别构成

年份	户数		人口数		平均家庭规模（人/户）
	家庭户（户）	集体户（户）	家庭户（人）	集体户（人）	
2020 年	182 596	7798	431 382	29 344	2.36
2010 年	145 135	10 487	382 585	54 761	2.64

2020 年浦江县男性人口占比为 52.17%，相比 2010 年第六次人口普查的 52.64% 有所回落，性别比由 2010 年的 111.14 降至 109.09（表 4-46），人口性别失调有所改善。

表 4-46　第七次、第六次人口普查人口性别构成

年份	总计（人）	男性		女性		性别比（女=100）
		人口数（人）	占比（%）	人口数（人）	占比（%）	
2020 年	460 726	240 373	52.17	220 353	47.83	109.09
2010 年	437 346	230 214	52.64	207 132	47.36	111.14

2020 年浦江县 0～14 岁人口占比 14.22%，与 2010 年相比减少 1.21%，15～59 岁人口占比 66.65%，与 2010 年相比减少 4.66%，60 岁及以上人口占比 19.13%，与 2010 年相比上升 5.87%，其中 65 岁及以上占比 14.06，与 2010 年相比上升 5.87%。与第六次人口普查相比，全县青少年、劳动力人口均出现负增长，60 岁及 65 岁以上人口增速较快，全县面临较为严峻的人口老龄化趋势（表 4-47）。

表4-47 第七次人口普查人口年龄构成

年龄	人口数（人）	比重（%）	同比（%）
总计	460 726	100	5.35
0～14岁	65 522	14.22	-1.21
15～59岁	307 066	66.65	-4.66
60岁及以上	88 138	19.13	5.87
其中：65岁及以上	64 793	14.06	5.87

浦江历代名人辈出，素有"文化之邦""书画之乡"之称，是众多花鸟画大师与文学家、语言学家的故乡（表4-48）。

表4-48 浦江名人

姓名	籍贯	突出贡献
陈星弼（1931—2019年）	浙江浦江青塘镇	从事半导体电力电子器件的理论与结构创新方面的研究，被誉为"中国功率器件领路人"，中国科学院院士
张世禄（1902—1991年）	浙江浦江	中国当代著名语言学家。1928年到上海商务印书馆任职。先后在暨南大学、复旦大学、光华大学、云南大学、中山大学、重庆大学等校任教。著有《中国音韵学史》《语言学概论》《古代汉语》等
吴茀之（1900—1977年）	浙江浦江前吴乡前吴村	中国花鸟画大师，现代浙派首领人。1994年，吴茀之纪念馆在浦江建成开馆
洪汛涛（1928—2001年）	浙江浦江	著名儿童文学作家、理论家，"神笔马良"之父。是与叶圣陶等齐名的中国"童话十家"，毕生致力于儿童文学的创作与研究，为儿童文学事业的繁荣与发展作出了杰出贡献
陈肇英（1888—1977年）	浙江浦江古塘村	浙江省浦江县中山中学创办人。曾发动浙江独立，反对袁世凯和浙江都督朱瑞，并赴上海见孙中山。1949年6月前往台湾

（二）产业特色

浦江工业经济仍以传统产业为主体，已基本形成服装、针织、水晶、制锁、绗缝等一批优势特色产业和块状经济，其中水晶、挂锁、绗缝均占全国60%以上的市场份额，有"中国水晶之都""中国挂锁之城""中国绗缝家纺名城"之誉。目前，浦江发展动力正从要素驱动到创新驱动转换，产业体系正从传统产业主导向新兴产业引领转型，按照"创新兴县"发展路径，聚力发展光电光伏、高端装备制造、智能硬件、新材料和生物医药等战略性新兴产业，加快推进"制造强县"建设。

近年来，浦江县生产总值增速放缓，其中第二产业增速明显放缓，第三产业增速较高并逐渐成长为主导产业（表4-49）。2020年三次产业增加值结构为4.9∶41.4∶53.7。全县人均（户籍人口）地区生产总值达到58 425元，比上年增长1.2%。

表 4-49　近年浦江全县三次产业增加值及增速

产业名称	2020 年		2018 年		2016 年	
	增加值（亿元）	增速（%）	增加值（亿元）	增速（%）	增加值（亿元）	增速（%）
第一产业	11.40	1.6	9.92	-0.1	10.4	2.7
第二产业	97.04	1.2	110.56	-0.7	117.3	5.8
第三产业	126.02	1.1	101.4	6.4	83.4	10.9
总计	234.45	1.2	221.88	2.1	211.1	7.6

资料来源：2020 年浦江县国民经济和社会发展统计公报、 2018 年浦江县国民经济和社会发展统计公报、2016 年浦江县国民经济和社会发展统计公报。

　　浦江县近年农林牧渔总产值稳步低速增长，其中种植业增速逐渐放缓，林业增速较为稳定，牧业呈现较明显负增长，但负增长趋势在逐年好转，渔业增速先下降再上升（表 4-50）。此外，随着休闲农业的兴起，农林牧渔专业及辅助性活动出现高速增长且增速不断加快。

表 4-50　近年浦江县农林牧渔总产值及分项产值

行业名称	2019 年		2017 年		2015 年	
	增加值（亿元）	同比（%）	增加值（亿元）	同比（%）	增加值（亿元）	同比（%）
总产值	10.5	1.0	10.7	3.2	9.71	1.5
种植业	8.5	1.2	8.2	6.5	7.16	5.2
林业	0.2	2.4	0.2	2.6	0.23	2.3
牧业	1.2	-3.6	1.9	-8.0	1.97	-10.6
渔业	0.2	3.9	0.2	1.1	0.21	8.6
农林牧渔专业及辅助性活动	0.2	12.8	0.2	6.5	0.13	5.7

资料来源：2019 年浦江县国民经济和社会发展统计公报、 2017 年浦江县国民经济和社会发展统计公报、2015 年浦江县国民经济和社会发展统计公报。

　　浦江县近年来规上工业增加值起伏较大，增速先降低再增高（表 4-51）；其中：战略新兴产业增加值在规上工业总增加值中占比较低，增速先大幅度升高再较大幅度降低；高新技术产业增加值在规上工业总增加值中占比相对较高，且维持较高水平的增速；而装备制造业增加值增速先升高再降低。

表 4-51　近年浦江县规上工业及部分行业增加值与增速

行业名称	2020 年		2018 年		2016 年	
	增加值（亿元）	同比（%）	增加值（亿元）	同比（%）	增加值（亿元）	同比（%）
规上工业	35.07	4.0	25.8	0.5	79.4	5.6
其中：战略性新兴产业	2.08	10.6	0.5	34.1	6.1	9.8
高新技术产业	11.37	11.3	5.6	13.6	13.9	6.3

续表

行业名称	2020 年		2018 年		2016 年	
	增加值（亿元）	同比（%）	增加值（亿元）	同比（%）	增加值（亿元）	同比（%）
装备制造业	8.72	7.5	4.7	11.6	14.7	2.8

资料来源：2020 年浦江县国民经济和社会发展统计公报、2018 年浦江县国民经济和社会发展统计公报、2016 年浦江县国民经济和社会发展统计公报。

浦江县近年第三产业增速较高并逐渐成长为主导产业。但一些行业增速放缓，甚至出现负增长（表 4-52），例如零售业与餐饮业。此外，进出口业也由高速增长剧烈下滑至负增长，出口业增速快速上升。

表 4-52　近年第三产业主要行业增速

行业名称	2020 年（%）	2018 年（%）	2016 年（%）
零售业	-5.0	4.3	12.3
餐饮业	-0.6	16.3	17.9
进口业	-80.31	257.7	-68
出口业	32.87	5.0	4.0
金融业	13.2	7.0	15.9

备注：金融业为存款余额。
资料来源：2020 年浦江县国民经济和社会发展统计公报、2018 年浦江县国民经济和社会发展统计公报、2016 年浦江县国民经济和社会发展统计公报。

【中国水晶玻璃之都】

"永康一只炉，义乌一只鼓，东阳一把刀，浦江一串珠。"浦江水晶玻璃行业就从 20 年前这一串珠起步，到水晶灯饰，再发展到水晶玻璃工艺品，如今，浦江已拥有水晶玻璃工艺品生产企业 1000 余家，从业人员逾 5 万人，年销售额超过 12 亿元，市场占有率达 60%，产量占全国水晶工艺品生产总量的 80% 以上。

资料来源：浦江县人民政府.http://www.pj.gov.cn/col/col1229171575/index.html。

【中国挂锁之城】

浦江挂锁产业起步于 20 世纪 70 年代，是全县三大经济支柱产业之一。经过近 40 年发展，浦江成为以挂锁为主要特色的全国四大锁具生产基地之一。2018 年，全县挂锁行业工业产值 48.8 亿元，占全县工业总产值 12.6%。据不完全统计，全县 40% 规上制锁企业已实现产品智能化，70% 以上制锁企业实现管理系统数字化。目前，浦江县有挂锁成品及配件生产企业 652 家（其中规模以上企业 49 家），从业人员 3 万多人，年产值 30 多亿元；国内市场占有率在 70% 以上，为我国最大的挂锁生产加工基地和出口基地。

（三）旅游资源

1. 灵动山水仙华山

仙华山位于金华市浦江县城北 2 千米处，又名四姑山。主峰少女峰，相传因轩辕少女元修在此修真得道升天而得名。海拔 720.8 米，位于浦江县七里乡仙华村，距县城浦阳镇北约 7 千米。

据《浦江县志》记载："仙华山为浙婺名山，浦邑第一胜景。"仙华山有五峰，如五指状耸峭屹立。从东往西有：玉柱峰、仙坛峰、玉尺峰、玉笋峰。它们拔地而起，相依为丛，四面悬崖峭壁，唯有北坡有一条小道盘旋而上，可达峰顶。崖峰上刻有字体刚正，笔锋有力的"第一仙峰"四个字。仙华山的洞穴有十多个，有的洞穴景致别有趣味。仙华山顶的日出，大石岗的夕阳，大地附近的松涛，半山凉亭的泉声，仙华水库的荡舟等都独具特色。

仙华山风景区，是国家 AAAA 级风景区，崛起于 1.5 亿年前的中生代，以"奇、险、旷、幽"称誉江南，有奇峰 24 座，大小景点 120 多处，山上奇峰皆灵秀动人，色彩斑斓，或突兀耸立，或直插云霄，时有云雾缭绕，缥缈若仙境，明代大文豪宋濂称其为"天地间秀绝之区"。

2. 历史村落高溪村

嵩溪，一座不为人知的古老村落，如同一颗散落在江南中部丘陵中的"明珠"，正散发着夺目光彩。近千年的历史文化底蕴，让这座宁静美丽的村庄，披上一层厚重的面纱。而青山绿水的自然风景，展现出的则是江南特有的灵气和秀丽。这里有安徽宏村的恬静安详、江西婺源的美丽古朴、乌镇西塘的水乡雅致，更融合了浙江中部独特的山水文化景观，独特风情堪称"冠绝浙中"。

嵩溪村，地处嵩溪上游广阔平坦的谷地中，村以溪得名。北去 5 千米，有浦江名山鸡冠岩。大青尖、小青尖、展高尖、挂弓尖诸峰屏立于村之西北与西南，源出于鸡冠岩的嵩溪分前后两溪穿村而过，在村南的桥亭汇成一流，溪水澄碧，小桥林立。"双水长流通浦汭，两山横抱锁鸡岩"，环境独好。有鸡冠望潮、燕诒春诵、屏山拱翠、溪桥月色、东壁石斧、西岭秋阴、石潭龙映、样畈禾浪、嵩麓灶烟、庵岩晴雪等十景之誉。

3. 人文古迹郑义门

"江南第一家"坐落于浦江县城东面 12 千米的郑宅镇。景区以丰富的古代家族文化和明清建筑组合为特色，"青山庭院古镇，小桥流水人家"，是一组独具韵味的古镇风貌景点。江南第一家是全国 AAAA 级景区，为国家文物保护单位，浙江省廉政建设教育基地，浙江省爱国主义教育基地。

"江南第一家"又称郑义门，是饮誉中外的华夏古代家族文化的重要遗址。居住于此的郑氏家族，以孝义治家名冠天下。自南宋建炎年间开始，历经宋、元、明三朝十五世同居共食达三百六十余年，鼎盛时三千多人同吃一"锅"饭。其孝义家风多次受到朝廷旌表，洪武十八年（1385），明太祖朱元璋亲赐"江南第一家"。

景区内保存有郑氏宗祠、昌七公祠、建文井、老佛社等一批重要历史文物。郑氏家祠始建于元初，结构宽敞，风格古朴。宗祠内高悬众多历代名人题匾和联语，具有很高的艺术价值和文物价值。前厅及拜厅天井内有尊为明初文臣之首宋濂手植的古柏，枝干遒劲，上薄云天。景区内尚有孝感泉、九世同居碑亭、东明书院、"十桥九闸"和玄麓元代摩崖石刻等古迹遗址二十余处，内容丰富，蔚成群观。而入口区象征九世同居的九座牌坊，其数量之多、种类之全和含义之丰堪称全国之最。

四、研学旅行

浦江县旅游资源丰富多样，研学资源丰富多彩。根据浦江县资源禀赋特征，可将研学旅行线路设计为自然生态类、奇特地貌类和文化寻踪三大类（表4-53）。

表4-53　浦江县研学旅行线路

主　题	线　路
自然生态之旅	仙华山—茜溪悠谷—神丽峡—白石湾
奇特地貌之旅	官岩山—剑门十八瀑—朝真洞
文化寻踪之旅	礼张—江南第一家—嵩溪古村

（一）自然生态之旅

浦江县多奇山异石，是典型的山区县。在仙华山观察沿途的岩石类型，感知地质历史变化。考察茜溪悠谷的河流地貌，辨析大自然外力作用的鬼斧神工。漫步在神丽峡的古驿道，感受沿途绮丽山景，调查民间风俗传说。整个路线在野外环境中感受自然魅力，培养学生人地协调观（表4-54）。

表4-54　自然生态之旅

地点	研学内容	知识定位	设计意图
仙华山	1. 判断仙华山所属地貌区及所形成的地质年代 2. 观察仙华山沿途岩石大多为流纹石，由此判断曾经的地理环境 3. 山体基岩呈现五彩色的地理原因及所经历的风化作用	仙华山崛起于1.5亿年前的中生代，由于运动强烈的断裂挤压和火山活动而形成。属低山丘陵地貌区，山顶缓坡地发育良好 仙华山曾经是海底，地壳运动后变成了山脉，在西线还可以看到很多这样的流纹石，这可是海水冲刷而成的斑斑痕迹	带领学生走进自然，感受大自然的鬼斧神工的同时，将知识与实际联系起来，提高学生综合思维的能力

续表

地点	研学内容	知识定位	设计意图
		组成山体的岩石种类不同，其矿物成分、结构、构造也就不同，因而决定了山体的颜色、色调的差异。昭灵宫—天门断崖绝壁一线，组成山体的岩石，主要为流纹斑岩，该岩石具流纹构造、斑状结构，斑晶较大，半自形晶分布不均匀，矿物成分主要为肉红色、黄褐色钾长石，灰白色斜长石，黑色或白色云母，无色透明的石英等，基质为浅红—浅黄色长英质物质。这些矿物的五彩颜色和分布不均，决定了山体基岩的本色五彩缤纷。例如流纹斑岩，经过上亿年来的风吹、雨打、日晒等地球外营力作用，表面多已风化：长石类矿物形成粉末状高岭土，残积在蓴岩表面上，色调暗淡无光。而黑云母风化后可成绿泥石，并析出铁质，生成褐铁矿，浸染基岩表面，或沿岩石节理裂隙充填，呈现褐紫色、黄褐色等，改变了基岩的本色面貌，使原有色调更加复杂化	
茜溪悠谷	1. 观察茜溪流经地区的流水地貌，并判断凹凸岸 2. 观赏野马岭美女峰判断其形成原因 3. 访谈调查目前景区发展现状及未来趋势	茜溪悠谷以发展全域旅游为目标，茜溪沿线打造了旅游集散中心、下湾太极水涧亲子游乐体验中心、新光村创客文明基地、野马岭高端民宿、马岭美女峰等文化旅游项目，串点连线，不断丰富茜溪旅游精品线的内容，打造以乡村旅游为主的现代化休闲旅游	
神丽峡	1. 判断神丽峡形成的地质年代、所经历的地质运动 2. 漫步古驿道，感受沿途山景与聆听民间传说	浦江县地壳原古质时代一直处于沉降状态，浸漫在浩瀚的大海中。由于古生代的加里东及海西构造运动，乃褶皱隆起出水成陆。中生代运动强烈挤压和火山活动，县境发生大规模断裂错动，神丽峡就处在这个时期形成的浦江构造盆地南缘	
白石湾	1. 观赏景区内峡谷景观并解释其成因。 2. 结合经流水侵蚀的石块颜色，解释白石湾这一名称的由来	景区内群山连绵，林木苍翠，溪瀑壮观，空气清新，怪石林立，洞窟神秘，一路潭、瀑跌水，终年流水不断。自然风光极为原始古朴，恰似一个梦想中的人间天堂。南山峡谷被流水长年累月冲刷的鹅卵石露出了水面，这些灰褐色的石头在冬日阳光的照耀下，变得像雪一样洁白，于是，这处峡谷有了一个美丽的名字"白石湾"	

（二）奇特地貌之旅

浦江县地貌类型丰富多样，各有特色，有官岩山的丹霞地貌，朝真洞的喀斯特地貌，剑门十八瀑的瀑布地貌等。奇特地貌之旅就是让学生通过近距离的观察不同地貌类型，并加以辨析，充分培养学生的地理实践力（表4-55）。

表 4-55　奇特地貌之旅

地点	研学内容	知识定位	设计意图
官岩山	根据所学的地貌知识，判断此处为何种地貌类型及特征	位于浦阳盆地东南缘，距县城 12 千米，面积 5 平方千米，景点 20 多处，官岩山，亦称康侯山、螺峰，海拔 391 米，石皆赤黑色，为典型丹霞地貌 丹霞地貌由巨厚的红色砂岩、砾岩组成的方山、奇峰、峭壁、岩洞和石柱等特殊地貌的总称。岩石地貌类型之一。主要从侏罗纪发育到第三纪，产状水平或缓倾斜的红色陆相地层中。具有顶平、坡陡、麓缓的形态特点。其作为流水侵蚀地貌的典型代表	让学生感受大自然的鬼斧神工的同时，学以致用辨析其不同地貌类型特征及成因，提高学生地理实践力
剑门十八瀑	观察瀑布形态与岩壁，判断其属于何种侵蚀类型	剑门十八瀑由大小石门、十八龙潭两处风格各异的景区组成。故为"唐昌十景"之首。群门向天的大小石门景区在天地接壤处的山巅上一道石墙平地隆起。石墙宽不足十米，两侧全是高达数十米的悬崖绝壁似天然石长城，龙腾虎跃、气势恢宏，蔚为壮观的天然石长城绵延数百千米，穿林走壁，横贯浙皖。由于长期的水流切割，多处出现豁口，形成一座座浑然天成、绚丽多姿的石门，最具特色的被誉为"华夏第一天门"的剑门，两石相距不足 5 米，却高达百米，其石壁更为称奇，宛如神剑劈出故而得名，狮门、虎门、龙门、栈门形似貌合、惟妙惟肖	
朝真洞	观赏洞穴，判断其属于何种地貌，并复习此地貌类型的相关知识	该洞由主洞与两个小支洞组成。左侧支洞，口小肚大，形似横倾花瓶，故名"石花瓶"；右侧支洞，也肚大口小，但尾长，形似螺蛳，故名"螺蛳洞"。主洞内有"石棋盘"和"天池"，相传为当年仙人用水与弈棋之处。洞顶有一罕见大石梁，长达数丈，上有无数千奇百怪的钟乳石，纵横交错，侧垂悬挂，极为壮观。	

（三）文化寻踪之旅

文化寻踪之旅（表 4-56）通过探访礼张村，造访"江南第一家"，探秘嵩溪古村，使学生感受一方水土养育一方人，不同的地理环境造就了不同的民风民俗，体验当地特色的历史文化底蕴和人文精神，培养学生的综合思维与区域认知能力。

表 4-56　文化寻踪之旅

地点	研学内容	知识定位	设计意图
礼张村	1. 探访礼张村，了解村内民居建造与自然地理环境、传统思想文化 2. 参观礼张书画陈列馆，感受"书画第一村"的文化熏陶	礼张的传统民居以白墙黑瓦为基调，以硬山顶(双坡)砖木结构为主要建筑形式。山墙面带有墨线描绘的各种地方传统因素，具有装饰辟邪的作用。立面上多开小窗、高窗，门头点缀其间，其余大面积的是墙体。整体看，外立面处理以"实"为主，"虚"的部分——洞口很少，体现出中国传统民居讲求的外向封闭、内向开敞的空间精神，所形成的高墙深院，也正是传统礼制社会中的儒家思想的体现	探访古镇古村，使学生感受到一方水土养育一方人，体验地方特色的历史文化底蕴和人文精神，培养综合思维与区域认知能力

续表

地点	研学内容	知识定位	设计意图
江南第一家	探访古镇，感受孝义家风	"江南第一家"，这是历经宋、元、明三朝十五世同居的郑氏名门望族，以孝义治家名冠天下。自南宋建炎年间开始，其大家族的辉煌历史长达 360 余年，鼎盛时多达 3000 多人同吃一"锅"饭的浩大场景，真是一个大家庭"和睦相处，相亲相爱"典范。其孝义家风多次受到朝廷旌表，受到人们的敬仰和膜拜	
嵩溪古村	1. 探访古村，观赏村内特色古建筑与文化。思考为什么此地会以石灰岩建造房屋 2. 参观"江南坎儿井"，思考嵩溪东西两条溪流背后蕴含的人地协调意义	嵩溪古村与其他村落很大的区别在于，黄土丘陵土壤偏于酸性，因此碱性的石灰就成了农作物生长时必不可少的添加剂，是房屋多用石灰烧制的石子砌墙，村民称其为"百子石墙"。石灰石在石灰窑里经高温煅烧，其中含矿物质凝结如彩釉，废渣既轻又硬，多孔且带有不同的颜色，宛若艺术品。嵩溪的先民在农樵耕读之外，世代以烧制石灰为生 嵩溪有个著名的"江南坎儿井"。一条溪流在村头分东西两支流从村中静静穿淌而过，并在村口汇合，流向浦阳江。穿村而过的溪流一明一暗，西边的明溪叫前溪，东边的暗溪叫后溪。先民要在村中的后溪用拱桥覆盖为一条暗流，主要是因为村庄三面环山土地稀缺，先人在溪上建拱桥，桥上修路建房	

第五节　群山之祖，诸水之源——磐安

一、地理位置与行政区划

磐安县地处浙江省中部，位于东经 120°17′—120°47′、北纬 28°49′—29°19′。把浙江省地图十字对折，中心点所在之处，就是金华市磐安县，所以这里也被称为"浙江之心"。距离杭州、温州、宁波均在 2 小时以内，属长三角南翼经济区及浙中城市群经济区范围。磐安东与天台县、新昌县相连，南与仙居县毗邻，西部与缙云县、永康市接壤，北与东阳市相连。县域呈东西短、南北长的形态，东西跨度为 47 千米，南北跨度为 54 千米，总面积 1198.88 平方千米。磐安县目前县城所在地安文镇位于县域西部，镇域面积 90.03 平方千米。镇区北距杭州市 216 千米、南至温州市 261 千米、西至金华市 126 千米、北至宁波市 212 千米。

磐安县名出自《荀子·富国》中"国安于盘石"之说，意为"安如磐石"。清顺治四年（1647），大盘山区爆发了"反清复明"为宗旨的白头军起义。号称义军"三十万"，造成"东南大震"的形势。翌年，清廷一面派重兵镇压，进行血腥屠杀；一面划东阳、永康、缙云、仙居四县交界的大盘山区拟设县治，称"四平县"。编制《十户册》，肃清

"盗匪"。康熙初年，白头军被镇压后撤县。光绪十一年（1885）又因"盗贼啸聚"设永仙县丞署，还移金华协都司（亦称八堡山巡防都司）于此。民国初年撤销。民国24年（1935）8月，国民党浙江省政府划永康、东阳、缙云、仙居、天台五县之边缘山区，设"大盘山绥靖区"，俗称"五平县"。民国28年(1939)，浙江省省长黄绍竑等为了在磐安山区建立"持久抗战根据地"，计划"今后吾浙东抗战军事扩大，则全省之人力物力财力以及一切重要机构，将以大盘山为一安布生息之区。保卫大浙江，收复大浙江，其军事政治惟大盘山区域为前方与后方之惟一重要性"。因而撤销"大盘山绥靖区"，改设县治。重新划缙云之双峰、金峰、润川、龙门、湖中5乡，永康之盘峰、五美、翠峰3乡，天台之飞山乡，东阳之33、36、32（部分）28、29、30等都乡为县境，总面积1162.27平方千米。县名初拟仍以大盘山命名，为盘山县。上报后，国民党重庆当局以为，在辽宁省营口市北的辽河平原上已有一个盘山县，不宜重复。将设县报告退回浙江省政府重新拟名。浙江省黄绍竑、阮毅成等，根据荀况《荀子·富国》中"则国安于盘石"之句"盘"者通"磐"，"盘石"即"磐石"，比喻牢固不可摧毁之意，取"磐石之安"义而命名磐安。上报后获得批准。磐安县在抗战烽火中的1939年7月1日诞生，驻地大盘。1949年10月30日建立磐安县人民政府，县城从大盘迁至安文镇。

1949年后磐安县行政区划经过多次变动（表4-57），截至2018年2月，磐安县辖2个街道、7个镇、5个乡：尖山镇、尚湖镇、方前镇、玉山镇、仁川镇、大盘镇、冷水镇；窈川乡、双溪乡、双峰乡、盘峰乡、九和乡；安文街道、新渥街道。县域总面积1196平方千米，人口21.31万人。

表4-57 1949年后磐安县行政区划变更

年份	变更情况
1949年10月	建立磐安县人民政府，县城从大盘迁至安文镇
1953年9月	缙云县潘潭乡之冷水、联合（泗岩、虬里）、章岩（小章、岩潭）、杨西（畅山、西英、山干、弹上、水坑弄）、等山（溶坑、胡山、大山）、庄头；潘潭等7个行政村，1143户，4271人，耕地面积3792.72亩划归磐安县管辖
1956年9月	尚湖乡第十、第十一两村（即周家楼、米筛山头等27个自然村），301户，1114人，耕地面积779亩划给天台县新中乡管辖
1958年	在"大跃进"中撤销磐安县，全境并入东阳，历时25年
1961年2月	安文公社仁州管理区石上、石雨坑大队3个生产队，84户；354人，耕地面积374亩，划给缙云县管辖
1963年5月	双溪人民公社金家、袁家、下屋3个生产大队，8个生产队，104户，381人，耕地面积305亩，划入东阳县八达人民公社
1965年6月	双峰公社三丘田大队（包括三丘田、楚石坑两个村），3个生产队，47户，166人，耕地面积78亩，划归仙居县管辖
1976年8月	盘山区方前公社田芯大队（包括田芯、寮车、阴鼠洋3个村），9个生产队，236户，961人，耕地面积951亩，划给天台县管辖

年份	变更情况
1983 年 7 月	国务院批准恢复磐安县建置，11 月 10 日与东阳县分开办公。其县境除原属磐安县全境外，另划原属东阳县之岭口、玉峰、尖山、胡宅等 4 个乡镇给磐安县管辖
2018 年 1 月 29 日	浙江省政府批复撤销尖山镇、万苍乡、胡宅乡，合并设立尖山镇；撤销盘峰乡、维新乡、高二乡，合并设立新的盘峰乡；撤销安文镇、新渥镇、深泽乡，其行政区域由磐安县政府直辖
2018 年 2 月 2 日	金华市政府批复在原安文镇区域组建安文街道，原新渥镇和深泽乡区域组建新渥街道

二、自然地理环境

（一）地形地貌

境内有称谓的大小山峰 5200 多座，注明标高在 1000 米以上的 63 座，清明尖（青梅尖）1314 米，为最高峰，有"万山之国"之誉。境内出露地层以火山碎屑岩为主，岩性复杂，相变剧烈。火山岩全县分布广泛，出露面积占全县 80% 以上。大致可分为喷出岩和次火山岩两种，以喷出岩为多，侵入岩也有零星散布。境内地层构造以断裂构造为主，褶皱构造并不发育。县境属中低山为主的纯山区地貌。境内山脉以大盘山群峰为中心，主干线向南北伸展。县内海拔 1000 米以上山峰 63 座，海拔 1000 米以下 500 米以上山峰 641 座，海拔 350 米至 500 米之间的高丘为 1.72 万公顷，350 米以下的低丘和滩地为 2 万公顷。

（二）气候水系

气候属亚热带季风气候，天气温和，雨量充沛。由于地形有高山、低山、台地和丘陵等复杂因素，县内不同地段的气温、降水和日照差别很大。多年平均气温为 13.9 ~ 17.4℃，年积温 4255 ~ 5534℃。1 月份（最低）平均气温 2.0 ~ 4.3℃，7 月份（最高）平均气温 25.6 ~ 28.8℃。四季特征有春季回暖迟，秋季降温早，无霜期短（200 ~ 243 天）等特点。高山多雪，并常有低温暗霜。雨量虽较多，不同季节悬殊颇大，多年平均降水量 1409.8 ~ 1527.8mm，6 月份（最多）平均为 208.3 ~ 246.5mm，11 月份（最少）平均为 34.8 ~ 52.7mm。气候性灾害多发，四季都有可能发生。冬季霜雪冻害、春季容易倒春寒和清明前后暴风雨，盛夏有雷击和高温，伏秋干旱、台风等灾害性天气出现频繁。

磐安县是钱塘江、瓯江、灵江、曹娥江的主要发源地，故旧志称"群峰之祖，诸水之源"。

（三）自然资源

磐安是年轻的山区县，有"群山之祖，诸水之源"的称号。水资源、矿产资源、植物资源和动物资源等自然资源丰富多样。

磐安县水资源极其丰富，全县年平均降雨量为 1551.8 毫米，年径流深为 907.2 毫米，年均水资源总量为 10.85 亿立方米。其中地表水资源量为 8.4969 亿立方米，地下水资源量为 2.3531 亿立方米。人均水资源量为 5261 立方米，高于金华市人均 2039 立方米和浙江省人均 2100 立方米的水平。各溪流年平均水资源量分布情况为：地表水的时空分布特点与降雨时空分布基本一致，年际变化很大，最大径流量与最小径流量之比为 3.97:1。年内径流分布为 4—9 月的径流量占全年流量的 70%。高山区大于低山丘陵区。

磐安县已知各类矿床、矿化点和情报点共 82 处。县境已发现 25 种矿产（表 4-58），非金属矿产占主要地位。

表 4-58　磐安县主要矿产及其分布

矿产种类	矿藏量	主要分布地区
萤石	67.45（万吨）	张斯—丁界、九和—窈川、安文、冷水等 4 个萤石矿集中区
蒙脱石黏土	1093（万吨）	尖山镇塘头村、尖山村、腾潭岗村、陈村、斯村等地
饰面用花岗岩	5000（万立方米）	—
石英岩	3（亿吨）	仁川镇胡庄和冷水镇泗岩相接的如公尖山麓
砖瓦用黏土	—	新渥镇、尖山镇、玉山镇、深泽乡、仁川镇、万苍乡、尚湖镇等地

磐安是"九山半水半分田"的纯山区，全县总面积 11.884 万公顷（178.26 万亩），其中山地面积就有 10.91 万公顷（163.64 万亩），占 91.8%。据 2004 年森林资料补充调查，全县林业用地为 9.478 万公顷（142.18 万亩），其中有林地为 8.42 万公顷（126.36 万亩），全县活立木总蓄积量 257.35 万立方米，其中乔木蓄积 253.34 立方米，散生木蓄积 2.85 万立方米，疏林蓄积 0.58 万立方米。乔木蓄积中纯林 94.83 万立方米，混交林 28.92 立方米。竹林 11.79 万株。据磐安县人民政府官网 2021 年 3 月资料，全县森林覆盖率达 83.68%，林木蓄积量 562.6 万立方米，森林年生态价值达 74.8 亿元。

磐安还是野生药材的重要产地。据东阳、永康、缙云、天台等县志载，产于县内大盘山的有 208 种。据 1986 年中草药资源调查，磐安全县植物药材 1055 种。常年收购的有前胡、茯苓、杜仲、桔梗、草乌、厚朴、钩藤、半夏、金银花、野菊花等。

据磐安县人民政府官网，县内无脊椎动物有 20 纲，125 科。脊椎动物有：鱼类 8 科，两栖类 8 科 15 种，爬行类 9 科 26 种，鸟类 28 科 107 种，兽类 20 科 61 种。被列入国家一级重点保护动物的有 4 种；被列入国家Ⅱ级保护的有 30 多种。还有 10 多种为浙江省级保护动物。

三、人文地理环境

（一）人口发展

磐安县山地面积大，人口密度低。旧时虽多早婚早育，以多子为多福，但因封建剥削太重，灾害不断，战乱频繁，人口增长仍然缓慢。新中国成立后，社会稳定，人民生活改善，医疗卫生事业日益发展，人口增长加速。20 世纪 70 年代后推行计划生育，人口增长得到有效控制。

根据 2020 年第七次人口普查，磐安县常住人口为 177 161 人，与 2010 年第六次人口普查相比，人口仅增长 2496 人，增长率为 1.43%，常住人口年平均增长率仅为 0.14%（表 4-59），人口增长趋于停滞，人口形势较为严峻。

表 4-59　磐安县第七次人口普查常住人口

2020 年（人）	2010 年（人）	增长人口数（人）	增长率（%）	年平均增长率（%）
177 161	174 665	2496	1.43	0.14

从户别结构来看，磐安县 2020 年家庭户 79 138 户，集体户 2268 户，与 2010 年相比均有所增加。平均家庭规模由 2010 年的每户 2.49 人缩小至 2020 年的每户 2.14 人（表 4-60），家庭规模缩小。

表 4-60　磐安县第七次人口普查人口户别构成

年份	户数		人口数		平均家庭规模（人/户）
	家庭户（户）	集体户（户）	家庭户（人）	集体户（人）	
2020 年	79 138	2268	169 100	8061	2.14
2010 年	67 117	1042	167 147	7518	2.49

从人口年龄结构来看，磐安县 2020 年 0～14 岁人口数为 26 303 人，与 2010 年第六次人口普查相比，占比下降 1.99%，15～59 岁人口数为 107 340 人，占比下降 4.68%，60 岁及以上人口数为 43 519 人，占比上升 6.66%（表 4-61）。青少年与劳动人口占比下降明显，老龄人口占比急剧上升，人口老龄化趋势明显。

表 4-61　磐安县第七次人口普查人口年龄构成

年龄	人口数（人）	比重（%）	同比（%）
总计	177 161	100	1.43
0～14 岁	26 303	14.85	-1.99
15～59 岁	107 340	60.59	-4.68
60 岁及以上	43 519	24.56	6.66
其中：65 岁及以上	32 159	18.15	-6.74

从人口城乡结构来看，2020 年磐安县城镇人口 93 187 人，城镇人口占总人口比例为 52.6%，与 2010 年相比，全县城镇人口占比上升 12.7%（表 4-62），城镇化率显著提高，但与金华其他区县相比，城镇化率仍处于较低水平。

表 4-62　磐安县第七次人口普查人口城乡构成

	人口数（人）	占比（%）	城镇人口比重（%）	同比（%）
城镇人口	93 187	52.6	52.60	12.7
乡村人口	83 974	47.40		

磐安自古名人荟萃（表 4-63），前有清代胡大纯，道光二年考中武举人，授右营千总，兼管江山县汛事，后升任金华守备；后有哲学史专家和翻译家陈修斋、优秀中共党员厉熙彪等人为磐安历史添上浓墨重彩的一笔。

表 4-63　磐安名人

姓名	籍贯	突出贡献
陈修斋（1921—1994 年）	磐安尚湖镇尚湖村	著名哲学史专家、莱布尼茨专家、翻译家。中国民主同盟盟员。专于西欧近代唯理论和经验论哲学，尤长于莱布尼茨哲学，一生从事哲学史的研究
厉熙彪（1930—1975 年）	磐安尖山镇	1948 年参加党的地下工作，后受命在省城组建青年团，接着参加省委在嘉兴的土地改革试点。结束后回杭，先后任团省委学校工作部副部长、部长、副书记，浙江省青年联合会秘书长、副主席，全国青年联合会委员，出访过朝鲜、苏联等国家
陈品贤（1945—1995 年）	磐安安文镇五指岩村	曾任浙江省公安厅副厅长

（二）产业特色

磐安现代农业、生态工业、休闲旅游、建筑业、电子商务、清洁能源等产业蓬勃发展，县域经济实力不断增强，形成了药材、香菇、香榧和生态龙井等一批特色农业，2020年 2 月 26 日，浙江省磐安县磐五味中药材中国特色农产品优势区被认定为第三批中国特色农产品优势区。

磐安县近年生产总值快速增长。其中第一产业稳步增长；第二产业增速放缓较为明显；第三产业增速有所放缓，但仍以较高的速度增长，2020 年第三产业对 GDP 的贡献率为 64.3%（表 4-64）。三次产业增加值结构为 10.6:38.2:51.2。

表 4-64　近年磐安县三次产业增加值及增速

产业名称	2020 年		2018 年		2016 年	
	增加值（亿元）	增速（%）	增加值（亿元）	增速（%）	增加值（亿元）	增速（%）
第一产业	12.85	2.3	11.57	3.8	11.41	2.5
第二产业	46.03	2.3	43.60	7.4	37.78	5.0
第三产业	61.82	4.6	41.45	7.5	33.55	11.1
总计	120.70	3.4	96.62	7.0	82.73	7.0

农业是磐安县的一大特色产业，近年来农林牧渔总产值稳步增长（表 4-65）。其中：种植业保持较为稳定的增速稳步增长；林业在磐安县农业中较为突出，是增速最高的一个行业；牧业增加值浮动较大，2018 年出现负增长，2020 年止住了负增长的势头。

表 4-65　近年磐安农林牧渔总产值及分项产值

行业名称	2020 年		2018 年		2016 年	
	增加值（亿元）	同比（%）	增加值（亿元）	同比（%）	增加值（亿元）	同比（%）
总计	18.43	2.4	11.72	3.8	11.54	2.4
种植业	14.71	2.3	9.98	4.3	9.53	2.5
林业	1.67	3.7	1.04	5.6	1.10	5.7
牧业	1.74	0.9	0.53	-8.8	0.75	2.6

此外，磐安"农家乐"发展势头良好，2020 年新增农家乐 100 家（累计共 961 家），床位 1475 张（累计共 1.85 万张），规范提升共享农屋 1000 户（累计共 2130 户）；新增省级休闲乡村 2 个，省级农家乐集聚村 4 个。全年农家乐、共享农屋共接待游客 218 万人次，营业收入达 3.2 亿元。

近年来，磐安县第二产业中规模以上工业增加值增速不断加快，并以较高速度增长（表 4-66）；规模以上工业产值有所浮动，但仍然以较高速度增长；销售产值增速逐渐加快，且受疫情影响较小，其中：出口交货值增速逐年下降。

表 4-66　近年磐安规上工业相关指标金额增速

指标	2020 年		2018 年		2016 年	
	金额（亿元）	同比（%）	金额（亿元）	同比（%）	金额（亿元）	同比（%）
规上工业增加值	22.75	6.5	20.58	6.5	15.89	4.3
规上工业产值	92.02	5.8	76.95	7.7	79.81	6.1
销售产值	91.18	10.0	72.65	6.1	72.44	5.7
其中：出口交货值	25.97	0.7	23.60	3.3	21.97	8.3

磐安县第三产业飞速发展，2020 年对 GDP 的贡献率为 64.3%，逐渐成为该县经济引擎。其中：商品房销售额和社会消费品零售总额增长较快，2020 年增速有所回落；进出口总额由 2016 年负增长转为高速增长（表4-67），且增速不断加快。

表4-67　近年第三产业主要行业增速

指标	2020 年		2018 年		2016 年	
	金额（亿元）	增速（%）	金额（亿元）	增速（%）	金额（亿元）	增速（%）
商品房销售额	7.80	—	8.04	—	4.92	—
零售总额	36.62	0.2%	40.82	10.3%	32.59	14.5%
进出口总额	37.40	16.5%	29.44	9.3%	3.70（亿美元）	-2.3%
邮电业务总量	1.91		1.79		1.53	—
金融系统存款余额	248.88	7.0%	205.06	19.1%	152.43	4.7%

【林业】

磐安位于"浙江之心"，素有"群山之祖、诸水之源"之称，生态资源总量在全省名列前茅，据磐安县人民政府官网 2021 年 3 月资料，全县森林覆盖率达 83.68%，林木蓄积量 562.6 万立方米，森林年生态价值达 74.8 亿元。空气质量优良率 99% 以上，PM2.5 常年平均 25 微克/立方米以下，县域负氧离子平均值 3567 个/立方厘米，被誉为"浙中水塔、天然氧吧"。

【乡村旅游】

管头村地处磐安、新昌、天台交界处，始建于唐武宗年间，因古村采用 2 亿年前火山岩浆形成的玄武岩建成，故名"乌石村"，是全国保存最完整的乌石古村落。全村 226 户、776 人，是国家级文明村、省特色旅游村、省农家乐特色村、省精品农家乐村，被誉为"金华农家乐第一村"。十几年来，作为山区县的磐安，其农家乐发展风生水起，成为了磐安乡村旅游的重头戏。随着管头村乡村旅游的发展，管头村被誉为全国文明村、浙江省全面小康建设示范村、浙江省农家乐特色村、浙江省旅游特色村、金华市十大魅力村庄。

【中药产业】

作为"浙江之心"的磐安历来有"天然的中药材资源宝库""江南药镇"之称，是"中国药材之乡"，道地中药材是磐安的"金名片"。著名道地药材"浙八味"中白术、元胡、玄参、浙贝母、白芍主产磐安，俗称"磐五味"。多年来磐安把中药产业作为绿色产业发展体系中的重要支柱，以及发展新动能的主要来源。

2019年，全县中药材种植面积7.18万亩、产量19 997吨、产值5.68亿元。全县引进培育中药类生产企业15家，其中规上企业3家，高新技术企业7家，形成了集中药饮片、配方颗粒（提取）、康养产品等为一体的中药制造体系。拥有注册登记从事中药材购销经营单位3363家，驻磐省外购销商200余家。"浙八味"药材城入驻中药经营户574家，2019年交易额达35亿元。中药材产业成为磐安最重要的富民产业，也是磐安最具基础、最具潜力、最具市场影响力的支柱产业。

（三）旅游资源

1. 孔氏家庙

孔氏家庙由历代朝廷为"孔氏婺州南宗"即孔子47世孙孔端躬后裔赐建，地址在磐安县磐峰乡榉溪村，现为国家级重点文物保护单位。"婺州南孔"的来源，根据《磐安县志》和明清《金华府志》《永康县志》，以及《孔氏家谱》的记载，南宋建炎四年，也就是1130年，金兵占领了山东，兖州陷落，曲阜孔林遭受了兵祸。

孔氏家庙坐南朝北，榉溪从前面环绕，遥对金钟山，整座建筑以中轴线贯穿，由门楼、戏台、开井、前厅、穿堂及两小天井、后堂组成。孔氏家庙建造后，在元、明时期由官府负责进行过较大维修，清初家庙毁于兵燹，现存建筑为清代重修，但也保留了宋、元、明不同时期的建筑风格。榉溪孔氏家庙较好地保存了历史原貌。除此之外，在榉溪孔家家庙的四周，那些由清、民国山区民居错落形成的小街、小弄，同时给人们一种强烈的视觉冲击，在整个孔氏家庙周围荡漾着一种古风古貌。家庙附近尚有保存完好的孔若均、孔端躬墓，墓旁有当时从山东孔林带来种植的一株巨大桧木。整个孔氏家庙与榉溪村落及周围的山川环境融为一体，很好地体现了中国古代天人合一的哲学思想。

2. 江南药镇

2015年，依托丰富的中药材资源，磐安启动"江南药镇"建设，同年入选浙江省首批特色小镇。"江南药镇"规划用地1000公顷，总投资51.5亿元，规划实施中药养生园、养生博览馆、百草园、磐安中医院迁建项目等一批综合性项目。磐安县力图通过推动中药材产业转型升级和中医药文化的传承发展，把"江南药镇"打造成省内一流、全国知名的药材天地、医疗高地、养生福地和旅游、康养胜地。

　　"江南药镇"被评为 2016 年度浙江省特色小镇优秀小镇。"江南药镇"实现小镇景区化，中医药产业休闲化，为磐安中药材产业融合发展提供平台。数据显示，2016 年实现服务业营业收入 22.05 亿元，其中特色产业服务业营业收入 17.96 亿元，占比 81.5%。

四、研学旅行

　　磐安素有"群山之祖，诸水之源"之称，其自然旅游资源丰富。此外，磐安县的多种珍贵名药材与悠久的制药历史，使得磐安还有"江南药镇"的别称，因此借助磐安县的特色研学资源，可将研学线路设计为生态休闲之旅和浪漫花乡之旅（表 4-68）。

表 4-68　磐安县研学路线

主题	线路
生态休闲之旅	十八涡景区—百杖潭—舞龙峡风景区
浪漫花乡之旅	榉溪村—双溪樱花主题公园—花溪景区—江南药镇

（一）生态休闲之旅

　　磐安县作为典型的山区县，县域内多奇山异水，例如十八涡景区、百杖潭、舞龙峡景区等。生态休闲之旅研学路线就是让学生通过观察辨析地形地貌，调查植被类型等野外考察活动，感受大自然的鬼斧神工，培养其人地协调观，提升地理实践力（表 4-69）。

表 4-69　生态休闲之旅研学路线

地点	研学内容	知识定位	设计意图
十八涡景区	1. 了解景区地形地势形成原因，参观独特的夹溪大冰臼，并分析其成因 2. 游览夹溪古道，观察沿途植被及流水作用所塑造的溪涧、险涡等	远古造山运动强烈地形切割和流水、冰川长期冲刷侵蚀造就了"大峡谷"奇观。有"冰臼之父"之称的中国地质科学院地质研究所韩同林教授对景区进行了地质考察，发现了国内迄今为止保存最完整的夹溪大冰臼，并留下"天下第一冰臼"的墨宝 夹溪为曹娥江源头，河谷与玉山台地之间相对高差在200 米以上。溪流两岸陡壁森然对峙，耸立云天，溪涧狭窄蜿蜒，水流湍急，形成无数的跌瀑、险涡和深潭，其中尤以十八涡最负盛名	通过让学生亲临大自然，感受自然中的地理知识，帮助学生树立人地协调观，提升学生的地理实践力
百杖潭	1. 参观百杖潭瀑布，了解流水地貌对地表的塑造作用 2. 参观景区内奇特山体、奇石、洞穴等地质地貌	由三叠瀑布构成，瀑布总高度 72 米。三瀑相连，层层叠叠组别具一格的瀑布体。百杖潭瀑布以崖险、瀑高、潭深、水清、溪曲闻名遐迩。瀑布所在地势极为险峻，上下三瀑相连，谷中水声轰鸣，水雾弥漫，背日而站，但见彩虹横空，似进入人间仙境 百杖潭旅游区以瀑布、潭水、溪流为精华，以山体、奇石、洞穴为重点，以优美的自然生态环境为背景，以丰富的山林特产资源为点缀，形成了特色鲜明的旅游形象	

续表

地点	研学内容	知识定位	设计意图
舞龙峡景区	1. 游览景区内主要景点，并判断其主要地貌类型 2. 观察记录沿途植被类型，了解垂直地带性差异 3. 了解景区开发现有规模及未来发展规划	舞龙峡被专家认定为是浙江省面积较大、发育成熟、景观丰富的台地峡谷地貌 景区总体规划布局结构为"一心八区"，"一心"指观音湖旅游接待中心，"八区"指铁店潭水上运动游乐区、洞天飞瀑台地观瀑区、仙雅坑山地养生娱乐区、五圣太祖庙朝圣区、城里山文化体验区等，汇集了潭、瀑、湖、石、山、林等丰富的自然资源	

（二）浪漫花乡之旅

浪漫花乡之旅（表4-70）聚焦磐安县人文与经济领域，涵盖了孔氏家庙、樱花小镇、江南药镇等景区，让学生感受中国传统文化、了解地方乡村旅游现状与未来，并探究磐安中药材产业的起源与发展现状，分析磐安发展中药材产业的优势区位条件与不足。

表4-70　浪漫花乡之旅研学路线

地点	研学内容	知识定位	设计意图
榉溪村	1. 参观孔氏家庙，了解孔家文化 2. 访问调查该村经济发展方向与大致收入水平	榉溪村地处山区，发展商品经济自有其不利的一面，但有一万余亩山林，有3500亩竹林，此乃一宗不竭的财源。在村党支部带领下，扬长避短，就地取材，发展了竹制品加工业，闯出了一条发展经济的新路	
双溪樱花主题公园	1. 调查景区围绕樱花主题开发了哪些旅游项目与未来发展规划 2. 思考当地适宜种植樱花的自然环境	景区以一张蓝图抓到底的定力大拓空间，搭好平台建好项目，夯实"樱花小镇"发展基础。聚焦樱花主题公园，加快推进游客接待中心、停车场区块政策处理工作，确保项目无障碍施工。加快配套设施建设，围绕"一园多点"布局，高标准打造"樱花大道" 以一张网织到底的毅力改善民生，扩大辐射聚焦带动，汇聚"樱花小镇"发展动力。紧抓樱花主题公园核心平台，提升支撑力、牵引力，不断扩大项目辐射面。通过项目建设，带动周边樱花、东三、金鹅等村发展	此次路线是以自然与人文为主题，培养学生的地理实践力与综合思维
花溪景区	1. 游览平板长溪，思考溪地为什么是光滑的岩石且判断岩石类型 2. 参观石狮岩，思考该石的形成成因，受哪些外力作用	平板长溪河床为平坦光洁的岩石，溪内流水晶莹，清澈见底，丽阳照射，水光潋滟。临溪而观溪底，金灿灿犹如花岗岩铺设。经专家考察后确认，此平坦河床为一亿年前中生代火山喷发产状近于水平的似层状流纹岩，具有很高的观赏及科学考察价值 在双瀑争潭一侧，有一海拔800米左右的石狮岩，因有猴群栖居而名。石狮岩巨石挺立，陡峭险峻，石间有一缝隙，上窄下大形成山洞，石狮岩虽险陡，据称洞内的空间宽敞，能容下数十人。从东南侧观石狮岩，其形似一匹向西奔腾的白马，马背有石形似头戴佛冠，身披袈裟的唐僧倒骑着白龙马	

续表

地点	研学内容	知识定位	设计意图
江南药镇	1. 参观游览药膳一条街、中药文化风情街、中药材博览馆等，了解我国中药传统文化 2. 了解磐安主要种植药材种类与规模，调查药材衍生产业	中药材是磐安的传统优势产业，磐安中药材生产历史悠久，资源丰富，量大质优，素有"天然中药材宝库"之称。磐安作为"中国药材之乡"，全县有家种和野生中草药1219种，种植面积8万余亩，"浙八味"中白术、元胡、玄参、浙贝母、杭白芍主产磐安，俗称"磐五味"	帮助学生了解中国传统的中药材文化

第六节　走进兰溪，见证"钱塘第一商埠"

一、地理位置与行政区划

兰溪市位于浙江省中西部，地处钱塘江中游，金衢盆地北缘，北纬29°01′—29°27′，东经119°13′30″—119°53′50″。东南邻金华市金东区、婺城区，西南接龙游县，西北毗连建德市，东北与浦江县、义乌市交界。北至省会杭州市径距132千米，距金华市20.50千米。东西长67.50千米，南北宽38.50千米；金岭铁路、330国道自东南至西北贯穿市境，杭金衢高速公路穿越南境，47、46、45省道连接浦江、金华、龙游，兰江水运直达钱塘江口，交通便捷。

兰溪境内发现多处旧石器时代的遗址和石器，表明早在七千多年前，就有祖先在兰溪这块土地上生息。自夏至周，兰溪都在越地，春秋时属越国，战国时属楚国。秦实行郡县制，兰溪地属会稽郡之乌伤县，西汉因之。东汉初平三年（192），分乌伤县西南置长山县，兰溪地属长山县。三国吴在此设三河戍，吴宝鼎元年（266），于长山设置东阳郡，兰溪属东阳郡长山县。隋开皇十八年（598），改长山为金华县，兰溪属金华县。唐咸亨五年（674）建兰溪县，大历十三年（778）升为紧县。宋熙宁六年（1073）升为望县。元元贞元年（1295）升为属州（不辖县的州），仍属婺州。明洪武三年（1370）复为县，属金华府。清因之。民国元年（1912）兰溪定为一等县。1914年废府设金华道，辖金、衢、严3府19县，道尹驻兰溪。1916年移驻衢县。1933年9月置兰溪实验县。1934年8月设兰溪区行政督察专员公署，辖金华府8县及建德、桐庐、分水共11县。1937年撤实验县复为普通县，兰溪区改称第四专区，驻地迁金华。1949年兰溪建立人民政权。

1949年后兰溪市行政区划经过多次变更（表4-71），当前兰溪市人民政府驻地兰江街道府前路81号，辖兰江、云山、上华、永昌、赤溪、女埠6个街道办事处；游埠、诸葛、黄店、香溪、马涧、横溪、梅江 7 个建制镇；灵洞、柏社和水亭畲族 3 个乡。共有 327 个行政村。

表 4-71　1949 年后兰溪市行政区划变更

年份	变更情况
1949 年	建立人民政权
1949 年 11 月	划城区置兰溪市（县级，浙江唯一一个），翌年又撤市并入县，并改兰镇为兰溪
1985 年 5 月 15 日	国务院批准撤兰溪县建兰溪市（县级），兰溪是浙江省第一个县级市
1988 年 9 月	圣山乡改为圣山畲族乡
1991 年 10 月	厚仁乡改为建制镇，至此全市有 7 个区、9 个镇、42 个乡（包括水亭畲族乡）
1992 年 3 月	撤 7 个区，将原有 51 个乡镇扩并为 12 个镇、13 个乡；兰江镇设城中、城东、城南、城西、城北、城郊 6 个办事处
2001 年	撤兰江、厚仁镇，张坑乡和永昌镇 16 个村、女埠镇 15 个村合并设立云山、兰江、城南 3 个街道
2004 年末	辖兰江、云山、上华、永昌、赤溪、女埠 6 个街道；游埠、诸葛、黄店、香溪、马涧、梅江 6 个镇；灵洞、柏社和水亭 3 个乡
2007 年 11 月	恢复重设横溪镇
2012 年末	辖兰江、云山、上华、永昌、赤溪、女埠 6 个街道，游埠、诸葛、黄店、香溪、马涧、梅江、横溪 7 个镇，灵洞、柏社、水亭 3 个乡，共 16 个乡级政区；辖有 26 个社区居民委员会，646 个村民委员会，共 670 个群众自治组织；下设 407 个居民小组，5046 个村民小组
2016 年底	兰溪市行政村撤并后，行政村数量从原来的 646 个调整为 327 个

二、自然地理环境

（一）地形地貌

兰溪地处金衢盆地北缘，地质学上称为"绍兴—江山深断裂带"，地层展布相当齐全。岩体以沉积岩为主，有少量侵入岩体和次火山岩体。地质构造属浙江西部扬子准地台浙西台褶带诸暨衢州凹陷。板块构造属晚元古代太平洋板块俯冲带。市境属地震动峰值加速度小于 0.05g 的稳定地区。

境域地貌为浙中丘陵盆地地貌。东北群山环抱，西南低丘蜿蜒，中部平原舒展。境内有四支山脉：北部东部为龙门山脉和金华山脉，西北为千里岗山脉支脉，南部为仙霞岭山脉余脉。三块丘陵：北部丘陵、南部丘陵和西部丘陵。两个盆地：金衢盆地和墩头盆地。一片平原：三江河谷平原。山地丘陵 822 平方千米，盆地平原 403 平方千米，水面 85 平方千米。自古有"六山一水三分田"之称。

（二）气候水系

市境属亚副热带季风气候，四季分明，冬夏季较长，春秋季偏短；盆地气候特征明显，灾害性天气影响较大。多年平均气温 17.90℃，最冷月平均气温 5.60℃，最热月平均气温 29.70℃，历年极端最高气温 41.50℃（2013 年 8 月 2 日），极端最低气温-8.20℃（1970 年 1 月 15、16 日）。雨量充沛，分布不均，年平均降雨量 1458.30mm，其中 3—9 月降雨量 1110.40mm，占全年降雨量的 76.10%。年平均相对湿度 74%，最小相对湿度 8%。无霜期长，年平均无霜期 257 天。全年日照 1641.40 小时，占可照时数的 37%。年平均风速 1.70 米/秒，最多风向为北风。年平均蒸发量 1428.40mm。年雷暴日数 40.60 天。主要气象灾害有暴雨、洪涝、干旱、台风、大风、冰雹、雷电、寒潮、大雾。

境内河道属钱塘江流域。主要河道有二级河兰江、金华江、婺江 3 条，总长 58.20 千米；四级河 8 条，总长 144.24 千米。河流总长度 882.30 千米，河网密度 0.67 千米/平方千米，径流总量 166.52 亿立方米。境内最大的河流是兰江，从三江口至将军岩流经境内兰江街道、云山街道、女埠街道等，长 22.50 千米，流域面积 1312.44 平方千米，年均流量 503 立方米/秒，主要支流有甘溪、浒溪、香溪、梅溪、七都溪、石塘溪等。

（三）自然资源

兰溪市自然资源较为丰富，其中土壤资源以水稻土为主。土壤主要有红壤、黄壤、岩性土、潮土和水稻土 5 个土类。其中红壤、岩性土各占总面积的 28%，具有很大改良潜力，水稻土约占总面积的 40%，对农业生产极为有利。

兰溪市森林覆盖率高，森林资源多样，且有多个珍稀树种，境内植被类型属于亚热带常绿阔叶林和针叶林。2020 年年末森林面积 6.48 万公顷，森林覆盖率 49.3%。全市植物资源丰富，有木本植物 72 科 297 种，其中珍稀树种，有列入国家和省级保护的银杏、金钱松、杜仲、红豆杉、鹅掌楸等；有草本植物 72 科 219 种。

据兰溪市政府官网 2021 年 5 月更新的市情概览，全市已发现矿产 21 种，有甲类矿床（点）30 余处，查明有资源储量的矿产 10 余种。其中金属矿产有金属金；能源矿产有煤、石煤（伴生钒、铀、钼等）；非金属矿产有石灰石、建筑用石料、饰面花岗岩、石英砂岩、萤石、陶瓷土和天然矿泉水等。其中水泥用灰岩矿产储量 3 亿吨，面积 12.75 平方千米，年产水泥用灰岩矿 353.99 万吨。萤石，主要分布在柏社乡白岩山一带，面积 7.80 平方千米，已查明萤石资源储量 3785.34 千吨，矿物量 1860.73 千吨。

据兰溪市政府官网 2021 年 5 月更新的市情概览，市境多年平均年水资源量为 10.79 亿立方米，丰水年为 13.48 亿立方米，枯水年为 6.01 亿立方米。全市地表水年水资源量为 10.79 亿立方米，人均占有量为 1636 立方米。

三、人文地理环境

（一）人口发展

根据第七次人口普查数据，截至 2020 年 11 月 1 日零时，兰溪常住人口为 574 801 人。与 2010 年第六次人口普查的 560 514 人相比，增长 14 287 人，增长率为 2.55%，人口年平均增长率为 0.25%（表 4-72），人口缓慢增长。

表 4-72　兰溪市第七次人口普查常住人口

2020 年（人）	2010 年（人）	增长人口数（人）	增长率（%）	年平均增长率（%）
574 801	560 514	14 287	2.55	0.25

兰溪市现有户籍少数民族人口 6828 人，涉及 29 个民族。全市有 1 个民族乡（水亭畲族乡），15 个民族村（柳塘章、下方泉、生塘胡、奎塘畈、柳家、周邵汤、上朱、西方坞、高元张、范院坞、下吴、汪高、厚伦方、横畈、洪畈朱），分布在兰江、上华、永昌、游埠、诸葛、水亭 6 个乡镇（街道）。全市外来流动少数民族人口 10 168 人，涉及 37 个民族。

从户别结构来看，兰溪市 2020 年家庭户 224 501 户，集体户 9762 户，与 2010 年相比均有所增加。平均家庭规模由 2010 年的每户 2.68 人缩小至 2020 年的每户 2.42 人（表 4-73），家庭规模缩小。

表 4-73　兰溪市第七次人口普查人口户别构成

年份	户数		人口数		平均家庭规模（人/户）
	家庭户（户）	集体户（户）	家庭户（人）	集体户（人）	
2020 年	224 501	9762	543 537	31 264	2.42
2010 年	201 372	3652	539 780	20 725	2.68

2020 年兰溪市男性人口占比为 50.97%，相比 2010 年第六次人口普查的 50.84%，性别比由 2010 年的 103.41 小幅度上升为 103.95（表 4-74），人口性别结构较为健康、稳定。

表 4-74　兰溪市第七次人口普查人口性别构成

年份	总计（人）	男性		女性		性别比（女=100）
		人口数（人）	占比（%）	人口数（人）	占比（%）	
2020 年	574 801	292 973	50.97	281 828	49.03	103.95
2010 年	560 514	284 960	50.84	275 554	49.16	103.41

从人口年龄结构来看，兰溪市 2020 年 0～14 岁人口数为 76 261 人，与 2010 年第六次人口普查相比，占比下降 1.33%，15～59 岁人口数为 345 222 人，占比 60.06%，与 2010

年相比下降 6.51%，60 岁及以上人口数为 153 318 人，占比 26.67%，与 2010 年相比上升 7.84%，65 岁以上人口数为 114 024 人，占比 19.84%，与 2010 年相比上升 7.29%（表 4-75）。青少年与劳动人口占比下降明显，老龄人口占比急剧上升，人口老龄化趋势明显。

表 4-75 兰溪市第七次人口普查人口年龄构成

年龄	人口数（人）	比重（%）	同比（%）
总计	574 801	100	2.55
0～14 岁	76 261	13.27	-1.33
15～59 岁	345 222	60.06	-6.51
60 岁及以上	153 318	26.67	7.84
其中：65 岁及以上	114 024	19.84	7.29

从人口城乡结构来看，2020 年兰溪市城镇人口 318 165 人，城镇人口占总人口比例为 55.35%，与 2010 年相比，全县城镇人口占比上升 18.19%（表 4-76），城镇化率显著提高，但与金华其他区县相比，城镇化率仍处于较低水平。

表 4-76 兰溪市第七次人口普查人口城乡构成

	人口数（人）	占比（%）	城镇人口比重（%）	同比（%）
城镇人口	318 165	55.35	55.35	18.19
乡村人口	256 636	44.65		

兰溪历史悠久、人才辈出，孕育了海外华人推崇备至的"侨仙"黄大仙、中国罗汉画鼻祖贯休、东方莎士比亚李渔、20 世纪 50 年代海外报道新中国建设第一人曹聚仁、"世界十大摄影大师"之首郎静山、中国"新浙派人物画"奠基人方增先、新冠肺炎疫苗研发第一人陈薇等一批历史名人、文化巨匠、国家英雄，兰溪名人风采见表 4-77。

表 4-77 兰溪名人

姓名	籍贯	突出贡献
方增先（1931 年—至今）	兰溪横溪镇西塘下村	现代画家，20 世纪后半叶现实主义中国人物画创作的代表人物之一，中国画坛具有影响力的"新浙派人物画"的奠基人与推动者。2013 年 3 月，方增先亲笔授权在兰溪市成立"方增先艺术研究会"，2017 年 11 月 17 日，方增先艺术馆正式开馆
陈薇（1966 年—至今）	浙江兰溪县（今兰溪市）	生物安全专家，中国工程院院士，中国人民解放军军事科学院军事医学研究院生物工程研究所所长、研究员，专业技术 5 级，少将军衔。2020 年 9 月 8 日，陈薇获授"人民英雄"国家荣誉称号
曹聚仁（1900—1972 年）	兰溪梅江镇蒋畈村	民国著名记者、作家。著有《中国学术思想史随笔》《万里行记》《现代中国通鉴》等
郎静山（1892—1995 年）	兰溪游埠镇里郎村	中国最早的摄影记者。郎静山运用绘画技巧与摄影暗房曝光的交替重叠，创立"集锦摄影"艺术，在世界摄影上独树一帜
李渔（1611—1680 年）	浙江兰溪	明末清初文学家、戏剧家、戏剧理论家、美学家。素有才子之誉，世称"李十郎"

（二）产业结构

兰溪物华天宝、商贸繁荣，素有"三江之汇、七省通衢"与"小上海"之美誉，近1400年的辉煌历史，见证了"天下江南""钱塘第一商埠""民国第一县""全国工业学兰溪"的辉煌。计划经济时代，兰溪集中金华70%的工业，贡献50%以上的财政收入，成为浙江首批县改市县、首批财政亿元县。近些年兰溪市工业发展势头依旧强劲，形成了新能源交通装备、光电信息新材料、医药健康、现代纺织及节能环保等主导产业。

近年来，兰溪第一产业呈现低速稳步增长状态（表4-78）；2016年至2018年间，第二产业增速较快且呈上升趋势，2020年第二产业受到较大冲击，增速骤降；第三产业近年来均以较高速度增长。

表4-78　近年兰溪全市三次产业增加值及增速

产业名称	2020 年		2018 年		2016 年	
	增加值（亿元）	增速（%）	增加值（亿元）	增速（%）	增加值（亿元）	增速（%）
第一产业	28.30	0.5	22.87	2.9	25.98	2.0
第二产业	198.23	0.1	196.94	7.6	153.93	6.4
第三产业	173.63	8.0	155.32	7.2	123.77	10.1
总计	400.16	3.4	359.52	7.1	303.69	7.5

兰溪市近年来第一产业中占比最高的是种植业与牧业，种植业增速呈下降趋势，牧业产值年际变化较大，林业产值增速较快（表4-79）。此外，农林牧渔专业及辅助性活动产值增长幅度较大。

表4-79　近年兰溪农林牧渔总产值及分项产值

行业名称	2020 年		2018 年		2016 年	
	产值（亿元）	同比（%）	产值（亿元）	同比（%）	产值（亿元）	同比（%）
总产值	50.62	0.6	40.10	3.2	44.70	1.8
种植业	21.54	2.2	20.15	4.9	22.31	4.9
林业	0.36	5.5	0.34	6.2	0.34	1.6
牧业	22.18	-1.2	13.76	0.4	15.89	-3.0
渔业	5.19	2.7	4.75	4.4	5.30	3.9
农林牧渔专业及辅助性活动	1.35	6.2	1.08	11.1	0.87	3.9

兰溪市经济以第二产业为主导，在规上工业企业中，有色金属冶炼和压延加工业、医药制造业、电力、热力生产和供应业、化工等行业增长较为迅速。表4-80为兰溪近年规上工业企业主要产品产量及增速。

表 4-80　近年规上工业企业主要产品产量及增速

产品名称	计量单位	2020 年		2018 年		2016 年	
		产量	同比（%）	产量	同比（%）	产量	同比（%）
纱	吨	145 500.1	2.0	156 369.6	-5.5	215 965	19.4
布	万米	182 268.7	-2.3	175 820.2	0.8	168 018	10.3
印染布	万米	5988.0	8.9	3928.0	30.9	2373	-29.0
合成氨（无水氨）	吨	33 831.0	3.0	33 787.0	-13.8	86 093	-33.3
农用氮、磷、钾化学肥料总计（折纯）	吨	19 168.0	25.0	13 133.0	-22.6	40 057	35.8
中成药	吨	1327.9	9.0	1357.5	15.1	3345	3.2
硅酸盐水泥熟料	万吨	6 837 319.9	-4.5	667.8	18.9	482.24	-13.4
水泥	万吨	11 979 965.2	-5.5	1207.0	4.7	1025.81	-2.7
钢材	吨	120 632.0	5.2	117 228.0	7.9	155 826	11.3
精炼铜（电解铜）	吨	40 087.0	-15.8	50 006.9	37.9	62 728	-4.3
电力电缆	千米	33 953.0	4.7	25 500.0	0.4	25 000	-3.8
自来水生产量	万立方米	4375.4	28.3	3580.0	17.4	2830	7.0

兰溪市近年第三产业以较为平稳的高速增长（表 4-81），尤其是房地产业、零售业、批发业和出口业近年来的增长速度居高不下，并且出现增速越来越快的趋势；但住宿业、进口业近年来增速大幅下降，出现负增长；交通运输、仓储和邮政业和金融业则以较为平稳的速度增长。

表 4-81　近年第三产业主要行业增速

行业名称	2020 年（%）	2018 年（%）	2016 年（%）
房地产业	76.2	2.1	21.1
零售业	12.4	9.2	11.6
批发业	17.5	29.6	12.0
住宿业	-16.1	2.5	11.8
餐饮业	-5.0	5.9	18.9
进口业	-11.7	1.6	-15.5
出口业	28.7	15.4	7.1
交通运输、仓储和邮政业	7.1	7.1	8.1
金融业	13.8	6.4	11.7

【新能源交通装备业】

据兰溪市人民政府官网，截至 2021 年 3 月，兰溪共有新能源交通装备制造规上企业 17 家，总产值达 31.2 亿元，现已形成新能源汽车电驱动部件、电池研发制造，汽车制动、转向、控制系统及零配件生产加工，汽车轮毂、内饰、空调、继电器配套等系列相关产业集群。依托欣旺达、盘毂动力等龙头项目，兰溪聚焦新能源智能网联汽车电池、电机、电控"大三电"，积极引进新能源交通装备行业的创新研发及产业化项目，全力推动电驱装备小镇、新动能小镇建设，发展绿色交通装备、物流装备等，努力培育电池材料及设备、电气控制元器件及系统部件、新型高效驱动电机配件等细分企业组成的行业生态，促进传统汽车零部件产业的延伸转型，打造新能源交通装备产业百亿集群。

【现代纺织业】

纺织业一直是兰溪传统优势主导和重要支柱产业，兰溪启动纺织行业智能制造示范市创建，建立具有兰溪特色的"棉纱贸易、仓储、物流、金融"等多位一体纺织供应链平台，目前已形成较为完整的纺纱、织布、印染、色布、牛仔、家纺毛巾、服装、产业用布等一系列产业链，发展成为全国最具影响力的棉纺织面料生产基地之一，纯棉弹力休闲面料产量居全国前列，年产 3.5 亿米牛仔布，产量居全国之首，各类毛巾总产量居全国同级县市前列。据兰溪市人民政府官网，截至 2021 年 3 月，兰溪拥有中国棉纺织行业百强企业 11 家、中国牛仔布行业前十强 3 家、10 亿元企业 13 家、集团企业 6 家，龙头企业集聚助推纺织产业高速发展，成功打造了"中国织造名城""中国纺织产业基地市""中国牛仔面料出口共建基地""国家火炬兰溪差别化纤维及纺织特色产业基地"等多张国家级名片。

【医药健康】

兰溪中医药文化源远流长，以诸葛亮后裔为主的兰溪药商秉承着"不为良相，便为良医"的族训，开始开设药店、创建药行，成为历史上著名的中药材集散地，位居全国"三溪"药都之首。兰溪是浙江省唯一的"国家火炬计划天然药物产业基地"和"中国天然植物药先进制造业基地"，是全国中医药先进县市、浙江省中成药主要生产区域之一。据兰溪市人民政府官网，截至 2021 年 3 月，医药健康产业作为兰溪传统支柱产业之一，已形成涵盖药材种植、药品研制、医疗器械、生物技术、保健食品、健身器材、医药冷链物流等多个领域企业 50 余家，形成了一批以全国中药行业十强康恩贝、"中华老字号"天一堂、一新制药、鸿香源和浙江伊宝馨等为代表的医药健康龙头骨干企业，以及"前列康""康恩贝""天一堂"等多个中国驰名商标。

【光电信息新材料】

光学膜与化合物半导体是长三角数字经济世界级集群的上游材料环节，兰溪以光膜小镇为核心，着力打造光学膜、化合物半导体新材料产业集群。总投资 78.43 亿元兰溪光膜小镇被列入第四批省级特色小镇创建名单，总面积约 4.35 平方千米，累计完成投资额超 35 亿元，据兰溪市人民政府官网，截至 2021 年 3 月，兰溪先后引进一批化合物半导体基板材料、半导体激光器及激光芯片、液晶复合膜、高性能聚酰亚胺光膜材料、TFT 偏光增亮膜等具有投资强度大、产品及服务科技含量高、产业带动能力强的项目 15 个，引进"国干"人才 3 名，金华"双龙"计划 3 人，博、硕士 70 名，引进专利技术 127 项等，成功举办半导体应用产业发展主题论坛、光学膜产业高峰论坛大会。

（三）旅游资源

市境旅游资源较丰富，分地文景观类、水城风光类、生物景观类、遗址遗物类、建筑设施类、人物活动类。旅游资源单体广布于 16 个乡镇（街道）。著名的有：诸葛亮后裔聚居地——全国重点文物保护单位诸葛村；洞府泉流航游之冠——地下长河；国家级农业旅游示范点——兰花村；第六批全国重点文物保护单位芝堰村古建筑群等。还有白露山、芥子园、黄大仙宫、绮霞园、石门槛森林公园、兰湖旅游度假区等。

1. 诸葛八卦村

位于兰溪市诸葛镇诸葛村，是全国重点文物保护单位，国家 AAAA 级旅游区，诸葛八卦村，位于浙中西部兰溪市境内，村中现居有诸葛亮后裔近 4000 人，为全国诸葛亮后裔最大聚居地，据历史记载，诸葛村整体结构是诸葛亮第 27 代裔孙诸葛大师按九宫八卦设计布局的，这种以九宫八卦构思布局的村庄目前在我国的村落中，仅属首例，整个村落以钟池为核心，八条小巷向外辐射，形成内八卦；更为神奇的是村外八座小山环抱整个村落，构成外八卦；村内以明、清古建筑为主，现保存完整的明清古民居及厅堂有 200 多处。虽历经数百年，但"九宫八卦"村落格局一直未变，其"青砖、灰瓦、码头墙，肥梁、胖柱、小闺房"的建筑风格，成为中国古村落、古民居典范。配套设施：景区设有生态停车场，周边餐饮、住宿齐全。节庆活动：每年农历八月二十八日祭祖大典，元宵节板凳龙活动。特色推荐：放孔明灯、孔明锁、保健中草药。集餐饮、住宿、娱乐为一体，卧龙湖旅游度假村，饮食文化独具特色。

2. 白露山省级风景名胜区

白露山，古有"第一山"之称。位于兰溪市区西北约 17 千米的女埠、黄店两镇交界处，面积约 13.73 平方千米，最高峰海拔 439.7 米，白露山地势高峻，风景秀丽峰间平坦，岩石奇特，林木茂盛，明初学士徐袍登白露山，留诗曰"惯说兹山好，近方一度来。水兼群赖静，云抱数峰回。客到莺初啭，春深花遍开。天门如可步，咫尺有蓬莱"。山下有清澈可鉴的镜潭泉，山间有古色古香的乘仙殿，山腰有酷似玉带的白岩，岩下有高峻突兀的仙人石，山巅有古朴幽雅的江南古刹慧教禅寺，有赵朴初题写的"浙西第一道场""大雄宝殿"等字匾。该寺始建于北宋皇佑年间，距今已有 900 多年历史。1988年兰溪市政府将慧教禅寺批准为重点宗教保护寺庙，2006 年白露山被浙江省人民政府批准为省级风景名胜区。

3. 芝堰村

芝堰村位于浙江省兰溪市黄店镇政府驻地以北 8000 米。村民委员会驻芝堰而得名。地属丘陵，区域面积 7.47 平方千米，耕地 575 亩，山地 10 534 亩，水面 100 亩。辖芝堰、花墩 2 个自然村，11 个村民小组，479 户，1542 人。以种水稻为主，兼种茶叶、茭白、西瓜。以冷水茭白为特色产品闻名。村中九堂一街为明清建筑群，国家级文保单位。芝堰村民委员会驻地。村前有一条芝堰，宋时曾筑有堰，村以溪堰得名芝堰。10 个村民小组，337 户，1459 人。花墩位于村民委员会驻地以南 500 米，以土墩而得名，地属丘陵，1 个村民小组，28 户，67 人。

芝堰村建筑群是始建于宋代的古民居建筑群。位于浙江兰溪市黄店镇。村庄系陈氏聚居地，明、清时期出现客栈、杂货等商业建筑，现存明清民居 30 余座，街道两侧分布有厅堂 9 座，临街店铺 10 家，过家楼 5 座，民居客栈 10 座，巷口通道 16 处。分为宗祠、民居两大类。2006 年被列入全国重点文物保护单位。其村落古建筑年代之早，数量之多，结构之精美，保存之完整，也属罕见。全村不仅拥有衍德堂、孝思堂、承显堂等古建筑近百座，而且元、明、清、民国等四个朝代的各种建筑集于一村，堪称"典型的中国古民居博物馆"，被古建筑研究专家誉为元、明、清、民国建筑研究的"活化石"和"四朝建筑瑰宝村"。

4. 黄大仙宫

中国的道教文化，历史久远，深厚博大，广播宇内。黄大仙文化更是其中深深根植于民间的典范之一。黄大仙，即黄初平，道号赤松子。晋代葛洪在《神仙传》里记载了他"叱石成羊"的传说。他其实是生于东晋时代兰溪的黄湓村，村子就在兰江边上，而村里至今还保留有二仙井、牧羊岛、黄大仙宫等历史遗迹和纪念场所。

黄大仙宫景区由山门、照壁、神殿、缘源园、普济堂、劝善堂、宿舍、园林等部分组成，占地 14 亩，其中神殿建筑为国内黄大仙道宫之冠。黄大仙宫后倚牧羊仙洲，前瞻牧羊仙山，三点相联，恰好在同一条中轴线上。细观仙宫，画栋雕梁，巍峨壮观，朱墙黄瓦，金碧辉煌。步入宫中，环视大殿，红柱高耸，金字耀眼；仰望顶壁，瑞鹤祥云，八卦呈祥。置身其间，如沐风，如闻鹤语，使人顿生飘然欲仙之感。

四、研学旅行

兰溪市自然和人文景观资源丰富，根据其地方资源禀赋特征可将研学旅行线路设计分为自然生态类、中医药文化体验类和非遗民俗类（表 4-82），满足不同类型研学旅行需求。

表 4-82　兰溪市研学旅行线路

主题	线路
自然生态之旅	地下长河—转轮岩—岩头粮食基地
中医药文化体验之旅	诸葛八卦村—百草生态园—天一堂药业—药皇庙
非遗民俗之旅	兰溪博物馆—女埠古镇—游埠古镇—芝堰古村

（一）自然生态之旅

兰溪拥有得天独厚的自然景观，地下长河的喀斯特地貌景观让学生身临其境、近距离观察奇妙的喀斯特地貌，感受流水作用对地下形态的塑造；转轮岩景区的奇景、险景让学生感受大自然的鬼斧神工，感受自然中的地理之美；最后通过分析岩头粮食基地所具备的自然和人文条件，推断出商品粮基地应具备的条件，以及我国主要商品粮基地分布地区，培养学生的综合思维与区域认知（表 4-83）。

表 4-83　自然生态之旅研学路线

地点	研学内容	知识定位	设计意图
地下长河	1.观赏景区，思考此地主要地貌类型，并准确识别景观 2.思考讨论为什么洞穴内冬暖夏凉，常年恒温	景区内溶洞发育不同时期的典型，各具形态、各有特色。涌雪洞中一条长逾千米的地下暗河贯穿始终，源头至今还未探明，玉露洞天高大空旷，厅内精美的石钟乳、石笋、石幔琳琅满目，美不胜收。时间隧道中景石奇幻、近在咫尺，具有很高的观赏和科研价值 溶洞的气候变化过程主要通过洞内空气和水的流动来实现，通常洞口地带的气温受外部环境影响较大，变化与当地地表气温接近。走进洞内越深，气温波动就会越小，甚至不受外界影响，会基本稳定在当地常年平均气温上下	通过让学生亲临大自然，感受自然中的地理知识，帮助学生树立人地协调观，提升学生的地理实践力
转轮岩	1.观察景区内岩石以什么类型为主，判断其所属地质年代 2.观察景区内植被，识别主要植被类型	转轮岩最高点岩顶 620 米，奇峰突起，远看似旋转的轮子，近观又像一风驰电掣的火车头。属白垩系横山组，以紫红色钙质粉砂岩和凝灰质砂岩为主，地下水储量丰富 整个山体覆盖着良好的植被，以五针松为主，夹杂阔叶混交林及疏树林。整个景区共有景点 20 余处，路景、山景、水景、岩景各具个性，而概括之又突出奇、险、象形三大特色	

续表

地点	研学内容	知识定位	设计意图
头粮食基地	参观粮食基地，了解商品粮基地应具备的条件及我国主要商品粮基地分布地区	商品粮基地要具备的条件，主要是粮食生产土地肥沃，适宜种植水稻、小麦、玉米等主食，耕地面积破坏较少，高产稳产农田比重较大，余粮较多；人均占有粮食数量多，种类多，农作物的成活率高，商人采购粮食商品的意愿率高，科学增产粮食试验田的潜力大，且投资少而见效快等 我国商品粮基地主要是太湖平原、鄱阳湖平原、洞庭湖平原、江汉平原、江淮地区、成都平原、松嫩平原、三江平原、珠江三角洲等	

（二）中医药文化之旅

中医药产业是兰溪的特色产业之一，学生在百草生态园，可辨识主要中草药植物，体验药材炮制过程，提高学生地理实践力；调查天一堂药业的历史渊源与传承，了解兰溪中医药产业的独特文化；在中医药文化教育实践基地——药皇庙体验中医民俗活动项目，感受兰溪中医药文化的魅力，培养学生的人地协调观（表4-84）。

表4-84　中医药文化之旅研学路线

地点	研学内容	知识定位	设计意图
诸葛八卦村	1. 描述诸葛八卦村村落的布局特点 2. 讨论村落的布局与当地地理环境与地域文化间的关系 3. 进一步深入了解课本学习的乡村内部空间结构内容	村内以钟池为核心，八条小巷向外辐射，形成内八卦；妙的是村外刚好有八座小山，形成环抱之势，构成外八卦。村内房屋分布在八条小巷，虽然历经几百年岁月，人丁兴旺，屋子越盖越多，但是九宫八卦的总体布局一直不变 乡村以农业用地和居住为主。当乡村发展到一定规模时，村落出现了一些满足居民社会需求的公共设施等，村落内部土地利用出现了简单的分化，以公共服务设施为中心，住宅由此向外环绕分布	让学生理论联系实际，感受人类活动与地理环境的互动关系，培养地理实践力和人地协调观
百草生态园	1. 参观生态园，识别中草药植物等 2. 动手体验中药炮制过程	园内分药用动物观赏区、药圃体验区、观赏果林、垂钓休闲区、景观荷田等五大区块。这是一个集教育学习、观赏识别、休闲保健的中药文化教育基地，使人们能直观了解中药文化知识，识草用药，养生保健	让学生了解古老的中医药文化传承，感受其文化魅力，增强民族自豪感，培养学生的地理实践力
天一堂	1. 了解天一堂药业的历史渊源与传承 2. 参观中药和动物标本，识别常用的中药药材	天一堂中药炮制、经营有着深厚的历史底蕴，具有很高的文化价值。天一堂传承了"乳香、没药醋制法""厚朴姜汁炙法""何首乌黑豆汁制法""大黄酒制法""牛蒡子清炒法""珍珠水飞""麝香配研法"等上百种中药炮制技艺，形成了药材道地、注重炮制的天一堂独特中药文化。天一堂制药技艺独特，尤其注重炮制，而炮制技能恰是中药之精华	
药皇庙	体验中医民俗活动项目如制作香囊等，感受中医药文化的魅力	药皇庙是兰溪市中医药文化教育实践基地，也曾是兰溪中医专门学校所在地，曾走出不少中医药人才	

（三）非遗民俗之旅

兰溪芝堰村被古建筑研究专家誉为"四朝建筑瑰宝村"。历史文化与人文地理的孕育都离不开自然环境的作用，学生参观地方特色的古建筑，感受古代文化，培养学生的人地协调观，使学生感受到一方水土养育一方人，体验当地的人文精神和人文关怀（表4-85）。

表4-85　非遗民俗之旅研学路线

地点	研学内容	知识定位	设计意图
兰溪博物馆	1. 参观博物馆，参观烫画、木雕等工艺品 2. 观赏兰溪滩簧，感受独特的非物质文化遗产	兰溪滩簧属南词滩簧，是浙江的古老曲艺形式。乾隆末年，一位县衙中的官差，闲暇之余在兰溪传授滩簧曲调，借以自娱，从此兰溪有了滩簧。2006年兰溪滩簧被列入国家级非物质文化遗产名录	历史文化与人文地理的孕育都离不开自然环境的作用，学生参观当地独特的古建筑，感受传统民风民俗，理解古人与自然环境的互动影响，培养学生的区域认知和人地协调观
女埠古镇	1. 参观老街古镇，做相关社会调查：了解居民的年龄与主要收入来源 2. 游玩非遗一条街，感受传统技艺与现代商业的融合发展	女埠非遗一条街集中在古街的中街段，目前已有剪纸、草编、面塑、泥塑、箍桶、毕矮故事（茶馆）、糖画、竹编、土索面、潡溪春酒、根雕、砚雕、午塘布鞋、汇潭红糖14个非遗店铺入驻古镇将通过古街"非遗商铺区""非遗体验馆""非遗工匠园"等非遗一条街的打造，充分挖掘女埠古镇历史文化资源，利用"非遗+旅游"推动文旅融合，打响"女埠非遗小镇"品牌	
游埠古镇	1. 游历浙江四大古镇之一，观赏文物古迹、了解传统文化等 2. 调查古镇内旅游开发情况 3. 思考当时的游埠为什么经济繁荣，具备哪些区位优势	游埠古镇因其为龙游县下游的商埠而出名，唐初就建有码头，素有"钱江上游第一埠"之誉。早在明清时代，集镇上就店铺林立，商贾云集，手工业发达，农副产品交易兴旺，历来是衢江下游繁华兴盛的重要商埠。现在的游埠已经没有当年水运的繁华与喧闹，但其交通区位仍很有优势，畅通的陆上交通网使得千年古镇活力不减，从水运进化到陆路的过程中，游埠通过芝堰水库的引水工程的成功、太平桥的复建、高速公路的畅通等，加快了游埠等地旅游社会事业的发展	
芝堰古村	1. 思考堰与坝的区别 2. 游览古街，观赏古建筑，思考村落的建立与当地自然环境有何联系	堰是过水的建筑物，水流从堰的顶部自由下泄，水面线是连续的一条光滑的降落曲线；坝是挡水的建筑物，所以坝顶一般不会过流，水从坝里面专门泄洪的地方排出 芝堰村，其村落古建筑年代之早，数量之多，结构之精美，保存之完整，也属罕见。全村不仅拥有衍德堂、孝思堂、承显堂等古建近百座，且元、明、清、民国等四个朝代的各种建筑集于一村，堪称"典型的中国古民居博物馆"，被古建筑研究专家誉为元、明、清、民国建筑研究的"活化石"和"四朝建筑瑰宝村"	

第七节　"世界小商品之都"——义乌

一、地理位置与行政区划

义乌位于金衢盆地东部，东经 119°49'—120°17'，北纬 29°02'—29°33'，市境南北长 58.15 千米，东西宽 44.41 千米，总面积 1105.46 平方千米。市内东、南、北三面群山环抱，位于浙江省地理中心。东邻东阳，南界永康、武义，西连金华、兰溪，北接诸暨、浦江。

义乌历史悠久，早在新石器时代，义乌这块土地上已有人类活动，古称"乌伤"，春秋时属越国。建县于公元前 222 年秦始皇时期，县名为乌伤，属会稽郡。新莽时（9），改县名乌孝。东汉建武初（25），复称乌伤，曾为会稽西部都尉治。初平三年（192），分割西部辖境，设置长山县（即后之金华县）。三国吴赤乌八年（245），分南境，置永康县。宝鼎元年（266），分会稽郡西部设东阳郡（郡治长山），乌伤县属东阳郡。隋开皇九年（589），分割吴州置婺州。唐武德四年（621），于乌伤县置稠州，并分置乌孝、华川二县。唐武德七年（621），废稠州，合乌孝、华川为一县，改名义乌县。稠州以稠山（德胜岩）而得名。华川又名绣川，以绣湖得名，义乌其义与乌伤、乌孝同。唐垂拱二年（686），析义乌县东境设东阳县。天宝十三年（754），又分县境北部及兰溪、富阳各一部分，设浦阳县（今浦江县）。元代，义乌隶属婺州路总管府。至正十八年（1358），朱元璋部攻取婺州，改婺州路为宁越府。至正二十二年（1362），又改名金华府。明清，明清仍旧，义乌隶属关系未变。辛亥革命后，废府制代以道制，义乌属金华道。1927 年，废道制改为省县两级制，义乌直属浙江省，后设行政督察专员公署，义乌属金华专区或浙江省第四专区。1949 年，义乌解放。新中国成立后，义乌属金华专区。

建国后义乌市行政区划经过了多次变更（表 4-86），义乌市下辖 8 个街道（稠城街道、福田街道、江东街道、稠江街道、北苑街道、后宅街道、廿三里街道、城西街道）、6 个镇（佛堂镇、苏溪镇、上溪镇、大陈镇、义亭镇、赤岸镇）、454 个行政村、94 个社区，2020 年常住人口数超 185.94 万人，户籍人口超 83 万人。市政府驻地稠城街道。

表 4-86　1949 年后义乌市行政区划变更

年份	变更情况
1949 年	义乌解放。新中国成立后，义乌属金华专区
1959 年	浦江并入义乌
1967 年	浦江仍析出
1988 年	撤销义乌县，设立义乌市

二、自然地理环境

（一）地形地貌

义乌市境东、南、北三面群山环抱，境内有中低山、丘陵、岗地、平原，土壤类型多样，光热资源丰富。义乌是典型丘陵县，地貌结构类型多样。东北山区包括整个东塘乡及楂林、巧溪、华溪等乡的中低山地带。中低山和丘陵面积分别占本区总面积的 62.7% 和 33.3%，主要山峰海拔在 900 米上下，25°以上的陡坡和 15～25°的斜坡占本地区总面积的 89.78%。

（二）气候水系

义乌属亚热带季风气候，温和湿润，四季分明，年平均气温在 17℃左右，平均气温以 7 月份最高，为 29.3℃，1 月份最低，为 4.2℃。年平均无霜期为 243 天左右。年平均降水量为 1100～1600mm。

河流属钱塘江水系，主要有东阳江和大陈江。东阳江源于磐安县大盘山，于廿三里乡何宅入本县境后，流经 13 个乡、2 个镇，于杭畴乡上低田西入金华境，市内总长约 39.75 千米。河床一般宽为 135～185 米，按 10 年一遇洪水，平均水深 5.01 米，最深河段 5.9 米。有一级支流 21 条，其中较大的有 10 多条。流域面积约 812.7 平方千米。大陈江流经巧溪、苏溪、大陈 3 个乡入浦江，市境内流长约 17.5 千米，宽约 60 米，流域面积约 200 平方千米。此外，尚有浦阳江支流洪巡溪等。

（三）自然资源

义乌市境内已开采的有萤石、低热值的褐煤、凝灰岩等，经初步勘探，境内蕴藏着 24 种矿产资源，金属资源有铀、铁、铜、铅锌、锰。非金属资源有萤石、煤、石墨、大理石、耐火黏土等。

义乌市动物资源和植物资源不仅品种多样，数量也非常可观。义乌市境内有兽类 30 多种，数量最多的是黄鼬，又名黄鼠狼，水獭常在高丘区生活，以赤岸、苏溪两乡为多。其他野兽常在中、低山区生活，以尚阳、东塘两乡为多。属国家二类保护的有穿山甲、豹、江猪，三类保护的有大灵猫（九江狸）、小灵猫（香狸）、獐、鬣羚（野生羊）。一般野兽有猬子、狸子、麂、野山兔、貉子、松鼠、青猺、黄猺、狗獾、石獾、狼、香菇狼、草狐等。义乌市境内共有鸟类 200 多种，属稀有珍贵的有啄木鸟、杜鹃、黄鹂；主要鸟类有雉鸡、山（野鸡）、竹鸡（泥滑滑）、野鸭（凫）、长尾鹊、鹁鸪、相思鸟、伯劳、猫头鹰、麻雀、山雀、翠雀（翠鸟）、布谷鸟、斑鸠、画眉、燕子、雁（雁鹅）、白头翁等。

义乌市境内草本观赏植物有：兰花、菊花、大丽菊、万寿菊、金鸡菊、葱兰、香雪兰、吊兰、长春花、虞美人、玉簪（白鹤仙）、牡丹、水仙、鸡冠花、剪夏罗、凤仙花（指甲花）、龙吐珠、一串红、五色椒、茑萝、昙花、千日红、晚香玉、含羞草、紫茉莉、芍药、文殊兰、蟹爪兰、龙舌兰、丝兰、秋海棠、金针花（萱草）、芭蕉、美人蕉、唐菖蒲、文竹、天竺葵、番红花、矮牵牛、三色堇、君子兰。其他植物有：花楸木、浙江楠、含笑等；中草药材有白术、丹参、桔梗、铁皮枫斗等。

三、人文地理环境

（一）人口发展

随着义乌经济的快速发展，大量外地人口涌入义乌，义乌人口迅速增长。2020 年义乌常住人口约占金华全市常住人口的 26.37%，在金华 9 个县级行政区中排名第一位。根据义乌市第七次人口普查，义乌市常住人口为 185.94 万（表 4-87），与第六次人口普查相比，义乌市人口十年间增长了 50.68%，年平均增长率高达 4.18%，人口以较高的速度增长。

表 4-87　义乌市第七次人口普查常住人口

2020 年（人）	2010 年（人）	增长人口数（人）	增长率（%）	年平均增长率（%）
1 859 390	1 234 015	625 375	50.68	4.18

从户别结构来看，义乌市 2020 年家庭户 748 257 户，集体户 87 273 户，与 2010 年相比家庭户数与家庭人口数大幅增加。平均家庭规模由 2010 年的每户 2.35 人缩小至 2020 年的每户 2.18 人（表 4-88），平均家庭规模缩小。

表 4-88　义乌市第七次人口普查人口户别构成

年份	户数		人口数		平均家庭规模（人/户）
	家庭户（户）	集体户（户）	家庭户（人）	集体户（人）	
2020 年	748 257	87 273	1 629 372	230 018	2.18
2010 年	419 193	69 657	983 403	250 612	2.35

2020 年义乌市男性人口占比为 53.93%，相比 2010 年第六次人口普查的 52.44%，男性人口占比上升，性别比由 2010 年的 110.25 上升为 117.08（表 4-89），人口性别结构失调进一步加剧。

表 4-89　义乌市第七次人口普查人口性别构成

年份	总计（人）	男性		女性		性别比（女=100）
		人口数（人）	占比（%）	人口数（人）	占比（%）	
2020 年	1 859 390	1 002 838	53.93	856 552	46.07	117.08
2010 年	1 234 015	647 079	52.44	586 936	47.56	110.25

从人口年龄结构来看，义乌市 2020 年 0～14 岁人口数为 257 838 人，与 2010 年第六次人口普查相比，占比上升 1.00%，15～59 岁人口数为 1 410 898 人，占比 75.88%，与 2010 年相比下降 1.96%，60 岁及以上人口数为 190 654 人，占比 10.25%，与 2010 年相比上升 0.96%（表 4-90）。人口年龄结构变化较小，青少年与劳动人口占比较高。

表 4-90　义乌市第七次人口普查人口年龄构成

年龄	人口数（人）	比重（%）	同比（%）
总计	1 859 390	100	50.68
0～14 岁	257 838	13.87	1.00
15～59 岁	1 410 898	75.88	-1.96
60 岁及以上	190 654	10.25	0.96
其中：65 岁及以上	134 748	7.25	1.13

从人口城乡结构来看，2020 年义乌市城镇人口 1 481 384 人，城镇人口占总人口比例为 79.67%，与 2010 年相比，全县城镇人口占比上升 8.45%（表 4-91），城镇化率高达 79.67%，达到发达国家水平。

表 4-91　义乌市第七次人口普查人口城乡构成

	人口数（人）	占比（%）	城镇人口比重（%）	同比（%）
城镇人口	1 481 384	79.67	79.67	8.45
乡村人口	378 006	20.33		

义乌历史悠久，人文荟萃（表 4-92），先后出了"初唐四杰"之一骆宾王、宋代名将宗泽、金元四大名医之一朱丹溪及现代教育家陈望道、文艺理论家冯雪峰、历史学家吴晗等历史名人。

表 4-92　义乌名人

姓名	籍贯	突出贡献
骆宾王（约 638—684 年）	浙江义乌	唐代诗人，与王勃、杨炯、卢照邻合称"初唐四杰"。又与富嘉谟并称"富骆"。尤擅七言歌行，代表作《帝京篇》为初唐罕有的长篇
朱震亨（1281—1358 年）	浙江义乌	元代著名医学家，被后世称为"滋阴派"的创始人
陈望道（1891—1977 年）	浙江义乌	中国著名教育家、修辞学家、语言学家、曾任民盟中央副主席。翻译了中国第一篇《共产党宣言》，担任过《辞海》总主编

姓名	籍贯	突出贡献
冯雪峰（1903—1976 年）	浙江义乌赤岸镇神坛村	现代著名诗人、文艺理论家
吴晗（1909—1969 年）	浙江义乌	中国著名历史学家、社会活动家、现代明史研究的开拓者和奠基者之一。曾任云南大学、西南联合大学、清华大学教授

（二）产业特色

义乌市是全国首个县级国家级国际贸易综合改革试验区，全国 18 个改革开放典型地区之一，还是中国县级城市十大活力城市、中国大陆六大强县（市）之一，是中国最富裕的地区之一。近年来，义乌市地区生产总值远高于金华市其他县市，约占金华全市生产总值的 32.58%，接近三分之一。并形成了电气机械和器材制造业、工业纺织服装服饰业、纺织业、文教工美体育和娱乐用品制造业、造纸和纸制品业、化学原料和化学制品制造业、汽车制造业、化学纤维制造业等八大主导行业。

随着义乌成为"世界小商品之都"，义乌市经济不断腾飞，第三产业以极强的活力增长，第一、第二产业也以较为稳定的增速增长（表 4-93），2020 年三次产业结构为 1.6:28.4:70.0。

表 4-93　近年义乌全市三次产业增加值及增速

产业名称	2020 年		2018 年		2016 年	
	增加值（亿元）	增速（%）	增加值（亿元）	增速（%）	增加值（亿元）	增速（%）
第一产业	23.76	5.3	21.1	2.0	22.4	2.0
第二产业	422.03	2.5	409.5	9.2	384.8	4.3
第三产业	1039.81	4.6	817.5	6.0	710.9	9.9
总计	1485.6	4.0	1248.1	7.0	1118.1	7.7

义乌近年农林牧渔业稳步增长，2020 年增加值达 35.45 亿元，其中：种植业与林业增速逐渐下降，牧业从负增长转为 2020 年 45.4% 的爆炸式增长（表 4-94），渔业增加值则呈现稳定增长。

表 4-94　义乌市近年农林牧渔总产值及分项产值

行业名称	2020 年		2018 年		2016 年	
	产值（亿元）	同比（%）	产值（亿元）	同比（%）	产值（亿元）	同比（%）
种植业	25.67	0.4	24.8	2.7	23.5	4.0
林业	0.76	-0.6	0.7	0.4	0.7	0.5
牧业	7.02	45.4	3.3	-3.1	5.9	6.4
渔业	1.26	0.5	1.2	1.8	1.6	0.8
总计	35.45	5.3	30.7	2.1	32.2	1.8

此外，2019 年全市有农家乐（含民宿）142 家，休闲观光点 111 个，累计接待游客 515.7 万人次，增长 16.5%；实现旅游收入 2.76 亿元，增长 22.6%。全市 450 个行政村集体年经营性收入全部达到 10 万元以上，其中年经营性收入达到 50 万元以上的占比 18%。450 个行政村集体总收入 5.63 亿元，其中经营性收入 1.98 亿元，分别增长 10.0% 和 12.0%。村集体经济发展正从"输血"向"造血"转换。

近年义乌工业腾飞，工业增加值、规上工业总产值、销售产值及规上工业出口交货值等各项工业指标增速居高不下（表 4-95）。此外，义乌产业结构持续优化，产业层次不断升级，高科技产业与新兴产业逐渐壮大（表 4-96）。

表 4-95　义乌近年部分工业指标

行业名称	2020 年		2018 年		2016 年	
	金额（亿元）	同比（%）	金额（亿元）	同比（%）	金额（亿元）	同比（%）
工业增加值	373.7	4.9	348.34	10.2	329.1	4.8
其中：规上工业总产值	667.7	6.7	544.5	12.6	813.4	4.7
销售产值	657.4	9.9	539.6	3.6	779.9	4.7
规上工业出口交货值	—	—	143.6	8.9	193.8	1.9

表 4-96　2020 年义乌部分核心产业增加值数据

行业名称	增速（%）	占规上工业比重（%）
数字经济核心产业制造业	74.9	27.7
高新技术产业	28.8	59.7
装备制造业	75.6	29.3
战略性新兴产业	12.0	31.1

近年义乌市第三产业迅猛发展，不断提升对 GDP 的贡献，2020 年三次产业结构为 1.6:28.4:70.0，其中房地产业处于较高的增速；批发零售业与住宿餐饮业增速放缓，出现负增长；进出口业维持较为稳定的增速（表 4-97）。义乌市特有的小商品交易，近年各个交易额均以较高速度增长（表 4-98），尤其是电子商务交易额飞速增长，出现线上线下综合发展的态势。

表 4-97　近年第三产业部分行业增速

行业名称	2020 年（%）	2018 年（%）	2016 年（%）
房地产业	18.7	32.3	与上年持平
批发零售业	-1.0	4.8	11.8
住宿餐饮业	-19.0	2.1	10.0
进出口业	5.4	9.4	5.0

备注：房地产业为商品房销售面积

表4-98　近年义乌小商品贸易数据

行业名称	2020 年		2018 年		2016 年	
	金额（亿元）	增速（%）	金额（亿元）	增速（%）	金额（亿元）	增速（%）
小商品市场交易额	4875.8	6.4	4523.5	8.9	3731.2	7.8
其中：中国小商品城成交额	1626.6	5.8	1358.4	10.8	1105.8	12.6
电子商务交易额	3124.87	12.9	2368.3	16.7	1770	17.1

【义乌小商品】

义乌是目前全球最大的小商品集散中心。被联合国、世界银行等国际权威机构确定为世界第一大市场。全球最大的小商品市场——中国义乌小商品市场，现大部分市场及专业街已移入义乌国际商贸城。许多人是从小商品开始了解义乌的，在中国凡是做小商品生意的人都知道在义乌能找到品种最全、价格最便宜的小商品。可以说是小商品让义乌这个十年前还默默无闻的县级市扬名海内外的。

起源

早在乾隆年间，义乌农民就开始了"鸡毛换糖"的经商活动，那时候的义乌人用红糖换来的鸡毛做鸡毛掸子，每逢过年过节，便走街串巷地去卖。这便是义乌小商品经营的开始。

产品种类

义乌的小商品闻名海内外，从针头儿线脑儿、鞋带儿、纽扣儿、拉锁儿、牙签儿到精致的礼品、精美的饰物；从鞋袜、围巾、帽子、服装到毛纺织品；从各种玩具、打火机到电视机、红木家具、各种五金工具和电子产品。凡是日用百货中人们能想到的，没有这儿不卖的。

用小商品来定义义乌的商品范围已经不全面了，应该说，在义乌能够以低价位买到所有生活、生产用的商品。由于义乌的价格便宜，所以人们宁可用"小商品"作为义乌经营所有商品的总称。

规范化

义乌"小商品、大产业、小企业、大集群"的工业产业发展格局初步构筑形成。在改革开放之初，他们就敢为人先，提出了允许长途贩运和允许发展一些小商品市场等"四个允许"，冒着风险用十年左右的时间完成了原始积累。1992 年，义乌人又一次抓住机遇，提出了"引工经商"这个重大战略，把原始积累的商业资本迅速转化为工业资本。当我国加入WTO以后，义乌市委、市政府又提出了加快建设现代化的商贸名城，扩大经济的外向度，在连续七年举办中国小商品博览会的基础上，他们又将举办中国(义乌)国际小商品博览会，从而实现市场贸易与国际接轨。

目前，义乌市场与全球 210 多个国家和地区有贸易往来，每年到义乌采购的境外客商超过 56 万人次，有 100 多个国家和地区的 1.5 万多名境外客商常驻义乌。"网上丝绸之路"流光溢彩，让世界商品"一站到家"！截至 2021 年 10 月 21 日，"义新欧"中欧班列共开行 1075 列，同比增长 51.8%。

四大优势。义乌小商品如今成为义乌的支柱产业，扬名海内外，得益于以下四项发展优势：

规模优势。义乌小商品市场经营面积已达 640 余万平方米，商位 7.5 万个，汇聚 26 个大类，210 多万种商品，带动全国 2000 多万人就业，被联合国、世界银行等权威机构称为"全球最大的小商品批发市场"。

商品优势。义乌中国小商品城经营商品种类齐全，汇集了 28 个大类近 32 万种商品。这些商品价廉物美，90% 以上外销全国及世界各地。

网络优势。义乌在全国 20 多个省市建立了 30 多个分市场；在南非、乌克兰等国家设立了 5 个分市场；12 万义乌经商大军，其中 5 万人分布在全国各地，在全国经商者 30 000 多人。

管理优势。经过 20 多年的实践，市场形成了一套规范的管理体系，营造了公平竞争、守法经营、秩序井然的经商环境。

知识补充

鸡毛换糖是指在物资匮缺的年代，小商小贩走南闯北走街串巷，以红糖、草纸等低廉物品，换取居民家中的鸡毛等废品以获取微利。最早的鸡毛换糖，形成于我国的浙江省义乌地区，而最终，这一行为对地区经济发展的促进作用得到认可，并发挥出巨大的积极作用。

（三）旅游资源

义乌是全国首个国际商务旅游目的地城市，是浙江省全域旅游示范市，拥有全国首个以购物旅游为主题的 AAAA 级景区——义乌国际商贸城，拥有古月桥、陈望道故居等全国重点文保单位七处。从依托商贸优势起步发展旅游，义乌不断推进全域旅游创建，目前已形成商旅、农旅、文旅融合发展的多元化旅游格局，旅游呈休闲化、大众化和社会化发展趋势越来越明显，旅游业已成为义乌的重要产业。2020 年，义乌共接待国内游客 2170.01 万人次，旅游总收入 273.22 亿元。

1. 佛堂老街

佛堂老街长 510 米，已有 300 多年历史，至今仍然店铺林立，其中不乏老字号商铺。街内全为明清建筑，属全木穿斗式结构，街面由鹅卵石铺就，沧桑而不失清雅。老街内一切都是古朴自然的，飞檐翘角，雕花门窗，宁静优雅。穿梭在其中，感受着古朴的生活气息，会有时光倒流之感。文交会之前，古街会开展八大美院的写生活动。

2. 华溪森林公园

华溪森林公园位于廿三里街道东北角，1998 年被省林业厅评为省级森林公园，总规划面积为 1771 公顷，交通便捷，距离市中心仅 10 千米左右，距离廿三里街道中心区 5 千米。景区气候宜人，自然景观形态各异，峡谷深邃，奇峰怪石，溪潭飞瀑，湖光山色，令人目不暇接。义乌市人民政府和山西正阳浙商联盟投资公司签订了华溪森林公园开发项目，欲投资 11 亿元，把华溪森林公园打造成一个集文化、休闲、体验、购物、餐饮、娱乐、金融于一体的旅游基地。景区内有森林饭店，景区外有红房子山庄，便于吃饭和住宿。

3. 龙山风景区

龙山风景区坐落于大陈镇红旗村的山林之中，该景区的主要景点为瑞安寺。瑞安寺始建于南宋建炎之年，又名龙山寺，因寺后山峦气势雄伟，形似巨龙而得名。寺以山峻、石奇、林深、洞幽、水清、神灵而闻名于世。

4. 义亭镇缸窑村

义亭镇缸窑村的制陶历史可追溯到北宋时期，远近闻名。走在缸窑村的乡间小道，你会发现到处都能嗅到陶器的气息：村里的小路上铺的石头，用陶土烧制而成；老房子的泥墙上，密密麻麻地镶嵌着烧窑留下的次品酒缸；房子墙角根用破碎的陶片堆叠而成；就连村里的垃圾桶、路灯都用陶土烧成。

5. 德胜岩森林公园

位于后宅街道的德胜岩省级森林公园属于城市型森林公园，该公园森林覆盖率达 89.53%，自然景观资源和人文景观资源交相辉映，最具代表性的有德胜岩、净居禅寺、杭金古道和岭口水库。其中德胜岩是义乌市民古往今来登高览胜的好去处；净居禅寺始建于唐咸通八年，距今已逾千年；杭金古道现存义乌境内最古老的驿站——剑门亭。

四、研学旅行

义乌市发展历史悠久，自然环境资源禀赋与人文历史资源均丰富多彩，不仅坐拥多个古镇古村落，还有作为义乌金字招牌的小商品集散地，义乌国际商贸城也是研学目的地的好去处。根据当地资源特征，可将义乌市研学路线设计为古村落文化之旅和未来企业家之旅（表4-99）。

表4-99　义乌市研学路线

主题	线路
古村落文化之旅	倍磊村—田心村—廿三里老街
未来企业家之旅	义乌国际商贸城—篁园服装市场—义乌中国进口商品城孵化区

（一）古村落文化之旅

义乌人文底蕴丰富，坐拥众多古村落与古代民居。古村落文化之旅让学生在游历古村落中感知义乌地方特色的历史人文精神，提高学生的区域认知；在参观老街过程中探究老街的过去的源起与思索其未来的发展，提高学生的地理实践力（表4-100）。

表4-100　古村落文化之旅

地点	研学内容	知识定位	设计意图
倍磊村	1. 参观倍磊古村落，感受明清古建筑 2. 思考并分析倍磊村成为商业重镇的有利条件	倍磊村历史悠久，始于宋代，崛起于明代，清代成为义乌"烟灶达千"的第一大村。义乌第一个省级历史文化名村。村落的发祥基于义乌江进入倍磊区域后，水势突然变得平缓、江面宽阔，是一个得天独厚的天然良港，因此也叫倍磊埠头。区位和交通的优势引发了集市贸易的兴盛，到了明清时期，倍磊成了重要的商埠。倍磊街上，南来北往的商客川流不息，交通便利和商业繁荣，使倍磊人较早地懂得做生意，外出的生意人也较多。得益于繁华的航运和天然良港，以及"街、市、埠"三者合一的独有商业模式，富裕了一代又一代倍磊人	参观古建筑，有利于学生了解中国古代民居文化；分析倍磊村成为商业重镇的原因，有利于提升学生的综合思维能力
田心村	1. 了解《田心的故事》，体会义乌精神 2. 在明清古建筑文化中感知义乌的人文荟萃	义乌佛堂镇田心村，历史上曾称环溪，是一个有着750多年历史和文化的古村落。因"家家户户腌制火腿，村落形似火腿心"而远近闻名，素有"金华火腿出义乌，义乌火腿出田心"之说。2012年6月，田心村被省政府公布为第四批省级历史文化名村。2018年又被省农办公布为第六批省级历史文化村落保护利用重点村 田心村不仅有鳞次栉比的婺派古建，而且历史名人辈出，如南宋建村始祖王如建，抗倭名将王如龙，文化名人王毓秀、王芳，经商奇才慎可公（王尔瞻）、王恒玺四兄弟等	倾听《田心的故事》，让学生在故事中感知义乌独特的人文精神，提升区域认知
廿三里老街	1. 参观廿三里老街现状。 2. 思考廿三里老街历史上繁荣的原因 3. 思考并分析廿三里老街应如何"重获生机"	廿三里老街是拨浪鼓的发源地，曾经是因各种小商品而繁华。如今这里繁华褪尽，但还保留着古香古色的老建筑，竹编、磨刀、写对联……一些早已在城市里销声匿迹的老手艺 现今，随着城市化的推进与老城改造，廿三里站在古镇与新城的十字路口。历史与现代的交汇，人文与自然的交融，让廿三里散发出别样光彩	分析老街应如何改造重获生机，有利于培养学生解决实际问题的能力

（二）未来企业家之旅

义乌作为当下知名的小商品集散地，有"世界义乌"之称。未来企业家之旅（表4-101）让学生在探访义乌国际商贸城等小商品集散地时，探究当地小商品产业的源起与发展现状，培养区域认知；大胆尝试为其未来产业发展提出自己的想法与对策，提升地理实践力。

表 4-101　未来企业家之旅

地点	研学内容	知识定位	设计意图
义乌国际商贸城	1. 通过资料，了解义乌国际商贸城的变迁历史与经营现状 2. 通过资料，了解义乌国际商贸城对义乌经济的贡献 3. 为义乌国际商贸城的未来发展提供一些建议	中国义乌国际商贸城是一个集现代化、国际化、信息化于一体的商品交易市场。自开业以来，实现了由传统贸易向以商品展示、洽谈、接单和电子商务为主的现代化经营方式的转变，被国内外客商誉为"永不落幕的博览会"；实现了国际贸易超出国内贸易的转变，每天客商达 4 万人次，外商达 5000 人次，商品外贸出口率达 60% 以上，90% 以上商位承接外贸业务，商品销往 140 多个国家和地区；实现了市场硬件的智能化，整个市场人流、物流、信息流畅通，场内安装电梯、自动扶梯 37 座，汽车可直上二、三、四层，整个市场安装了 13 000 多个宽带网络接口，每个商位都可上网交易和查阅信息 中国义乌国际商贸城一区市场是浙江省旅游局指定的购物旅游定点单位，被省工商局授予全省首个"五星级市场"称号	让学生直观的感受本土产业的发展现状，并且将书本知识与实际运用结合起来，提供发展建议，培养学会学生解决实际问题的能力
篁园服装市场	1. 参观感受服装市场的特色与氛围 2. 分析服装市场的区位条件 3. 思考并分析该服装市场的优势与不足 4. 为该服装市场的未来发展提供建议	中国小商品城篁园服装市场地处义乌市最为繁华的绣湖商圈，市场总占地 117 亩，总建筑面积 42 余万平方米，总投资 14 亿元，于 2011 年 5 月正式开业，是浙中地区最大的专业服装市场。该服装市场定位于专业服装城，批发和零售相辅相成	
义乌中国进口商品城孵化区	1. 思考建立义乌中国进口商品城孵化区的意义 2. 当前商品城孵化区的发展优势 3. 为商品城孵化区发展提供一些建议	义乌中国进口商品城孵化区是浙江省首个进口商品展孵化区。致力于构建"买全球、卖全球、买卖全球"的全方位贸易格局，高水平高质量建成世界"小商品之都" 商品城孵化区汇集了 150 多个国家和地区约 15 万种源头商品。商品城孵化区具有贸易更便利和信息化程度高的特点，通过与保税物流中心（B 型）充分联动，大力推行"保税+展示""保税+跨境""保税+转口"等新业态模式，构建全渠道进口商品贸易中心，通过减少中间环节，降低运营成本，让广大采购商能买到种类更丰富、质量更优质、价格更实惠的进口商品 进口孵化区在业态布局上集商贸、休闲、餐饮、娱乐于一体，设置了网红直播区、餐饮体验区、休闲娱乐区、配套服务区等，更加符合生活化、场景化消费模式	

第八节　东阳：工匠之乡，建筑圣地

一、地理位置与行政区划

东阳市，浙江省辖县级市，由金华市代管，地处浙江省中部，位于北纬28°58′—29°29′，东经120°04′—120°44′。地处浙江省中部、金华市东部。东、东南与磐安县相邻，南、西南与永康市接壤，西、西北与义乌市相连，北与诸暨市毗邻，东北与嵊州市为邻。甬金高速、诸永高速在境内交叉而过，为浙中交通枢纽。辖区东西最大距离71.6千米，南北最大距离56.1千米，总面积1746.81平方千米。

东阳历史悠久。早在1800多年前，东汉献帝兴平二年（195），就已建县制，名吴宁，属会稽郡。唐垂拱二年（688），建东阳县，素有"婺之望县"的美誉。

1949年5月8日，东阳解放。1949年后，东阳属金华地区（后为金华市）管辖，磐安县先后在1958年划入、1983年又划出东阳，县治相应变化。1988年5月，经国务院批准，东阳撤县设市，掀开了城市发展的新篇章。

1949年后东阳市行政区划发生多次变更（表4-102），截至2018年，东阳市辖6个街道、11个镇、1个乡：吴宁街道、南市街道、白云街道、江北街道、城东街道、六石街道、巍山镇、虎鹿镇、歌山镇、佐村镇、东阳江镇、湖溪镇、马宅镇、千祥镇、南马镇、画水镇、横店镇、三单乡。总面积1746.81平方千米。东阳市人民政府驻江北街道江滨北街18号。

表4-102　1949年后东阳市行政区划变更

年份	变更情况
1949 年	东阳解放，建立人民政权，属金华地区（后为金华市）管辖
1958 年	磐安县划入东阳
1983 年	磐安县划出东阳
1988 年 5 月 25 日	东阳撤县设市

二、自然地理环境

（一）地形地貌

东阳市境内以丘陵为主，占总面积的54.19%，平原占总面积的30.85%。会稽山、大盘山、仙霞岭延伸入境，形成三山夹两盆、两盆涵两江的地貌。地势东高西低，中部山峦自东向西，将境域分为南乡和北乡。境内最高峰东白山，主峰称太白峰，位于虎鹿镇北部边境会稽山脉，海拔 1194.6 米。全市最低点白云街道吴山村，海拔 67 米。

大盘山脉入境后在境内东部、东南部呈东西向延伸，约 895 平方千米，占全境山陵总面积的 74.3%。会稽山脉入境后呈东向西延伸，约 250 平方千米，占山陵总面积的 20.7%。仙岭余脉在境西南角延伸，约 60 平方千米，占山陵总面积的 5%。山脉多呈东北—西南走向。横锦水库和东方红水库以下至义乌界地东阳江冲积平原，东西长 40 余千米，南北宽 10 余千米，属金衢盆地，海拔 150 米以下（最低点白云吴山村，海拔 67 米）的面积 287 余平方千米，占全境面积的 16.5%。从盆底到盆缘有明显的河谷阶地。盆地两侧多红壤低丘。南江盆地又称南马盆地，东起郭宅，西经南马到黄田畈，沿南江流域纵贯湖溪、横店、南马、画溪四片冲积平原。盆地长 34 千米，宽 5 千米。海拔 150 米以下的面积 250 余平方千米，占全境面积的 14.35%。盆地内有高丘和低丘台地分布，盆地两侧多红壤低丘。

（二）气候水系

东阳市属亚热带季风气候区，气候温和，雨量充沛，空气湿润，四季分明，光照充足。海拔 150 米以下的西部河谷平原年均气温 16.8 ~ 17.4℃。海拔 150 ~ 400 米的中部低山丘陵年均气温 15.8 ~ 16.7℃。海拔 400 米以上的东部山区年均气温 13.9 ~ 15.7℃。年平均日照 2002.5 小时，最多年 2693.9 小时（1963 年），最少年 1752.1 小时（1970 年）。7 月份日照最多，多年平均 266.5 小时，最多月值 355.8 小时（1964 年 7 月）。2 月份日照最少，多年平均 104.5 小时，最少月值 35.2 小时（1982 年 2 月）。降水年际变化呈"双峰型"分布。3—6 月第一个雨季，其中 3、4 月春雨，年均月降水量 123 ~ 154mm；5、6 月梅雨，年均月降水量 203 ~ 230mm。7—8 月初相对雨季，年均月降水量 102 ~ 140mm。

东阳市境内河流属钱塘江水系。玉溪、三单、罗峰、宅口、西营 5 乡及胡村、佐村 2 乡的部分水流经曹娥江入钱塘江。罗山乡的大爽坑水和环溪经浦阳江入钱塘江。境内主要河流东阳江、南江，主流走向从东向西。

（三）自然资源

东阳市自然资源大体可以分为水资源、植物资源、动物资源、矿产资源四类，其中水资源径流量处于较高水平；植物资源种类齐全，药用类、观赏类、经济类均有大量分布；兰溪市生物多样性较高，动物资源丰富多样，脊椎动物哺乳类、鸟类、爬行类、两栖类、鱼类、昆虫类均有分布；目前，兰溪市现已探明 20 余种矿产，开发矿床（点）110 余处。

东阳市多年平均降水总量 25.21 亿立方米，水资源径流总量 16.08 亿立方米（含磐安县过境水量 3.2 亿立方米）。境内年均径流量 12.88 亿立方米，其中地表水 11.17 亿立

方米，地下水 1.71 亿立方米。现已利用 5.574 亿立方米。多年平均年径流深 650～900
毫米，以吴宁、李宅、巍山一带最低，东白山、三单、玉溪、西营一带最高。外县入境
流量 3.2 亿立方米，其中从磐安流入东阳江横锦水库的水量约 1.72 亿立方米，占入库水
量的 59%；从磐安流入南江水库的水量约 1.01 亿立方米；其他溪流入境流量 0.47 亿立
方米。

据东阳市人民政府官网记载，东阳市主要植物 9 属，分谷之属 8 种，蔬之属 34 种，
木之属 37 种，果之属 33 种，花之属 60 种，竹之属 20 种，药之属（草药）113 种，藤
之属 4 种，草之属 29 种。主要种子植物 134 个科千余种，其中香樟、榧树、鹅掌楸、
檫木、银杏列为国家保护树种。按植物经济性状可分 7 个类型。药用类有元胡、白术、
芍药、东贝、已发现适于入药的各类根、茎、花、叶的草药 780 多种。观赏类有树木、
杨、柳、柏等。

据东阳市人民政府官网记载，东阳市境内野生脊椎动物哺乳类 7 目 16 科 20 余种，
鸟类 22 科 40 余种，爬行类 7 科 18 种，两栖类 6 科 11 种，鱼类 10 科 20 余种，昆虫类
16 目 70 余科 150 多种。野生兽、禽类有玉面狸、虎、豹、鹿、野兔等。其中属国家保
护的有金钱豹、狐、鹿、鬣羚、大灵猫、小灵猫、穿山甲、闭壳龟、大壳龟、大头龟、
蝾螈、肥螈、蕲蛇、猴面鹰、猫头鹰、杜鹃科的各种啄木鸟。

据东阳市人民政府官网记载，东阳市已查明矿藏有铁、铜、铅锌、锰、黄铁矿、钴
土矿、萤石、钾长石、石英、磷石、云母、石墨、耐火黏土、珍珠岩、方解石、黏土矿、
矿泉水、金银矿、铀矿等 20 余种，矿床（点）110 余处。裘家岭矿泉水位于裘家岭翠塔
山东南侧约 600 米高程处。泉水赋存于侏罗系黄尖组凝灰熔岩、熔凝灰岩和凝灰岩构造
裂隙中。温泉位于佐村乡上溪附近，属壶镇—回山新华夏系构造带北东向压性断裂带中，
在一条近乎东西向裂隙内涌出。

三、人文地理环境

（一）人口发展

根据第七次人口普查数据，截至 2020 年 11 月 1 日零时，东阳市常住人口为 1 087 950
人，突破 100 万大关。与 2010 年的第六次人口普查相比，东阳增加人口 283 552 人，年
平均增长速度为 3.07%（表 4-103），保持了较为平稳的人口增速。

表 4-103 东阳市第七次人口普查常住人口

2020 年（人）	2010 年（人）	增长人口数（人）	增长率（%）	年平均增长率（%）
1 087 950	804 398	283 552	35.25	3.07

从户别结构来看，东阳市 2020 年家庭户 435 653 户，集体户 26 567 户，家庭户人

口超 100 万，与 2010 年相比，家庭户数与家庭人口数均大幅增加。平均家庭规模由 2010 年的每户 2.68 人缩小至 2020 年的每户 2.31 人（表 4-104），平均家庭规模缩小。

表 4-104 东阳市第七次人口普查户别构成

年份	户数		人口数		平均家庭规模（人/户）
	家庭户（户）	集体户（户）	家庭户（人）	集体户（人）	
2020 年	435 653	26 567	1 004 788	83 162	2.31
2010 年	288 030	18 990	704 926	99 472	2.68

2020 年东阳市男性人口占比为 51.52%，相比 2010 年第六次人口普查的 50.01%，男性人口占比小幅度上升，性别比由 2010 年的 100.04 上升为 106.25（表 4-105），人口性别结构较为合理。

表 4-105 东阳市第七次人口普查人口性别构成

年份	总计（人）	男性		女性		性别比（女=100）
		人口数（人）	占比（%）	人口数（人）	占比（%）	
2020 年	1 087 950	560 471	51.52	527 479	48.48	106.25
2010 年	804 398	402 282	50.01	402 116	49.99	100.04

从人口年龄结构来看，东阳市各年龄段人口占比变化不大（表 4-106），0 ~ 14 岁年龄段人口占比小幅度上升，劳动人口占比下降 2.11%，老龄人口占比小幅度上升，出现人口老龄化趋势。

表 4-106 东阳市第七次人口普查人口年龄构成

年龄	人口数（人）	比重（%）	同比（%）
总计	1 087 950	100	35.25
0 ~ 14 岁	162 113	14.90	0.17
15 ~ 59 岁	729 080	67.01	-2.11
60 岁及以上	196 757	18.09	1.94
其中：65 岁及以上	144 316	13.26	2.05

从人口城乡结构来看，2020 年东阳市城镇人口 738 721 人，城镇人口占总人口比例为 67.90%（表 4-107），城镇化率为 67.90%，与 2010 年相比，全县城镇人口占比上升 11.22%。

表 4-107 东阳市第七次人口普查人口城乡构成

	人口数（人）	占比（%）	城镇人口比重（%）	同比（%）
城镇人口	738 721	67.90	67.90	11.22
乡村人口	349 229	32.10		

东阳人文荟萃，英才辈出（表 4-108），自古以来就有"兴学重教、勤耕苦读"的传

统，历史上，东阳进士题名共有 305 人。早在 1989 年，《人民日报》赞誉东阳"百名博士汇一市、千位教授同故乡"。三十年后，东阳人才呈现"十百千万"的盛况，有东阳籍院士 13 人，高校校长、科研院所领导 100 多人，博士 1100 多人，教授和教授级高工10 000 多人。

表 4-108　东阳名人

姓名	籍贯	突出贡献
严济慈（1901—1996 年）	浙江东阳下湖严村	九三学社社员，物理学家、教育家，是中国现代物理学研究工作的创始人之一、中国光学研究和光学仪器研制工作的奠基人之一、中国研究水晶压电效应第一人
蔡希陶（1911—1981 年）	浙江东阳虎鹿镇蔡宅村	历任中国科学院昆明分院副院长。创建了中国第一个热带植物研究基地。先后主持了野生橡胶资源的考察、橡胶宜林地调查、云南野生植物资源调查及利用的研究，取得一批与国计民生密切相关的重要成果
邵飘萍（1886—1926 年）	浙江东阳南市街道大联紫溪村	革命志士，民国时期著名报人、《京报》创办者、新闻摄影家。是中国传播马列主义、介绍俄国十月革命的先驱者之一，中国新闻理论的开拓者、奠基人，被后人誉为"新闻全才""乱世飘萍""一代报人""铁肩辣手，快笔如刀"等
赵松庭（1924—2001 年）	浙江东阳	笛子演奏家，作曲家。被公认为中国笛子的代表人物之一，被音乐界称为南派笛艺的代表人物，浙派笛艺创始人，被誉为"江南笛王"
朱福星（1897—1975 年）	浙江东阳吕潘村	抗日名将，他兴学重教，并以精湛医术，无偿救死扶伤并著书

（二）产业特色

东阳的经济发展与它支持个体私营工业发展有着密不可分的关系。自 1992 年以来，东阳的个体私营工业经济得到快速的发展并取得了巨大的成就。目前东阳已经形成三大产业促进经济发展：首先，工业是东阳的支柱产业，东阳致力于成为浙中先进制造业基地，打造了磁性电子、针织服装、医药化工、工艺美术等行业，其中，东阳的磁性材料已经享誉全球，是名副其实的"中国磁都"；其次，是建筑业，2006 年东阳的建筑企业的规模数量等都已经名列全省前列；最后就是影视旅游业，自 1996 年横店就开始着重培育影视产业，多个影视文化基地就先后开始建立，影视文化产业的发展继而又带动了旅游业等第三产业的快速发展。如今，东阳的三大基础产业都发展得风生水起，磁性材料依旧占据国内大部分市场，东阳的木雕产业也已是国内的百佳产业集群，横店影视城也已经成为在全球范围内规模最大的影视文化拍摄基地。

按户籍人口计算，全市人均生产总值 74 983 元（按年平均汇率折合 10 871 美元），比上年下降 0.2%。2016 至 2020 年间，东阳市第一产业增加值较为稳定，呈现低速增长状态；第二产业在 2016 至 2018 年间增速较快，2020 年出现负增长（表 4-109）。2020年、2018 年、2016 年三次产业结构分别为 2.9:42.8:54.3、2.9:47.2:49.9、3.7:46.3:50.0，第三产业近年增速较快，且在三次产业中占比越来越高。

表 4-109　近年全市三次产业增加值及增速

产业名称	2020 年		2018 年		2016 年	
	增加值（亿元）	增速（%）	增加值（亿元）	增速（%）	增加值（亿元）	增速（%）
第一产业	18.75	0.9	16.79	1.0	18.62	1.7
第二产业	272.85	-2.1	276.48	5.6	231.10	5.5
第三产业	346.55	2.0	291.73	5.7	249.95	10.0
总计	638.16	0.1	585.00	5.5	499.66	7.5

　　近年来，东阳市农林牧渔业总产值发展较为平稳，其中种植业占据主要部分。近年种植业、林业产值较为平稳，牧业产值出现连年小幅度下降，渔业产值逐年上升。此外，农林牧渔服务业产值也出现逐年上升的发展态势（表 4-110）。

表 4-110　近年农林牧渔总产值及分项产值

行业名称	2019 年 产值/万元	2017 年 产值/万元	2015 年 产值/万元
总产值	271 138	282 993	270 107
种植业	200 695	211 803	199 057
林业	12 251	12 495	11 473
牧业	32 591	36 812	39 598
渔业	12 398	10 431	9758
农林牧渔服务业	13 203	11 452	10 221

资料来源：浙江统计年鉴 2020。

　　近年来，东阳市规上工业发展放缓，规上工业产值增速逐年降低，如表 4-111。在各规模企业中，微型企业发展起伏较大，2020 年中型、小型、微型企业均出现负增长（表 4-112）。

表 4-111　近年规上工业产值增速

年份	增速（%）
2020	2.0
2018	5.0
2016	6.3

表 4-112　近年各规模企业产值增速

企业类型	2020 年（%）	2018 年（%）	2016 年（%）
大型企业	16.7	-0.3	6.7
中型企业	-3.4	8.7	9.6
小型企业	-4.4	5.2	7.2
微型企业	-1.1	17.1	-39.5

　　东阳市经济发展以第三产业为主导，第三产业在国民生产总值中所占比重也越来越高。近年来，第三产业各行业中房地产业、零售业、进口业、金融业发展迅速，而餐饮

业、邮电业增长放缓，甚至出现负增长（表4-113）。

表4-113 近年第三产业部分行业增速

行业名称	2020年（%）	2018年（%）	2016年（%）
房地产业	9.0	55.2	15.8
零售业	6.2	9.0	8.9
餐饮业	-6.2	3.8	10.4
进口业	29.38	-3.8	22.9
出口业	0.01	5.4	8.1
邮电业	-6.4	5.0	5.6
金融业	11.1	10.9	12.5

【建筑业】

东阳是著名的"建筑之乡"。东阳古民居建筑以东阳木雕为主，融竹编、石雕、砖雕、堆雕等装饰艺术为一体，形成了独具儒家文化特色的民居建筑体系，卢宅肃雍堂、杭州胡庆余堂等都是东阳古民居建筑的杰作，其中卢宅肃雍堂纵深320米，堪称"中国民间第一宅"，有"北有故宫、南有肃雍"之说。改革开放以来，东阳建筑再创辉煌。1994年被命名为"建筑之乡"，2011年被命名为省首批"建筑强市"，2012年被授予"中国建筑之乡"称号。全市现有特级资质总承包企业7家、一级67家，累计创鲁班奖43项。2018年，东阳建筑业总产值超过2600亿元，连续十年全国县级市第一，建筑产业实现入库税金21.7亿元，同比增长81.6%，增幅再次创行业历史之最。2019年建筑业完成税收29.8亿元，增长37%。

【东阳木雕】

东阳是著名的"工艺美术之乡"。东阳木雕，浙江省传统工艺美术保护品种，首批国家级非物质文化遗产代表作。东阳木雕师承鲁班，源远流长，为浙江三大名雕之一，列全国四大木雕之首，是首批国家级非物质文化遗产保护项目。杭州灵隐寺大雄宝殿中的释迦年尼像，杭州雷峰塔的大型木雕壁画《白蛇传》，香港回归时浙江省政府赠送香港特别行政区的礼品《航归》，江苏灵山梵宫、G20杭州峰会、金砖国家领导人厦门峰会、首届中国国际进口博览会主会场木雕装饰等，都出自东阳木雕艺人之手。东阳先后被命名为"中国民间艺术之乡""中国木雕之乡""中国木雕之都""全球木雕产业合作基地""中国红木（雕刻）家具之都""世界木雕之都"。近年来，东阳木雕、东阳竹编与红木家具不断融合发展，已成为东阳的"国家级"特色优势产业，全市现有木雕红木家具企业1336家。2019年木雕红木企业实现销售收入48.57亿元，税收1.88亿元。

【东阳竹编】

东阳竹编是产自浙江东阳的地方传统手工艺品之一，它与东阳木雕并称为浙江东阳地方传统工艺美术的两朵奇葩。它在殷商时代开始问世，距今已有 1200 多年历史。2008 年入选第一批国家级非物质文化遗产扩展项目名录，同时已收入非遗大数据平台。

据不完全统计，东阳竹编的编织技法现有 150 多种。竹编工艺品可分为人物、动物、器皿、仿古品、陈设品、家具、灯具、文具、浴具、花具、装饰品、竹丝镶嵌（竹木结合）、竹编书画艺术品、竹艺园林建筑、竹艺室内外装饰、竹编墙纸、竹根雕、留青雕等 25 大类，3000 多个花色品种。全市从业人员 6000 余人。中国竹工艺大师 2 名，省工艺美术大师 2 名，高级工艺美术师 4 名，中级工艺美术师 98 名。产品远销欧亚美 60 多个国家和地区。东阳竹编工艺品，以其高超的技艺、独特的风格、优美的造型、精细的编织、典雅的色彩、欣赏与实用相结合著称于世。

【影视文化产业】

东阳是著名的"文化和影视名城"。横店影视城是全球规模最大的影视拍摄基地，先后建成了秦王宫、清明上河图、圆明新园等 28 个大型实景基地和 31 座大型室内摄影棚；累计接待剧组 2500 多个，拍摄影视剧达 60 000 多部（集），被誉为中国好莱坞。2004 年，国家广电总局批准设立全国首个国家级影视产业实验区——浙江横店影视产业实验区；2012 年 7 月，浙江省政府批准设立浙江省横店影视文化产业实验区；2018 年 4 月省委出台《关于加快推进横店影视文化产业发展的若干意见》，2019 年 10 月，金华市成立横店影视文化产业集聚区管理办公室，统筹推进省级集聚区建设工作。目前实验区已吸引华谊兄弟、唐德影视等 1189 家知名影视文化企业入驻，其中华谊兄弟是全国境内首家影视传媒上市公司。2019 年，实验区实现营业收入 281.1 亿元、税费 27.7 亿元。

（三）旅游资源

东阳市旅游资源丰富，全市现有国家 5A 级旅游景区 1 家、4A 级 4 家、3A 级 1 家，2019 年全市接待游客 2953.7 万人次，增长 15.2%，实现旅游收入 274.7 亿元，增长 18.9%。

1. 东白山生态旅游区

东白山风景区位于浙江省中部东阳市、诸暨市、嵊州市交界的东白山范围内。有兔耳岭的高山草甸之美，千岛湖的山色风光，东白山属会稽山脉南麓，北接诸暨，东接嵊州，是浙中名山之首。主峰东白峰（古称太白峰）高 1194.7 米，是东阳市的最高峰，为浙江省七大名山之一。它的巍巍躯貌，呈现东南奇观。可算是浙中群山之雄。相传，唐代大诗人李白曾登临此山所以又叫作"太白山"。

东白山，钟灵毓秀，驰誉古今。山间，修竹茂林，高森映蔽，荫凉爽气。因此，虽时处三伏天在山中也不觉炎暑是浙东避暑胜地之一。2013年左右由于公路通入又建了避暑山庄开发了矿泉水，所以每逢盛夏前往东白山避暑的游客络绎不绝。

2. 三都胜境——屏岩洞府名胜区

三都胜境是浙江省级风景名胜区，俗称"龙头洞"，面积10平方千米。据《东阳市志》记载，早在唐朝咸通八年，这里就是著名的旅游胜地。1997年，三都胜境被东阳市人民政府批准为宗教活动场所。

三都胜境风韵独特，处处充满诗情画意。它有美妙龙的传说，景色秀丽，人文景观十分丰富。景区内巍崖屏峙，怪石峥嵘，深洞遍布，奇险无比，加上野果满山，鸟语花香，更显清幽之韵。悬崖、曲径、石林、飞瀑、双乳峰等，云遮雾绕，天梯、斜栏、栈道，时隐时现。景区内有紫竹幽林、龙王庙、腾龙湖、五公庙、龙床、龙峡、腾龙阁、百步峻、青云洞、白云洞、天然巨龙等景点。香樟、桂花、杜樱、银杏、青木、广玉兰等珍贵林木满山遍野。三都胜境是人们旅游观光、度假休闲、疗养避暑的理想去处，也是善男信女朝圣的好地方。

3. 卢宅明清古建筑群

中国古代民居建筑。位于浙江省东阳市东郊卢宅村。卢氏自宋代定居于此，世代聚族而居，从明永乐十九年（1421）卢睿成进士起，到清代中叶科第不绝，陆续兴建了许多座规模宏大的宅第，形成一个较完整的明、清住宅建筑群，也是典型的封建家族聚居点。1988年，中华人民共和国国务院公布为全国重点文物保护单位。

卢宅位于浙江省东阳市区，占地500余亩。整个建筑群落古朴典雅、宽敞秀丽、气势非凡，显示出以血缘关系为纽带的卢氏宗族聚居结构，典型地反映出东阳木雕浓郁的地方特色和封建士大夫传统风水意识的厅堂宅第，被国内外专家誉为"具有国际水平的文化遗产"。

作为江南久负盛名的明清古建筑群，卢宅具有深厚的文化底蕴和无与伦比的文物地位。卢宅深刻体现了东阳"三乡"文化中的耕读文化、建筑文化、木雕文化。厚重的人文史话，"教育之乡"与之有历史渊源；高超的建筑艺术，是"建筑之乡"的直接见证；精湛的装饰工艺，是"工艺美术之乡"的物化表现。可以说，卢宅是展示东阳"三乡"文化的一座历史殿堂。

4. 中国木雕博物馆

中国木雕博物馆是首个国字号木雕博物馆，总建筑面积近2.7万平方米。有中国木雕历史展厅、中国木雕与社会生活展厅、当代中国木雕大师展厅、世界木雕展厅四大木雕主题展区，并依托东阳竹编设置中国竹工艺专题展厅及临时展厅，是一座历史与艺术并重，集收藏、展览、研究、文化交流于一体的博物馆。

中国木雕博物馆是一部向世人展示中国木雕发展演变和木雕精品的生动教科书，不仅填补国内木雕博物馆的空白，而且对于打造国家级文化品牌、丰富文化旅游内涵、促进中国木雕产业的发展都具有重要意义。

5. 横店影视城

横店影视城，是集影视、旅游、度假、休闲、观光为一体的大型综合性旅游区，以其厚重的文化底蕴和独特的历史场景而被评为国家 AAAAA 级旅游景区。1996 年，为配合著名导演谢晋拍摄历史巨片《鸦片战争》而建，并对社会正式开放。

横店影视城位于浙江省金华市东阳市横店镇，处于江、浙、沪、闽、赣四小时交通旅游经济圈内。自 1996 年以来，横店集团累计投入 30 亿资金兴建广州街·香港街、明清宫苑、秦王宫、清明上河图、华夏文化园、明清民居博览城、梦幻谷、屏岩洞府、大智禅寺、红军长征博览城、春秋·唐园、圆明新园等 13 个跨越几千年历史时空、汇聚南北地域特色的影视拍摄基地和两座超大型的现代化摄影棚。

横店影视城已成为全球规模最大的影视拍摄基地，中国唯一的"国家级影视产业实验区"，被美国《好莱坞》杂志称为"中国好莱坞"。

小活动

学校可以组织学生去木雕小镇进行研学活动，实地学习木雕的历史、亲手制作鲁班锁和感受木雕作品的魅力等，培养学生对乡土的热爱。

截至目前，东阳市花园村和横店国防科技教育园已成为浙江省首批中小学生研学实践基地，横店圆明新园已被评为全国首批中小学生研学实践教育基地。

四、研学旅行

根据东阳市的资源禀赋，可将当地研学旅行线路设计为自然生态类与文化体验类，如表 4-114。自然生态之旅主要包括三都胜境、社姆山、落鹤山和东白山等景区，让学生身临其境地感受自然环境，理论联系实际，提升地理实践力。木雕文化之旅立足于当地的特色产业——木雕，让学生探究当地特色产业的历史、现状与发展前景，提升学生的综合思维。

表 4-114　东阳市研学旅行线路

主题	线路
自然生态之旅	三都胜境—社姆山—落鹤山—东白山
木雕文化之旅	中国木雕城—木雕博物馆—东阳木雕小镇

（一）自然生态之旅

自然生态之旅探秘三都胜境龙潭洞，攀登社姆山，观察地形地貌和沿途植被，了解当地的植被类型，培养学生的区域认知与地理实践力。观察落鹤山岩石类型，并了解导致其产生的外力作用；探秘东白山湿地公园，分析湿地产生的原因及其作用；参观风力发电站，感受人类对大自然的合理利用，树立学生的人地协调观（表 4-115）。

表 4-115　自然生态之旅

地点	研学内容	知识定位	设计意图
三都胜境	1. 思考三都胜境又称"龙潭洞"的缘由 2. 小组合作挖掘识别土壤剖面并取其样本 3. 经过人工隧道，复习回顾背斜与向斜适宜开发工程等知识 4. 前往青云洞观察途中岩壁的形态，思考其受哪种侵蚀导致	三都胜境又称龙潭洞。所谓涧，指的是夹在两山之间的溪水沟。到了龙床景点后，发现好多个大大小小的水池分布在山路两侧，也因为两侧的高山，山涧的纵深感非常明显，山路宛如一条卧在水里的巨龙，在狭长的山谷里蜿蜒上升。背斜是良好的储油、气构造且适合修建隧道。煤、石油等是由千万年的地质演化形成的，与岩层的新老关系密切。有些含有油气的沉积岩层，由于受到巨大压力而发生变形，石油到背斜里形成富集区。所以背斜构造往往是储藏石油的"仓库"，在石油地质学上叫"储油构造"。向斜是良好的储水构造。向斜处适合建水库。向斜构造有利于地下水补给，两翼的水向中间汇集，下渗成地下水，故打井可以在向斜槽部	通过让学生亲临大自然，感受自然中的地理知识，帮助学生树立人地协调观，提升学生的地理实践力
社姆山	1. 攀登社姆山，观察沿途植被以什么为主 2. 探索社姆山的历史传说，感受旅游景点与人文历史的融合 3. 观察思考卧狮石的形态如何形成	景区以雄奇的狮子山和白象山对峙扼守为门户；清澈的盘溪水为腰带；山势蟠龙伏虎，重峦叠嶂，林海吟涛声，花树吐芬芳。其主体建筑寺院殿宇飞檐翘角，泛金流丹，庄严肃穆。海拔 720 余米的天鹅峰如翡翠屏耸立于寺院之后。源于天鹅峰的社姆坑水斗蛇行如银练，穿云破雾飘飘悠悠而下，蜿蜒向东注入金丝龙潭中，再流入盘溪。境内岩石千姿百态，或似群狮偃卧，或似大象奔走，或似天鹅振翼，或似情侣相依。山间松树迎风，谷旁藤蔓摇曳，游人目及之物，皆独具风姿和神韵	
落鹤山	1. 观赏景区内自然景观，思考其间岩石类型及所受外力作用 2. 观赏宏伟壮观的东阳大石佛，思考其腹腔内石窟的形成	落鹤山以大自然赋予神奇的自然景观而饮誉神州，从山角沿螺溪人山登道，满眼青山自膜，松涛滚滚，溪水潺潺，空气清新，地表植被丰厚。穿越天门，迎面危岩耸峙，怪石遍布	

续表

地点	研学内容	知识定位	设计意图
东白山	1. 前往景区内的高山湿地，并思考其形成的自然原因 2. 攀登主峰太白尖，观察沿途植被类型有何变化 3. 参观东白山风力发电，学习相关知识	以罕见的高山生态湿地为景观的环境本底，以茶文化为主要文化内涵，以人间真爱为主题的独特生态湿地景观，建设融合休憩餐饮功能的文化生态型景点。湿地公园建设以鸳鸯湖和仙女湖为重点，对原有水系及库塘进行排水、疏浚及生态修复，做好水生植被补植和恢复及周边环境绿化、开发，通过设置湿地生态游憩项目，满足游客湿地参与性体验、科普观察等活动需求，发展湿地生态旅游 山顶终年长风浩荡，有时候人会被刮得站不住脚。省电力设计研究院的总工何国星根据测试结果认为，东白山上的有效利用风力小时数优于预计值，建立风力发电站比较理想	

（二）木雕文化之旅

木雕是东阳的特色产业，要了解东阳，就必须了解东阳的木雕产业。木雕文化之旅线路包括中国木雕城、木雕博物馆、东阳木雕小镇，学生参观体验感受木雕文化，探究当地木雕产业的历史、现状与发展前景，培养学生的综合思维能力（表4-116）。

表4-116　木雕文化之旅

地点	研学内容	知识定位	设计意图
中国木雕城	1. 游览木雕城，思考其不断壮大的优势条件 2. 调查木雕城内大致企业分布及运营情况 3. 了解木雕城建立的历史渊源	东阳木雕城所具备的优势条件为交通便利，毗邻义乌小商品城；市场规模大，交易品种丰富；大师云集，专业机构入驻；行业盛会，点亮艺术界的明灯等 由浙商建业全面负责运营，是目前国内最大的木制工艺品和木雕（红木）家具集散中心。目前，东阳中国木雕城一期，一楼为全国特色木雕工艺精品、木雕（红木）家具、竹制工艺旅游纪念品、竹制工艺礼品经营区；二楼为木雕（红木）家具经营区；三楼为木雕、根雕、仿古门窗、落地屏风、佛像佛具等木制工艺品经营区；四楼（H区）设工艺美术大师精品区	让学生体验感受我国独特木雕文化，探究产业起源与发展，增强地理实践力
木雕博物馆	参观博物馆，感受木雕文化与现代艺术的融合，了解木雕悠久的历史	首个国字号博物馆，有中国木雕历史展厅、中国木雕与社会生活展厅、当代中国木雕大师展厅、世界木雕展厅四大木雕主题展区，并依托东阳竹编设置中国竹工艺专题展厅及临时展厅，是一座历史与艺术并重，集收藏、展览、研究、文化交流于一体的博物馆	
东阳木雕小镇	1. 前往小镇，感受千年木雕文化，在木文化展览馆亲手雕刻木雕，切身感受传统艺术 2. 调查木雕红木家具主要销售地区及销售状况 3. 调查小镇规划情况，如何集合木雕文化发展旅游业	东阳木雕小镇依托东阳国际木雕产业基地的优势和木雕红木产业优势，规划建设木雕小镇，经省政府特色小镇建设领导小组批准，东阳经济开发区规划建设木雕小镇，积极培育文化旅游产业 东阳木雕小镇规划是基于木雕文化重点打造"一心、一带、三轴、六区"。其中一心即为木雕小镇公共服务中心；一带为石马溪文化休闲带；三轴分别为主要景观轴、木雕文化展示轴及旅游交通轴；六区分别为大师创意创业园、木雕产业园、休闲旅游体验、木雕教育传承、木雕文化公园、风情生态居住区	

第九节　走进永康，走进"五金之都"

一、地理位置与行政区划

浙江省金华市永康市是县级市，隶属于浙江省地级市金华市，地处浙江省中部和金华西南，地理坐标为北纬 28°45′，东经 119°53′，总面积 1049 平方千米。辖区内有金丽温高速、东永高速、台金高速、330 国道等大通道，金丽温高铁 1 小时到杭州、2 小时到上海。

永康，古称丽州。相传，三国吴赤乌八年（245）孙权之母因病到此进香，祈求"永保安康"，太夫人病愈，孙权大喜，遂赐名为"永康"，并单立为县。三国两晋南北朝时期，三国吴赤乌八年（245）以乌伤县上浦乡置永康县。隋唐两宋时期，隋开皇九年（589），隋灭陈，废除金华郡，永康属吴州。同年，永康县被并入吴宁（金华），不久又复置永康县。元代，永康为上县，属江浙等处行中书省婺州路。至正十八年（1358）十二月，朱元璋的军队攻取了婺州，永康归附其下。后婺州路改为宁越府。至正二十年（1360）正月，又将宁越府改为金华府，永康属之。明朝，永康属浙江承宣布政使司金华府。清朝属浙江省。民国元年（1912）年废府置道，永康属金华道。十六年，废除道制，永康县直属浙江省。二十一年，在金华设第六行政督察区。二十四年八月，在兰溪设第四行政督察区，三十七年，改第四行政督察区为第八行政督察区，永康在其管辖之内。

1949 年后永康行政区划经过多次变更（表 4-117），永康市现辖石柱、前仓、舟山、古山、方岩、龙山、西溪、象珠、唐先、花街、芝英等 11 个镇，城区设东城、西城、江南等 3 个街道，两个区：浙江省永康经济开发区（五金科技工业园区）、城西新区。

表 4-117　1949 年后永康市行政区划变更

年份	变更情况
1949 年 5 月	永康解放，依旧属于第八行政督察区，后改为金华专区
1958 年 10 月	撤销武义县建制，将武义县全境划归永康县
1961 年 10 月	又从永康县复析置武义县
1978 年	金华专区改为金华地区，永康依旧从其管辖
1985 年 6 月	地区改市，永康县由金华市管辖
1992 年 10 月	永康撤县设市
2000 年	永康市管辖 15 个镇、7 个乡
2001 年 7 月	永康市行政区划进行调整，调整后，永康市辖石柱镇、古山镇、龙山镇、象珠镇、花街镇 5 镇，城区设东城、西城、江南、芝英 4 街道

续表

年份	变更情况
2002 年	永康市辖 4 个街道、5 个镇，27 个社区、34 个居民区、717 个行政村：东城街道、西城街道、江南街道、芝英街道、花街镇、石柱镇、古山镇、象珠镇、龙山镇
2004 年底	永康市辖 4 个街道、5 个镇，17 个社区居委会、26 个居委会、715 个村委会
2006 年	辖石柱、前仓、舟山、古山、方岩、龙山、西溪、象珠、唐先、花街等 10 个镇，城区设东城、西城、江南、芝英等 4 个街道
2007 年	新增两个新镇区：永康市经济开发区（五金工业区）、城西新区
2012 年 10 月	永康市现辖石柱、前仓、舟山、古山、方岩、龙山、西溪、象珠、唐先、花街、芝英等 11 个镇，城区设东城、西城、江南等 3 个街道，两个区：浙江省永康经济开发区（五金科技工业园区）、城西新区

二、自然地理环境

（一）地形地貌

永康境内出露最老的地层为上侏罗纪统磨石山群火山岩，分布于盆地周围，组成中低山丘陵。上覆下亚统管石组，以不整合或假整合接触。盆地内部多为朝川组红层，其上为方岩组砂砾岩，出露于盆地的东南部一带。

永康市境内的地貌形态主要为低山、丘陵、平原三种。低山占全境面积的约 17%，与磐安交界处海拔 930 米的黄寮尖为永康最高峰。丘陵占约 44.3%，主要成因分为构造—剥蚀地貌和火山—剥蚀地貌两种。平原主要分布于永康江水系的两岸，为永康地势最低的一级，占全境面积约 38.7%，以永康江流出永康境处最低，海拔 72 米。

（二）气候水系

永康气候温和，四季分明，气候类型为亚热带季风气候。年平均气温 17.5℃，年平均日照时数为 1909 小时，无霜期 245 天，年平均降水量 1387mm。

永康境内的河水溪流，多从周围山地流向盆地内部的永康江，特点是源短流急，上游水位落差大，下游洪水涨落快，持续时间短。流域面积超过 10 平方千米的河流有 38 条，永康江为境内流域面积最大的河流。除了棠溪属瓯江水系外，其余均为钱塘江水系。

三、人文地理环境

（一）人口发展

根据第七次人口普查数据，截至 2020 年 11 月 1 日零时，永康市常住人口为 964 203 人。自 2010 年第六次人口普查以来，增长 240 713 人，人口年平均增长率为 2.91%（如

表 4-118），人口增长保持中低速增长。

表 4-118 永康市第七次人口普查常住人口

2020 年（人）	2010 年（人）	增长人口数（人）	增长率（%）	年平均增长率（%）
964 203	723 490	240 713	33.27	2.91

从户别结构来看，永康市 2020 年家庭户 387 601 户，集体户 26 522 户，家庭户人口 875 471 人，与 2010 年相比家庭户数与家庭人口数均大幅增加。平均家庭规模由 2010 年的每户 2.46 人缩小至 2020 年的每户 2.26 人（表 4-119），平均家庭规模缩小。

表 4-119 永康市第七次人口普查人口户别构成

年份	户数		人口数		平均家庭规模（人/户）
	家庭户（户）	集体户（户）	家庭户（人）	集体户（人）	
2020 年	387 601	26 522	875 471	88 732	2.26
2010 年	271 876	16 939	667 516	55 974	2.46

2020 年永康市男性人口占比为 53.93%，相比 2010 年第六次人口普查的 53.07%，男性人口占比小幅度上升，性别比由 2010 年的 113.08 上升为 117.07（表 4-120），人口性别失调进一步加剧。

表 4-120 永康市第七次人口普查人口性别构成

年份	总计（人）	男性		女性		性别比（女=100）
		人口数（人）	占比（%）	人口数（人）	占比（%）	
2020 年	964 203	520 017	53.93	444 186	46.07	117.07
2010 年	723 490	383 947	53.07	339 543	46.93	113.08

从人口年龄结构来看，永康市各年龄段人口占比变化不大（表 4-121），0~14 岁年龄段和 15~59 岁人口小幅度下降，老龄人口占比小幅度上升，出现人口老龄化趋势。

表 4-121 永康市第七次人口普查人口年龄构成

年龄	人口数（人）	比重（%）	同比（%）
总计	964 203	100	33.27
0~14 岁	148 597	15.41	-0.64
15~59 岁	685 944	71.14	-1.04
60 岁及以上	129 662	13.45	1.68
其中：65 岁及以上	94 911	9.84	1.85

从人口城乡结构来看，2020 年永康市城镇人口 638 563 人，城镇人口占总人口比例为 66.23%（表 4-122），城镇化率为 66.23%，与 2010 年相比，全县城镇人口占比上升 14.23%。

表 4-122　永康市第七次人口普查人口城乡构成

	人口数（人）	占比（%）	城镇人口比重（%）	同比（%）
城镇人口	638 563	66.23	66.23	14.23
乡村人口	325 640	33.77		

永康市历史悠久、人文荟萃，涌现了革命烈士曹云剑，苦干实干的实业家胡钦海，以及美术界造诣颇高的胡也衲、程铿等（表 4-123）。

表 4-123　永康名人

姓名	籍贯	突出贡献
胡也衲（1891—1964 年）	中山乡中山村	上海美术专门学校毕业，一生从事美术教育工作，成绩卓著。擅长国画书法，功力深厚，题材广泛，梅花、牡丹、松鹤、公鸡，无一不精
曹云剑（1898—1938 年）	下杜曹村	黄埔军校毕业后在北伐军以见习教官任排长，曾率队参加台儿庄战役
程铿（1895—1968 年）	岩下街	善绘人物山水、肖像放大，尤其擅长雕塑。抗日战争胜利后，程铿与胡也衲等同行创立白鹤书画社挂牌于艺园，并在徐震二公祠多次举办画展，为家乡父老写照
胡钦海（1889—1952 年）	赤川村	实业家。致力于合作事业。先后在卉川乡创建造林合作社、信用合作社、桐油生产合作社、桐油运销合作社，成为永康合作事业的创始人，使永康成为民国时期全省合作事业发轫较早的县份之一

（二）产业特色

永康以制造业为主导，经济实力较强，连续 14 年进入全国百强县市，工业经济位列全省 19 强。永康是"全国百佳产业集群"——永武缙五金产业集群的核心区，集聚有车业、门业、杯业、电动工具、电器厨具、休闲器具、技术装备、金属材料等八大五金行业，近年来还发展了军民融合、医疗机械等 2 个新兴产业，统称十大支柱产业。永康是全国闻名的中国五金之都，还是中国门都、口杯之都、电动工具之都、休闲运动车之都、家居清洁用品之都和炊具之都，统称 7 大都，被授予中国五金商标品牌基地、餐厨用品国家转型升级专业型示范基地、国家体育产业示范基地、"浙江制造"品牌培育试点市、省智能制造试点示范市等称号，是首个成功创建全国质量强市示范城市的县级市。近年来永康专注制造业发展、专注科技研发、专注品牌建设，以浙江人的"四千精神"、永康人创业的激情和企业家对市场的敏感，推动永康产业更新迭代、不断发展，打造了雄厚的制造业产业基础，朝着习近平总书记提出的目标，坚定不移走工业强市发展道路。

近年来，永康地区生产总值增速逐渐放缓，其中第一产业保持稳定的低速增长（表 4-124）；第二产业对生产总值贡献最大，但增速出现逐渐放缓的趋势；第三产业是三次产业中增速最高的，同样出现增速放缓的趋势。

表 4-124　近年永康全市三次产业增加值及增速

产业名称	2020 年		2018 年		2016 年	
	增加值（亿元）	增速（%）	增加值（亿元）	增速（%）	增加值（亿元）	增速（%）
第一产业	8.99	2.2	7.93	1.5	9.0	1.9
第二产业	335.31	0.1	310.33	6.5	304.4	6.4
第三产业	295.49	3.9	239.44	5.4	204.1	10.4
总计	639.78	1.6	557.71	6.0	517.5	7.8

近年来，永康农业增加值稳步增长（表 4-125），但农作物面积有所下降，其中粮食作物播种面积有所上升，油料作物、蔬菜、果用瓜、花卉等作物播种面积下降，尤其是花卉播种面积下降明显。

表 4-125　近年永康主要农作物播种面积

作物名称	2020 年（公顷）	2018 年（公顷）	2016 年（公顷）
粮食	9087	7207	8687
油料	451	610	899
蔬菜	4255	4097	5002
果用瓜	662	711	1015
花卉	111	428	424
总计	15 113	13 719	17 199

永康以制造业为主导产业，近年工业表现却不尽人意，规上工业总产值出现下降趋势（表 4-126），规上工业利润总额大幅度下降。

表 4-126　近年永康规上工业主要数据

行业名称	2020 年（亿元）	2018 年（亿元）	2016 年（亿元）
工业总产值	—	755.63	1018.1
出口交货值	254.2	222.84	230.7
利润总额	24.82	33.22	70.1

永康市第三产业近年快速增长（表 4-127），是三次产业中增速最快的产业，其中房地产业、批发零售业产值与交通运输、仓储及邮政业起伏较大，金融业增速逐年提高，住宿餐饮业由于受到新冠疫情影响较大，出现负增长。

表 4-127　永康近年第三产业主要行业增加值与增速

行业名称	2020 年		2018 年		2016 年	
	产值（亿元）	同比（%）	产值（亿元）	同比（%）	产值（亿元）	同比（%）
房地产业	36.85	5.5	32.58	16.1	21.5	8.5
金融业	35.88	4.7	21.85	1.6	27.9	1.2
住宿餐饮业	18.62	-6.7	12.92	8.5	10.8	7.6
批发零售业	79.06	9.0	63.70	4.3	50.8	9.9
交通运输、仓储及邮政业	22.74	8.2	15.64	11.2	14.0	5.3

（三）旅游资源

1. 方岩风景名胜区

位于金华市永康市东部的方岩风景名胜区，距永康城区约 20 千米，是植根于丹霞地貌的山水奇葩。早在 1985 年，方岩风景区以其惊心动魄的险峰绝壁、鬼斧神工的天然石雕像、星罗棋布的岩洞室、异彩纷呈的飞瀑平湖，被批准为浙江省首批重点风景名胜区。全区包括方岩山、五峰、南岩、石鼓寮、灵山湖、烈士陵园、状元湖等八大景区，总面积为 92 平方千米。方岩属典型的丹霞地貌区，峰险石怪，瀑美洞奇，融雄伟峻险于青山秀丽于一体，方岩风景区经过多年来的建设和发展，旅游服务设施日臻完善，吃、住、行、游、购、娱等设施能满足游客需要，成为观赏丹霞地貌、朝觐古圣先贤的著名游览胜地。

2. 五峰书院

五峰景区以鸡鸣峰、桃花峰、覆釜峰、瀑布峰、固厚峰五座奇峰环拱而得名。景区幽静舒适，空气清新，环境优美，所有石洞建筑均为洞支木建楼，依覆崖为顶，不施椽瓦，冬暖夏凉。历来是文人墨客的荟萃之地，南宋著名学者陈亮、朱熹、吕东莱曾在五峰书院著书立说，是以陈亮为旗手的永康学派的发祥地。永康学派和永嘉学派、金华学派形成的浙东事功学派，曾经一度与程朱理学相鼎峙，在中国学术发展史上占有非常重要的地位。抗日战争时期，国民党浙江省政府为躲避飞机轰炸，于 1939 年搬迁到五峰重楼办公达 4 年之久，是浙江省境内保存最完整、最具抗日研究价值的地方。

3. 浙江中国科技五金城集团有限公司

浙江中国科技五金城集团有限公司 2018 年计划创建国家工业旅游示范基地，全面打造"两区两馆一长廊"的旅游格局。金都市场旅游购物区、金城市场旅游购物区合称"两区"；国际会展中心、永康名品精品展示厅以及永康中国五金历史文化体验中心为"两馆"；新建成的金都市场五金文化长廊为"一长廊"。五金城集团全力打造商贸购物、会展旅游和五金文化三个特色旅游品牌，成功创建了浙江省工业旅游示范基地，国际会展中心入选国家 3A 级旅游景区。

4. 虎踞峡

虎踞峡坐落于永康市前仓镇塘头村东南方向，是国家 3A 级旅游景区，距离城区约 15 千米，占地范围约 10 千米^2，景区核心由二条连贯缙云的峡谷组成，景区内植被茂盛，奇石林立，山泉清澈，瀑布无数，景观资源丰富且独特。虎踞峡景区是一个集科普教育、休闲观光、拓展体验、嬉水游乐等各种功能为一体的复合型景区。

> **何为"丹霞"**
>
> 丹霞是指红色砂砾岩经长期风化剥离和流水侵蚀，形成的孤立的山峰和陡峭的奇岩怪石。一般认为，有陡崖的陆相红层地貌称为丹霞地貌（Danxia landform）。
>
> 丹霞山（中国红石公园），位于广东省韶关市仁化县境内，是广东省面积最大的风景区、以丹霞地貌景观为主的风景区和世界自然遗产地。丹霞山是世界"丹霞地貌"命名地。由 680 多座顶平、身陡、麓缓的红色砂砾岩石构成，"色如渥丹，灿若明霞"，以赤壁丹崖为特色。据地质学家研究表明，在世界已发现 1200 多处丹霞地貌中发育最典型、类型最齐全、造型最丰富的丹霞地貌集中分布区。

四、研学旅行

根据永康市资源禀赋特征，可将本市研学旅行线路设计为自然生态之旅和美丽乡村之旅（表 4-128），分别聚焦永康的自然环境与人文经济。

表 4-128　永康市研学旅行线路

主题	线路
自然生态之旅	方岩景区—五指岩—九泄十八滩
美丽乡村之旅	唐先镇秀岩村—龙山镇麻车村—西溪镇寺口村

（一）自然生态之旅

永康市自然旅游资源十分丰富，自然生态之旅研学线路包括拥有典型丹霞地貌的方岩景区、地貌奇特险峻的五指岩和带有神话色彩的流水地貌九泄十八滩，学生通过游历过程中观察植被类型，探究相关地形地貌成因，培养学生的地理实践力与人地协调观（表 4-129）。

表4-129   自然生态之旅研学线路

地点	研学内容	知识定位	设计意图
方岩景区	1. 攀登方岩山，了解其主要地貌类型，并阐述其成因 2. 观察土壤并取样，可了解土壤颜色、酸碱度等性质 3. 沿途观察景区内植被类型，主要以某种群落为主，此地貌类型为植被群落的生长提供了哪些自然条件	方岩风景区以其惊心动魄的险峰绝壁，鬼斧神工的天然石雕像，星罗棋布的岩洞石室，异彩纷呈的飞瀑平湖，方岩山是方岩风景名胜区的中心景观，以雄奇峻险著称，是丹霞地貌特征最明显、发育最完全的区域 丹霞地貌的成因主要受内外力共同作用的影响：1. 受到流水作用将周围风化的红色砂砾带到低洼盆地处沉积下来成为岩石，气候干热造成岩石的氧化作用。2. 在重力等外动力作用下，沟谷不断展宽，崖壁崩塌后退，山顶面积不断缩小，原来的山体逐步退缩成"堡状残峰"或"孤立石柱" 方岩景区周围土壤多系红紫砂土或红紫泥土，其母质为红色砂砾岩的风化积物，土层浅薄，石质性强，有机质较为贫乏 方岩景区形成了丰富典型的岩生植被群落，主要有方岩景天群落、佛甲草群落、江南卷柏群落、石韦群落、槲蕨群落等。方岩以其特殊的丹霞地质地貌形成了大量裸露的岩石片区，少土壤、易风化、灼热干旱的环境孕育了与众不同的丹霞地貌岩生植被群落，群落内植物普遍表现出耐贫瘠、耐干旱、适应力强等特点	通过让学生亲临大自然，感受自然中的地理知识，帮助学生树立人地协调观，提升学生的地理实践力
五指岩	1. 观察判断五指岩主要以什么地貌为主 2. 参观七叠飞泉，并观察瀑布潭下附近石壁岩石的形态改变	五指岩风景区坐落在永康市中山乡，壤接东阳、义乌的三邑边界。有桃岩、指峰、坪头三个景区，总面积50.8平方千米，主峰海拔718米。五指岩远视如巨掌擎天，近看则如巨石挡道，只有两条奇险的羊肠小道可通岩顶。登岩顶，方圆百里风光尽收眼底。东西北三面群峰连绵，东观日出，西看夕阳，脚下飞云乱渡，头顶咫尺蓝天，南边则阡陌纵横，村落点点，风光无限 七叠飞泉在密浦山腰，又称为颜瀑。瀑分三级，第一级落差约5米；第二级落差约7米；第三级落差达30米，即为颠瀑。瀑落处有潭，潭缘石壁内陷，有洞可容数人，夏秋特别凉爽	
九泄十八滩	1. 沿途观赏瀑布群，观察流水侵蚀作用对地表的影响 2. 测量瀑布不同阶段的水的性质 3. 思考此处地理环境与"九泄十八滩"名称的联系	九泄十八滩位于东阳与永康交界处，龙窟山之北，山是野山、岭是莽岭、水是绿水，自麓至顶有九潭，拾级而下，相传为龙栖之地，世称九泄泻滩，为永康十景之一	

（二）美丽乡村之旅

美丽乡村之旅聚焦于永康市的乡村旅游。让学生走进乡村，探究乡村旅游资源如何得到开发利用，如何与传统文化、现代产业相结合，总结其发展模式并思考尝试提出未来发展的对策建议，培养学生的综合思维与地理实践力（表4-130）。

表4-130　美丽乡村之旅研学路线

地点	研学内容	知识定位	设计意图
唐先镇秀岩村	1. 了解该村农业现代化发展现状，调查当地特色农产品的种植与销售情况 2. 调查该村美丽乡村旅游业发展现状及规划，如居民农家乐开展等 3. 了解并体验该村传统民间艺术，感受民间文化	唐先镇是永康农业现代化建设的先行者，以"唐八鲜"为当地特色产业。"唐八鲜"系"唐先八鲜"之简称，是八样地方特产，即红富士葡萄、五指岩生姜、太平莲子、清塘庄黄金梨、上考红糖、迷你小番薯、太平水库有机鱼、唐先牛血汤等唐八鲜系列优质农业品牌，取"八仙"之谐音 重点打造了"十里葡萄长廊，百垄贡姜产地，千丈荷花湿地，万亩葡萄基地"的生态旅游区，将"红糖飘香线""荷花湿地线""五指风光线""美丽田园线"等4条镇级特色风景线串联，把果区变成了景区 唐先镇是一个古老文明的集镇，历史悠久，人杰地灵，名人辈出，传统文化和民间艺术源远流长。《九狮图》、醒感戏被列入国家级非物质文化遗产保护名录，其中《九狮图》还多次参加国内外民间艺术展览，被誉为"东方一绝"	前往乡村，学生探究当地乡村旅游业起源发展现状，感知乡村旅游发展给乡村带来的变化，总结其发展模式，并思考未来发展改善方面，培养学生的综合思维与地理实践力
西溪镇寺口村	1. 走访调查寺口村村民主要收入来源与乡村旅游业发展现状 2. 参观西溪影视基地，并观察大致建筑格局与植被等	村民主要收入来源为来料加工和外出务工，来料加工项目包括塑料件、木制品、纺机配件、无纺布产品、工具类五金产品等 西溪影视基地是以影视拍摄的外景为主，以寺口村樟树林为中心，散布建设了秦汉军营、战壕、民国风情等15个外景，以及民国街和室内摄影棚。西溪影视基地外景的辐射圈包括与寺口村相邻的桐塘村、西山村、下里村、上坛村、上塘头村等。西溪影视基地又被称为"永康西藏"，森林覆盖率85%，内有百亩古樟树林、百亩新梯田以及山坡、峡谷、溪流等原生态资源，适合剧组外景本色拍摄	

第五章　丽水市地理研学设计

第一节　解古堰之谜，寻画乡之美

一、地理位置与行政区划

丽水市莲都区位于浙江省南部，瓯江中游。区境介于北纬 28°06′—28°44′和东经 119°32′—120°08′之间。东与青田县毗邻，南与云和县、景宁畲族自治县接壤，西与松县相连，西北与武义县交界，东北与缙云县连接。1986 年 3 月 1 日，经国务院批准撤销丽水县，设立县级丽水市。2000 年 7 月 18 日撤销县级丽水市，设立市辖莲都区。它依山傍水，在环山之中，形如莲瓣，宋代以后别名莲城，撤地建市设区后，定"莲都"为市辖区区名。莲都区是浙西南地区政治、经济、文化中心。

置县（市、区）1400 余年，莲都区名字的由来是因丽水城依山傍溪，在环山之中，形如莲瓣，宋代以后别名莲城，丽水又特产"处州白莲"，定"莲都"为市辖区区名，意喻将美丽的莲都建成繁华的都市。如表 5-1 所示，其莲都区的发展也几经曲折。截至 2019 年底莲都区境内有 7 个街道、4 个镇和 5 个乡。7 个街道包括岩泉街道、紫金街道、白云街道、万象街道、联城街道、富岭街道、水阁街道（其中富岭、水阁 2 街道委托丽水市经济开发区管委会管理）。四个镇分别为碧湖镇、大港头镇、雅溪镇、老竹畲族镇。下辖峰源乡、太平乡、仙渡乡、丽新畲族乡、黄村乡 5 个乡，共计 208 个行政村、25 个社区、4 个镇属居民区。

表 5-1　历史沿革

时间	行政区划变动
1949 年 10 月 1 日	中华人民共和国成立，丽水县属丽水专区
1950 年 4 月	县府迁驻碧湖镇
1952 年 1 月	撤丽水专区，丽水县属温州专区
1958 年 7 月、1960 年 2 月	云和、景宁两县先后并入
1961 年 6 月 1 日	县府迁驻云和镇
1962 年 4 月	分县（国务院 6 月 1 日发文），县府迁返城关镇

续表

时间	行政区划变动
1963 年 5 月	复设丽水专区，丽水县属丽水专区，仍为专署驻地
1968 年 11 月	专区改称地区，丽水县属丽水地区
1986 年 3 月 1 日	国务院批准撤丽水县置丽水市，仍属丽水地区
2000 年 5 月	撤丽水地区设地级丽水市，撤县级丽水市设市辖莲都区
2000 年 7 月 18 日	莲都挂牌授印

二、自然地理环境

（一）地形地貌

莲都区境处在括苍山、洞宫山、仙霞岭 3 座山脉之间。地形属浙南中山区，以丘陵山地为主，间有小块河谷平原。境内地形可分为河谷平原、丘陵、山地 3 种。其中：平原主要有碧湖平原和城郊平原。低丘和高丘占全区总面积的 57%，面积共 857.1 平方千米。低山、中山面积占全区总面积的 30.2%。莲都区主要平原有碧湖平原和城郊平原。海拔 1000 米以上山峰 21 座，其中八面湖为最高峰，海拔 1389 米，最低处为下风化村河漫滩，海拔 40 米。

（二）水系径流

莲都区境内河流大都属于瓯江水系。瓯江发源于庆元县与龙泉县交界处的百山祖锅帽尖北麓，上游河段称为龙泉溪，流经云和县进入莲都区大港头镇，与松阴溪会合后称大溪，再经碧湖、水阁、联城、富岭、万象、紫金等乡镇（街道）后入青田县境，与小溪会合后称瓯江，大溪干流在莲都境内长 46 千米，河道落差 43 米，流域面积 1373.65 平方千米。境内主要支流有好溪、小安溪、宣平溪、松阴溪 4 条。径流在年内分配不均，5—9 月汛期径流量约占全年 2/3。大溪河底坡度较小。4 条主要支流河床切割深度较大，均属山区性河流，源短流急，水位暴涨暴落，汛期保持一段时间中高水位，每年 10 月至次年 2 月，长期保持在低水位状态。

（三）气候特征

属中亚热带季风气候类型，一年四季区分明显，降水量充足，温暖湿润，无霜期有 245～274 天，年均温度在 16.9～18.5°C 之间，年光照 1102.3～1759.6 小时，年均降水量 1400～2275mm，具有明显的山地立体气候特征。小气候和生态环境的优越造就了大量适宜植被生长的山地面积，且几乎多为无污染的土壤，为植物生长提供了丰富的土地资源和良好的生长条件。莲都区也是灾害天气多发区，春季有寒潮，低温阴雨、强对流、春旱等，少数年份还会出现冰冻灾害；夏季有热带气旋、暴雨、强雷暴、高温等灾害天气；秋季尽管多秋高气爽的好天气，但是由于雨水少，蒸发大，常有秋旱发生，一些年份还会出现台风和寒潮天气；冬季雨水稀少，大多数年份都会出现秋冬连旱，寒潮、低温、大风也是这个季节的主要灾害性天气。

（四）自然资源

莲都区自然资源较丰富，生态环境保持较好，为国家级生态示范区。例如土地资源，莲都区全区土地面积15.02万公顷，合1502.10平方千米。其中山区占28.52%，丘陵占45.18%，平原占26.3%。人均土地面积0.40公顷，全区耕地11 150.8公顷，人均耕地面积0.03公顷（0.45亩）。垦造耕地100.73公顷。矿产资源也较为丰富。莲都区境内发现矿产20多种，分布在170个点，其中金属矿有钛磁铁矿、铅锌矿、银矿等，非金属矿有萤石、花岗岩、泥煤、高岭土等。水能资源和生物资源也体现出自然资源的丰富性。全区水能资源理论储藏量为28.5万千瓦，可开发26.5万千瓦（其中瓯江干流为19.5万千瓦，属市管辖），莲都区实际可开发量为7.4万千瓦。野生植物资源丰富。在山野、林区中分布了各类植物93科278属655种。其中归为国家重点保护的植物有11科12种，属二级重点保护植物有伯乐树（钟萼木）、香果树、银杏、鹅掌楸、华东黄杉、长叶榧等六种。野生动物资源也十分丰富，主要分布有脊椎动物五纲，37目，76科，400多种。其中黑麂和鼋为国家一类保护动物；穿山甲、大鲵、大灵猫、猕猴、九江狸、野山羊等为国家二类保护动物。

三、人文地理环境

（一）人口发展

第七次人口普查显示，全区常住人口为562 116人，如表5-2所示，与2010年第六次全国人口普查的451 418人相比，十年共增加110 698人，增长24.52%，年平均增长率为2.22%。

表5-2　莲都区近三次人口普查数据

	全县常住人口	家庭户人口	男性人口	女性人口
第五次	348 241	115 937	178 908	169 333
第六次	451 418	164 241	233 100	218 318
第七次	562 116	498 343	292 498	269 618

户别构成上总体呈现减小趋势。全区共有家庭户 207 310 户，集体户 17 073 户，家庭户人口为 498 343 人，集体户人口为 63 773 人。平均每个家庭户的人口为 2.40 人，比 2010 年第六次全国人口普查 2.46 人减少 0.06 人。

性别构成方面，依旧呈现男性人数多于女性且逐年增加趋势。全区常住人口中，男性人口为 292 498 人，占 52.04%；女性人口为 269 618 人，占 47.96%。总人口性别比（以女性为 100，男性对女性的比例）为 108.49，与 2010 年第六次全国人口普查相比，上升 1.72。

城乡构成方面，城镇人口增加且占总人口比重增加趋势显著。在全区常住人口中，居住在城镇的人口为 429 633 人，占 76.43%；居住在乡村的人口为 132 483 人，占 23.57%。与 2010 年第六次全国人口普查相比，城镇人口增加 135 665 人，乡村人口减少 24 967 人，城镇人口比重上升 11.31 个百分点。

年龄构成如表 5-3 所示，人口出生率较低，但是人口老龄化严重。在全区常住人口中，0～14 岁人口为 88 511 人，占 15.75%；15～59 岁人口为 375 244 人，占 66.76%；60 岁及以上人口为 98 361 人，占 17.50%，其中 65 岁及以上人口为 68 960 人，占 12.27%。与 2010 年第六次全国人口普查相比，0～14 岁人口的比重上升 1.42 个百分点，15～59 岁人口的比重下降 5.90 个百分点，60 岁及以上人口的比重上升 4.49 个百分点，65 岁及以上人口的比重上升 3.35 个百分点。

表 5-3　全区人口年龄构成

年龄（岁）	人口数（人）	比重（%）
总计	562 116	100
0～14 岁	88 511	15.75
15～59 岁	375 244	66.76
60 岁及以上	98 361	17.50
其中：65 岁及以上	68 960	

（二）产业特色

如表 5-4 所示，莲都区近年来三次产业发展迅速。截至 2021 年，莲都区实现地区生产总值 453.53 亿元，按可比价计算，增长 8.9%。其中，第一产业实现增加值 21.18 亿元，增长 0.3%；第二产业实现增加值 142.38 亿元，增长 11.6%；第三产业实现增加值 289.97 亿元，增长 8.3%，三大产业对经济增长的贡献率分别为 -0.3%、45.0%、55.3%，三次产业增加值结构为 4.7:31.4:63.9。规模以上工业企业实现利润总额 25.59 亿元，比上年下降 21.2%。人均薪酬 7.93 万，同比增长 18.8%。

表5-4　莲都区近年三次产业增加值及增速

	2016 年		2018 年		2021 年	
	增加值（亿元）	增速（%）	增加值（亿元）	增速（%）	增加值（亿元）	增速（%）
第一产业	18.07	2.5	19.05	2.9	21.18	0.3
第二产业	111.75	5.7	127.71	3.6	142.38	11.6
第三产业	173.98	5.9	212.35	8.2	289.97	8.3

　　2019 年莲都区被评为浙江省农业绿色发展先行县，如表5-5 所示其农业发展迅速。2018 年，莲都区实现农业总产值28.13 亿元，增长1.8%。其中，种植业产值20.38 亿元，林业产值2.55 亿元，牧业产值4.02 亿元，渔业产值0.81 亿元，农林牧渔服务业产值0.37 亿元。实现农业增加值19.25 亿元，按可比价格计算增长3.0%。其中，种植业增长2.6%，林业增长4.3%，畜牧业增长4.1%，渔业增长3.1%，农林牧渔服务业增长9.4%。以蔬菜产业为例，莲都区是全国蔬菜产业重点县和省特色蔬菜重点产区，2018 年，莲都区蔬菜播种面积9800 公顷，下降0.9%，产量35.84 万吨，增长2%，实现产值8.7 亿元，增长 0.6%，种植效益较上年有所提高。全区已形成了豇豆、苦瓜、八棱瓜、番茄等特色集约基地和专业村。

表5-5　2019 年莲都区农业产值表

项目	绝对数（万吨）	比往年增长（%）
粮食	36.2	1.0
油料	0.75	13.0
其中：油菜籽	0.46	8.9
食用菌	4.57	-0.5
茶叶	3.58	1.5
蔬菜	120.82	-2.7
水果	33.27	-2.9
其中：柑橘	8.65	-13.3
肉类	6.75	-0.4
禽蛋	1.44	3.7
中药材	2.15	15.6

　　如表5-6 所示，莲都区工业发展无论是传统制造业还是新兴产业都呈现大幅增长趋势。2019 年莲都区251 家规上工业企业产值增长10.4%，增加值增长8.0%。其中装备制造业增加值增长9.1%，战略性新兴产业增加值增长4.8%，高新技术产业增加值增长9.1%。利润总额同比下降0.1%，利税总额同比下降2.1%，人均薪酬增长14.7%。分区域看，区本级57 家规模以上工业企业产值增长15.4%，销售产值增长17.7%，产品销售

率 98.1%，增加值增长 16.6%，主要产品产量增幅波动较为明显。五大行业引领区本级规上工业增长。区本级电气机械及器材制造业；电力、热力生产和供应业；通用设备制造业；非金属矿物制品业和皮革、毛皮、羽毛及其制品和制鞋业产值占规模以上工业总产值的 71.1%，对区本级规模以上工业总产值增长拉动了 7.0 个百分点。园区工业经济增长较快，规模以上工业产值增长 10.2%。其中占园区规模以上工业比重较大的专用设备制造业产值增长 113.2%，对区本级规模以上工业总产值增长拉动了 2.8 个百分点。区本级规上工业科技投入快速提升，新产品产值显著增长。2019 年区本级规模以上工业企业研发费用增长 67.7%。新产品产值增长 35.4%，增幅列全市第三位。

表 5-6 2019 年莲都区本级主要工业产品产量（规模以上工业企业）

名称	单位	绝对值	比上年增长（%）
皮革鞋靴	万双	785	7.0
商品混凝土	立方米	1 165 264	43.7
阀门	吨	41 313	5.1
啤酒	千升	22 631	-1.1
钢材	吨	16 533	5.3

（三）著名人物

莲都区作为丽水市直辖，先秦时丽水属于百越之地，到隋朝时，正式建立了处州。莲都历史悠久，名人众多（如表 5-7），特别是近现代涌现出知名画家金逢孙，国手柯洁等。

表 5-7 莲都名人

姓名	籍贯	突出贡献
梁安世 （生卒年不详）	浙江丽水	对钟乳石的各种形态倍加赞赏外，还分析了钟乳石的形成过程。他在文中分析说，钟乳石十万年长一寸，从其长度可知需千万年才能形成，这一见解与当今科学解释基本相符。由此可见，800 年前的古人对钟乳石的成因已具有相当的科学认识。梁安世的这篇赞颂桂林山水风物的文章不仅文采好，而且也是世界上最早探讨钟乳石形成的一篇珍贵文献
何镗 （1507—1585 年）	浙江丽水	明嘉靖二十六年（1547）进士。初授进贤知县。为人刚直，不畏权贵，有政声。后任开封府丞、潮阳知县、江西提学金事等职。崇尚理学，勉励读书。临川汤显祖受其赏识，荐补为生员。任云南参政间，以亲老乞归养获准。在乡获升任广东按察使、河南布政使，未赴任，在家闲居数十年终老。生平著作甚多，采史记文集游览之文，编成《古今游名山记》
金逢孙 （1914—）	浙江丽水	擅长版画、中国画。1930 年入上海美专学习西画，1931 年在校与张望等组织 MK 木刻研究会，作品为鲁迅所收藏。抗战期间与野夫等在浙江组织战时木刻研究社，举办木刻函授班，出版许多木刻刊物。1991 年获新兴版画奖。建国初期，为抢救我国濒危的传统工艺美术做了大量工作。晚年定居丽水，投入国画山水创作。曾任浙江省文史研究馆馆员。出版有《金逢孙中国画选集》

姓名	籍贯	突出贡献
柯洁 （1997—至今）	丽水莲都	中国围棋职业九段棋手，浙江丽水人。曾获 2007 年全国少儿围棋锦标赛冠军，2008 年世界青少年围棋少年组冠军，第 28 届应氏杯世青赛围棋青年组冠军，2014 年 10 月第 16 届"阿含桐山杯"快棋赛冠军，2015 年 3 月第 16 届"阿含桐山杯"中日对抗赛优胜，2015 年 4 月第 15 届"理光杯"中国职业围棋赛冠军，2015 年 8 月第一届"洛阳白云山杯"围棋世界冠军邀请赛冠军，2015 年 11 月第 11 届"威孚房开杯"中国围棋棋王争霸赛冠军。2016 年 8 月第二届"洛阳白云山杯"围棋世界冠军邀请赛亚军。围棋等级分排名世界第一

四、研学旅行

当前，莲都区形成以红色文化为引领、红色旅游经典景区为核心、"红+绿"融合发展为特色的一批红色教育基地：位于雅溪镇岱后村的中共丽水县委旧址；位于老竹镇新陶村的南乡革命纪念馆；位于仙渡乡葛畈村的北乡革命纪念馆；位于太平乡巨溪村的三岩寺红军洞等。设计以红色文化为主题的研学路线如表 5-8 所示培养学生人地协调观。

表 5-8　重走红色之路研学路线

地点	研学内容	地理知识	设计意图
中共丽水县委旧址	参观中共丽水县委旧址，结合当时的历史状况和有关地理知识，思考为什么会选择在这么山高路远的岱后村重建丽水县委呢？	岱后村具备了 3 个有利条件：第一，地理条件，岱后村地处丽水、缙云、武义三县交界的雪峰山上和稽勾古道边；第二，群众基础好，岱后村朱谢两姓先辈在此辛勤劳作数百年，历史文化底蕴深厚，百姓善良勇敢，民风淳朴；第三，革命基础很好，土地革命战争时期，中国工农红军挺进师，进村张贴革命标语，发动群众	学生感受革命英雄主义精神，培养学生的家国情怀和世界眼光。感受地理环境对人类活动的影响，培养学生人地协调观
浙西南革命根据地纪念馆	参观浙西南革命根据地纪念馆	通过大量革命斗争的史料和实物，并运用场景复原、视频望远镜、电子翻页书、电动沙盘、电动地图等现代陈列形式，生动展现浙西南光辉的革命历史	
万象山革命烈士纪念碑	参观万象山革命烈士纪念碑，了解革命历史	学生感受爱国主义精神和革命烈士不屈不挠的大无畏精神	

莲都山水佳秀，更兼人文厚重，秦观、陆游、米芾等历代文人墨客留有多处题咏字迹；八百里瓯江最瑰丽河段穿境而过，堪称"秀山丽水"之缩影，"山水浙江"之典范，是旅游观光胜地。境内有融千年畲乡风情、万古丹霞奇观为一体的国家 4A 级旅游景区——东西岩等景点，如表 5-9 所示，以自然探索为主题设计如下路线。

表 5-9 自然探索之旅研学路线

地点	研学内容	地理知识	设计意图
东西岩	根据地理课上所学地貌的知识，判断此处为何地貌类型，并思考解释为何此处这种类型的地貌发育较好?	由巨厚的红色砂岩、砾岩组成的方山、奇峰、峭壁、岩洞和石柱等特殊地貌的总称。岩石地貌类型之一。主要发育于侏罗纪到第三纪，产状水平或缓倾斜的红色陆相地层中。具有顶平、坡陡、麓缓的形态特点。其作为流水侵蚀地貌的典型代表 6500 万年前的新生代之后，喜马拉雅山造山运动使地壳普遍抬升，盆地面积不断缩小，湖水干涸，原先覆盖着厚厚红层的湖盆逐渐隆起，形成原始的东西岩山体。同时，地块内产生了一系列的垂向断裂，将红层山体切割成巨型岩块。伴随地壳抬升而发生的风化侵蚀、流水沿垂直节理带的下渗和冲刷、冰冻侵蚀、重力崩塌作用，将东西岩山体雕塑成城堡状、宝塔状、柱状、峰林状。	让学生辨析不同类型地貌特征及其成因，培养学生的区域认知能力
九龙国家湿地公园	参观九龙滩与沼泽地带，带领学生实地观察了解湿地的功能与生态价值 辨别有关河流地貌，解释其形成过程	湿地的作用：湿地是可以直接利用的水源，补充地下水；湿地能够控制洪水和防止土壤沙化；湿地能够改善环境，保留营养物质从而减少温室效应；湿地防止盐水入侵；湿地是鸟类、鱼类、两栖动物的繁殖、栖息、迁徙、越冬的场所 常见的河流侵蚀地貌：溯源侵蚀、侧蚀、下蚀。常见的河流堆积地貌：河漫滩、冲积平原、河口三角洲	树立保护自然环境的重要性，树立人地协调观
浙江丽水白云国家森林公园	首先教师带领学生参观丽阳峡谷，学生通过等高线示意图和相关资料解释丽阳峡谷的形成过程。观察当地的植被类型，判断当地植被类型，并与落叶阔叶林相比较 分小组挖掘土壤剖面，观察土壤剖面结构并辨别土壤类型	丽阳峡谷绵长深邃，是公园内山高、坡陡、沟深、林茂的集中体现，更是直通公园南北的美丽"风景走廊"。丽阳峡谷属于褶皱构造类型，其形成主要作用包括内力作用和外力作用。峡谷内丽阳坑（丽阳溪）是森林公园内流域面积最大的一条河流，溪沟内有双喜瀑、龙潭、神龟锁溪、蛟龙出海等景点 其地带性植被为中亚热带常绿阔叶林，植被分区属中亚热带常绿阔叶林地带北部亚热带，浙闽山丘甜槠木荷林区 土壤以红壤、黄壤为主，成土母岩以凝灰岩为主	分组讨论，培养学生的团队合作能力与地理实践力

莲都有全国重点文物保护单位、迄今已有 1500 多年历史、始建于南朝的浙江最古老的水利工程——通济堰；有国内知名的写生、创作、油画商品基地——古堰画乡；有省级风景名胜区、现存有 58 处摩崖石刻的——南明山等等。走古堰画乡、游名人南明、品风情东西、乘竹筏漂流、看瓯江帆影、听渔歌唱晚，别有一番风味。据此，设计古堰画乡之旅研学路线如表 5-10 所示，培养学生人地协调观。

表 5-10 古堰画乡之旅研学路线

地点	研学内容	地理知识	设计意图
通济堰	教师带领学生参观通济堰，观察其建筑特点，学生思考为何通济堰的拦水坝选址在碧湖平原海拔最高处的堰头村	通济堰作为以引灌为主、蓄泄兼顾的庞大水利工程，通济堰的灌溉网络呈竹枝状，长达 22.5 千米的干渠上，分凿有48 条支渠、321 条毛渠，通过干、支、斗、农、毛 5 级渠道，以及大小闸调节分流，并利用众多湖塘水泊储水。通济堰的拦水坝选址在碧湖平原海拔最高处的堰头村，利用地势差将水流引到碧湖平原腹地，基本实现了自流灌溉	感受特点地域环境孕育的独特文化，培养学生人地协调观

续表

地点	研学内容	地理知识	设计意图
古村落与古樟树群	参观古村落与古樟树群，了解樟树的生长环境，认识村落与樟树承载的文化价值	樟树在深厚肥沃湿润的酸性或中性黄壤、红壤中生长良好，不耐干旱瘠薄和盐碱土，萌芽力强，耐修剪 古村落在丽水特定的地理条件下，以小农经济、宗法社会和伦理思想三大社会支撑条件下得以构建与发展，形成特定的村落文化的内在机制，真实的体现了江南水乡古镇的朴素美	
古堰画乡展览馆	参观古堰画乡展览馆，了解特定的文化符号	展览馆陈列了丽水巴比松画派（丽水巴比松画派的称谓来源法国巴比松画派）。40多位画家的90多幅油画创作作品，同时展览馆还设立了行画（商品油画）展示区。展览馆实行展销结合的经营模式	提高学生的审美与鉴赏能力

第二节　观田园风光，访缙云仙都

一、地理位置与行政区划

缙云县，浙江省丽水市辖县，地理坐标为北纬28°25′—28°57′，东经119°52′—120°25′，始建于武周万岁登封元年（696）。缙云县东临仙居县，东南靠永嘉县，南连青田县，西接丽水市，西北界武义县，东北依磐安县，北与永康市毗邻。东西宽54.6千米，南北长59.9千米，县界全长304.4千米。总面积1503.52平方千米。县人民政府驻地五云镇，北距杭州175千米（公路262千米）。

1949年5月，缙云解放。9月，浙江省分为7个专区，缙云县属第七专区。10月，第七专区改为丽水专区。1952年1月撤消丽水专区，缙云县属金华专区。1963年5月恢复丽水专区。1968年11月丽水专区改称丽水地区，缙云县属之。2000年7月，撤消丽水地区，建地级丽水市，地域不变，缙云县属之。

其东临仙居、永嘉，南连青田，西邻莲都、武义，北接永康、磐安，面积1503平方千米。建城区面积为4.6平方千米，辖3街道7镇8乡253个行政村。2011年12月，部分乡镇行政区划调整，撤销五云镇建制，建立五云、新碧、仙都等3个街道办事处，将新建镇的宅基村、马渡村划归新碧街道办事处管辖，全县设7个建制镇、8个乡，3个街道办事处。

二、自然地理环境

（一）地形地貌

缙云县位于浙江省南部腹地、丽水地区东北部，地处武夷山—戴云山隆起地带和寿昌—丽水—景宁断裂带的中段。地貌类型分中心、低山、丘陵、谷地四类，其中山地、丘陵约占全总面积的 80%。地势自东向西倾斜。山脉大致以好溪为界，东部为括苍山脉，西部为仙霞岭余脉。东半部群峰崛起，地势高峻，海拔千米以上山峰 343 座。其中东北部为大盘山所延伸，以低中山地貌为主；东南部为括苍山盘踞，为中山地貌；南部的大洋山主峰海拔千米以上主峰 3 座；北部地层陷落，构成壶镇、新建两块河谷盆地；中部丘陵广阔绵延，为仙霞岭与括苍山的过度地段。全境地形东南西三面环山，北口张开呈"V"型特征。

（二）水系径流

全县河流均为山溪性河流，主要有好溪、新建溪、永安溪三条，分属瓯江、钱塘江、灵江三个水系。其中好溪为县内最大的河流，发源于磐安县大盘山，自东北向西南斜贯穿境入丽水，干流在境内长 66.11 千米，流域面积 791.8 平方千米。

（三）气候特征

缙云全境属中亚热带气候区，四季分明，温暖湿润，日照充足。由于地形起伏升降大，气温差异明显，具有"一山有四季，山前山后不同天"的垂直立体气候的特征。全境年平均气温 13.6 ~ 18.1℃，年降雨量 1360 ~ 1660mm，降水梯度变化大，季节分配不均，地域分区明显，夏秋季多雷雨，雨量特别丰沛，但因山坡地多，保水能力差，仍有干旱。年相对湿度 75% ~ 85%，无霜期 245 天。整体气候特点概括总结如下：上半年水热同步，有利于作物生长发育；冬季温和，回春早、升温快，有利于农作物越冬；气候随着高度变化，立体性强，适宜发展立体和反季节蔬菜；季风气候显著，干旱、冰冻等灾害天气较多，伏秋干旱和倒春寒给作物带来严重危害。台风暴雨出现在 6—8 月，冰雹灾害出现在 3—8 月，为全省多雹中心地带之一。

（四）自然资源

缙云全县年均水资源总量 17.34 亿立方米，其中地下水 1.82 亿立方米。人均占有水资源 3749 立方米，高于全省平均水平，为全省平均水平的 1.5 倍。蕴藏水力资源 8.3 万千瓦，人均 0.2 千瓦，水资源尚属丰富。

缙云县境内非金属矿产极为丰富，已发掘的有沸石、凝灰岩、珍珠岩、膨润土、石英砂、萤石等。其中，沸石贮量约 3 亿吨，居全国第四，质量第一。1972 年我国首次在缙云发现天然沸石矿，其矿床、矿点主要集中在东方、五云、舒洪等地。经地勘工作，基础储量 2537.7 万吨，资源量 7801.2 万吨，预测资源量 1.5 亿吨。缙云沸石以斜发沸石为主，其他为丝光沸石、混合型沸石等。其中大孔径丝光沸石属当今世界上稀缺矿种。缙云沸石的钾离子和铵离子交换量都比较高，一般前者 16～22mg/g，后者 0.140～0.170moL/100 克。由于缙云沸石发现早、储量大、质量好而闻名于世，是浙江省非金属优势矿种之一，丝光沸石为浙江省禁止开采矿种。

缙云县受垂直气候因素影响，境内自然林带分布，海拔由低到高，一般为常绿阔叶林、落叶阔叶林和针叶林混交、针叶林、荒山灌木草丛。除蕨类植物外，共有种子植物1126 种，分属于 136 科，540 属。主要农作物是水稻，为丽水市主要产粮区之一。

缙云县境有国家重点保护动物一类 4 种：豹、云豹、黑麂、黄腹角雉；二类 19 种：猕猴、穿山甲、豺、水獭、小灵猫、獐（河麂）、鬣羚（山牛）、青羊（山羊）、鸳鸯、游隼、红隼、苍鹰、雀鹰、鹊鹞、草鹗、长耳鸮、白鹇、虎纹蛙、大鲵（娃娃鱼）。动物 936 种，分属 7 纲、41 目、173 科、556 属。

三、人文地理环境

（一）人口发展

第七次人口普查如表 5-11 所示，全县常住人口为 405 318 人，与 2010 年第六次全国人口普查的 358 917 人相比，十年共增加 46 401 人，增长 12.93%，年平均增长率为 1.22%。

表 5-11　缙云县近三次人口普查数据

	全县常住人口	家庭户人口	男性人口	女性人口
第五次	362 252	128 687	187 097	175 155
第六次	358 917	144 359	182 500	176 417
第七次	405 318	171 575	207 826	197 492

户别构成方面，人口呈现总体下降趋势。全县共有家庭户 171 575 户，集体户 4936户，家庭户人口为 386 483 人，集体户人口为 18 835 人。平均每个家庭户的人口为 2.25人，比 2010 年第六次全国人口普查 2.37 人减少 0.12 人。

性别构成上男女比例失衡，并且这种失衡趋势逐渐加强。在全县常住人口中，男性人口为 207 826 人，占 51.27%；女性人口为 197 492 人，占 48.73%。总人口性别比（以女性为 100，男性对女性的比例）为 105.23，与 2010 年第六次全国人口普查相比上升 1.78。

年龄构成上，人口老龄化仍旧是当前面临的主要问题。表 5-12 所示，在全县常住人口中，0～4 岁人口为 68 386 人，占 16.87%；15～59 岁人口为 240 652 人，占 59.37%；

60 岁及以上人口为 96 280 人，占 23.76%，其中 65 岁及以上人口为 70 762 人，占 17.46%。

　　城乡构成方面，城镇化速度加快。第七次人口普查中全县常住人口，居住在城镇的人口为 230 304 人，占 56.82%；居住在乡村的人口为 175 014 人，占 43.18%。与 2010 年第六次全国人口普查相比，城镇人口增加 76 511 人，乡村人口减少 30 110 人，城镇人口比重上升 13.97 个百分点。

表 5-12　全县人口年龄构成

年龄（岁）	人口数（人）	比重（%）
总计	405 318	100.00
0～14 岁	68 386	16.87
15～59 岁	240 652	59.37
60 岁及以上	96 280	23.76
其中：65 岁及以上	70 762	17.46

（二）产业特色

　　缙云县是浙江省的经济欠发达县，近年来实施了"开放兴县、工业强县、生态立县"三大战略，经济和社会都得到了较快的发展，如表 5-13 所示，工业化、城市化进程提速。

表 5-13　缙云县近三年三次产业增加值及增速

	2016 年		2018 年		2020 年	
	增加（亿元）	增速（%）	增加值（亿元）	增速（%）	增加值（亿元）	增速（%）
第一产业	10.7	3.2	10.64	3.4	12.04	2.8
第二产业	110.7	5.1	117.05	11.5	106.70	5.5
第三产业	84.7	10.3	109.36	9.8	124.69	5.7

来源：缙云县人民政府

　　缙云县农业快速发展，在整个经济发展过程中（如表 5-14 所示）占据较大比例。2020 年全年实现农林牧渔业总产值 18.48 亿元，按可比价格计算比上年增长 2.8%；实现农林牧渔业增加值 12.14 亿元，按可比价格计算比上年增长 2.8%。全年农作物总播种面积 17 770 公顷，比上年增长 0.8%。其中：粮食播种面积 8804 公顷，比上年增长 3.3%；中草药材种植面积 628 公顷，比上年增长 2.3%；油料种植面积 580 公顷，增长 2.3%；蔬菜种植面积 6801 公顷，与上年基本持平；花卉面积 60 公顷，增长 11.1%。全年实现粮食总产量 44 105 吨，比上年增长 2.9%；肉类总产量 7769 吨，下降 11.3%，其中：猪牛羊肉产量 6264 吨，下降 7.9%；禽蛋产量 4562 吨，增长 12.4%；生猪出栏 7.00 万头，增长 4.5%；家禽出栏 123.00 万只，增长 0.6%；水产品总产量 3292 吨，增长 4.7%。

表 5-14　2020 年主要农产品产量

产品名称	绝对数（吨）	比上年增长(%)
粮食	44 105	2.9
油料	1252	4.2
其中：油菜籽	1042	3.4
食用菌	3482	-3.3
蔬菜	195 960	0.4
茶叶	2514	6.9
瓜果类	14 067	0.1
其中：西瓜	12 963	0.6
肉类	7769	-11.3
其中：猪牛羊肉	6264	-7.9
禽蛋	4562	12.4
水产品	3292	4.7

　　第二产业主要体现在传统工业的快速增长。如图 5-1 所示，2020 年全年实现全部工业增加值 85.54 亿元，比上年增长 7.7%，其中规上工业增加值 51.18 亿元，比上年增长 12.9%。规上工业企业销售产值增长 20.4%，其中出口交货值增长 19.4%。规上工业新动能加速壮大，发展韧性增强，全年高新技术产业、装备制造业、战略性新兴产业增加值分别增长 14.0%、13.3%、9.0%。十七大重点传统制造业增加值增长 8.3%。全年完成建筑业增加值 21.19 亿元，占 GDP 的比重为 8.7%。

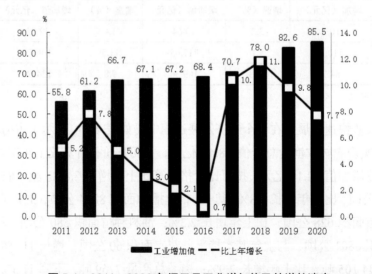

图 5-1　2011—2020 年缙云县工业增加值及其增长速度

　　第三产业受疫情影响，旅游业发展较为缓慢，但是其他行业仍旧呈现快速发展趋势。

2020 年全年交通运输、仓储和邮政业实现增加值 6.61 亿元，比上年增长 3.2%。全年邮电业务总量 3.72 亿元，比上年增长 5.1%。其中，邮政业务收入 0.94 亿元，增长 10.6%；电信业务收入 2.78 亿元，增长 3.3%。年末全县固定电话用户 4.30 万户，下降 9.9%；移动电话用户 42.42 万户，增长 0.3%。年末固定互联网宽带接入用户数 15.78 万户，增长 6.3%。全年实现旅游总收入 143.05 亿元，比上年下降 22.9%；其中，国内旅游收入 143.05 亿元，下降 22.9%；旅游外汇收入 0.5 万美元，下降 98.5%。

（三）历史人物

缙云历史悠久，文化底蕴深厚，知名人士众多，如表 5-15 所示，选取部分缙云名人展示。

表 5-15 缙云名人

姓名	籍贯	突出贡献
杨洪芝 （1933—1955 年）	浙江缙云	1953 年入伍。在解放一江山岛战役中机智灵活，勇敢顽强，几次负伤仍坚持战斗，多次完成通讯任务；在双腿炸伤不能行走的情况下，他坚持爬行执行作战任务，直至光荣牺牲，功绩显著，荣立二等功
李定 （1885—1939 年）	缙云五云镇	18 岁赴日本求学，历 3 年回国。得甲种公费后重返日本进千叶医科大学医，加入同盟会。1913 年回浙。与留日同学等建浙江公立医药专门学校任校长，复建省立传染病院兼院长，兼省红十字会会长。1922 年赴德国、法国、英国、意大利四国考察高等教育和医药卫生事业，在法国结识周恩来、陈毅等。次年回国后对浙江省医药卫生事业进行调查，陈请当局分别缓急多兴改革。1928 年后，任上海南泽医学院教务长、河北省医学院特约教授、河北省留学生考试委员会委员。1938 年，任浙江省政府及财政厅医学顾问。著有《局部解剖学》《常用处方集》
吕载扬 （1752—1825 年）	缙云壶镇	清嘉庆十六年（1811）大旱，出千金赈济饥民。二十二年，承母遗命，带领弟载修、载驯、载希及子侄参与建壶镇永济桥，历一年二个月，费银 3 万多两，桥建成，计 13 孔，长 178 米，宽 4.1 米，高 7.8 米。后更名贤母桥。朝廷授予儒林郎，后赠承德郎、朝议大夫。道光六年（1826），次子建盛捐银 2 万余两，建缙云县前继义桥，长 50 余丈，计 7 孔，朝廷晋授四品衔。七年，长子建始变卖家产，历时一年余，银 2 万余两，建成 9 孔、长 60 余丈、宽 4 米、高 9 米的东渡竟爽桥。吕氏一家，为时十年，耗资 7 万两，建桥三座，誉为千秋善举。贤母、竟爽两桥，现拓宽为金（华）临（海）、金（华）温（州）公路桥
樊松甫 （1894—?）	浙江缙云	入北京陆军大学，1926 年 9 月，离开陆军大学南归，任周凤岐浙军第三师参谋，派赴九江设营，对北伐军作战。但是未及参战，即随孙传芳军嫡亲谢鸿勋、杨振东两师溃败。遂和陈启之、郭忏等共同促使周凤岐起义，樊亲自步往武汉，和校友陈铭枢、唐生智会商，又电告蒋介石孙军情况，帮助国民革命军进攻九江。1927 年 10 月，周凤岐起义。就任国民革命军第二十六军军长，参加北伐，自江苏北上平津，樊也随同作战
马秀慧 （1971—至今）	浙江缙云	一个普普通通的浙江女子，1996 年与丈夫王耀海一道，创办广东欧普照明。用 10 多年时间，把一个专门生产节能灯的 8 人小厂，发展成拥有 4500 多名员工、6 万平方米现代化厂房、固定资产 4 亿元、年销售额 16 亿元的专业民用灯具厂商

四、研学旅行

仙都，在丽水市缙云县境内，是一处以峰岩奇绝、山水神秀为景观特色融田园风光为一体的国家重点风景名胜区，国家 AAAAA 级旅游区。境内九曲练溪、十里画廊、山水飘逸、云雾缭绕。有奇峰一百六、异洞二十七，有"桂林之秀、黄山之奇、华山之险"的美誉。仙都风景名胜区由仙都、黄龙、岩门、大洋四大景区组成，由鼎湖峰、倪翁洞、小赤壁、芙蓉峡、黄帝祠宇等三百多个景点组成，总面积为 166.2 平方千米。

缙云仙都是一个以火山地质景观为特色、融田园风光与人文史迹为一体的国家级重点风景名胜区。不同时代、不同类型的火山岩和火山活动，形成不同的火山地貌，构成一幅九曲练溪的十里画廊。设计以火山地质景观为主题的研学路线（如表 5-16 所示），让学生实践运用已学习的相关地理知识，解释相关地理现象，提高自身的地理实践力。

表 5-16　火山地质之旅研学路线

研学地点	研学内容	地理知识	设计意图
鼎湖峰	参观鼎湖峰，了解鼎湖峰的形成过程及其岩石类型	其形成于中白垩世即龙泉—缙云火山喷发区中生代第三次喷发中诞生。鼎湖峰下半部流纹方向和步虚山一致。但到四分之三以上流纹呈涡流状，这表明此火山在停止喷溢前岩浆黏度增大，流速降低，形成涡流冷却成形。流纹岩形成后，后期的构造变动，形成一系列垂直节理和裂隙后经风化和流水的冲刷，才慢慢自然分离，成一柱擎天的笋状石柱	学生通过亲自实践，结合所学知识学以致用，培养学生自身的地理实践力和综合思维，开拓学生的地理视野
凌虚洞	白垩纪火山通道遗址—凌虚洞，认识其形成时间和演化过程	步虚山巅以前是较小的火山口。当喷发结束前夕，喷出口岩浆缓慢冷却，通道上部岩浆由于挥发成分的增加而稀释，黏度降低，喷气作用使管道内炽热的岩浆仍在高温高压状态中高速运动，半固结的流纹岩块形成了大小不一的球状体，固结成流纹岩球。火山停止喷发后由于它们所含物质不同，其冷却的方式和速度也不同。后随着鼎湖峰的形成，此处的节理裂隙把这火山通道剖开，火山通道内壁也逐渐破裂坍落，慢慢露出凌虚洞	
香炉峰、凌霄石	结合所学知识，实际观察花岗岩的形成景观	大洋山的花岗岩，是炽热的岩浆侵入，在近地表情况下冷却形成。经过上亿年流水冲刷和自然风化，上复表土层被冲刷，使大面积花岗岩裸露出来形成香炉峰、凌霄石等类似于黄山、庐山、华山的景点景观	
东方磊山	认识玄武岩的形成过程及其所属岩石类型	东方磊山为新生代第三纪火山口火山岩，年龄距今约为 930 万年，属浙南最后一次喷发火山口遗址。东方磊山奇岩群，地质上称橄榄玄武岩，由地壳之下深部基性岩浆在断裂带运移上升穿过地壳，喷出地面形成火山，随后岩浆冷却成岩，收缩作用形成六方形柱状节理，受风化作用，顶部逐渐崩塌，自然坠落堆在玄武岩倒石堆	

仙都九曲练溪，十里画廊，峰岩奇绝，山水神秀，人文荟萃，名胜遍地，有"桂林之秀、黄山之奇、华山之险"美誉。之前已经探究当地火山景观，其以九区练溪为代表

的河流地貌也是研学旅行的合适地点，如表 5-17 所示，以水为主题，从河流地貌、水库选址修建、峡谷地貌到桥梁建筑等地理知识进行研学旅行设计，期冀学生观察地理事物，探究地理现象，培养其地理综合思维和地理实践力。

表 5-17　九曲练溪之旅研学路线

研学地点	研学内容	地理知识	设计意图
九曲练溪	学生乘坐游船观察凹凸岸及其两侧沉积现象，画出河床剖面图。使用风速仪，感受狭管效应并思考其原因，写出凹凸岸沉积特点	能解释河流凹岸与凸岸形态及成因，了解山谷风形成原因，感知狭管效应的特点	养成科学探究问题的习惯以及实事求是、吃苦耐劳的科学精神
大洋水库	观察大洋水库，通过奥维互动地图画出该地区地形图，走访该地区工作人员，解释人类对地表形态的改造作用	了解人类对地表形态的改造，并解释水库的利弊	
芙蓉峡	学生对芙蓉峡进行观察，教师进行峡湾景观的讲解，学生解释芙蓉峡形成机理	了解峡谷地貌特征，学会分析芙蓉峡的形成因素	
仙都石梁桥	观察仙都石梁桥的建筑特点，思考其形成原因，体验中国古代人民的伟大智慧	仙都石梁桥是一种古老的桥梁形式，古谓"过水明梁"，比较适合山溪河床较宽、常水位浅、洪水期短的自然情况，是浙江规模较大，制作较为精致的石梁桥，为研究古代梁桥提供了重要实物	

黄帝是中华民族的始祖，是华夏文化文明的象征。而围绕黄帝产生的黄帝信仰是非物质文化遗产研究中民间信仰的重要组成部分，是中华民族独立自主的精神支柱，也是联系海内外华侨华人的重要纽带。近年来，缙云县依托历史悠久的黄帝信仰文化，大力推动旅游业转型提升，将黄帝信仰作为旅游开发的最大卖点，积极打造 5A 级景区，人文旅游资源占比日益突出。以缙云当地独特的历史文化设计缙云人文之旅研学线路如表 5-18 所示，培养学生的家国情怀和人地协调观。

表 5-18　缙云人文之旅研学路线

研学地点	研学内容	地理知识	设计意图
河阳古民居	参观河阳古民居，感受承载的悠久历史文化	河阳村是一个以宗族血缘为纽带聚族而居的千年活态古村落，至今仍保留有 83 栋四合院、15 栋古祠堂、6 座古庙宇、1 座古大桥，还有宋代的福昌寺、元代的八士门、明代的石寺庙，清代的大批古民居建筑群，确实是明清建筑的"满汉全席"	让学生感知缙云的人文地理发展脉络，体会到地方特色人文氛围，培养学生家国情怀和人地协调观
缙云县博物馆	参观缙云县博物馆，观察其外观设计，并参ం了解缙云的历史发展背景和人类活动与自然环境交互产生的影响	建筑设计灵感源于当地平平正正、简约动人的古民居和坚固耐久、厚重朴拙的石材，完美地体现了建筑与艺术、历史与文化、人与物相融合的理想	

研学地点	研学内容	地理知识	设计意图
缙云爽面博物馆	参观缙云爽面博物馆，从宣传推广、培训指导到品尝试吃环节感知其起源发展	缙云爽面作为第二批丽水市非物质文化遗产名录，在业内有着一定的影响力。无论生产还是销售都体现特定的地理环境所孕育的独特的生产方式	
河阳古镇	学生走访调查河阳古镇周边城镇，查阅资料找寻过去与现在的差异，阅读其地图并记录区位特征，结合所得信息探究旅游业对城镇发展的影响、旅游业的布局因素	带领学生认识到怎样用好"双刃剑"——区位因素与旅游业探究，认识经济活动的影响因素和农村城市的变迁	

第三节　感景宁民俗之美，品畲族风情之丽

一、地理位置与行政区划

景宁畲族自治县地处洞宫山脉，其西北部和东南部分别属于瓯江、飞云江两水系支流之源，地理坐标位于东经 119°11′—119°58′，北纬 27°39′—28°11′之间，属东半球低纬度北部地区。景宁畲族自治县东邻青田、文成县，南衔泰顺、寿宁县（福建省），西枕庆元县、龙泉市；北连云和县、丽水市，距省会杭州约 259 千米，距浙西南中心城市丽水 80 千米，是温州港口与浙西南的后花园，是以上海为中心的长江三角洲经济圈的第三层次，属于我国东南沿海经济开放区。

景宁畲族自治县行政区划几经变迁。如表 5-19 所示，西周属越，春秋仍属越地。三国时属临海郡，隋开皇九年 (589 年) 废永嘉、临海二郡，置处州设立括苍县 (含景宁地域)。明景泰三年 (1452 年)建立景宁畲族自治县，属处州府。清沿其制。辛亥革命 (1911年)后，属处州军政分府。1914 年属瓯海道。1927 年直属浙江省政府。1935 年 9 月属浙江省第九行政督察区，1948 年 4 月，属浙江省第六行政督察区，7 月属浙江省第七行政督察区。截至 2021 年景宁畲族自治县辖两个街道四个镇 15 个乡，共 6 个社区、136 个行政村。

表 5-19　景宁畲族自治县历史沿革表

时间	历史变迁
1949 年 5 月 12 日	景宁解放，景宁畲族自治县人民政府成立，属丽水专区
1952 年	丽水专区撤销，改属温州专区

续表

时间	历史变迁
1962 年	划丽水县原云和县、景宁畲族自治县辖地置云和县，属温州专区
1963 年 5 月	复设丽水专区，属云和县
1984 年 6 月 30 日	国务院批准以原景宁畲族自治县地域建立景宁畲族自治县

二、自然地理环境

（一）地质地貌

景宁属华夏陆台浙闽地质组成部分。出露地层单元以中生界侏罗系、白垩系、火山系为主，第四系不发育。自震旦以来，构造以上升为主，没有巨厚的海相沉积。在历次地壳运动中，以燕山运动最为深刻，曾发生多次火山活动，有深厚的火山岩（侏罗系）覆盖层及穿插其间的侵入岩体（主要为燕山晚期各次侵入的花岗岩类）。凝灰岩与花岗岩的面积占全县总面积的 96.57%，地质构造位于中国东南部新华夏系第二隆起带南段，江山—绍兴深大断裂东南侧的浙闽隆起区，新华夏系上虞—丽水—寿宁断裂带，龙泉—奉化地幔凹陷区，是全省地壳厚度最大的地域之一。

景宁地形复杂，地势由西南向东北渐倾。地貌以深切割山地为主，发源于洞宫山脉的瓯江支流小溪，自西南向东北贯穿全境，将县境分为南北两部分，形成两岸宽约 124.6 千米的狭长带，构成了"九山半水半分田"和"两山夹一水，众壑闹飞流"的地貌格局。境内海拔高低悬殊，最高的大漈乡海拔 1020 米，最低的陈村乡海拔 80 米，全县海拔千米以上的山峰 779 座，其中 1500 米以上的山峰有 10 座，最高峰为大漈上山头，海拔 1689.1 米，海拔 250 米以下的低丘占 4.4%，海拔 250～500 米的高丘占 20.6%，海拔 500～800 米的低山占 34.5%，海拔 800 米以上中山占 40.5%，中低山合占 70%，坡度在 25°以上的占 91.72%，25°以下的占 8.28%，若从高空俯视，整个地面千皱万褶，峰峦簇拥。

（二）水系径流

景宁畲族自治县内有瓯江、飞云江两大水系的发源地之一。处于浙南山区，流域范围属中亚热带季风气候，全县植被覆盖较好，森林覆盖率达 85%以上，其水文性质也较好，但有以下四个特征：一是水位涨落迅速。每遇暴雨，水位陡涨陡落。有较大的洪水，自起涨到峰顶不会超过 10 个小时。但洪峰滞留时间短，甚至转瞬即退，仅几小时。落水 1～2 天便到常见水位。二是径流量季节分配不均。雨季 4、5、6 三个月的径流量约占径流总量的 50%。枯水季为每年的 11、12 月至次年的 1 月，三个月仅占年总量的 65% 左右。三是径流量年际变化大。丰水年径流量要比枯水年径流量大 2～3 倍。四是含沙量较小，水质好。江河水清澈见底，洪水来时才较浑浊。暴雨期间输沙率较大，冬季少雨，季节输沙率可以零计算。由于流域内工业经济欠发达，基本上没有任何的人为工业污染，瓯江、飞云江两大水系及许多小支流水质均达国家一级饮用水标准。

（三）气候特征

景宁畲族自治县属中亚热带季风气候，温暖湿润，雨量充沛，四季分明，冬夏长，春秋短，热量资源丰富。因地形复杂，海拔高度悬殊，气候存在着垂直地带。据县气象部门测计，县城年平均气温 17.5℃。其内海拔每升高 100 米，年平均气温约降低 0.59℃。100 米以下的河谷地区，年平均气温 18℃左右；200～300 米的丘陵地区，年平均气温 17℃左右，400～600 米的丘陵低山区年平均气温 15～16℃左右，800～1000 米以上的地区年平均气温 14～12℃左右。一月份为全年最冷月月平均气温 6.6℃；七月份为全年最热月，月平均气温为 27.7℃，县域极端最低气温-8.3℃，一般年份极端最低气温为-3℃，极端最高气温为 40.5℃，一般年份为 38℃左右。年平均无霜期为 241 天，最长 259 天，最短 230 天，平均初霜期为 11 月中下旬，终霜期为 3 月份的上旬。年平均降水量为 1542.7 毫米，年日照时数 1774.4 小时，年太阳辐射量 102.2 千卡/平方厘米，年平均日照百分率仅为 40%，为全省日照时数最少的县之一。

（四）自然资源

景宁土地类型丰富。全县土地总面积 193 859.47 公顷，其中已利用的土地面积为 179 076.14 公顷，土地利用率为 92.37%。其中：耕地 14 577.28 公顷，占 7.52%，人均 0.084 公顷。园地：2177.77 公顷，占 1.12%；林地：156 788.58 公顷，占 80.88%居民点及工矿用地：1357.74 公顷；占土地总面积的 0.7%；交通用地：674.48 公顷，占 0.35%；水域：3415.82 公顷，占 1.76%；未利用土地 14 783.33 公顷，占 7.63%。耕地土质条件优越，利用价值较高，土壤结构好。全县土壤种类有红壤、黄壤、潮土、水稻土四个土类，十个亚类，27 个土属，52 个土种。其分布比例是：红壤分布在海拔 750 米以下的低山丘陵，含 3 个亚类，10 个土种，占 42.21%；潮土分布在小溪两岸的滩地，占 0.38%；水稻土分布在溪涧峡谷两侧不同海拔的山垄梯地上，占 11.82%。

矿产资源十分丰富，为本县经济发展提供物质基础保证。县域内已发现或探明的矿种有：铁、锰、铅、锋、铜、钼、钨、金、银、叶蜡石、萤石、硫铁、高岭土、石英、紫砂、大理石、花岗岩等 20 余种，产地 100 多处。其中：钼矿的储藏量占全省的首位。

动植物资源丰富，以望东洋湿地保护区最为突出。全县有植物 178 多科 691 多属，1552 余种。植被以马尾松、杉木等针叶林为主，夹杂着阔叶林和针阔混交林，竹林、灌丛、草甸等。林相多种，其中有国家重点保护植物伯乐树、南方红豆杉、鹅掌楸、福建柏、香果树、银杏、厚朴等 30 多种。野生动物有国家一类保护动物黑麂、白颈长尾雉、云豹、金雕、短尾猴等 44 种。全县共有脊椎动物 31 目，78 科，272 种。其中：兽类 8 目，20 科 48 种；鸟类 15 目 40 科 162 种；爬行类 3 目 9 科 30 种；两栖类 2 目 5 科 18 种；鱼类 3 目 4 科 40 多种。

湿地资源数量在省内绝无仅有。人称地球之肾的湿地，全县境内有三个较为集中的高山湿地群，望东洋高山湿地、大仰湖湿地、仰天湖湿地，总共湿地面积约 1200 多亩。最为突出的望东洋高山湿地，海拔 1230 米，面积达 600 多亩，湿地内的江南恺木林属省内罕见，绝无仅有，国内也属凤毛麟角。而以高山地湿地群为保护对象的保护区在省内至今仍是空白。

三、人文地理环境

（一）人口发展

如表 5-20 所示，全县第七次常住人口为 111 011 人，与 2010 年第六次全国人口普查的 107 106 人相比，十年共增加 3905 人，增长 3.65%，年平均增长率为 0.36%。

表 5-20　景宁畲族自治县近三次人口普查数据

	全县常住人口	家庭户人口	男性人口	女性人口
第五次	153 011	47 808	82 128	70 883
第六次	107 106	38 355	55 642	51 464
第七次	111 011	47 298	57 257	53 754

截至第七次全国人口普查，景宁畲族自治县家庭户人数整体呈现下降趋势。全县共有家庭户 47 298 户，集体户 1415 户，家庭户人口为 10 481 人，集体户人口为 6194 人。平均每个家庭户的人口为 2.22 人，比 2010 年第六次全国人口普查 2.66 人减少 0.44 人。

景宁畲族自治县男性比例在第七次人口普查中呈现下降趋势。在全县常住人口中，男性人口为 57 257 人，占 51.58%；女性人口为 53 754 人，占 48.42%。总人口性别比（以女性为 100，男性对女性的比例）为 106.52，与 2010 年第六次全国人口普查相比下降 1.60。

在全县常住人口中，人口老龄化现象（如表 5-21 所示）较为严重。0 ~ 14 岁人口为 19 050 人，占 17.16%；15 ~ 9 岁人口为 65 477 人，占 58.98%；60 岁及以上人口为 26 484 人，占 23.86%，其中 65 岁及以上人口为 19 840 人，占 17.87%。与 2010 年第六次全国人口普查相比，0 ~ 14 岁人口的比重下降 0.21 个百分点，15 ~ 59 岁人口的比重下降 5.45 个百分点，60 岁及以上人口的比重上升 5.65 个百分点，65 岁及以上人口的比重上升 4.61 个百分点。

表 5-21　第七次人口普查全县人口年龄构成

年龄（岁）	人口数（人）	比重（%）
总计	111 011	100.00
0～14 岁	19 050	17.16
15～59 岁	65 477	58.98
60 岁及以上	26 484	23.86
其中：65 岁及以上	19 840	17.87

全县常住人口中，城镇人口占总人口的比重不断增大。第七次人口普查显示居住在城镇的人口为 64 616 人，占 58.21%；居住在乡村的人口为 46 395 人，占 41.79%。与 2010 年第六次全国人口普查相比，城镇人口增加 21 390 人，乡村人口减少 17 485 人，城镇人口比重上升 17.85 个百分点。

（二）产业特色

初步核算，如表 5-22 所示，2020 年全县实现生产总值 69 亿元，按可比价格计算，比上年增长 9.2%。其中，第一产业增加值 6.41 亿元，增长 2.9%；第二产业增加值 17.04 亿元，增长 2.9%；第三产业增加值 45.55 亿元，增长 13%。在第三产业中，金融业增长 11.1%，批发和零售贸易业增长 19.6%，营利性服务业增长 18.3%。全县人均生产总值（按常住人口计算）为 62 306 元，增长 7.6%。

表 5-22　景宁畲族自治县近三年三次产业增加值及增速

	2016 年		2018 年		2020 年	
	增加（亿元）	增速（%）	增加值（亿元）	增速（%）	增加值（亿元）	增速（%）
第一产业	7.0	2.9	6.24	3.1	6.41	2.9
第二产业	14.1	7.7	17.52	8.5	17.04	2.9
第三产业	28.0	9.8	35.58	9.4	45.55	13.0

来源：景宁畲族自治县人民政府。

景宁畲族自治县年农业保持基本稳定。包括种植业、林业、畜牧业等。2021 年种植业发展如表 5-23 所示，其中茶叶生产规模扩大，绝大部分是春茶，并向名、优、高方向发展，总产量为 2084 吨。油料总产量 392 吨。药材的产业结构在调整，药材种植面积 13 215 亩。林业生产总体稳定。全年完成造林面积 108 公顷；封山育林面积 99 000 公顷。木材采伐量 32 109 立方米；毛竹采伐量 217 万根；笋干产量 460 吨（含冬笋）；板栗产量 1315 吨。畜牧业同样生产总体稳定。

表 5-23 2021 年种植业发展

农业类型	播种面积	总产量
粮食（含马铃薯）	93 619 亩	33 693 吨
谷物	59 566 亩	26 432 吨
食用菌产量	—	2276 吨
蔬菜	62 685 亩	81 568 吨
水果	—	10 030 吨

工业方面取得成绩也较为显著。2021 年全年实现工业增加值 9.8 亿元，增长 8.9%。其中，规模以上工业增加值 4.16 亿元，增长 20.7%。

在规模以上工业中，高新技术产业增加值 11 916.6 万元，装备制造业增加值 7808.8 万元，战略性新兴产业 7301.2 万元。全年发电量 9.28 亿千瓦小时。工业经济效益基本稳定。据 25 家规模以上工业企业统计，全年实现规模以上工业总产值 13.89 亿元，实现利税总额 23 810.1 万元，其中实现利润总额 17 780.8 万元；从业人员年平均人数 1849 人。建筑业生产经营稳定。全年实现建筑业增加值 72 511 万元，同比下降 5.7%。全县具有资质等级的建筑企业 29 家，房屋建筑施工面积 72.04 万平方米，从业人员年平均人数 8691 人，实现利润总额 5820 万元。

第三产业经济稳步发展。2021 全年交通运输、仓储和邮政业完成增加值 1.71 亿元，比上年增长 5.7%。2021 年完成旅游总收入 79.3 亿元，增长 20.6%。其中：国内旅游收入 79.29 亿元，增长 20.7%。接待入境游客人数 197 人次，旅游外汇收入 8 万美元。消费品市场销售稳定增长。全年实现社会消费品零售总额 37.38 亿元，比上年增长 12.2%。金融运行形势稳定，信贷业务增加较快。年末全县金融机构人民币各项存款余额为 1 206 327 万元，比年初增加 144 700 万元，增长 13.6%（表 5-24）。

表 5-24 2021 年主要经济指标

指标名称	绝对值	同比增长(%)
地区生产总值（亿元）	80.67	5.5
第一产业增加值（亿元）	6.94	1.9
第二产业增加值（亿元）	18.25	4.1
其中：工业增加值（亿元）	10.14	8.4
第三产业增加值（亿元）	55.48	6.5
进出口总额（万元）	256 882	-37.9
出口总额（万元）	76 275	-52.8
进口总额（万元）	180 607	-28.0
财政总收入（万元）	310 032	53.4
其中：一般公共预算收入（万元）	136 855	52.8

续表

指标名称	绝对值	同比增长(%)
公共财政预算支出（万元）	475 193	8.5
金融机构期末存款余额（亿元）	126.3200	0.4
金融机构期末贷款余额（亿元）	120.9600	13.8
全社会用电量（万千瓦时）	32 851	14.6
其中：工业用电量（万千瓦时）	6965	24.5
城镇常住居民人均可支配收入（元）	45 574	9.2
农村常住居民人均可支配收入（元）	24 069	11.3

（三）著名人物

历史上景宁地域人才辈出，如南宋名医陈言、明代潘琴等。现展示部分景宁名人如表 5-25 所示。

表 5-25　景宁畲族自治县名人

姓名	籍贯	突出贡献
陈言 （1121—1190 年）	浙江景宁畲族自治县鹤溪	聪敏好学，善于方脉，治病立效。长于医理，善执简驭繁。创立"三因极一"学说。归纳病因为内、外、不内外三因，并根据此论述内、外、妇、儿各科疾病，从因辨证，详列主治，选集方剂，撰有《三因极一病症方论》，（一作《三因极一证方论》或《三因极一病源方粹》），18 卷，近 24 万字，录医方 1050 道，载入《宋史》
雷景三 （1904—1951 年）	景宁北溪乡（今东坑镇）大张坑村	1942 年，中共青（田）景（宁）丽（水）中心县委在景宁畲族自治县东坑区开辟工作时，加入中国共产党。不久，因叛徒出卖，党组织受破坏，坚持在畲乡开展斗争，发展党组织。1946 年，组织武装民兵队，站岗放哨，侦察敌情，破坏电讯设施，切断敌人通讯联络，配合游击队打击敌人。1949 年 3 月，配合游击队攻打景宁、文成两县交界的梅岐炮台，迫使敌军撤离据点。5 月 12 日，配合游击队解放景宁畲族自治县城。1950 年，带领村民兵队，配合部队歼灭刘志昌股匪，解放后历任村党支部书记、乡总支书记、乡长等职，当选为县第一、二届各界人民代表会议常务委员、副主席。1951 年 8 月正准备去参加全民民兵模范代表大会和国庆观礼时，因病逝世
李瑞阳 （1868—1934 年）	景宁大均乡大均村	受孙中山接见，接受民主主义革命教育，学成回景宁畲族自治县致力于教育救国运动。改革旧学制，开设算术、常识、唱歌、体育、图画等新课。后任景宁畲族自治县教育科长，曾一度调任青田县教育科长，并代理县长。1922 年，选任景宁畲族自治县第二届议会议长，参与政事后，知种田之难，哀民生之艰，力主男女平等，恢复女子学校，并增设高级班，改称景宁畲族自治县立女子小学校。曾立案审查全县财粮账目，废除虚税苛捐。晚年抱病在家，仍致力于民众利益，筹巨款修成美桥。调解乡村纠纷，秉公据理，为众所服

四、研学旅行

畲族历史悠久，自称"山哈"，意为山里的客人。景宁畲族在唐永泰二年（766）从福建罗源迁居景宁，迄今有 1200 多年，景宁畲族自治县是全国唯一的畲族自治县。凭借优美风光和独特畲族文化，在 20 世纪 80 年代中后期，景宁双后降村就以俱乐部形式发展旅游，以婚俗表演向外地游客展示畲族风情。以当地独特的风情民俗为主题，设计了研学主题路线如表 5-26 所示，培养学生地理实践力与区域认知能力。

表 5-26　景宁风情之旅研学路线设计

研学地点	研学内容	地理知识	设计意图
江南畲族风情文化村（坪垟岗村）	选择合适时间（最好为农历三月初三），参观体验当地的民俗活动	坪垟岗畲民世世代代固守着自己独特的语言、文化、风俗习惯，有着浓厚的畲族文化底蕴和文化内涵，是全丽水市著名的畲族聚居地之一	学生通过体验不同的民俗风情，理解当地的地理环境造就独特的文化内涵，开拓学生视野，培养区域认知能力
大均古街	参观大均古街，观看民族风情表演。学生通过分发调查问卷，了解当地居民的收入状况	大均古村始建于唐末五季初期，一千多年来始终是瓯江支流小溪流域的水陆交通枢纽，商贸经济较繁荣，耕读风尚也很注重，形成了大均人重"三杆"的民俗，即笔杆、秤杆、竹杆（撑篙），靠写契、写文书、做生意和撑船撑排谋生	学生通过实地调查探究，了解地理环境对于人类生产生活的影响，培养地理实践力
景宁孔庙	学生参观景宁孔庙，探究其孔庙的历史发展脉络	景宁孔庙是丽水市范围内唯一一座保存较为完整的孔庙。在 500 多年的历史进程中，守护着古老的畲乡文脉，成为景宁文物的重要组成部分和主要标识	了解景宁孔庙起源发展，培养学生地理实践力
中国畲族博物馆	参观中国畲族博物馆，通过文物与科技的融合，了解畲族的文化传承与历史发展	中国畲族博物馆以畲族的发展史为主线，通过大量的文物、实物和图片，通过现代的高科技表现手法向人们讲述畲族的发展史和畲族的灿烂文化	了解畲族的发展历史，感受地理环境孕育的畲族文化，培养学生区域认知

景宁处在飞云江、瓯江"两江"之源，森林覆盖率达 78%，素有"浙南林海"之称，95%地表水水质达到国家Ⅱ级以上，PM2.5 常年保持在 20 微克每立方米以内，生态环境位列全国前五。县内拥有"华东第一峡"——炉西峡、"华东最大高山湿地"——望东垟高山湿地、九龙省级地质公园、千峡湖、草鱼塘森林公园等一批生态景观，景宁被誉为浙江的"西双版纳"，华东的"香格里拉"。因此设计以自然奇观为主题的研学路线如表 5-27 所示，让学生探秘景宁自然环境的独特之处，培养学生的综合思维与地理实践力。

表 5-27　自然奇观之旅研学路线

研学地点	研学内容	地理知识	设计意图
景宁九龙湾火山熔岩	带领学生挑选岩石同时辨别岩石类型，判断形成年代，了解火山熔岩地貌的形成过程	九龙湾火山岩是侏罗纪形成的，主体为九里坪组喷溢层状流纹（斑）岩及球泡流纹状流纹岩，局部为崩落相流纹质集块角砾熔岩。九龙湾火山熔岩地貌是地质年代火山活动，后经岁月侵蚀风化而形成火山岩峰地貌	学生通过亲自辨识岩石类型年代，加深对已学习知识的理解与掌握，培养学生的地理实践力
云中大漈	参观以雪花漈为代表的"大漈十景"，探究景观形成原因	雪花漈由七支水流汇集而成，顺崖斜扑而出。其是溯源侵蚀的典型代表，独特的地势造就了溯源侵蚀的形成，其溯源侵蚀又加剧了两岸峡谷的形成	学生通过开展野外调查活动，合作探究地理现象，培养其地理实践力和综合思维
草鱼塘森林公园	辨识不同地形的植被类型并对植物属种进行大致了解	该区域植被类型为亚热带常绿阔叶林，草鱼塘森林公园有诸多树种。包括日本大叶香柏、北美香柏、日本罗汉柏、日本细叶花柏、金钱松、日本冷杉和美国的巨杉红杉等	

　　1985 年以来行政区划上的"景宁畲族自治县"，至今有几十年的历史；而"中国畲乡"景宁则是一种历史的、文化的概念，仅从畲族大量聚集的明中期算起也有五百年之久。在长江以南开发最早、经济最发达、汉族人口最密集的华东，保持独特文化，延续民族血脉，这是畲族最令人称奇的地方之一。为什么畲族在景宁会有如此发展，它又是依托怎样的建筑保护着一代又一代的畲族人民？以探究人居关系为主题设计研学路线如表 5-28 所示，让学生尝试探究其背后的原因，培养学生的地理实践力和人地协调观。

表 5-28　人居环境体验之旅研学路线

研学地点	研学内容	地理知识	设计意图
小佐古村	参观小佐村的山地古民居，描述其建筑特点并解释背后成因	小佐村的山地古民居具有特色，用最原始的木石材料营造，两层楼屋，开间数奇偶不限，有多达十一间，清一色的悬山大屋顶，山面又搭出坡顶，檐下有外廊，出挑阳台，古朴少雕刻，建筑之间依地势自由组合，灵活多变，完全不同于平地上同时期的合院式民居	引导激发学习地理的兴趣，培养学生地理实践力，树立正确的发展观和人地观
吴布古村	参观吴布古村，体验当地的生产生活方式，感受当地人居关系	吴布村较完整地保留了畲民原生态生活模式，传承和保留了畲族的炼火、织彩带、唱山歌、着传统服饰等生活方式，被形象地称为"生活着的畲族博物馆"	
时思寺	参观时思寺，与其他寺庙建筑相比较，感知当地建筑独特之处	时思寺目前保存完整，它既有宋代建筑遗风，又受福建地方建筑之影响，构造与形制独特，是浙江元明建筑体系中一组独立的类型	

第四节　探访洞宫福地，感受童话云和

一、地理位置与行政区划

云和县始建于明景泰三年（1452），地处浙西南，居瓯江上游，是丽水市地理中心，自古被喻为"洞宫福地"。县域总面积 989.6 平方千米，户籍人口 11.42 万、常住人口 11.51 万。地处浙江省西南部，东邻莲都区，西倚龙泉市，南连景宁畲族自治县，北接松阳县。新中国成立后，改称城关镇、云和镇，均为县治所在地。1958 年，云和并入丽水县。1962 年，划出原云和、景宁两县复建云和县。1984 年，云和县又分为云和、景宁两县。2001 年 11 月 16 日，同意云和县撤销沙溪乡扩大云和镇行政区域：撤销沙溪乡建制，并入云和镇。2021 年云和县下辖行政区域 4 街道 3 镇 3 乡、71 个行政村、15 个社区，包括浮云街道、元和街道、白龙山街道、凤凰山街道、崇头镇、石塘镇、紧水滩镇、雾溪畲族乡、安溪畲族乡、赤石乡。

二、自然地理环境

（一）地形地貌

云和县是"九山半水半分田"的山区县，境内以高丘及低、中山为主，地势自西南向东北倾斜，山脉有南部的洞宫山脉和北部的仙霞岭山脉余支。山地、丘陵间陷落成山间盆地，龙泉溪及支流沿岸有宽窄不等的河谷盆地，其中以云和盆地面积最大，约 26 平方千米，为云和县主要产粮区。云和山脉有南部的洞宫山脉和北部的仙霞岭山脉余支，海拔千米以上山峰有 184 座，多分布在西南部，最高峰白鹤尖，海拔 1593.1 米。

（二）水系径流

云和县全境河流属瓯江上游水系的两条干支流：一为瓯江干流龙泉溪，一为瓯江支流小溪的支流梧桐坑。水能资源理论蕴藏量 15.57 万千瓦，年发电量 10.50 亿千瓦时。梧桐坑水能资源条件最优越。各流域开发利用率以浮云溪干流为最高。龙泉溪自西南向东北蜿蜒出境，境内干流长 49 千米，流域面积 837.93 平方千米，占总面积的 85.16%。主要支流有麻详溪、浮云溪、石塘坑、泉溪等 37 条。另有发源于境西南白鹤尖山麓的梧桐坑，流经景宁畲族自治县梧桐乡注入瓯江小溪，境内长 24.10 千米，流域面积 146.07 平方千米，占总面积的 14.84%。云和县多年平均水资源总量为 10.16 亿立方米，人均占有量 9528 立方米，截至 2013 年已开发利用率为 6.85%。其中属县可开发的水能资源开发量 8.84 万千瓦，年发电量 27 887.50 万千瓦时，已开发利用 6850 千瓦，开发利用率为 7.75%。1989 年 3 月，建成初级农村电气化县。水域总面积 4.03 万亩，人均 0.36 亩，其中可供水产养殖的水域面积 3.12 万亩，已开发利用 3.03 万亩，占可开发量的 97.12%，还有丰富的矿泉水资源，有待开发利用。

（三）气候特征

云和县属中亚热带季风气候，如图 5-2 所示，多年平均气温 17.6℃，最热月（7 月）平均气温 28.4℃，最冷月（1 月）平均气温 6.3℃，极端最高气温 40.9℃，极端最低气温 -8.3℃，年降水量在 1465～1969mm 之间，无霜期 240 天，日照 1774.4 小时。小气候发达，有明显的山地立体性和多层次、多品种的立体农业。

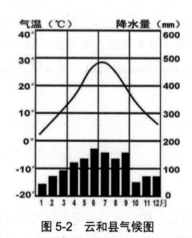

图 5-2　云和县气候图

（四）自然资源

云和县多年平均水资源总量为 10.16 亿立方米，人均占有量 9528 立方米，截至 2013 年已开发利用率为 6.85%。其中属县可开发的水能资源开发量 8.84 万千瓦，年发电量 27 887.50 万千瓦时，已开发利用 6850 千瓦，开发利用率为 7.75%。1989 年 3 月，建成初级农村电气化县。水域总面积 4.03 万亩，人均 0.36 亩，其中可供水产养殖的水域面积 3.12 万亩，已开发利用 3.03 万亩，占可开发量的 97.12%，还有丰富的矿泉水资源，有待开发利用。

云和县拥有林地面积 117.80 万亩，有林地 80.70 万亩，人均 7.40 亩。森林植被属中亚热带常绿落叶林带，有乔木材种百余种，其中属国家重点保护植物的有 13 种。1989 年林木总蓄积量 139.6 万立方米，人均 12.80 立方米，森林覆盖率 62.04%，是浙江省杉木、油茶林基地县之一。"云和雪梨"闻名遐迩。野生动物种类繁多，其中属国家重点保护野生动物有 14 种。

三、人文地理环境

（一）人口发展

第七次人口普查显示，如表 5-29 所示，全县常住人口为 129 216 人，与 2010 年第六次全国人口普查的 111 591 人相比，十年共增加 17 625 人，增长 15.8%，年平均增长率为 1.48%。

表 5-29　云和县近三次人口普查数据

	全县常住人口	家庭户人口	男性人口	女性人口
第五次	153 011	47 808	82 128	70 883
第六次	107 106	38 355	55 642	51 464
第七次	111 011	47 298	57 257	53 754

户别构成上，家庭户人口呈现下降趋势。全县共有家庭户 52 929 户，集体户 1431 户，家庭户人口为 124 881 人，集体户人口为 4335 人。平均每个家庭户的人口为 2.36 人，比 2010 年第六次全国人口普查 2.94 人减少 0.58 人。

男女比例呈现上升趋势。在全县常住人口中，男性人口为 67 647 人，占 52.4%，女性人口为 61 569 人，占 47.6%。总人口性别比（以女性为 100，男性对女性的比例）为 109.89，与 2010 年第六次全国人口普查相比，上升 1.62。

城镇人口数量增加显著。在全县常住人口中，居住在城镇的人口为 94 499 人，占 73.1%；居住在乡村的人口为 34 717 人，占 26.9%。与 2010 年第六次全国人口普查相比，城镇人口增加 29 701 人，乡村人口减少 12 076 人，城镇人口比重上升 15 个百分点。

年龄构成上，如表 5-30 所示，在全县常住人口中，0 ~ 14 岁人口为 19 566 人，占 15.14%；15 ~ 59 岁人口为 83 456 人，占 64.59%；60 岁及以上人口为 26 194 人，占 20.27%，其中 65 岁及以上人口为 18 980 人，占 14.69%。与 2010 年第六次全国人口普查相比，0 ~ 14 岁人口的比重下降 0.29 个百分点，15 ~ 59 岁人口的比重下降 4.75 个百分点，60 岁及以上人口的比重上升 5.04 个百分点，65 岁及以上人口的比重上升 3.99 个百分点。

表 5-30　全县人口年龄构成

年龄（岁）	人口数（人）	比重（%）
总计	129 216	100
0 ~ 14 岁	19 566	15.14
15 ~ 59 岁	83 456	64.59
60 岁及以上	26 194	20.27
其中：65 岁及以上	18 980	14.69

（二）产业特色

面对国际国内形势的深刻复杂变化，全县坚定不移践行"绿水青山就是金山银山"理念，深化提升"小县大城"发展战略，奋力打造全国山区新型城镇化样板县域"重要窗口"，如表 5-31 所示，高水平全面建成小康社会取得决定性成就。

表 5-31　云和县近三年三次产业增加值及增速

	2016 年		2018 年		2020 年	
	增加（万元）	增速（%）	增加值（万元）	增速（%）	增加值（万元）	增速（%）
第一产业	46 246	2.7	48 551	3.0	49 084	2.0
第二产业	294 847	7.6	359 220	18.1	439 949	3.7
第三产业	254 377	10.9	324 351	8.0	380 914	9.6

来源：云和县人民政府。

云和县积极发展优势农业。如表 5-32 所示，其特色优势产业：食用菌产业，大力推广夏菇生产，调整产业结构，增加了农民收入，重点推广代料黑木耳生产，生产量达到 1100 万袋，成为云和县食用菌产业的一枝独秀。茶叶产业，突出基地建设，注重无公害管理和名茶培育，累计开发基地 14 000 亩，名优茶产量达到 97.5 吨；水果产业，积极发展名特优水果，全县累计开发云和雪梨 21 600 亩，板栗 28 000 亩。

表 5-32　2015—2019 年主要农产品产量及其增长速度　　　　　单位：吨

产品名称	2019 年	2018 年	2017 年	2016 年	2015 年
粮食	17 541	16 038	20 222	20 723	21 871
油料	264	147	355	358	353
茶叶	1190	1196	1135	907	860
蔬菜	29 194	28 622	29 384	26 070	27 360
水果	8134	7538	8119	7999	8597
香菇	3525	3800	4478	4841	5017
黑木耳	1870	1885	1523	1230	1200
肉类	2341	2613	3235	3239	3133
禽蛋	1718	890	807	825	462
淡水产品	1828	1459	1613	1617	1604

其典型特色工业包括木制玩具产业和金属铸造产业。云和县拥有山林面积 119 万亩，森林覆盖率达 80.4%，是浙江省杉木、油茶基地县之一。丰富的林业资源还成就了云和县的传统产业——木制玩具业，已形成原材料供应、造型设计、定牌加工、零部件制造、包装装潢等专业分工协作的生产体系。全县 11.14 万人口有 2 万多从事木制玩具，木制玩具产业产值 12 亿元，占全县工农业总产值 50%。全县云集了 700 多家木制玩具生产

厂商，产品远销欧美、日本等 130 多个国家和地区，年出口额位居全国各县市同行业之首，占据全国木制玩具出口额的 90%，云和县也因此荣获了"中国木制玩具城"的美誉。金属铸造产业：金属铸造行业是云和县新兴的主导产业。铸造行业商会现有 30 余家金属铸造企业。

近几年云和县第三产业快速发展，全年交通运输、仓储和邮政业 2021 年实现增加值 22 587 万元。年末境内公路总里程 905.35 千米，其中高速公路里程 43.9 千米；民用汽车拥有量 21 465 辆，比上年末增加 784 辆。全年全县规模以上快递服务企业业务量完成 2406 万件，比上年增长 14.6%；实现快递业务收入 10 401 万元，比上年增长 1.2%。年末邮政局（所）数 18 个。全年实现旅游综合收入 52.96 亿元，比上年增长 25.8%，荣获最受欢迎的浙江十大旅游目的地。累计建成绿道 96 千米，长汀、梅湾创成 AAA 级景区，新创 AAA 景区村 1 个（雾溪乡坪垟岗村），仙宫湖获评全省十佳运动休闲湖泊。

（三）历史人物

云和，历史悠久，在中华文明的发祥与发展过程中有很多重要贡献，云和历史上，名流荟萃，群英闪耀，如表 5-33 所示，每一个云和人都为家乡的发展做出了卓越的贡献。不论是实业救国还是英勇斗争，每一个云和伟人都在云和历史上书写了浓墨重彩的一笔，值得高中学生学习！

表 5-33　云和名人

姓名	籍贯	突出贡献
魏兰 （1866—1928 年）	云和县城中街铺	清光绪二十九年五月，赴日本留学，在东京参加拒俄义勇队，年底与陶成章一起回国。清光绪三十年一月，在上海会见蔡元培，共商江浙反清计划，并与陶成章去浙西、浙南农村，联络龙华会、双龙会等会党，准备武装起义。同年二月，回云和县创办先志学堂，培养革命人才。后又去绍兴大通学堂工作。清光绪三十二年二月，回温、处一带工作，以乐清县柳市学堂任教为掩护，广结志士，宣传革命。清宣统三年十月武昌起义后回国，任浙江省军政府咨议、都督府参谋长，奔走于沪杭，参与攻克南京谋划。1919 年以后，到汉阳铁路局与上海铁路南站任税务局长。1921 年回云和县定居，兴办公益事业，筹建云和中学，创办定兴花边厂，修建白水堤，开荒造田，发展雪梨、茶叶等。还往返调查陶成章被刺一案，写成《陶焕卿先生行述》，刊印陶成章的《浙案纪略》。著有《再生宝吟草》《浮云集》《畲客风俗》《魏氏诗集》等 20 余卷
张伟文 （1878—1941 年）	云和街头铺	清光绪二十九年（1903）赴日本留学，谋求实业救国。三十年回国，在上海加入光复会。次年，再东渡日本，在东京经宋教仁介绍入同盟会。三十二年初回国，四月与魏兰等赴南洋、印尼等地进行反清活动。回国后受陶成章委托，负责苏、浙、皖等省联络会党，策划浙江起义。宣统元年（1909）春，与阙麟书、徐仰山在杭州羊坝头张顺余烟店，密谋浙江起义。随后去乐清县策动洪邦首领黄飞龙等首先起义。因叛徒告密，船抵江心寺即被温州巡防统领梅占魁逮捕。关押温州府监，后转杭州仁和监狱，被判处极刑。正遇杭州光复得以出狱。任浙江省军政府咨议，1912 年 7 月，在杭州创办《平民日报》，后任孝丰县知事。1913 年，辞政归田。此后，协助魏兰创办定兴花边厂、造林植梨育茶，开发山区经济

姓名	籍贯	突出贡献
杨溥 （1915—1937年）	云和云坛乡霞晓桥	1934年省立第十一中学毕业后，考入春晖高中。1935年，日本侵略势力伸向华北，投考杭州航空学校，1937年上海八一三事变后，被编入中央空军第七队，警戒江门一带上空。1937年9月，从杭州飞往武汉途经上海时与日本飞机遭遇，受敌机群包围，超升高度突出重围，飞抵汉口。因在高空气压下飞行，肺部破裂，吐血不止，逝世于汉口协和医院

四、研学旅行

梅源梯田，以种植水稻为主，距今已有数百年历史，由当地人根据不同的地形、土质去修堤筑埂而形成。梅源梯田体现了在漫长岁月中山区人民在大自然中求生存的坚强意志，体现了人们在认识自然和建设家园中的智慧和力量。以梯田为主题设计研学旅行路线，如表5-34让学生通过亲身实践活动，培养其人地协调观和地理实践力。

表5-34　梯田之旅研学旅行路线

研学地点	研学内容	地理知识	设计意图
云和梯田	1. 绘制梯田生态系统示意图 2. 分析"云和梯田"的形成机制 3. 收集与当地文化有关的节庆、祭祀活动有关的资料，从自然地理要素、生产生活方式、水资源管理制度等方面分析其中的相互作用关系 4. 结合资料，分析当地常见的自然灾害并解释背后成因	云和梯田地处浙江省丽水市云和县崇头镇，是华东地区最大的梯田群，被誉为"中国最美梯田" 云和梯田最早开发于唐初，由勤劳的畲族人民开发，兴于元、明，距今有1000多年历史，梯田垂直高度1200多米，跨越高山、丘陵、谷地3个地质景观带，有700多层，"云雾奇观，浮云世界"是云和梯田的一大特色。涉及地形、气候、"四素同构"生态系统 台风登陆会造成暴雨及山洪暴发，兼有大风、冰雹等异常灾害性天气	学生体会"因地制宜"思想，培养人地协调观和地理实践力
梅源梯田	参观当地的湿地公园，了解湿地的价值和意义	不仅为人类提供大量食物、原料和水资源，而且在维持生态平衡、保持生物多样性和珍稀物种资源以及涵养水源、蓄洪防旱、降解污染、调节气候、防止自然灾害等方面均起到重要作用	
云和江南畲族风情村	参观领略当地的畲族风情，体会特有的地理环境孕育的独特风情	江南畲族风情文化村风情是一个古老的畲族村落，据《高皇歌》记载已有500多年的历史。这里的畲民一直保持着独特的风俗习惯，是畲族"三礼二文化"保存最完整、最繁荣的纯畲族集散点，有着深厚的畲文化底蕴	

八百里瓯江是丽水的母亲河，从新石器时期就有先民在流域内创造文明曙色，历史上是处州诸县经温州出海的物流干道，木材剑瓷、香菇雪梨，藉瓯帆远航，驰名宇内。飘逸瓯江，在云和境内逐级奔泻发电，形成丰盈湖泊，错落于仙霞岭——洞宫山交汇处，故名仙宫湖。仙湖宫自然资源丰富，景色优美动人。因此设计以云和湖仙宫为主题的研

学旅行线路，如表 5-35 所示。

表 5-35　云和湖仙宫之旅研学旅行路线

研学地点	研学内容	地理知识	设计意图
国网紧水滩电厂	参观国网紧水滩电厂，学习水利工程设施带来的经济与社会效益，认识水库的作用和其基本修建原则	紧水滩水力发电工程位于浙江省云和县境内，地处瓯江上游干流龙泉溪上，系国家"七五"重点工程建设项目。工程所属电站装机 6 台，装机容量为 30.5 万千瓦。工程建成后，成为华东电网调峰与事故备用的主力电厂，而且极大地推动了浙南经济的发展，在发电、防洪、航运、养殖等方面发挥了巨大的效益	学生通过亲身感受，将书本知识应用于实际生活中，同时小组合作加强了学生的合作能力，提升地理核心素养
十里云河	参观青龙潭、石浦古街、慧云寺等景点，了解当地的佛教文化和船帮文化	慧云寺前身为"景莲堂"，也叫"官坑观音殿"，始建于清康熙三十九年（1700），距今有 300 多年历史。寺院后面的山叫鹰山，相传，经常有数百只老鹰相聚鹰山，共谈禅机。受地理环境限制，食不果腹的年代，佛教文化成为当地的信仰	
		云和瓯江帆船制作技艺历史悠久，瓯江沿岸的造船业和水上运输业在几千年的历史长河中不断发展，创造了瓯江帆船，并孕育了淳朴深厚的船帮文化	
仙宫渔乐	学生亲自体验钓鱼过程，感受自然的魅力	通过垂钓，让学生观察当地的鱼类生长习性，陶冶性情，为学生提供和自然感性认知、亲密接触的最优方式	

第五节　认知龙泉地理，领略剑瓷文化

一、地理位置与行政区划

龙泉市位于浙江省西南部的浙闽赣边境，地理坐标北纬 27°42'—28°20'，东经 118°42'—119°25'，东西宽 70.25 千米，南北长 70.80 千米，总面积 3059 平方千米。东邻温州经济技术开发区，西接武夷山国家级风景旅游区，是浙江省入江西、福建的主要通道，素有"瓯婺八闽通衢""驿马要道，商旅咽喉"之称，历来为浙、闽、赣毗邻地区商贸重镇。1949 年 5 月 13 日龙泉解放。1958 年 11 月，庆元县并入。1973 年 7 月，复建庆元县，至 1975 年 8 月，龙、庆二县始分署办公。1990 年 12 月 26 日，经国务院批准，撤销龙泉县设立龙泉市（县级），仍属丽水地区行政公署。龙泉市辖 4 个街道、8 个镇、7 个乡（包括 1 个民族乡）：龙渊街道、西街街道、剑池街道、塔石街道；八都镇、上垟镇、小梅镇、查田镇、屏南镇、安仁镇、锦溪镇、住龙镇；兰巨乡、宝溪乡、龙南乡、道太乡、岩樟乡、城北乡、竹垟畲族乡。

二、自然地理环境

（一）地形地貌

山是龙泉的主要地貌。东南洞宫山、西北仙霞岭两支山脉绵亘，龙泉溪从西南向东北贯穿中部，群山平行于河谷对称分布，表现为成层性。低、中山带占总面积 69.17%，丘陵占 27.92%，河谷平原仅占 2.91%，故有"九山半水半分田"之谓。

（二）水系径流

龙泉境内河流分属瓯江、钱塘江、闽江三江水系，西、南、北有 20 多条小溪流向中部，汇入龙泉溪，流向温州。市西北住溪、碧龙溪是乌溪江上游，流向杭州。市西宝溪流入福建省属闽江水系，流向福州，有水流"三州"称谓。

（三）气候特征

龙泉位于中亚热带气候区。其特征是四季分明、雨量充沛、冬不严寒、夏无酷暑、春早夏长、温暖湿润。因地形复杂，海拔高低悬殊，气候基本呈垂直分布，光、温、水地域差异明显。海拔 800 米以下区域属凉亚热带湿润季风气候；海拔 800 米以上区域近于暖温带湿润季风气候。

（四）自然资源

龙泉市水资源较为丰富，多年平均水资源总量 35.98 亿立方米，人均 13 083 立方米，为丰水标准（3000 立方米）的 4.3 倍，是浙江省人均水资源量的 6.2 倍。

龙泉市森林资源丰富。龙泉市是浙江省的重点林区，素有"浙南林海"之称。龙泉地处中亚热带湿润地带，植物隶属于华东植物区系，森林植被具有中亚热带，常绿阔叶林特征，以中亚热带地区成分为最多，南亚热带地区成分次之，热带、温带地区成分也有一定的分布。因山地海拔高崇，植被在分布上具有明显的垂直带谱，龙泉市也因此被植物学界誉称："华东古老植物的摇篮"。

龙泉市野生动物资源共有 1600 多种，其中兽类 8 目 22 科 50 种；鸟类 12 目 31 科约 100 余种；爬行类 50 余种；两栖类 20 余种；鱼类 80 余种；昆虫类 16 目 113 科 1300 种。被列入国家重点保护的 53 种，其中国家一级保护野生动物有云豹、华南虎、黑麂、黄腹角雉等 5 种。

三、人文地理环境

（一）人口发展

第七次人口普查显示，全市常住人口为 248 866 人，与 2010 年第六次全国人口普查的 234 626 人相比，十年共增加 14 240 人，增长 6.07%，年平均增长率为 0.59%（表 5-36）。

表 5-36　龙泉市近三次人口普查数据

	全市常住人口	家庭户人口	男性人口	女性人口
第五次	250 398	75 847	131 534	118 864
第六次	234 626	79 410	120 252	114 374
第七次	248 866	96 619	126 997	121 869

户别构成方面，全市共有家庭户 96 619 户，集体户 3468 户，家庭户人口为 227 352 人，集体户人口为 21 514 人。平均每个家庭户的人口为 2.35 人，比 2010 年第六次全国人口普查 2.86 人减少 0.51 人。

在性别比例上，男性依旧占据较大比例，但是男性占比呈下降趋势。男性人口为 126 997 人，占 51.03%。女性人口为 121 869 人，占 48.97%。总人口性别比为 104.21（以女性为 100，男性对女性的比例）与 2010 年第六次全国人口普查相比下降 0.93。

在城乡构成上，全市常住人口中居住在城镇的为 165 567 人，占 66.53%；居住在乡村的为 83 299 人，占 33.47%。与 2010 年第六次全国人口普查相比，城镇人口增加 48 328 人，乡村人口减少 34 088 人，城镇人口比重增加 16.56 个百分点。

在年龄结构上，如表 5-37 所示，60 岁以上的老年人口比重大成为当前面临的主要问题。在全市常住人口中，0~14 岁人口为 38 340 人，占 15.41%；15~59 岁人口为 154 600 人，占 62.12%；60 岁及以上人口为 55 926 人，占 22.47%，其中 65 岁及以上人口为 42 019 人，占 16.88%。与 2010 年第六次全国人口普查相比，0~14 岁人口的比重下降 2.17 个百分点，15~59 岁人口的比重下降 3.69 个百分点，60 岁及以上人口的比重上升 5.86 个百分点，65 岁及以上人口的比重上升 5.12 个百分点。

表 5-37　2020 年龙泉市人口比例

年龄（岁）	人口数（人）	比重（%）
总计	248 866	100
0~14 岁	38 340	15.41
15~59 岁	154 600	62.12
60 岁及以上	55 926	22.47
其中 65 岁及以上	42 019	16.88

（二）产业特色

初步核算，如表 5-38 所示，2020 全年实现地区生产总值（GDP）147.16 亿元，同比增长 3%，分别比一季度、上半年、前三季度提高 3.2、1.2、2.3 个百分点。其中，一产、二产、三产分别实现增加值 16.18 亿元、51.13 亿元和 79.84 亿元，分别增长 2.2%、0.1% 和 5.7%。三次产业比重调整为 11.0:34.7:54.3。

表 5-38 龙泉市近二年三次产业增加值及增速

	2018 年		2020 年	
	增加（亿元）	增速（%）	增加值（亿元）	增速（%）
第一产业	14.54	3.1	16.18	2.2
第二产业	47.61	9.7	51.13	0.1
第三产业	71.37	8.2	79.84	5.7

来源：龙泉市人民政府

龙泉市生态精品农业融合发展。其先后获省新时代美丽乡村示范县、省实施乡村振兴战略优秀县、省农产品质量安全放心县、省农业绿色发展先行市、省"河姆渡杯"粮食生产先进县、中国茶业百强县，农业增加值增长 2.3%。注重农旅融合，兰巨农业现代园区创成 3A 景区，全市建成省级现代农业园区 2 个，指导服务农家乐民宿"线上线下"恢复营业，荣获"丽水山居"分餐制大赛团体第三名。注重产业培育，累计培育龙泉市级以上农业龙头企业 65 家，其中国家级 1 家、省级 7 家。建成万亩生态旅游观光园、中华香菇博物馆、灵芝生产特色园，获评中国十大最美茶乡和全国重点产茶县。注重品牌引领，充分利用现有"国字号"金名片，加大投入，创意营销，打响做靓龙泉红、龙泉黑木耳、龙泉绿、龙泉灵芝等市域公用品牌。注重增产保供，加大商品蔬菜扶持力度，建成全省最大的龙南高山蔬菜集约化育苗中心，发展保障型蔬菜基地 500 亩。推进食用菌菌棒集约化加工，推进茶叶生产主体培育和品牌打造，"龙泉红"红茶实现"量增、价扬、畅销"；推进中药材种植扩面，编制"龙泉蜜橘"地方标准，中药材、水果产业发展势头良好。

第二产业主要以采矿业为代表迅速发展，2020 年全市实现地区生产总值（GDP）147.16 亿元，按可比价计算，同比增长 3.0%。其中：第一产业增加值 16.18 亿元，增长 2.8%；第二产业增加值 51.13 亿元，增长 0.1%；第三产业增加值 79.84 亿元，增长 5.7%。三次产业结构由上年的 10.8：36.9：52.3 调整为 11.0：34.7：54.3. 龙泉市位于武夷山成矿带的北东段，全境已完成 1：20 万区域地质和矿产调查，完成的 1：5 万区域地质调查占市域总面积 85% 以上。境内具有非常多的矿产资源，而且均比较集中，其中最具代表性的资源有：萤石、铅锌、金银以及瓷土等等。全市已发现矿产 22 种，矿床、矿（化）点 177 处，其中，有查明资源储量的矿产有 17 种，矿区（床）24 处，这些矿产地也成为龙泉市矿业发展的坚实基础。

第三产业以旅游业为代表繁荣发展。2020年龙泉市成功入选省级全域旅游示范县、省4A级景区城、省首批文旅产业融合试验区，龙泉青瓷文化生态保护区入选省级文化传承生态保护区创建名单，龙泉青瓷文化山地休闲度假发展试点入选省首批山地休闲度假发展试点名单，指导上垟镇、竹垟乡、宝溪乡等成功创建省4A级景区镇。2020年全年旅游总收入达124.4亿元，同比恢复至2019年的92.9%。

（三）著名人物

自古以来，龙泉英才俊贤辈出。宋朝天圣至咸淳251年间，龙泉一县就出进士248名，是中国科举史上的一大奇观；宋代永嘉学派主要代表和集大成者叶适、南宋诗人叶绍翁均为龙泉人。现展示部分龙泉名人如表5-39。

表5-39　龙泉名人

姓名	籍贯	突出贡献
何执中 （1044—1117年）	浙江龙泉	宋熙宁六年中进士甲科。历任工部、吏部尚书兼侍读。崇宁四年升尚书右丞，继任左相，后与蔡京并任左右相。何执中在位"戒边吏勿生事，重改作，惜人才。虽富贵不忘贫贱时，斥缗钱万，置义庄以赡宗族"，力主朝廷及各级官府"节浮费，宽民力"。卒后追封清源郡王
叶绍翁 （1224年前后）	浙江龙泉	所著《四朝闻见录》记述南宋高、孝、光、宁四朝轶事，补史书之缺。绍翁为"江湖派"诗人，尤擅七言绝句，其《游园不值》"应怜屐齿印苍苔，小扣柴扉久不开，春色满园关不住，一枝红杏出墙来"成为千古绝唱
季步高 （1906—1928年）	浙江龙泉	1922年考入上海大学，接受马克思主义，参加"五卅"运动，后入黄埔军校，加入中国共产党。1926年调省港罢工委员会。广州起义，任行动委员会委员、广州工农民主政府军事委员会军械处长。1928年任中共广州市委书记，同年当选为中共广东省委候补委员。旋去香港向省委汇报工作，不幸被捕，受尽酷刑，坚贞不屈，被杀害于广州

四、研学旅行

龙泉山位于浙江省龙泉市凤阳山内，其主峰黄茅尖海拔1929米，为江浙第一高峰。目前已开放龙泉大峡谷、荒野山庄、绝壁奇松、七星潭、黄茅尖、瓯江源等六大景区。景区内奇松异石、深潭飞瀑、云顶佛光及上千米高的自然天成的龙泉大佛，无不给人以震撼。设计以自然农耕之旅为主题的研学线路，如表5-40，让学生充分感受自然魅力，培养地理实践力和人地协调观。

表 5-40　自然农耕之旅研学路线

地点	研学内容	地理知识	设计意图
黄茅尖	攀登黄茅尖，观察记录每种植被类型的分布状况，感知山地垂直性地带分布规律	龙泉山山地基本上处于海拔 1000 米以上，其中海拔 1500 米以上的山地面积在 85% 以上，矗立在景区核心地段的武夷山系洞宫山脉主峰——黄茅尖，海拔 1929 米，为长三角第一高峰。从黄茅尖景区入口到峰顶，短短 50 分钟的游程，就可以欣赏到落叶常绿阔叶混交林、针阔叶混交林、山地矮林、山地灌草丛等植被分布带。一路上还可以观赏到鹅掌楸等珍贵树种和具有原始森林风貌的阔叶林	通过让学生亲临大自然，感受自然中的地理知识，帮助学生树立人地协调观，提升学生的地理实践力
龙泉大峡谷	观赏龙泉大峡谷景观，探寻峡谷成因	龙泉大峡谷景区位于浙江省丽水市境内，距绿野山庄约 3 千米，峡谷长约 10 千米。两岸雄峰耸立，谷底溪流激荡，大自然的鬼斧神工形成了百丈双折龙泉大瀑布。水击乱石，咆哮轰鸣，犹如叠水飞雪，巍巍壮观	
绝壁奇松	观赏松树奇观，探究所在自然地理环境对于生物生长的影响	绝壁奇松景区的特点可用三个字来概括，那就是：惊、险、奇。这里绝壁千仞，耸立苍穹；苍松万棵，缘壁而生。凤阳山是森林生态系统类型自然保护区，其天然植被群落丰富，而分布广泛的群落为黄山松。凤阳山的黄山松精华部分当属绝壁奇松。这里的松树，无论是从数量、树龄，还是从姿态、生长环境上来说，都不逊色于黄山	
披云山	1. 观察披云山的地质构造，判断岩石类型 2. 观看圣泉峰中的龙泉，思考此处泉水形成条件，教师补充地下水、高山冰雪融水等知识	1. 地构造单支浙东南褶皱带。受到地质构造和新构造的抬升影响基底由前泥盆纪变质岩系组成，到中生代被后原，陆相火山岩系所覆盖。其中穿插着中生代燕山期的侵入岩，以酸性岩为主 2. 气降水渗漏地下顺岩层倾斜方向流，遇侵入岩体阻挡，承压水出露地表，形成泉水。泉水为人类提供了理想的水源，同时也能构成许多观赏景观和旅游资源，如理疗泉，饮用泉等	
瓯江源景区	探寻瓯江源头	塔杉林向纵深走去，又是一片湿漉漉的大草甸，一踩就有一股小泉冒出来。根据地理学家的界定，这涵养水源的湿地就是瓯江的源头之一。再沿森林小道向纵深行进 500 米，可见周围山体渗漏形成一条一米宽的溪沟，沿峡谷蜿蜒而来。这龙泉湖的水就源于此，八百里瓯江汹涌澎湃，其源头却如此涓涓细流	

　　龙泉自古人文昌盛，龙泉是浙江省第 10 座国家历史文化名城，也是丽水市首座国家历史文化名城。龙泉是浙西南山水名城，拥有千年置县史，文化底蕴深厚，其中就包括安仁廊桥等古桥、炉岙村等村落和西街古街等一系列具有历史文化价值的古建筑。因此设计风情民俗之旅研学路线如表 5-41，让学生观察感知当地特色民风民俗，培养人地协调观。

表 5-41　风情民俗之旅研学路线

地点	研学内容	地理知识	设计意图
安仁廊桥	根据地理课上所学地貌的知识，判断此处为何地貌类型，并思考解释为何此处这种类型的地貌发育较好	由巨厚的红色砂岩、砾岩组成的方山、奇峰、峭壁、岩洞和石柱等特殊地貌的总称。岩石地貌类型之一。主要发育于侏罗纪到第三纪，产状水平或缓倾斜的红色陆相地层中。具有顶平、坡陡、麓缓的形态特点。其作为流水侵蚀地貌的典型代表 6500 万年前的新生代之后，喜马拉雅山造山运动使地壳普遍抬升，盆地面积不断缩小，湖水干涸，原先覆盖着厚厚红层的湖盆逐渐隆起，形成原始的东西岩山体。同时，地块内产生了一系列的垂向断裂，将红层山体切割成巨型岩块。伴随地壳抬升而发生的风化侵蚀、流水沿垂直节理带的下渗和冲刷、冰冻侵蚀、重力崩塌作用，就像一位技艺高超的艺术大师，将东西岩山体雕塑成城堡状、宝塔状、柱状、峰林状。"丹崖赤壁，峡谷洞天"，这就是地质运动造就的东西岩	提高学生学以致用的能力，培养学生的区域认知能力
炉岙村	体会农家乐，为村庄居民分发调查问卷，统计村民主要收入，感受地理环境对人类活动的影响	该村曾被评为浙江省农家乐特色村、浙江省最佳自然生态村、浙江省特色旅游村。现有农家乐经营户 19 家，其中星级农户 13 户，从业人员 80 多人。主要收入依靠农家乐	感受人地协调关系
西街古街	探访西街古街	西街是龙泉市历史老街，因地处城区西部而得名，东起新华街，西至中山路，呈东西走向，全长 1417 米，云水渠一"官圳"沿街穿流而过。西街最重要的历史文化遗存有云水渠、谢侯庙、永福社、天主堂、乌石庵、蔡家大屋周家大屋、云岩祖社、周家大屋等。整条街区的历史建筑以砖木结构、全木结构等传统建筑为主，两层居多，均为硬山双坡顶铺小青瓦，或带外挑廊窗，多数民居均有雀替牛腿支撑且雕刻精细，木门、木窗、木挑梁等木装饰独具特色	使学生感受到一方水土养育一方人，体验当地的人文精神和人文关怀

青田以青瓷文化、宝剑文化、香菇文化闻名于世，是中国陶瓷文化历史名城和浙江省历史文化名城。龙泉宝剑始创于春秋战国时期，以"坚韧锋利、刚柔并寓、寒光逼人、纹饰巧致"四大特色而成为"中华第一剑"。如表 5-42，设计以宝剑文化为主题的研学旅行路线，培养学生的区域认知和地理实践力。

表 5-42　宝剑文化之旅研学路线

地点	研学内容	地理知识	设计意图
龙泉剑池遗址	探访秦溪山、剑池、剑池亭和欧冶子将军庙，思考将军选择此地铸剑的原因	春秋时期龙泉属越地，有着得天独厚的铸剑条件。境内群山叠翠，溪流纵横，气候温和。山溪中蕴藏着含铁量极高的铁砂，被称为铁英，是铸剑的上好原料；茂盛的森林资源是铸剑所需的优质燃料；秦溪山下北斗七井，水质特异，用来淬剑特别坚韧；宝剑锋从磨砺出，龙泉山石坑特产亮石，用来砥砺刀剑锋刃锐利，寒光逼人。另外，龙泉山清水秀，气象幽绝，是难得的一方铸剑佳地。欧冶子在龙泉，受天之精华，地之气脉，得山川之灵秀，天地之精华，悉其技巧，终于铸成独步天下的龙渊剑。因此，才有三国时的曹植写诗赞道："美玉生磐石，宝剑出龙渊。"	人文地理的孕育离不开自然环境的作用，培养学生的区域认知能力

续表

地点	研学内容	地理知识	设计意图
宝剑博物馆	参观宝剑博物馆，了解剑的符号文化	剑作为"百兵之君"，不仅仅是一种兵器，亦是身份地位的标志、王权的象征。多少英雄豪杰、仁人志士，手持三尺龙泉，演出一幕幕威武雄壮的活剧。在历代文人的诗文中，以"剑"为意象，抒发凌云壮志，表现尚武英姿。在武侠手中，剑又是力量的象征，正义的化身，仗剑行侠傲笑江湖。因剑的种种神奇传说，披上了神秘的外衣，成了道教法器"神剑""剑仙"等法力无边的圣物	
白云岩	1. 下樟溪谷，观察此处地貌特点，思考地貌成因 2. 参观明月潭，在潭周围挑选石头，其带有孔（"恐龙蛋"），探究其形成原因 3. 白云瀑观察瀑布形态，判断其主要属于的侵蚀类型	1. 峡谷通常发育在构造运动抬升和谷坡由坚硬岩石组成的地段，当地面抬升速度与下切作用协调时，最易形成峡谷。主要是由于流水侵蚀和构造运动造成的 2. 在远古时代，这里曾经爆发过火山，岩浆凝固后就形成了这种奇形怪状的石头。由于带有气泡，为岩浆岩中的玄武岩 3. 该地的岩石主要是白云岩。白云岩，是一种沉积碳酸盐岩。主要由白云石组成，常混入石英、长石、方解石和黏土矿物。呈灰白色，性脆，硬度大，用铁器易划出擦痕。遇稀盐酸缓慢起泡或不起泡，外貌与石灰岩很相似。按成因可分为原生白云岩、成岩白云岩和后生白云岩。这里的瀑布形成属于溯源侵蚀，其白云岩的类型使得溯源侵蚀作用更易发挥其作用	感知自然环境的地理作用，培养地理实践力

　　龙泉青瓷始于三国两晋，盛于宋元，以"清澈如秋空、宁静似深海"的哥、弟窑瓷器享誉海内外，其中"哥窑"与著名的官、汝、定、钧并称宋代五大名窑。2006 年龙泉宝剑锻制技艺、龙泉青瓷烧制技艺双双成为首批国家级非物质文化遗产代表作；2009 年龙泉青瓷传统烧制技艺入选"人类非物质文化遗产代表作名录"，成为迄今为止全球唯一入选"人类非遗"的陶瓷类项目。2012 年龙泉黑胎青瓷与哥窑论证会认定：文献记载的哥窑就在浙江龙泉。以当地特有的青瓷文化作为主题，设计研学旅行路线如表 5-43 所示。

表 5-43　青瓷文化之旅研学旅行路线

地点	研学内容	地理知识	设计意图
中国青瓷小镇·披云青瓷文化	1. 探寻青瓷文化历史发展历程 2. 体验陶瓷制造流程	一部中国陶瓷史，半部在浙江；一部浙江陶瓷史，半部在龙泉。龙泉青瓷的烧制始于 1700 多年前，宋代达到鼎盛。是中国乃至世界陶瓷史上烧制年代最长、窑址分布最广、产品质量要求最高、生产规模和外销范围最大的青瓷历史名窑之一。龙泉具有代表性的窑器有弟窑和哥窑等。其窑器上具有出筋、镂空、跳刀等技艺。现代的龙泉青瓷忠实地继承了中国传统的艺术风格，在继承和仿古的基础上，更有新的突破，研究成功紫铜色釉、高温黑色釉、虎斑色釉、赫色釉、茶叶末色釉、乌金釉和天青釉等	让学生感知我国古代优秀传统文化，培养学生的家国情怀和地理实践力
龙泉青瓷博物馆、龙泉博物馆	参观青瓷博物馆，感受非物质文化遗产的宝贵	青瓷是最早烧制的瓷器品类，最能体现中华民族精神内涵和美学。龙泉青瓷作为中国最后一个青瓷窑系。在陶瓷史赢得一席之地	

第六节　寻金矿竹炭，访遂昌地理

一、地理位置与行政区划

遂昌县位于浙江省西南部，地理坐标为北纬28°13′—28°49′，东经118°41′—119°30′。县境极东至濂竹乡安门村黄长岗，极西至柘岱口乡际下村竹洋乌岗凹，极南至龙洋乡黄塔上村大高山，极北至北界镇登埠村猪凹岭。东靠武义县、松阳县，南接龙泉市，西邻江山县和福建省浦城县，北毗衢州衢江区、龙游县和金华婺城区，县域总面积2539平方千米。县政府驻地妙高街道，位于县境东部，海拔200米。县城距杭州296千米，距丽水96千米。龙丽高速公路和50省道、51省道穿境。

1949年5月8日，遂昌县城解放，属浙江省第三专区（1949年10月改称衢州专区），1955年3月改属金华专区。1958年10月松阳县并入。1963年5月改属丽水专区。1982年1月恢复松阳县，同属丽水地区（今丽水市）。

遂昌建县时，地域广阔，约含今县境全域和龙泉市、庆元县的大部，以及金华市原汤溪县的部分。史上隶属多次变更，县境迭有调整。1982年，遂昌、松阳两县分治后，始确定为今日之县域。2019年，全县辖2个街道、7个镇、11个乡、203个行政村。

二、自然地理环境

（一）地形地貌

遂昌县境内山地面积22.56万公顷，占88.83%，耕地面积1.03万公顷，占4.06%，水域面积1.8万公顷，占7.11%，素有"九山半水半分田"之称。地势西南高东北低，由龙泉和福建浦城入境的仙霞岭山脉横贯南北，展布全县。境内海拔千米以上山峰703座，其中1500米以上山峰39座。九龙山主峰海拔1724米，为浙江省第四高峰。

（二）水系径流

全县共有河流1467条，河道总长度2838千米，分属钱塘江、瓯江两大水系，遂昌又被称作"钱瓯之源"。西北部的乌溪江、洋溪源、周公源、湖山源和桃溪、官溪、桃源，属钱塘江水系，流域面积1865平方千米，占县域面积的73.45%；东南部的南溪、北溪、襟溪、濂溪，属瓯江水系，流域面积674平方千米，占县域面积的26.55%。乌溪江是县境内最大河流。全县水力资源蕴藏量40万千瓦，可开发利用26.5万千瓦，（不含乌溪江湖南镇水电站的 6 万千瓦）。全县共建成小水电站 108 座，总装机 24.61 万千瓦，年发电量 6 亿千瓦时，占总可开发量的 92.86%（表 5-44）。

表 5-44　县域主要水电站（装机容量 5000 千瓦以上）一览表

电站名称	站址	集雨面积（平方千米）	设计水头（米）	装机容量（千瓦）	投产日期
周公源一级	黄沙腰镇	162	108.41	25 000	2009.03
周公源二级	黄沙腰镇	269	41.63	12 600	2009.03
周公源三级	黄沙腰镇	336.4	50.28	16 000	2009.05
蟠龙水电站	焦滩乡	750	22.1	16 000	2011.12
金竹	金竹镇	45.9	182	6400	2010.11
碧龙源电站	龙洋乡	137.8	108.4	12 600	2005.07
成屏一级电站	妙高街道	185	58	13 000	1989.09
成屏二级电站	妙高街道	215	34	7600	1966.05
大溪坝电站	王村口镇	463	23.9	10 000	2013.07
应村电站	应村乡	118.3	213.7	32 000	2004.08

（三）气候特征

遂昌县境内气候属中亚热带季风类型，冬冷夏热，四季分明，雨量充沛，山地垂直气候差异明显。白马山、南尖岩、九龙山等高山地区终年无高温天气，是夏季避暑胜地。县境雨量充沛，空间分布不均，县城年均降水量 1559mm，年均雨日 175 天。主要降水集中在 3 月至 9 月，6 月降水量最多。县城多年平均日照 1755 小时。平均霜期 114.5 天，无霜期 251 天。县内主要气象灾害有台风、暴雨、雨雪冰冻、春季低温阴雨、夏秋季高温干旱、汛期洪涝及局部冰雹、大风等。另外，由不利气象条件引发的地质灾害、农业气象灾害、森林火灾等次生灾害和衍生灾害也较为严重。随着全球气候变暖，遂昌极端天气事件增多，气象灾害的发生频率和影响程度呈现增加趋势。据史料记载，自宋、元以来，全县共出现较大水灾 68 次，旱灾 59 次，较大范围降冰雹 26 次。

（四）自然资源

遂昌县土地资源较为丰富。县土地面积 25.4 万公顷，人均占有 17 亩，为全省人均占有陆地面积的 4.7 倍。地貌以中山为主，群山耸立，间有低山、丘陵、岗地和谷地。其中林业用地 84.71%、农业用地占 8.77%、居民点及工矿用地占 1.10%、交通用地占 0.37%、水域占 1.85%，未利用地占 3.20%。90% 以上地面为植物或水面覆盖，生态环境优越。土壤种类有红壤、黄壤、岩性土、潮土、水稻土等 5 个土类，11 个亚类、34 个土属、70 个土种，并有明显的分布范围。海拔 800 米以上的主要是黄壤。黄、红壤土分别占全县土壤分布总面积的 43% 和 48%，适宜发展林业生产和茶果等经济特产。水稻土占 9%，主要种植粮食作物；岩性土、潮土占土壤面积的 0.25%，对生态环境和经济发展无明显影响。

遂昌县森林资源丰富。遂昌是浙江省传统林业大县和重点林区县，有林业用地面积 22.13 万公顷，占土地总面积的 87.1%，其中生态公益林 13 万公顷，占林业用地的 58.8%，比重全省第一，建设规模全省第二。林木蓄积总量 779 万立方米，并以每年近 25 万立方米的速度增长。遂昌另有四个国有林场和九龙山国家级自然保护区。

遂昌是浙江省矿产资源比较丰富的县之一。如表 5-45 所示，已发现矿种 30 余种，矿床和矿点 100 多处，主要有金、银、铅、锌、钴、萤石和花岗岩等矿产，境内有两个萤石矿田（湖山萤石矿田和黄沙腰萤石矿田）和一处大型黄金矿山基地，是浙江省黄金、白银、萤石的主要产地。"十二五"期间，遂昌县地质找矿取得重大进展，新探明一批萤石、铅锌和地热等矿产地，新增萤石资源量 500 多万吨，新增铅锌矿金属量 15 万吨。地热矿产地 2 处，其中探明 1 处日出水量达 1500 吨/天，井口温度 40.3℃，是浙江省近年发现的一个日出水量最大，温度较高，具有开发价值的温泉。遂昌金矿在西块段发现 V-4 矿体，增加黄金 962 公斤，银 6.76 吨，在中块段探明一处中型铅、锌矿产，铅锌金属量 15 万吨。全县现有矿山 16 家，独立选厂一家。其中金属类矿山 2 家，遂昌金矿为采、选、冶联合企业。萤石类矿山 10 家，配套选厂 2 家，规模分别为 300 吨/日和 200 吨/日。花岗岩建筑类矿山 4 家。此外，黄金和温泉旅游具有良好的矿业发展潜力。

表 5-45　县域主要矿藏及储量

矿产名称	保有金属量(吨)	保有资源量(千吨)	主要分布
金	3.83824	299.69	濂竹乡冶岭头银坑山矿区
银	172.94	8717.04	濂竹乡冶岭头银坑山矿区和应村乡金田寺
铅	86 054.47	8319.90	濂竹乡冶岭头银坑山矿区
锌	205 168.6	8319.90	濂竹乡冶岭头银坑山矿区
钴	525.2	1370.63	应村乡金田寺（全省唯一有钴储量的矿山）
萤石	4 234 020	9258.27	湖山萤石矿田和黄沙腰萤石矿田
花岗岩		25 164.55	主要分布在云峰街道北部

三、人文地理环境

（一）人口发展

第七次全国人口普查全县常住人口为 194 385 人，如表 5-46 所示，与 2010 年第六次全国人口普查的 190 165 人相比，十年共增加 4220 人，增长 2.22%，年平均增长率为 0.22%。

表 5-46　遂昌县近三次人口普查数据

	全县常住人口	家庭户人口	男性人口	女性人口
第五次	207 087	69 111	109 014	98 073
第六次	190 165	70 191	97 241	92 924
第七次	194 385	78 203	99 820	94 565

户别构成人口呈现下降趋势。全县共有家庭户 78 203 户,集体户 1690 户,家庭户人口为 185 106 人,集体户人口为 9279 人。平均每个家庭户的人口为 2.37 人,比 2010 年第六次全国人口普查 2.62 人,减少 0.25 人。

性别构成方面,男女性别比例进一步不平衡。县常住人口中,男性人口为 99 820 人,占 51.4%;女性人口为 94 565 人,占 48.6%。总人口性别比(以女性为 100,男性对女性的比例)为 105.56,与 2010 年第六次全国人口普查相比上升 0.91。

年龄构成如表 5-47 所示,在全县常住人口中,0 ~ 14 岁人口为 25 597 人,占 13.17%;15 ~ 59 岁人口为 115 737 人,占 59.54%;60 岁及以上人口为 53 051 人,占 27.29%,其中 65 岁及以上人口为 37 920 人,占 19.51%。与 2010 年第六次全国人口普查相比,0 ~ 14 岁人口的比重下降 2.34 个百分点,15 ~ 59 岁人口的比重下降 6.32 个百分点,60 岁及以上人口的比重上升 8.66 个百分点,65 岁及以上人口的比重上升 6.31 个百分点。

表 5-47　遂昌县人口年龄构成

年龄(岁)	人口数(人)	比重(%)
总计	194 385	100.00
0 ~ 14 岁	25 597	13.17
15 ~ 59 岁	115 737	59.54
60 岁及以上	53 051	27.29
其中:65 岁及以上	37 920	19.51

城乡构成上城镇化水平迅速发展。全县常住人口中,居住在城镇的人口为 106 969 人,占 55.03%;居住在乡村的人口为 87 416 人,占 44.97%。与 2010 年第六次全国人口普查相比,城镇人口增加 31 658 人,乡村人口减少 27 438 人,城镇人口比重上升 15.43 个百分点。

(二)产业特色

如表 5-48 所示,2020 年,遂昌县生产总值(GDP)为 130.81 亿元,按可比价格计算,比上年增长 3.4%。其中,第一产业增加值 12.18 亿元,增长 2.5%;第二产业增加值 46.84 亿元,增长 0.4%;第三产业增加值 71.78 亿元,增长 6.1%。三次产业增加值结构调整为 9.3∶35.8∶54.9。

表5-48　遂昌县近二年三次产业增加值及增速

	2018 年		2020 年	
	增加值（亿元）	增速（%）	增加值（亿元）	增速（%）
第一产业	11.06	3.0	12.18	2.5
第二产业	43.33	13.9	46.84	0.4
第三产业	62.14	14.8	71.78	6.1

来源：遂昌县人民政府。

遂昌县历属传统农业地区，长期以来农民以种植粮食为主，稻谷为大宗产品，其次为玉米、番薯、马铃薯、豆类和小麦等。如表5-49所示，茶叶为遂昌县主要经济特产，大柘镇、石练镇、妙高街道为遂昌县主要茶叶产区。遂昌县先后获称"中国竹炭之乡""中国菊米之乡""中国茶文化之乡"，被评为浙江省农业特色优势产业综合强县，是全省最大的杂交稻制种基地、全省无公害高山蔬菜主产区。

表5-49　2016—2019年遂昌县农业产值表

项　　目	单位	2016 年	2017 年	2018 年	2019 年
农业总产值	万元	168 708	174 713	174 801	187 456
造林面积	亩	6611	3932	1141	971
主要农产品产量					
粮食	吨	46 123	46 548	48 968	53 163
其中：谷物	吨	34 833	35 048	37 904	40 130
油料	吨	951	1090	1136	1198
其中：油菜籽	吨	639	797	846	878
茶叶	吨	9951	10 963	11 793	12 266
蔬菜	万吨	9.14	9.26	9.37	9.37
水果	吨	8097	9817	9932	9499
其中：柑橘	吨	858	650	543	508
水产品	吨	1483	1730	2326	2491
畜禽肉	吨	6224	6243	5830	5767
猪年末存栏数	万头	4.16	3.78	3.72	3.70

遂昌县规模以上工业增长较快，如表5-50所示，完成产值150.97亿元，比上年增长35.2%。规模以上工业主要行业呈现"四增一降"态势。其中，黑色金属冶炼和压延加工业完成产值74.64亿元，增长47.8%；金属制品业和化工产品制造业分别完成产值23.18亿元和9.49亿元，分别增长21.1%和26.1%；电力生产和供应业完成产值6.61亿元，增长11.4%；计算机、通信和其他电子设备制造业完成产值5.56亿元，下降1.9%；有色金属冶炼和压延加工业完成产值9.76亿元，增长82.0%。全年规模以上工业增加值

23.93 亿元，增长 16.8%，增速居全市第 2 位。全年建筑业增加值 7.95 亿元，比上年增长 8.9%。

表 5-50　2014—2019 年遂昌县工业产值表

项　目	单位	2014 年	2015 年	2016 年	2017 年	2018 年	2019 年
全部工业总产值	万元	2 080 616	1 617 800	1 712 390	1 407 314	1 842 307	1 856 773
规模以上工业总产值	万元	1 699 841	1 351 433	1 416 814	1 096 940	1 516 420	1 691 518
其中：轻工业	万元	51 105	61 100	70 355	78 488	83 098	101 985
重工业	万元	1 562 623	1 290 334	1 346 459	1 018 452	1 433 321	1 589 532
规模以下工业总产值	万元	380 775	266 367	295 577	310 374	325 887	165 255
发电量	万度	28 098	33 818	28 938	21 827	14 608	27 590
人造板	立方米	216 626	174 673	123 440	43 052		
机制纸纸板	吨	35 834	31 394	27 356	29 012	26 254	26 725
成品钢材	吨	418 892	36 991	329 624	234 255	392 214	1 661 231
规模以上工业企业家数	家	52	50	53	60	66	82
规模以上工业企业平均数	人	11 457	10 585	9485	10 753	10 826	11 356
全社会用电量	万千瓦时	81 492	77 268	8194	85 877	102 386	102 554
其中：工业用电量	万千瓦时	64 259	58 197	59 010	61 213	72 555	72 795

遂昌是浙江省矿产资源比较丰富的县之一。如表 5-51 所示，已发现矿种 30 余种，矿床和矿点 100 多处，主要有金、银、铅、锌、钴、萤石和花岗岩等矿产，境内有两个萤石矿田（湖山萤石矿田和黄沙腰萤石矿田）和 1 处大型黄金矿山基地，是浙江省黄金、白银、萤石的主要产地。

表 5-51　县域主要矿藏及储量

矿产名称	保有金属量（吨）	保有资源量（千吨）	主要分布
金	3.83824	299.69	濂竹乡冶岭头银坑山矿区
银	172.94	8717.04	濂竹乡冶岭头银坑山矿区和应村乡金田寺
铅	86 054.47	8319.90	濂竹乡冶岭头银坑山矿区
锌	205 168.6	8319.90	濂竹乡冶岭头银坑山矿区
钴	525.2	1370.63	应村乡金田寺（全省唯一有钴储量的矿山）
萤石	4 234 020	9258.27	湖山萤石矿田和黄沙腰萤石矿田
花岗岩		25 164.55	主要分布在云峰街道北部

（三）著名人物

遂昌县人文积淀深厚，历史文化名人辈出。近现代以来为中国革命奋斗牺牲者亦不在少数，他们参与构建了遂昌的历史人文氛围。现展示部分遂昌名人，如表 5-52 所示。

表 5-52　遂昌名人

姓名	籍贯	突出贡献
吴世涵 （1798—1855年）	遂昌县石练	清道光八年（1828）会试，中举人第二名，士人称为"文坛飞将"。道光二十年进士出任博陵、通海、太和（今大理市）、会泽县知县。持躬俭约、居官不改寒素风。为政务以德化，不尚严酷，勤政爱民，颂声遍榆城，谓廉静之吏。工诗文，不轻着笔。因奔父丧，航途中暑，不救而卒。著有《又其次斋诗文集》《宜园笔记》《平昌诗草》等
程宗波 （1915—1967年）	浙江遂昌县	程宗波自入伍至1949年全国解放，历经十多年艰苦岁月，参加多次战斗，多次化装商人外出探听消息或同上级组织联系，几次陷入困境，他作战机智勇敢，胆大心细，都能巧妙地化险为夷。一次在龙泉太宁乡受到国民党保安团100多人包围，机枪密集射来，他临危不惧，机智地跳楼突围
吴瑶 （1900—1948年）	遂昌王村口镇山前村	少年即有抱负，倔强勇敢，酷好读书，尤工书法。在省立十一中学就读时，受五四运动新思潮影响，在丽水被开除学籍。辍学后流落上海，设摊代笔度日。1924年考取黄埔军校第一期，1926年春参加北伐，编入第一路军教导第一团，历任中尉班长、连长，随部队先后攻克淡水城、惠州城。抗日战争期间，参加淞沪、台儿庄战役，以及徐州、武汉会战。历任八十三师参谋长、副师长、代理师长

四、研学旅行

遂昌有"仙县"之称，自然和人文景观交相辉映，旅游资源丰富。拥有"金木水火土"五行旅游资源："金"是黄金之旅（遂昌金矿国家矿山公园）；"木"是森林元素（南尖岩、神龙谷、千佛山、竹炭博物馆等）；"水"是水体旅游资源（湖泊、温泉、瀑布、漂流等）；"火"是众多红色遗存（中共浙西南第一个支部、第一个县委、王村口挺进师革命遗址群、门阵国共和谈旧址等）；"土"是遂昌县特色鲜明的原生态农产品和乡村休闲旅游。结合当地的资源禀赋特征，设计了两条主题线路，如表 5-53 所示，第一条即为探索自然景观，注重学生综合思维和地理实践力的培养。

表 5-53　自然景观之旅线路

研学地点	研学内容	地理知识	设计意图
南尖岩	地貌探险：参观天柱峰、神坛峰、千丈岩、小石林、神龟探海等多处奇峰异石构成的地貌景观，结合当地的地理环境，探究背后地理原理	以小石林为例，其属于典型的喀斯特地貌，石林的形成是在有利的地质、气候和水文条件下，可溶性岩石——碳酸盐岩被两组以上垂直裂隙切割，又经水、生物等沿裂隙溶蚀，随着溶沟的加深加宽，石柱被分隔出来而成为形态万千的石林奇观	培养学生发现自然之美，激发学习地理的兴趣，培养学生学以致用，增强社会责任感，形成正确的人地观念。培养地理实践力和人地协调观

研学地点	研学内容	地理知识	设计意图
神龙谷	瀑布之旅：参观观察有"华东第一飞瀑"之誉的神龙瀑，探究其成因	受岩石类型的差异，河流跨越许多岩相边界。河流从坚硬的岩石河床流向比较柔软的岩石河床，较软的岩石河床很可能被侵蚀更快，并且两种岩石类型相接处的坡度更陡。当河流改变方向并露出不同的岩石河床间的相接处时，便会产生瀑布	
千佛山	生物发现：利用形色识花软件，识别不同的植物类型。归纳总结亚热带常绿落叶林的特点	当地有竹海、针阔混交林、古松为主的动植物160多科，1100多种构成的生物景观。常绿阔叶林主要分布在亚热带季风气候，夏季炎热多雨，冬季温和且无明显干季，与热带雨林相比，垂直结构简单，藤本植物、附生植物较少，少板根和茎花现象	

"生态之窗·康养遂昌"县域品牌逐步打响，县域知名度和美誉度不断提升，先后获得中国最佳生态旅游县、中国旅游文化示范地、中国十大县域旅游之星、中国十大特色休闲基地、美丽中国十佳旅游县、中国绿色名县、中国最美特色旅游小城、全省美丽乡村示范县等荣誉。根据遂昌健康养生宜居的特征，设计康养遂昌之旅研学线路如表5-54所示，培养学生的地理实践力和人地协调观。

表 5-54　康养遂昌之旅线路

研学地点	研学内容	地理知识	设计意图
中国竹炭博物馆	教师带领学生参观了解竹炭的历史起源、文化背景、当下竹炭的科学应用	地球温暖化、臭氧层的破坏、戴奥辛或环境荷尔蒙所造成的损害等更加速地球环境的恶化，将竹炭用于环保，能保护土壤和水免于污染，对人类的健康也有很好的影响	
红星坪温泉度假村	参观体验温泉度假村，解释当地形成温泉的原因，并了解温泉的产生对当地居民生产方式的影响	形成机理是大气降水渗入地壳断层深处，与地下热浆接触后经过长期的演变、渗透，最终转移到地表形成的。红星坪温泉泉水，是源自地下400米，通过机械抽取、管道保温，输送至各温泉池	通过参观体验康养遂昌，让学生思考感知遂昌的人地关系，培养学生的家国情怀和人地协调观
高坪新村	体验高坪新村农家乐，组织学生发放调查问卷，认识地理特定地理环境塑造的人类生产生活方式	收入来源主要包含高山蔬菜、农家乐经营、商业贸易、粮食产出等。其适宜的气候与土壤造就了其农业的发展，现代交通和科技的发展造成了农家乐的兴盛	

第七节　品古今石雕，探水秀青田

一、地理位置与行政区划

青田县地处温州市西部，在丽水东南部。地理坐标为北纬 27°56′—28°29′，东经 119°41′—120°26′之间。青田县面积 2493 平方千米。东接永嘉、瓯海，南濒瑞安、文成，西连景宁、丽水，北靠缙云县。县政府所在地距离温州市区约 50 千米，距离丽水 70 千米，距离杭州 350 千米。

最早当为南北朝（宋）郑缉之的《永嘉郡记》："青田有草，叶似竹，可染碧，名为竹青，此地所丰，故名青田。"北宋《太平寰宇记》载：青田县"旧六乡，今三乡，本松阳、括苍二邑之地，景云中析置，因青田山以为名。"清康年间纂修的《青田县志》载："青田山，县北一里。旧志：山下有田，产青芝，故名。"

青田县行政区划几经变迁，如表 5-55 所示，五代至宋，青田隶属不变。元代，青田属江浙行中书省处州路。明代，属浙江承宣布政使司处州府。清康熙六年（1667 年）属温处道处州府。1911 年 11 月，青田属浙江军政府处州军政分府。1948 年 5 月，属第五（温州）行政督察区。1949 年，隶属温州专区。1963 年 5 月，属丽水专区。

表 5-55　行政区划变迁表

时间	行政区划变迁
2000 年	青田县辖 10 个镇、23 个乡
2002 年 1 月	撤销腊口镇、石帆乡，设立新的腊口镇；撤销阜山乡、双垟乡、设立新的阜山乡。2002 年 3 月 12 日起青田县开展行政村区划调整工作；至 7 月初，全县 27 个乡镇的行政村区划调整基本完成，从原来的 622 个减少到 436 个，撤销行政村 186 个
2002 年	青田县面积 2484 平方千米，人口 47.31 万人，辖 10 个镇、21 个乡，14 个社区、9 个居民区、436 个行政村
2003 年 3 月	县委、县政府授权成立油竹新区管理委员会，对新区实行统一领导、统一规划、统一开发，全面管理辖区范围内的政治、经济和社会发展等各项事业
2003 年 12 月 31 日	全县总面积 2484 平方千米，总人口 47.2 万人，辖 10 个镇、1 个管委会、21 个乡、17 个社区（居民区）、436 个行政村
2004 年 6 月 4 日	浙政函〔2004〕91 号批复同意青田县部分行政区划调整：（1）调整北山镇行政区划。行政区域不变，所辖行政村由 30 个减为 21 个，镇政府驻地由北山村迁至泉山村。（2）调整岭根乡行政区划。行政区域不变，所辖行政村由 12 个减为 5 个，乡政府驻地由岭根村迁至黄驮山村井坪
2012 年	青田县实施撤镇建街道区划调整，撤销鹤城镇，设立鹤城、瓯南、油竹 3 个街道。全县总面积 2493 平方千米，现辖 3 街道、9 镇、21 乡，414 个行政村，总人口 51.44 万

时间	行政区划变迁
2013 年 5 月 31 日	浙政函〔2013〕84 号批复同意撤销岭根乡建制，其行政区域并入北山镇。调整后，北山镇辖 21 个行政村，镇政府驻地不变（泉山村）
2019 年 1 月 10 日	浙政函〔2019〕3 号、丽政函〔2019〕3 号等文件批复同意撤销祯埠乡建制，设立祯埠镇，以原祯埠乡的行政区域为祯埠镇的行政区域。同意调整船寮镇管辖范围，划出仁川、雷石、西村 3 个行政村。同意调整瓯南街道管辖范围，划出上岸、白浦、陈学 3 个行政村。同意撤销石溪乡建制，设立三溪口街道。调整后，三溪口街道辖 14 个行政村（原石溪乡的 8 个行政村、船寮镇划出的 3 个行政村及瓯南街道划出的 3 个行政村），办事处驻溪口村 1 号
2019 年 7 月	青田县实施村规模调整，全县行政村总数从 414 个减少至 363 个
2021 年	青田县现辖 4 个街道、10 个镇、18 个乡、363 个行政村。全县总面积 2493 平方千米

二、自然地理环境

（一）地形地貌

青田是以丘陵低山为主的地形，俗称"九山半水半分田"。面积 2493.34 平方千米，丘陵山地占 95.31%，海拔 50 米以下的河谷平原占 4.64%，山间盆地占 0.05%。耕地约 19 万亩，占县境面积的 5%。以船寮、东源为中心，东南至大路，西至石盖、芝溪，北至季宅南北长 24 千米，面积 152 平方千米，为青田的最大河谷平原，海拔 25～50 米，是重要的农业区。小溪沿岸，从湖边到岭根长约 53 千米，为青田最长的河谷平原，面积 132.5 平方千米，海拔 25～100 米。阜山盆地面积 48.7 平方千米，是青田最大的山间盆地。海拔 465～520 米，年平均气温 15.5℃，七月平均气温 26℃。是重要的"高山蔬菜"的生产基地和避暑胜地。县境内海拔 800～1000 米的山峰 38 座，超过 1000 米的山峰 42 座。位于章村源的八面湖，海拔 1389 米，是青田第一高峰。

（二）水系径流

青田水能资源十分丰富，全县可开发的水能资源有 120 多万千瓦。现已建成投产的水电站 74 座，总装机近 7.3 万千瓦。青田重要的水系江河有：大溪瓯江中游的河段。从丽水入县境后至湖边与小溪汇合止。县境段长度 56.4 千米，落差 30.1 米。有 12 条支流，流长超过 15 千米的有管庄源（23.8 千米），章村源（28.75 千米），祯埠港（23.6 千米），官坑源（16.2 千米），海口源（15.6 千米），雄溪源（16.9 千米），船寮港（38.1 千米）共 7 条。小溪是面江最大的支流。从景宁入县境至湖边与大溪汇合，县境段长 47.3 千米，落差 47 米，水力资源丰富。有支流 10 条，流长超过 15 千米的有岭根坑（19.15 千米）、万阜坑（15 千米），阜口源（约 18 千米），张口源（21.4 千米），仁村源（16.1 千米），大奕源（18.6 千米）共 6 条。大溪与小溪在湖边汇合后流至温溪入永嘉县境。县境段长

26.2 千米，落差 7.6 米。有支流 6 条，流长超过 15 千米的有四都港（40.8 千米），贵吞源（16.5 千米）。丰富的水力资源，为在青田境内建造水电站提供了得天独厚的条件。已建成中小型水电站多座，其中有 2 座曾动工和规划的大型水电站，是青田人民盼望和梦寐以求的建设项目。

瓯江水电站是 1958 年 6 月国家水利电力部批准的开发方案。电站坝址在县城西门外，设计坝高 135 米，顶长 620 米，总装机容量 135 万千瓦，年发电量 40.8 亿度。1958 年冬季曾全面动工兴建，后因遇到国家三年经济困难，于 1962 年 3 月决定停建。

金坑水电站位于季宅乡水牛塘村，总投资 2257 万元，1984 年 10 月建成发电，水库总容量 2420 立方米，年发电量 1700 万度。

滩坑水电站位于北山镇滩坑村，20 世纪 70 年代开始勘探，90 年代规划设计。目前正在积极准备上马兴建，前期的准备工作已经展开。设计总库容 41.5 亿立方米，总装机容量 60 万千瓦，年发电量 10 亿多度，工程总投资 48.3 亿元。仅次于 66 万千瓦的新安江水电站，是浙江省目前最大的水利建设项目。

（三）气候特征

青田属中亚热带季风气候区，温暖湿润，四季分明，适于滋养万物。县城年平均气温 18.3℃，最冷的 1 月份平均气温 7.7℃，极端最低气温 -5.3℃（1973 年 12 月 26 日），最热的 7 月份平均气温 28.7℃，气温 41.4℃（1961 年 7 月 24 日）。10℃以上的生长积温县城为 5804.3℃，很有利于农业生产。县城年平均无霜期 279 天，平均初霜日期是 11 月 30 日，终霜日期是 2 月 23 日。县城地面年平均温度 20.4℃，地面极端最高温度 69.7℃（1984 年 7 月 29 日），极端最低温度 8℃（1981 年 1 月 3 日）。全县各地年平均降水量 1400~2100mm，1957 年年降水量 2874.8mm。日降水量最大的在小佐，降水 509.7mm（1962 年 9 月 5 日）。县城年平均日照时数 1841 小时，日均 5 小时多。

（四）自然资源

青田县矿产资源丰富。国内外少见的叶蜡石青田的矿产资源，已发现有钼矿等 33 种，206 处。其中非金属矿尤为丰富，主要有叶蜡石、萤石、高岭土、石灰岩、花岗岩等。高岭土也称疏土，主要分布于配江两岸，是较好的陶瓷原料和橡胶填充料。

三、人文地理环境

（一）人口发展

第七次全国人口普查显示，如表 5-56 所示，全县常住人口为 509 053 人（其中：华侨人口 146 108 人），与 2010 年第六次全国人口普查的 336 542 人相比，十年共增加 172 511 人，增长 51.26%，年平均增长率为 4.23%。（如剔除华侨人口，十年共增加 26 403 人，增长 7.85%，年平均增长率为 0.76%）。

表 5-56　青田县近三次人口普查数据

	全县常住人口	家庭户人口	男性人口	女性人口
第五次	361 062	114 440	109 014	173 347
第六次	336 542	115 546	174 912	161 630
第七次	509 053	203 422	263 277	245 776

户别构成上，全县共有家庭户 203 422 户，集体户 5481 户，家庭户人口为 486 670 人，集体户人口为 22 383 人。平均每个家庭户的人口为 2.39 人，比 2010 年第六次全国人口普查户均 2.69 人减少 0.3 人。

性别构成上，在全县常住人口中（含华侨人口），男性人口为 263 277 人，占 51.72%；女性人口为 245 776 人，占 48.28%。总人口性别比（以女性为 100，男性对女性的比例）为 107.12，与 2010 年第六次全国人口普查相比下降 1.1。

城乡构成方面，在全县常住人口中（含华侨人口），居住在城镇的人口为 270 319 人，占 53.1%；居住在乡村的人口为 238 734 人，占 46.9%。与 2010 年第六次全国人口普查相比，城镇人口增加 125 242 人，乡村人口增加 47 269 人，城镇人口比重增加 10.0 个百分点。

年龄构成方面如表 5-57 所示，在全县常住人口中（含华侨人口），0～14 岁人口为 86 734 人，占 17.04%；15～59 岁人口为 326 419 人，占 64.12%；60 岁及以上人口为 95 900 人，占 18.84%，其中 65 岁及以上人口为 68 070 人，占 13.37%。与 2010 年第六次全国人口普查相比，0～14 岁人口的比重下降 2.71 个百分点，15～59 岁人口的比重上升 1.84 个百分点，60 岁及以上人口的比重上升 0.87 个百分点，65 岁及以上人口的比重上升 0.33 个百分点。

表 5-57　全县人口年龄构成

年龄（岁）	人口数（人）	比重（%）
总计	509 053	100
0～14 岁	86 734	17.04
15～59 岁	326 419	64.12
60 岁及以上	95 900	18.84
其中：65 岁及以上	68 070	13.37

（二）产业特色

初步核算，如表 5-58 所示，2020 年主要经济指标增长情况如下：GDP 总量 249.1 亿元，可比增长 2.5%。

表 5-58　青田县近二年三次产业增加值及增速

	2016 年		2018 年	
	增加值/亿元	增速/%	增加值/亿元	增速/%
第一产业	8.2	2.6	11.06	3.0
第二产业	118.0	7.0	43.33	13.9
第三产业	84.1	9.6	62.14	14.8

来源：青田县人民政府。

服务业增加值 141.3 亿元，可比增长 5.1%。农林牧渔业增加值 10.1 亿元，增长 2.9%。规模以上工业增加值增长 0.5%。一般公共预算收入 19 亿元，下降 9.5%。社会消费品零售总额 106.4 亿元，下降 12.9%。全社会用电量 16.9 亿千瓦时，增长 2.7%。人民币存贷款余额分别为 801.4 和 336.1 亿元，分别增长 16.1%和 16%。出口总额 73.7 亿元，增长 9%。城乡常住居民人均可支配收入分别为 49 728 元和 27 215 元，分别增长 3.7%和 7.9%。

农业迅速发展。如表 5-59 所示。2018 年，全县实现农业增加值 8.8 亿元，比上年增长 3.1%。全年农作物播种面积 15 235 公顷，其中，粮食种植面积 8322 公顷，比上年增长 2.8%，粮食总产量 41 903 吨；果用瓜种植面积 470 公顷，比上年下降 5.6%；蔬菜种植面积 4707 公顷，比上年增长 0.8%；茶叶产量 307 吨，比上年增长 21.8%；油茶产量 9888 吨，比上年增长 3.4%；果园面积 8811 公顷，比上年下降 0.1%，其中，杨梅面积 4842 公顷，比上年增长 0.3%，产量 14 499 吨，比上年增长 4.4%。

表 5-59　2018 年主要农产品产量

指标	产量（吨）	比上年增减（%）
粮食	41 903	4.9
油料	943	4.6
其中：油菜籽	576	3.8
蔬菜	171 660	0.7
茶叶	307	21.8
油茶籽	9888	3.4
水果	66 407	2.6
其中：柑橘	28 230	4.4
杨梅	14 499	4.4
肉类	8375	1.8

续表

指标	产量（吨）	比上年增减（%）
其中：猪牛羊肉	7721	1.2
禽蛋	1164	11
水产品	4583	16.9

第二产业主要以高技术、高新技术、装备制造业和战略性新兴产业为主。2018 年，规模以上工业增加值增长 11.1%。销售产值增长 19.1%，其中出口交货值增长 64.8%。规模以上工业中，高技术、高新技术产业、装备制造业和战略性新兴产业增加值分别增长 7.6%、14.4%、22.2%和 25.3%，占规上工业的 0.6%、31.9%、15.8%和 20.1%。新产品产值率 53.2%，比上年下降 8.5 个百分点。十七大重点传统制造业增加值增长 17.37%。规模以上工业企业利润比上年降低 4.1%。其中，战略性新兴产业增长 84.5%，装备制造业下降 61.9%，高新技术产业下降 55.8%。全员劳动生产率 19.6 万元/人，比上年增长 17.9%。全年全社会建筑业实现增加值 13.1 亿元。全年全社会用电量 15.8 亿度，比上年增长 18.8%，其中，工业用电量 9.8 亿度，比上年增长 20.5%。

第三产业也快速发展。2018 年全年交通运输、仓储和邮政业增加值 7.6 亿元，比上年下降 6.1%。2018 年末，全县公路总里程 2457.8 千米，其中，高速公路 67.3 千米、二级公路 165.2 千米、三级公路 39.1 千米，四级公路 625.0 千米，准四级公路 1561.2 千米。全县公路货物周转量 18.45 亿吨千米，公路旅客周转量 2.43 亿人千米。铁路客运量 152.8 万人，货运量 45.4 万吨。全年完成邮电业务收入 3.1 亿元，其中，邮政业务收入 0.5 亿元，电信业务收入 2.6 亿元。年末本地固话用户 50 173 户，移动电话用户 376 499 户。固定互联网宽带用户总量 116 764 户。2018 年实现旅游总收入 140.5 亿元，比上年增长 28.8%。旅行社实现地接游客 8 万人，增长 50.9%。

（三）著名人物

"一水绕城南，春风满渡头。往来人似鲫，终日不停舟。"是对名人之乡——青田的真实写照。古往今来，在永恒的山水间，青田一批批名人、贤士、高官诞生于瓯江两岸，传名于大江南北，构筑了千百年来独特的人文景象。如表 5-60 所示，展示部分青田名人。

表 5-60　青田名人

姓名	籍贯	突出贡献
汤思退 （1117—1164 年）	青田县城西门	汤思退一生博学多才，诗书画兼佳。他的《菩萨蛮：水月寺》词，被选人清朱彝尊编的《词综》内，成为传世的宋词佳作。今《中国美术家人名辞典》说他"工书"，王士贞藏宋贤遗墨中有其手迹。他行世的著作《永佑陵迎奉录》十卷，《宋史》艺术杂志有收录

续表

姓名	籍贯	突出贡献
陈言 （1121—1190 年）	浙江青田县	陈言是一位儒、医兼通，又精于临证的医学家，在当时极有影响。他的主要著作《三因极一病证方论》确定了他在中医学中的地位。此书继承、发展了《黄帝内经》《伤寒杂病论》等的病因学理论，创立了病因分类的"三因学说"。并以病因为纲，脉、病、证、治为目建立了中医病因辨证论治方法体系。实践了其由博返约、执简驭繁的方剂学治学思想与学术理念
蒋继周 （1134—1194 年）	青田烊心村	蒋继周一生笃学不倦，著述亦多，流传于世。著有：《中丞奏书》十卷，《礼记大义》七卷，《经筵讲义》五卷。从他的著作来看，对我国古典名著的《礼经》《诗经》有深入研究。他的事迹被载入《南宋书》《经义考》等史书。在现代被编入《中国语文学家辞典》
陈琪 （1878—1925 年）	浙江青田	在他并不漫长的人生中，在中国近代政治、经济、军事史上都留下过影响。尤其是他多次考察国外博览会，研究和介绍世界各国博览会的状况，积极宣传举办博览会的作用，策划和主办了中国第一次全国性博览会——南洋劝业会，筹备参加了中国近代最成功的出洋赛会——巴拿马太平洋万国博览会，近代中国博览会事业迈出的每一个步伐，都留下了他的印迹，他是博览会的研究者、倡导者、实践者，也是集大成者，是中国近代博览会事业第一人

四、研学旅行

青田县素有"石雕之乡、华侨之乡、名人之乡"的美誉；有"浙南油库"（山茶油）之称；有全球最大、最鲜甜的青田杨梅；有亚洲唯一的全球重要农业文化遗产——"传统稻鱼共生系统"；有华东地区第二大的湖泊，水面面积达 80 平方千米的"中国峡湾"——千峡湖。因此青田研学旅游资源丰富，可开设多条研学线路。青田是中国石文化之都，有国内唯一的石雕文化旅游区，了解青田不可不了解石雕。因此设计青田石雕之旅研学路线如表 5-61 所示，注重培养学生的综合思维与地理实践力。

表 5-61　青田石雕之旅研学路线

研学地点	研学内容	地理知识	设计意图
中国石雕城	参观石雕城，了解青田石雕的雕刻技法、销售、交易和承载的历史文化	中国石雕城集原创与商铺为一体，既是中国规模最大的专业石雕市场，又是观赏石雕工艺创作流程的圣地，是直接参与并体会青田石雕的平台	学生通过参观青田石雕，感受其作为文化景观与人文地象征存在的意义，培养学生的综合思维与地理实践力
青田石雕博物馆	教师带领学生参观青田石雕博物馆听讲解员讲解石雕历史和石雕精品，感受悠久文化	青田石雕博物馆以展厅的形式把青田石雕 6000 多年的历史、170 多种原石与历代艺术家所创作的传世石雕精品做全方位的展示，是中国唯一的石雕文化主题博物馆。石雕历史悠久，自成流派，具有奔放大气、细腻精巧、形神兼备的独特艺术魅力。其基调为写实而尚意；手法有圆雕、镂雕、浮雕及线刻；工序分相石、开坯、粗雕、细雕、封蜡、润色等，是民间艺术宝库中一颗璀璨的明珠	

续表

研学地点	研学内容	地理知识	设计意图
千丝岩石文化公园	游览中华印园、千丝瀑、罗汉壁、问石岭、天门、碑林、千丝庙宇群等景观,思考作为文化景观其承载的意义	千丝岩石文化公园是自然与文化相结合的中国第一个石文化主题公园,依托石文化母地而延伸石与印的文化。将石雕神话传说、历代名人的对石雕赞咏、中华印石等石文化融入自然山水中	

石门洞景区坐落于青田境内,瓯江之畔,景色瑰丽。景区集山林苍翠之优,文物荟萃之胜,飞瀑壮观之美,气候宜人之适为一身,融清、幽、灵、古、奇、险、野、趣为一体,具有独特魅力。名声在外的千峡湖位于青田县北山镇,是浙江省最大的峡湾型人工湖。如表 5-62 所示,设计以峡湾飞瀑为主题的研学路线,培养学生综合思维与地理实践力。

表 5-62　峡湾飞瀑之旅研学路线

研学地点	研学内容	地理知识	设计意图
石门飞瀑	观赏石门飞瀑,描述其形态特征,解释内外力作用对其形成的影响	呈“V”字形,其水势、水量为华东三瀑(大龙湫、石梁、石门飞瀑)之首,由于源头是森林,涵养水源能力强,即使在冬季,水量也是较大,堪称“华东一绝” 青灰色石灰岩岩性,石质坚硬。瀑布的形成、发育与地质断裂有关,山体受张断裂带控制,相互排斥断裂而发生断层,并在流水的下彻侵蚀下久而久之,水流沿断层面倾泻而导致瀑布的形成,并不断冲击瀑下地表,地表径流汇聚在悬崖和地形落差大的峡谷地区倾泻而下而形成众多壮观的瀑布	以峡湾飞瀑为主题,引导学生对所学地理知识实践运用,激发学生学习兴趣,提高地理实践力
九湾仙峡	辨别所属地貌形态,观察岸边石头形态,解释其形成过程	属于典型的水蚀峡谷,呈“V”字形。 潭的周围奇石形状多样,如鳄鱼石、石凳、石房子等。主要受外力作用,即流水侵蚀造成,形成的石头受流水作用,表面较为光滑。由于受力方向不同,造成不同的岩石形状	
山口千丝岩	参观千层糕岩、凝瀑、天门岭、观音听瀑等景观,在学习流水侵蚀作用的同时,感受地理环境对景观塑造的决定性作用	千丝岩属花岗岩岩性,在中生代地壳抬升过程中,地质发生断裂,山体受张断裂带控制,相互排斥断裂而发生断层,水流沿断层面长时间侵蚀。千丝潭由于地形发育与地质断裂,使山体受张断裂带控制,相互排斥断裂而发生断层,并在流水长期的侵蚀下,久而久之,水流沿断层面倾泻而形成瀑布景观	

八百里瓯江中游,九山半水半分田之地。私藏了这样一个拥山抱水的国际范山城——青田,青田不仅仅是华侨之乡,还是一座有文有景的风味小城,有着动人的山水风

光。一起在青田，来寻访最美的古村落成为青田旅行的必备选择。如表 5-63 所示设计了以青田民风为主题的研学路线，培养学生的人地协调观和地理实践力。

表 5-63　青田民风之旅研学路线

研学地点	研学内容	地理知识	设计意图
陈宅七星村	教师带领学生参观陈宅七星村，感受地理环境对民居建筑的影响。（派岩桥、陈氏祠堂、石门楼古民居、玉星古道）	陈宅山水有"奇、险、怪、玄"四大特点。"奇"：从刘基故乡文成南田经陈宅至青田郭林，山尖之处有一条像万里长城一样的石龙；"险"：陈宅后山的难关古道；"怪"：树因桥生，桥因根连的毓秀桥；"玄"：宇宙间亘古之谜的七星墩	通过让学生切身感受地域文化与乡村景观，使学生将理论联系实际，培养学生的地理实践力和人地协调观，提高学生的审美情趣和鉴赏能力
龙现吴氏旧宅（含家庙、宗祠）	参观龙现吴氏旧宅，观察其建筑特点，并解释其成因，了解其文化内涵	旧宅为中西合璧式建筑。坐东朝西，平面布局为两进一照壁，并设厢房，呈长方形，占地面积 1032 平方米。门楼为八字形，立面为巴洛克风格。宅楼，五间三层，进深十三檩，两侧厢房各为六间两弄二层楼	
阜山周氏宗祠	参观宗祠，描述其建筑特点，感受宗祠韵味及其承载的文化历史，了解族谱等历史文化符号	周氏宗祠位于距县城约 25 千米的阜山乡周宅村，是一座三通四围的四合院。前筑戏台，中是大厅，后是迎龙书院，柱子上，贴着对联，多有寄厚望于后代子孙能大有作为，光宗耀祖等之意，可谓千秋佳句，脍炙人口。在这里能见到古祠内的雕刻精美的木雕、传统的房屋走廊等，有一种清雅、幽静之感，也有传统宗祠的韵味。宗祠内保存着完好的周氏族谱，记载着历代周氏人	

第八节　探香菇之城，访廊桥庆元

一、地理位置与行政区划

庆元县位于浙江省西南部，地处北纬 27°25′—27°51′，东经 118°50′—119°30′之间。东、南、西三面与福建寿宁、政和、松溪 3 县交界，北与浙江省龙泉市、景宁畲族自治县接壤。南北长 49 千米，东西宽 67 千米，总面积 1898 平方千米。县政府驻地松源街道，距丽水市 210 千米，距杭州市 532 千米。

2020 年，全县辖濛洲、松源、屏都 3 个街道，竹口、荷地、黄田、左溪、贤良、百山祖 6 个镇，安南、隆宫、五大堡、岭头、淤上、张村、江根、官塘、龙溪、举水 10 个乡，共 19 个乡级行政区；辖 9 个社区居民委员会、192 个村民委员会；724 个自然村。

庆元行政区划变革较大。如表 5-64 所示，民国元年（1912）庆元县直属浙江省都督府。民国 3 年（1914）属浙江省长公署瓯海道（道尹驻今温州市）。民国 16 年（1927）

直属浙江省政府。民国 24 年（1935）6 月属浙江省第九行政督察区。民国 37 年（1948）属第六行政督察区；同年 7 月改称第七行政督察区。

表 5-64　1949 年以来庆元县历史沿革

时间	历史沿革
1949 年 5 月 17 日	庆元和平解放
1949 年 7 月 5 日	庆元县人民政府成立，属浙江省第七专区（同年 10 月改称丽水专区）
1952 年 1 月至 1963 年 4 月	撤销丽水专区，改属温州专区
1975 年 8 月 18 日	庆元县革命委员会挂牌办公（1981 年 7 月县革命委员会改称县人民政府），属丽水地区
2000 年	撤销丽水地区，设立地级丽水市，庆元县属丽水市

二、自然地理环境

（一）地形地貌

庆元地形属浙西南中山区，有溪谷、盆地、丘陵、低山、中山等多种地貌，地势由东北向西南倾斜。东、北部为洞宫山脉所踞，多崇山峻岭、深谷陡坡，海拔 1500 米以上山峰有 23 座，主峰百山祖海拔 1856.7 米，为浙江省第二高峰，百山祖北麓斋郎村海拔 1210 米，是全县最高居民点，山间盆（谷）相对高度海拔 600～800 米；西南部和中部是仙霞岭——枫岭余脉，地势较东、北部平缓，谷地较宽，山间盆（谷）地相对高度海拔 330～600 米，新窑村海拔 240 米，是全县最低点。

（二）水系径流

庆元县境之内有大小溪流 926 条，较大的有松源溪（总长 59 千米，支流 202 条）、安溪（总长 29 千米，支流 87 条）、竹口溪（总长 29 千米，支流 164 条）、南阳溪（总长 44 千米，支流 115 条）、西溪（总长 26 千米，支流 51 条）、八炉溪（总长 25 千米，支流 55 条）。分布在东部地区的南阳溪、左溪向东流入瓯江，西部地区松源溪、安溪、竹口溪向西南流入闽江，东南的西溪、八炉溪向东南注入交溪（福安江）。较大的人工湖泊（水库）有兰溪桥水库（水域面积 70 公顷）、马蹄岙水库（25 公顷）、大岩坑水库（41 公顷）、左溪水库（83 公顷）。

（三）气候特征

气候属亚热带季风气候，温暖湿润，四季分明，年平均气温 17.4℃，降水量 1760 毫米，无霜期 245 天，气候总体特点是冬无严寒，夏无酷暑。就局部而言，东、北部气温较之西南部和中部低，无霜期短，昼夜温差大，最宜于香菇等菌类生长。

（四）自然资源

庆元县土地资源广阔，2020 年全县土地面积 189 800 公顷，其中林业用地 167 796.3 公顷，农业耕地 15 283.01 公顷，溪流水域 2733.2 公顷。

庆元县全县森林资源广阔。拥有庆元林场、营林公司、产业公司等国有林场和一批乡（镇）、村集体林场；各地还营建菇木、竹笋、柑橘、锥栗、厚朴、山苍子等经济林基地。全县 16 万余公顷山林有林木蓄积量 846 万立方米，立竹量 54 520 400 万株。森林覆盖率 86%，是浙江省 8 个林业重点县之一。

全县水力资源理论蕴藏量达 28 万千瓦，可开发装机有 25 万千瓦，多年电能 70 219 万千瓦时，其中瓯江流域 15.56 万千瓦，电能 40 687 万千瓦时；福安江流域 2.72 万千瓦，电能 8500 万千瓦时；闽江流域 6.72 万千瓦，电能 21 032 万千瓦时。已开发装机 18.739 万千瓦时。

矿产资源种类众多。境内矿种有 23 种，其中金属矿有金、银、铜、铁、铅、锌、钨、钼、锡、铀以及稀土等，非金属矿有煤、磷、高岭土、叶蜡石、钾长石、石英、白云母、水晶、大理岩、花岗岩、砖瓦用全风化泥岩、黄砂等，已开发利用的矿种为 11 种，其中金属矿 2 种，非金属矿 9 种。正在开采的矿种有 5 种，均为非金属矿产。境内矿产地质勘查程度总体较低，已查明资源储量的小型矿床 6 个，分别是：老鹰岩铅锌矿、官坳铅锌矿、桉树坳铅锌矿、隆宫乡生水塘钾长石矿、山丘大理岩矿、荷地稀土矿。

生物资源更是数不胜数。有动物 100 多种，植物 2000 多种。珍稀动物有华南虎、短尾猴、猕猴、穿山甲、黑熊、金猫、云豹、金钱豹、大灵猫、獐鬣羚、黄腹角雉、鸳鸯、相思鸟、大鲵（娃娃鱼）等。珍稀植物有百山祖冷杉、钟萼木、香果树、福建柏、银杏、鹅掌楸、华东黄杉、长叶榧树、天竺桂、沉小樟、短萼黄连、八角连、天麻、油杉、银钟花、黄杉木兰、凹叶厚朴、天女花、花梨木、斗枫荷、南方铁杉等。珍贵菌类植物有香菇、木耳、牛肝蕈、灰树花蕈、竹荪、岩蕈、茯苓等。

庆元山清水秀，环境优美，风光旖旎，气候宜人，旅游资源丰富。2005 年 5 月，在全国 2348 个县（市、区）的生态环境现状调查联评中被评为"中国生活环境第一县"。2008 年 1 月，庆元县又以木拱廊桥数量最多、保存最好，被中国民间文艺家协会命名为"中国廊桥之乡"。国家 AAAA 级旅游景区百山祖，国家级森林公园巾子峰，神奇东溪龙井，中国历史文化名村、省级历史文化保护区大济进士村，全国特色景观旅游名村举水月山村，江根乡双苗尖以及中国香菇博物馆、廊桥博物馆等，都是寻幽猎奇、休闲养生、观光览胜的好去处。

三、人文地理环境

（一）人口发展

第七次人口普查显示，如表 5-65 所示，全县常住人口为 142 551 人，与 2010 年第六次全国人口普查的 141 541 人相比，十年共增加 1010 人，增长 0.71%，年平均增长率为 0.07%。

表 5-65　庆元县近三次人口普查数据

	全县常住人口	家庭户人口	男性人口	女性人口
第五次	179 449	544 33	92 930	86 519
第六次	141 541	49 777	71 948	69 593
第七次	142 551	58 774	72 676	69 875

户别构成上，全县共有家庭户 58 774 户，集体户 1579 户，家庭户人口为 134 584 人，集体户人口为 7967 人。平均每个家庭户的人口为 2.29 人，比 2010 年第六次全国人口普查 2.72 人减少 0.43 人。

性别构成方面，男女比极为不平衡。在全县常住人口中，男性人口为 72 676 人，占 50.98%；女性人口为 69 875 人，占 49.02%。总人口性别比（以女性为 100，男性对女性的比例）为 104.01，与 2010 年第六次全国人口普查相比上升 0.63。

城乡构成上，在全县常住人口中，居住在城镇的人口为 90 524 人，占 63.50%；居住在乡村的人口为 52 027 人，占 36.50%。与 2010 年第六次全国人口普查相比，城镇人口增加 25 468 人，乡村人口减少 24 458 人，城镇人口比重上升 17.54 个百分点。

年龄构成如表 5-66 所示，在全县常住人口中，0～14 岁人口为 22 993 人，占 16.13%；15～59 岁人口为 87 184 人，占 61.16%；60 岁及以上人口为 32 374 人，占 22.71%，其中 65 岁及以上人口为 24 312 人，占 17.05%。与 2010 年第六次全国人口普查相比，0～14 岁人口的比重下降 2.49 个百分点，15～59 岁人口的比重下降 4.72 个百分点，60 岁及以上人口的比重上升 7.21 个百分点，65 岁及以上人口的比重上升 6.50 个百分点。

表 5-66　全县人口年龄构成

年龄（岁）	人口数（人）	比重（%）
总计	142 551	100
0～14 岁	22 993	16.13
15～59 岁	87 184	61.16
60 岁及以上	32 374	22.71
其中：65 岁及以上	24 312	17.05

（二）产业特色

初步核算，如表 5-67 所示，2020 年全年地区生产总值（GDP）78.93 亿元，按可比价格计算，比上年增长 2.1%。其中，第一产业增加值 7.56 亿元，第二产业增加值 28.26 亿元，第三产业增加值 43.11 亿元，分别增长 2.9%、-0.8% 和 4.4%，三次产业增加值结构为 9.6：35.8：54.6。按照我国地区生产总值统一核算和数据发布制度规定，地区生产总值核算包括初步核算和最终核实两个步骤。经最终核实，2019 年庆元县生产总值现价总量为 76.53 亿元，按可比价格计算，比上年增长 8.1%，三次产业增加值结构为 8.9：38.3：52.8。

表 5-67　缙云县近三年三次产业增加值及增速

	2016 年		2018 年		2020 年	
	增加（亿元）	增速（%）	增加值（亿元）	增速（%）	增加值（亿元）	增速（%）
第一产业	7.93	3.4	6.55	2.9	7.56	2.9
第二产业	25.51	6.1	28.45	7.0	28.26	-0.8
第三产业	28.65	10.3	37.26	9.8	43.11	4.4

来源：庆元县人民政府。

庆元县获全国县域数字农业农村发展百强先进县，如表 5-68 所示，农林牧渔业增加值增长 3.5%，增幅全市第一。粮食作物种植 7453.3 公顷，改造粮食生产功能区 343.3 公顷。食用菌全产业链加快转型升级，建成食用菌标准化基地 6.4 万平方米，加快建设食用菌精深加工产业升级等 7 个省级现代农业园区项目。"庆元香菇"认定为中国特色农产品优势区、跻身中国地理标志农产品品牌声誉百强榜，"庆元林菇共育系统"列入全球重要农业文化遗产推荐项目。实施甜橘柚和林下中药材五年行动计划，种植中药材 1433.3 公顷、甜橘柚 886.67 公顷，"庆元甜橘柚"被认定为中国地理标志农产品，张村白芨基地获评国家林下经济示范基地。培育提升"丽水山耕""庆元 800"等品牌合作主体 27 家、背书农产品 38 个。省级以上农业龙头企业数保持全市第一，双枪竹木获评农业产业化国家重点龙头企业。松材线虫病防治成效位居省市前列。

表 5-68　2020 年农业主要产品产量及其增速

产品名称	计量单位	产量	比上年增长（%）
粮食	吨	32 962	4.5
油料	吨	86	3.6
其中：油菜籽	吨	53	-27.4
食用菌	吨	5912	-0.4
蔬菜	吨	40 034	-0.1
茶叶	吨	575	3.8

产品名称	计量单位	产量	比上年增长（%）
水果	吨	12 814	8.9
其中：柑橘	吨	10 975	11.6
肉类	吨	4455	24.0
其中：猪肉	吨	4099	31.6
禽蛋	吨	232	-25.9
中草药材	吨	325	4.5
木材	立方米	35 360	-49.3
毛竹	万根	1309	5.1

2020 年实现规上工业增加值 11.12 亿元，增长 10.4%。如表 5-69 所示，完成工业投资 8.09 亿元，增长 48.4%，增幅居全市第一。工业项目开工 19 个、建成 12 个，梦天迁建项目投入试生产，智慧汽车产业园开工建设。梦天木门、双枪竹木、鸿星文具等高新技术企业向年产值 5 亿级迈进，双枪竹木评为省级"隐形冠军"企业，15 家企业列入省级"隐形冠军""专精特新"培育库。新增规上企业 5 家、"浙江制造"标准 2 个。"亩均论英雄"改革成效明显，整治"低散乱"企业 129 家，规上工业亩均税收 11.19 万元。屏都综合新区 13 条道路投用，绿化、亮化、给排水等工程超进度推进，入驻企业 51 家，解决就业 1 万余人。隆宫毛竹特色园开工建设，小微企业孵化园、电商创业园列入首批省级小微企业园。扎实开展服务企业"1050"专项行动，解决企业难题 200 余个，减轻企业负担 2.9 亿元，返还困难企业社保费 1507 万元。

表 5-69　2020 年规模以上工业分产业增加值及其增速

产业	增加值（亿元）	比上年增长（%）
规模以上工业	10.29	2.8
其中：高新技术产业	5.02	3.3
高技术制造业	0.35	28.4
装备制造业	0.16	53.3
高端装备制造业	0.52	18.9
战略性新兴产业	1.18	20.4
高耗能行业	2.77	6.6
时尚制造业	1.35	-7.7
节能环保制造业	1.40	19.9
健康产品制造业	0.35	28.4
文化制造业	1.97	-5.3

庆元县 2020 年实现服务业增加值 41.98 亿元，增长 9.6%。旅游收入 29.39 亿元，

增长 17.6%，实施涉旅项目 27 个，完成投资 15.2 亿元。创成举水省级旅游风情小镇、巾子峰省级生态旅游示范区，庆元林场获评全国首批"森林康养林场"。新增省 A 级景区村庄 25 个，修复廊桥古道绿道 32 千米。成功举办中国·丽水国际食用菌大会暨第十一届庆元香菇文化节、第七届中国廊桥国际学术研讨会、廊桥国际越野赛、世界丽水人大会庆元分会，开展乡村文化旅游季活动 51 场。商贸业繁荣发展，实现社会消费品零售总额 42.99 亿元，增长 10.1%；外贸出口总额 13.68 亿元，增长 26.1%，入选第一批省供应链创新与应用试点城市。电商销售额 39.8 亿元，增长 19.9%，荣获"2019 财年浙江王牌县域"。新增股份企业 1 家，省股权交易中心挂牌企业 7 家。实施金融畅通工程，制造业贷款平均年利率下降 0.63 个百分点，有效缓解企业融资难、融资贵问题。

（三）著名人物

庆元县自古以来人才辈出。无论是地方官员还是技艺高超的木匠都对家乡的发展和人民的安全做出了重要的贡献，如表 5-70 所示，以项树本、吴枢及姚安世三人为代表，简要介绍庆元名人。

表 5-70　庆元名人

姓名	籍贯	突出贡献
项树本 （约 1890—1948 年）	庆元松源镇南门村	1924 年重建咏归桥，出榜招募良工，揭榜应招。潭深施工难，采用木拱伸臂结构（俗称鸦鹊窝架），将力点支承于深潭两岸，中间不设桥墩，避开深水作业，形式美观古朴，富有民族特色，至今桥基岿然无损。承建县合作金库木结构办公室，300 多平方米，不露一根木柱。制造轻便水车，便于引水灌田
吴枢 （1080—1138 年）	浙江庆元县	靖康元年（1126），金兵入侵，围攻京都汴梁，形势危急，钦宗下诏征募有胆勇者为使，枢应召至金营，长揖不拜，正色不屈。金人欲烧油锅烹之，枢毫无惧色，据理争辩。金主赞其忠勇，未加害，扣押一年多，至南宋建炎二年（1128），遣放回宋。因其不辱使命荣归，为时人所敬重
姚安世 （1714—1781 年）	庆元松源镇东门村	自少习医，素性豪爽，曾因引导灾民冲击县衙，逼官开仓赈济，故以"煽惑"治罪，经营救保释，留居杭州，潜心攻医。适值巡抚夫人病危，出榜招医。安世揭榜前往，投以汤药，病情顿有起色，不数日即痊愈。巡抚以马车送其还乡，一时医名远扬。患者贫乏，常不取医资，求医者接踵而至。对疑难病症，常用简易手术或汤药治愈。至今民间还传有许多称颂安世医术的轶事

四、研学旅行

庆元县作为丽水市著名的香菇名称、廊桥之乡，不仅其地理环境复杂多样，文化发展也历史悠久，孕育了香菇文化、廊桥文化、红色文化等。利用其复杂的地形地貌，设计以河流地貌为主题的研学路线，如表 5-71，培养学生地理实践力和人地协调观。

表 5-71　河流地貌探索之旅

地点	研学内容	地理知识	设计意图
百瀑峡	结合所学知识，分析百瀑峡所属河流侵蚀的类型	溯源侵蚀	观察河流地貌,运用所学知识辨析地貌类型及成因,提高学生的地理实践力
卧龙潭	观察卧龙潭的形态，判断河流地貌，分析其呈现"龙"形态的原因	卧龙潭属于河流侵蚀地貌，其左壁岩石由于流水侵蚀的作用，塑造了高达 2 米的"龙"字，卧龙潭也由此得名	
蛙仙石	观察石头的形态，描绘岩石的形态，解释仙蛙石的形成。教师为学生讲解野生动物对于地理环境的可持续发展进一步认识与发展	河流侵蚀地貌 走向人地协调—可持续发展： 可持续发展原则 公平性原则 共同性原则	

　　受气候和复杂地形等因素的影响，庆元当地野生动植物资源丰富，区域分布差异显著，设计以探索不同植被为主题的研学路线，如表 5-72 所示，注重培养学生的区域认知与人地协调观。

表 5-72　植被探索之旅

地点	研学内容	地理知识	设计意图
巾子峰森林公园巾子峰森林公园	根据地理课上所学的地貌知识，判断此处为何地貌类型，并思考解释为何此种类型的地貌发育较好？	气候会随着海拔的升高而变化，气候的变化又导致物种的不同。百山祖自下而上分别为：常绿阔叶林、常绿落叶混交林、落叶林、矮曲林、灌丛、草甸，形成了六个完整的植被垂直带谱，且界线分明，既构成独特的林区景观，也体现了气候(尤其是气温与降水量)、土壤在不同海拔高度上的变化	提高学生学以致用的能力，培养学生的区域认知能力和人地协调观
老虎沟	带领学生参观老虎沟，讲述老虎沟的相关故事：这条小水沟叫老虎沟，是因为有三只华南虎曾在此现身饮水而得名。1998 年，世界极度濒危的十大动物之首的华南虎重现百山祖，更给百山祖增添了不少神秘的色彩	早在 20 世纪五六十年代，华南虎经常进入村庄寻找食物叼走家禽家兽，村民为除害曾猎捕多只。六七十年代后由于生态环境破坏等原因，再未发现华南虎踪迹。由于近年来庆元县生态保护力度不断加大，为华南虎创造了良好的生存环境。人地协调观，人对地的影响，地对人的影响，人与地相互作用的关系，体会人地协调思想的发展	
紫茎	观察紫茎的生长环境，结合必修一植被与土壤的有关知识，试图判断所属植被类型与适合其生长的土壤类型	紫茎为落叶灌木或小乔木，高 6～15 米，喜欢在半阴、半阳的环境，常在杂木林中生长，是一种生性喜光的深根性树种，要求凉润气候，适宜生长于土层深厚和疏松肥沃的酸性红黄壤或黄壤。由于植被不断被破坏，天然更新力差，植株已日益减少，在中国红皮书被列为"渐危种"，国家三级保护植物	
梅峤夜月	根据天气预报选择适合观察月相的日期。小组合作，分组进行月相的观察，进一步概括其月相盈亏的变化规律	月相的观察：连续记录绘出七天的月球形状，得出上弦月出现在农历月的上半月的上半夜，月面朝西，位于西边天空 (凹的一面朝东)；下弦月出现在农历月的下半月的下半夜，月面朝东 (凹的一面朝西)，位于东边天空	

庆元独特的自然环境奠定了其人文环境的基础，从西洋殿、廊桥出发，感受人与自然的相处之道，设计探索庆元人文为主题的研学路线，如表 5-73 所示，培养学生区域认知与人地协调观。

表 5-73 人文探索之旅

地点	研学内容	地理知识	设计意图
西洋殿	参观西洋殿，观赏其建筑特点，体会当地人文风俗和地理环境造就的独特建筑	西洋殿是为祭奠香菇鼻祖——吴三公所建，历史悠久，其古厢式建筑，古朴而雄伟，雕梁画栋，独具匠心，具有很高的观赏价值，是"香菇之源"的象征	展现中国的传统建筑和种植历史文化，培养学生的爱国之情和地理实践力
庆元廊桥博物馆	参观庆元廊桥博物馆，以庆元及周边地区廊桥遗存与廊桥文化为切入点，系统展现中国廊桥的技术特色与文化魅力	庆元廊桥博物馆以廊桥为主题，从历史、技艺、自然、人文、保护等方面来解读廊桥文化，集收藏、展示、教育及研究于一体，对廊桥传统文化的整合、创新及提升有着十分重要的意义	
庆元咏归桥	参观庆元咏归桥，教师带领学生了解廊桥文化	庆元咏归桥是有"中国廊桥之乡称号"的庆元县，是三座被国家文物局确定进入申报世界文化遗产——"闽浙木拱廊桥"预备名单的廊桥之一。又名杨公桥、护龙桥、兴贤桥，具有一定的历史、艺术、科学研究价值	
庆元香菇博物馆	参观庆元香菇博物馆，学生了解香菇之源、香菇之路、香菇之韵、香菇之问、香菇之歌的独特香菇文化	中国庆元香菇博物馆是全国最早创建的香菇专题博物馆，是一家以展示香菇历史文化和产业发展为主题的专业性和综合性相结合的博物馆，通过珍贵的历史文物、菇山生产场景复原及多媒体互动、幻影成像等高科技手段，全方位、多角度地展示了香菇文化的源远流长，香菇产业的绚丽辉煌，成为国内菌类博物馆中的一朵奇葩	
庆元濛洲桥	走访庆元濛洲桥，教师讲解桥的文化历史，带领学生体会独特地理环境造就特定的文化景观	庆元濛洲桥是我国现有单跨最长的仿古木拱廊桥，廊桥雕梁画栋，斗拱勾心，每两立柱之间横梁配以书画，写尽庆元这一中国香菇城 800 多年历史文化与湖光山色，桥堡两端廊顶麒麟仙鹤栩栩如生，遥相呼应。站在桥上举目骋望，令人心旷神怡	

第九节 探红色松阳，品茗茶文化

一、地理位置与行政区划

松阳县隶属于浙江省丽水市，位于浙江省西南部。东连丽水市莲都区，南接龙泉市、云和县，西北靠遂昌县，东北与金华市武义县接壤。最东至裕溪乡新渡，最西至枫坪乡龙虎坳，东西最宽处径距 53.7 千米；最北至赤寿乡大川，最南至大东坝镇大湾，南北最长径距 40.2 千米。总面积 1406 平方千米。总人口 24.06 万人（2019 年）。2019 年，松阳县生产总值 115.6 亿元。松阳是留存完整的"古典中国"县域样板，中国国家地理把松阳誉为"最后的江南秘境"。

松阳县始建于东汉建安四年（199），分章安县南乡置松阳县，属会稽郡，是丽水地区建置最早的县份。表 5-74 为松阳县自 1949 年以来的历史变迁。

表 5-74　松阳县自 1949 年以来的历史变迁

时间	历史沿革
1949 年 5 月	松阳解放
1949 年 8 月	设浙江省第七专区
1949 年 10 月	改称丽水专区，松阳均所属
1952 年 1 月	丽水专区撤销，松阳县属衢州专区
1955 年 3 月	改隶金华专区
1958 年	国务院批准撤销松阳县，原辖境域并入遂昌县
1963 年	复属丽水专区
1982 年 1 月 30 日	国务院批准复置松阳县，属丽水地区。现属丽水市
1998 年	四都乡椥树村椥阳自然村单独建立行政村，且划入望松乡管辖，时全县辖 20 个乡镇 401 个行政村
2012 年 4 月	撤销西屏镇和望松乡建制，分设西屏、水南和望松 3 个街道办事处，将叶村乡黄公渡村划入西屏街道办事处管辖，寺岭下村划入水南办事处管辖
2012 年 12 月	撤销新兴乡、谢村乡、新处乡建制，合并设立新兴镇
2018 年底	全县设 3 个街道，5 个镇，11 个乡。具体是：西屏街道、水南街道、望松街道、古市镇、象溪镇、大东坝镇、玉岩镇、新兴镇、叶村乡、斋坛乡、竹源乡、三都乡、四都乡、赤寿乡、樟溪乡、裕溪乡、板桥畲族乡、枫坪乡、安民乡

从 1949 年至 2014 年，松阳县的区划调整主要经历了 8 个阶段，一是中华人民共和国成立初期阶段，即 1949 年 5 月到 1950 年春；二是划乡建政阶段，即 1950 年春到 1956 年春；三是撤区并乡阶段，即 1956 年春到 1958 年 8 月；四是人民公社阶段，即 1958 年 9 月到 1961 年第二季度；五是调整公社阶段，即 1961 年第二季度到 1982 年；六是政社分设阶段，即 1983 年 10 月；七是 1992 年撤区扩镇并乡；八是 2012 年设置街道后的区划。

二、自然地理环境

（一）地形地貌

松阳县地处浙南山地，全境以中低山丘陵地带为主，四面环山，中部盆地以其开阔平坦称"松古平原"，又称"松古盆地"。地势西北高，东南低。总面积中，山地占 76%，耕地占 8%，水域及其他占 16%，谓"八山一水一分田"。

（二）水系径流

松阳县境内河流属瓯江水系，主要有松荫溪和小港溪，分别自西北、西南蜿蜒流向东南。松荫溪为瓯江上游大溪一级支流，发源于遂昌县安口乡，流经县境内 60.5 千米，南北分割松古盆地。流域面积占松阳县面积的 92.55%。此外，有四都、三都、板桥 3 乡部分山间小溪流注入宣平港；大东坝镇和枫坪乡的部分山间小溪注入龙泉溪，其流域面积占 7.45%。

（三）气候特征

松阳县属亚热带季风气候，温暖湿润，四季分明，雨量充足，无霜期长，冬暖春早，气候垂直差异明显。松古盆地年平均气温 17.7℃，月平均气温最高为 7 月份，极端最高气温 40℃，出现在 1997 年 7 月 10 日；最低为 1 月，极端最低气温–9.7℃，为 1997 年 1 月 5 日记录。境内多年平均降水量 1700mm，以 3—6 月为多雨季节，平均降水量 816.8mm；7—8 月高温晴热，易出现伏旱；11 月份雨量最小，仅 40～50mm。全年无霜期约 236 天。年日照时数 1840 小时。

（四）自然资源

松阳县内矿产资源丰富。已发现的金属矿种有铜、钼、铅、锌、金、银、铁、钨、稀土等，非金属矿种有高岭土、萤石、伊利石、瓷土、膨润土、明矾石、叶蜡石、白云母、花岗岩、煤等。高岭土、萤石、铜、钼等矿产已开采利用，其中高岭土矿品质优良，储量丰富，年开采量约 20 万余吨。

县域内水利资源充足。共有 40 座水库，总库容 7170.96 万立方米，其中中型水库 3 座，分别是东坞水库、梧桐源水库以及谢村水库，省百项千亿重点工程——黄南水库正在建设中；共有 18 座堰坝，如北宋的白龙堰、明代的青龙堰、午羊堰等。

松阳现有国家重点保护植物 22 种，其中国家一级保护植物有东方水韭、银杏、南方红豆杉、钟萼木（伯乐树）4 种，国家二级保护植物有福建柏、白豆杉、九龙山榧树、榧树、长叶榧树、长序榆、鹅掌楸、凹叶厚朴、闽楠、毛红椿、香果树等 18 种。

三、人文地理环境

（一）人口发展

截至 2020 年末，全县户籍人口 24.03 万人，比上年下降 0.1%。其中，男性 12.39

万人，女性 11.64 万人，分别占总人口的 51.6% 和 48.4%。全年出生人口 2039 人，出生率 0.85%；死亡人口 1573 人，死亡率为 0.65%；自然增长率为 0.19%（表 5-75）。松阳县民族以汉族为主，有畲族、苗族、回族、壮族、白族、土家族等少数民族。

表 5-75　2010—2019 年松阳县人口变化表

| 年份 | 总户数(户) | 年末总人口 | | | 总人口中城镇人口（人） | 人口自然增加数（人） | 人口自然增长率(%) |
		合计	男（人）	女（人）			
2010	85 178	237 226	123 881	113 345	28 742	-178	-0.08
2011	86 119	238 277	124 264	114 013	28 182	1062	0.45
2012	87 305	238 989	124 462	114 527	28 274	1072	0.45
2013	89 478	239 711	124 569	115 142	28 435	893	0.37
2014	91 840	240 615	124 830	115 785	28 661	1091	0.45
2015	92 277	239 858	124 309	115 549	69 004	640	0.27
2016	93 502	240 674	124 604	116 070	69 321	1036	0.43
2017	94 780	241 356	124 818	116 538	75 750	1150	0.48
2018	96 109	241 184	124 561	116 623	74 428	570	0.24
2019	97 000	240 578	124 104	116 474	74 273	403	

户别构成上，全县共有家庭户 81 817 户，集体户 2149 户，家庭户人口为 196 822 人，集体户人口为 8058 人。平均每个家庭户的人口为 2.41 人，比 2010 年第六次全国人口普查 2.52 人减少 0.11 人。

性别构成方面，在全县常住人口中，男性人口为 105 192 人，占 51.34%；女性人口为 99 688 人，占 48.66%。总人口性别比（以女性为 100，男性对女性的比例）为 105.52，与 2010 年第六次全国人口普查相比上升 0.98。

城乡构成上，在全县常住人口中，居住在城镇的人口为 97 751 人，占 47.71%；居住在乡村的人口为 107 129 人，占 52.29%。与 2010 年第六次全国人口普查相比，城镇人口增加 31 568 人，乡村人口减少 11 739 人，城镇人口比重上升 11.95 个百分点。

年龄构成如表 5-76 所示，在全县常住人口中，0～14 岁人口为 31 240 人，占 15.25%；15～59 岁人口为 125 664 人，占 61.34%；60 岁及以上人口为 47 976 人，占 23.42%，其中 65 岁及以上人口为 34 481 人，占 16.83%。与 2010 年第六次全国人口普查相比，0～14 岁人口的比重下降 1.19 个百分点，15～59 岁人口的比重下降 4.17 个百分点，60 岁及以上人口的比重上升 5.37 个百分点，65 岁及以上人口的比重上升 4.4 个百分点。

表 5-76　全县人口年龄构成

年龄	人口数（人）	比重（%）
总计	204 880	100.00
0～14 岁	31 240	15.25
15～59 岁	125 664	61.34
60 岁及以上	47 976	23.42

（二）产业特色

经初步核算，2019 年，全县地区生产总值 115.55 亿元，比上年增长 8.4%(可比价)，继续保持中高速增长。其中，第一产业增加值为 13.17 亿元，增长 2.7%；第二产业增加值为 46.97 亿元，增长 9.7%，其中工业增加值为 38.26 亿元，增长 11.6%；第三产业增加值为 55.42 亿元，增长 8.8%。三大产业对经济增长的贡献率分别为 3.9%、49.9% 和 46.2%。三次产业比重为 11.4∶40.6∶48.0，继续保持"三二一"的产业发展格局。

2019 年，全县农林牧渔业增加值 13.22 亿元，如表 5-77 所示，按可比价增长 2.7%。全县农林牧渔业总产值 20.11 亿元，比上年增长 6.7%。全县农作物播种面积 21.66 万亩，比上年下降 3.2%，其中粮食播种面积 11.11 万亩，下降 0.7%；全年粮食总产量 3.50 万吨，下降 5.6%。谷物播种面积 6.31 万亩，增长 3.2%，总产量 2.39 万吨，下降 4.5%。全年茶园采摘面积 12.13 万亩，下降 0.3%。全年茶叶产量和产值分别为 1.35 万吨和 7.98 亿元，分别比上年增长 3.5% 和 7.2%。

表 5-77　2010—2019 年第一产业产值

年份	合计（万元）	农业（万元）	林业（万元）	牧业（万元）	渔业（万元）	农林牧渔服务业（万元）
2010	139 617	102 907	14 786	19 241	2393	290
2011	159 084	113 399	17 740	25 090	2472	383
2012	170 165	121 158	19 530	27 853	1261	363
2013	181 239	128 550	20 995	29 921	1377	396
2014	191 690	142 025	21 515	26 400	1315	435
2015	196 057	146 057	22 694	25 335	1471	500
2016	209 894	154 803	24 324	28 613	1530	624
2017	217 058	162 800	26 024	25 958	1518	758
2018	188 395	142 415	22 230	20 328	2504	918
2019	201 069	147 928	23 702	25 834	2543	1062

2019 年，全部工业增加值 38.26 亿元，如表 5-78 所示，按不变价计算增长 11.6%。其中规模以上工业增加值 25.90 亿元，同比增长 12.6%。规模以上工业总产值 135.68 亿元，同比增长 15.2%，规模以上工业销售产值增长 15.4%，其中出口交货值增长 2.7%，

出口交货值占销售产值的比重为 8.2%。规模以上工业企业产品销售率 97.5%。利润总额 8.79 亿元，同比增长 29.3%。规模以上工业企业中新产品产值增长 58.6%，占规模以上工业产值比重的 38.0%。成品钢材产量 28.41 万吨，增长 20.3%。建筑业增加值为 8.71 亿元，比上年增长 0.2%。资质以上建筑企业总产值增长 21.1%。房屋建筑施工面积 60.67 万平方米，下降 9.3%；房屋建筑竣工面积 35.45 万平方米，下降 14.9%。

表 5-78　2011—2019 年第二产业产值

年份	规模以上工业总产值（万元）	产业集聚区（万元）	规模以上工业增加值（万元）
2011	1 131 660	816 883	166 684
2012	1 336 294	1 003 885	208 788
2013	1 664 366	1 248 701	249 866
2014	1 799 893	1 367 188	261 267
2015	1 640 809	1 253 186	264 994
2016	1 772 743	1 381 194	292 949
2017	1 109 901	809 601	220 151
2018	1 175 227	919 677	226 086
2019	1 365 085	1 104 858	259 497

2019 全年实现旅游总收入 781.04 亿元，如表 5-79 所示，比上年增长 16.9%。其中，国内旅游收入 780.70 亿元，增长 16.9%；旅游外汇收入 494.44 万美元，增长 24.8%。全年交通运输、仓储和邮政业增加值 42.09 亿元，比上年增长 7.5%。全年邮政行业业务总量完成 33.06 亿元，比上年增长 18.5%；业务收入（不包括邮政储蓄银行直接营业收入）完成 13.83 亿元，增长 16.0%。年末，移动电话用户 264.07 万户，比上年增加 1.05 万户，其中使用 3G、4G、5G 移动电话用户 217.13 万户。

表 5-79　2010—2019 年第三产业产值

年份	第三产业产值（万元）
2010	199 205
2011	262 677
2012	311 728
2013	357 920
2014	384 453
2015	366 297
2016	411 497
2017	401 451
2018	431 117
2019	469 712

（三）著名人物

松阳县名人为松阳县的发展作出了卓越贡献，有张玉娘、叶法善、叶梦得、沈晦、王景、吴玠、吴惟平等诸多知名人物。现列松阳部分名人事迹如表 5-80 所示。

表 5-80　松阳名人

姓名	籍贯	突出贡献
张玉娘 （1250—1277 年）	松阳	敏慧绝伦，擅长诗词。有侍婢二人，名紫娥、媚娥，皆有才色，亦善文墨；又养一鹦鹉，能辨知人意，号为"三清"。玉娘 17 岁时与表兄沈佺相爱，订有婚约。宋咸淳七年（1271）沈佺得中榜眼，不幸因病未婚而卒，玉娘矢志不嫁。其间所作诗词清新婉丽，深寓情思，多为相思凄苦之作，倾诉爱情不幸。景炎二年（1277），忧郁而死，年仅 28 岁，与沈佺同穴而葬。紫娥、霜娥皆因哀泣过度相继而卒；鹦鹉亦悲鸣而殒，同穴而葬，故其墓称"鹦鹉冢"。有《兰雪集》行世
吴玠 （1901—1953 年）	松阳西屏镇	1924 年 8 月，入黄埔军校第二期，年底加入中国共产党。毕业后留校政治部在周恩来领导下工作。1926 年 7 月，参加北伐，历任少校、中校股长、上校宣传科长。四一二政变前夕，当周恩来被第二十六军第二师扣留时，吴玠找该军政治部主任、党代表赵舒进行营救。1929 年后，任北路军"剿总"中校参谋、上校团长，武昌、宜昌、广东行营上校参谋，武汉警备司令部参谋等职。1937 年 12 月，经军委会政治部同意，与中共党员孟卿，带领抗日大学和陕北公学学生 20 多人回松阳，在古市镇成立特种工作团第一团第一分团，任副团长兼政务处长。后回西安任第七军分校学生总队副总队长、校部机要科长，向八路军办事处提供国民党进攻陕甘宁边区的情报。1940 年后，任王曲分校入伍生团少将团长，次年任黄龙垦区民众组训处少将副处长、宝鸡二十四总队少将总队副、少将部员等职。1948 年 10 月退役，回乡定居
吴惟平 （1901—1972 年）	松阳赤寿乡赤岸村	1925 年考入北京中国大学，研究马克思主义。1926 年 7 月，国民革命军第二十六军入浙江桐庐县时，经军政治部主任赵舒邀请，任政治部总务科长。1927 年四一二政变后，到杭州组织共进会，在平海街演说时被捕，关浙江陆军监狱，后经同学救援保释。1929 年继续入北京大学求学，提出"科学的大同主义"。九一八事变后，和江天蔚等在北京组织出版《国难》周刊，发表大量抗日文章，汇编成《吴惟平先生抗日言论集》，公开出版发行。1936 年，曾上书蒋介石，以示抗日的决心。12 月"西安事变"结束，蒋介石派江西省教育厅长王又庸邀其任军事委员会顾问。1938 年七七事变后，致信李济深，发表对抗日战争的见解，深得赏识，被聘为战地党政委员会专门委员，随李济深至重庆工作。1945 年抗日战争胜利后，仍随李从事和平工作

四、研学旅行

松阳是浙江丽水地区最早的建制县，也是浙闽赣地区重要的革命老根据地县，是浙西南革命精神的重要发源地之一。刘英、粟裕等革命先辈曾在此战斗，并建立浙江第一个革命根据地，浙西南第一个统一的党组织、第一个区级红色政权、第一个军分区、第一支统一的人民游击队、第一支人民子弟兵部队，浙西南特委（中共丽水市委前身）和浙西南军分区（丽水军分区前身）就在松阳。以当地特定的红色资源设计以红色文化为主题的研学路线，如表 5-81 所示，培养学生的爱国主义和家国情怀。

表 5-81　红色文化之旅研学路线

研学地点	研学内容	地理知识	设计意图
浙西南革命根据地中心区域(松阳)遗址	参观浙西南革命根据地中心区域（松阳）遗址，教师讲解其革命历史	土地革命时期，特别是红军挺进师到浙西南，以松阳安民乡、枫坪乡、玉岩镇、大东坝镇为中心区域，开展了轰轰烈烈的土地革命和武装斗争，因而留下了许多革命遗址，这里到处是红军的旧居、党政机关旧址、红军标语、召开重要会议的会址、重大战役的遗址	宣扬红色文化，通过让学生了解历史，帮助学生树立爱国主义精神，培养家国情怀，感受革命英雄主义的大无畏精神和牺牲精神
安岱后浙西南革命根据地旧址	参观革命根据地遗址，了解抗日战争的发生历程	安民乡安岱后村是浙西南革命根据地领导机关所在地，现有"红色古寨"寨门、红军桥、浙西南革命根据地纪念碑、红军挺进师"八一"誓师大会主会场——陈氏宗祠、挺进师部政治部办公旧址、粟裕、刘英旧居、红军医院、红军厨房、红军标语等	
松阳革命烈士陵园	参观革命烈士陵园，了解英雄故事	淡黄色花岗岩砌成的革命烈士纪念碑，高 15.1 米，上镌"革命烈士纪念碑"金字，由原红军挺进师参谋长、曾任解放军军科院副院长的王永瑞(原名王蕴瑞)所题。碑前两侧为墓室，安葬着 185 位烈士的遗骸，墓室前耸立着革命烈士名录	

松阳自古产茶，茶史已逾千年，茶业几经沉浮，几度兴衰。改革开放以来，松阳茶业的发展主要经历了名优茶创新期、良种发展期、品牌建设期、市场推动期和转型升级期 5 个时期，并在新的世纪里成为松阳农业第一位的支柱产业。利用当地特色的茶叶文化设计研学线路，如表 5-82，侧重学生的区域认知、综合思维和地理实践力的培养。

表 5-82　茗茶之旅研学路线

研学地点	研学内容	地理知识	设计意图
松阳大木山骑行茶园景区	1.学生亲身体验茶叶的种植与采摘过程，了解其适宜的生长环境 2.参观松阳茶的生产与销售过程，了解其产业链，运用产业链相关知识，解释产业链完善带来的效应 3.结合茶叶的种植、采摘、销售等一系列环节，学生学会用所学知识解释茶叶所代表的农业、工业和服务业及其影响因素	1.在红壤、黄壤、沙壤土、棕色森林土，均适宜茶树生长，土壤结构要求保水性、通水性良好。其气候潮湿且土壤具有酸性 2.延长产业链的作用： A.增加当地产业构成和发展的多元化，促进生态、经济、社会的共同发展 B.加强产品的附加值和深加工层次，提高经济效益 C.加强产业经济的应激能力，提高保险系数 D.促进就业，建立和谐社会 3.影响产业发展的各个区位因素	以茶为主题，在实践过程中增强学生对理论知识的感知和再认识，培养学生将理论和实践深度融合能力，培养学生的创新能力
浙南茶叶市场	参观浙南茶叶市场，了解其价格、销售渠道与范围，其对当地茶农生产生活的影响	浙江省成交规模最大的茶叶市场之一。浙南茶叶市场位于国家级生态示范区、中国名茶之乡、浙江良种茶之乡——丽水市松阳县城。市场创建于 1993 年初，随着茶叶交易量的不断扩大，曾四易其址。市场规划面积 5.4 万平方米，分交易区一期、二期、物流中心三个区块建设	

　　松阳县除茶产业发展兴盛，其独特的风景景观也是一大亮点。奇峰、瀑布、峡谷和陡崖等都具有典型代表性，设计探索松阳自然风光为主题的研学路线，如表 5-83 所示，侧重于学生地理实践力的培养。

表 5-83　自然探索之旅研学路线

研学地点	研学内容	地理知识	设计意图
箬寮—安岱后景区	参观其奇峰、瀑布、峡谷、陡崖、洞穴、河曲等景观，运用所学地理原理解释其形成过程	景区的地貌特征为深切割山地和中高山台地，其特点是从高空俯视，整个地面千皱万褶，峰峦簇拥，山体陡峭，云雾缭绕，蔚为壮观。区内植被生长良好，林木覆盖率高，垂直分布清晰，古树名木众多，千亩高山云锦、猴头杜鹃等具有很高的观赏价值	培养学生发现自然之美，激发学习地理的兴趣，培养学生学以致用，树立正确的发展观和人地观，培养学生的地理实践力
松阳松阴溪水利风景区	主要参观水利工程设施，区分坝与堰，了解水利工程的功能与价值	基于农业灌溉、人畜饮水、水运、渔业等目的，松阴溪水利工程建设由来已久，松阴溪大大小小的堰坝规模壮观，跨溪桥梁风格各异，堤防建设逐步完善。水利风景区内的梁下堰、午羊堰、青龙堰和白龙堰是松阳最为著名的堰坝	
松阳竹源峡谷景区	游览峡谷景观，结合当地的地理环境特点，解释其峡谷景观的形成过程	峡谷"秀、奇、险"著称，瀑布众多，峡谷内群山延绵。"竹源峡"峡谷幽深，干流长 2800多米。干流内有大小瀑布 20 余个。构造运动导致地表迅速隆起、河流剧烈下切，峡谷也就因此而形成了	

第六章　衢州市地理研学设计

第一节　烂柯仙地，南孔圣地

一、地理位置与行政区划

柯城属衢州市辖区，地处钱塘江上游，金衢盆地西端，地理位置介于北纬 28°48′30″ 至 29°11′36″，东经 118°40′48″至 118°57′3″之间，面积 609 平方千米，边界线长 177.72 千米。东靠衢江区、西邻常山县、西南与江山市接壤，于 1985 年随撤地建市而建区，是衢州市的政治、经济、文化中心，区域面积 609 平方千米。

春秋末为越国西部姑篾地，战国时归楚。东汉初平三年（192）后，历为新安、信安、西安、衢县治、衢州（路、府）治所在地。三国时期置峥嵘镇，迭经沧桑。至民国 31 年（1942）城内设峥嵘、鹿鸣两镇。民国 35 年，鹿鸣镇并入峥嵘镇。柯城一词始见于明朝诗人的诗文中，之后才被使用，到清朝基本就成为衢州府城的代称。如表 6-1 所示，1949 年 5 月 6 日衢州解放，于衢县城区设衢州市（县级）。1950 年 5 月撤销衢州市，设城关区，并入衢县。1952 年 1 月，设衢县城关区(县级)，隶属衢州专区管辖。1953 年 5 月，改属衢县管辖。1981 年 4 月撤销衢县，设立衢州市（县级）。1985 年 5 月衢州市升为地级市，实行市管县体制，并于原衢州市设衢县，同年 5 月，经国务院批准中心城区设立柯城区。

2001 年 12 月 10 日，根据国务院批复，撤销衢县，设立衢州市衢江区，将柯城区的原浮石、下张 2 个乡和石室乡的黄坛口村划归衢江区管辖；原衢县的华墅、沟溪、七里、九华 4 个乡和航埠、石梁 2 个镇划归柯城区管辖。2002 年 9 月，衢江区政府迁樟潭。2003 年 9 月，设花园岗街道。2005 年 12 月，撤销柯城乡设立信安街道；撤销花园乡和衢化街道合并设立花园街道；撤销汪村乡设立双港街道；撤销上街、下街街道合并设立府山街道；花园岗街道更名为白云街道。2012 年 12 月，筹建衢化街道。

截至 2021 年底境内有航埠、石梁 2 个镇，九华、沟溪、华墅、七里、姜家山、万田、石室 7 个乡，府山、荷花、花园、双港、信安、新新、白云、衢化、黄家 9 个街道，有 213 个行政村、62 个社区。

表 6-1 1949 年后柯城区行政区划变动一览表

时间	行政区划变动
1949 年	衢州解放，成立衢县人民政府
1950 年	衢州市撤销，设立城关区，辖 8 个行政委员会，归属衢县管辖
1956 年	撤区并乡，撤销城关区，改设城关镇
1958 年	人民公社实行政社合一制，区级建制撤销，以乡或以片建立生产单位
1961 年	大公社恢复为区公所建制，管理区撤并为人民公社
1981 年	原西安公社行政区域成立市郊公社（后改为柯城乡），撤销城关镇
1984 年	恢复乡、村建制，境内有市区辖 2 个街道 31 个居委会和柯城乡
1985 年	衢州市升为省辖市，原衢州市范围设立柯城区和衢江区。柯城遂成为衢州市中心城区，辖 2 个街道 8 个乡
1986 年	姜家山乡从衢县析出，划入柯城区管辖，全区共辖 3 个街道 39 个居民委员会，9 个乡 173 个行政村
2001 年	柯城区与衢县行政区划调整，将航埠镇、石梁镇、华墅乡、九华乡、七里乡从衢县析出，划入柯城区管辖
2007 年	将花园街道陈家、东周、上草铺等 3 个行政村划归黄家乡管辖。调整后，黄家乡辖 19 个行政村，乡政府驻地不变（黄家村）；花园街道辖 4 个社区、9 个居委会、17 个行政村
2019 年	柯城区境内有 8 个街道、2 个镇、8 个乡
2021 年	柯城区境内有 9 个街道、213 个行政村、62 个社区

二、自然地理环境

（一）地形地貌

柯城区地形以衢江为中轴，南北两侧海拔依次升高，具有河谷平原—低丘岗地—高丘—低山—中山过渡特征。东部和境中为河谷平原盆地，南为仙霞岭余脉，西为白际山余脉，西北为千里岗山脉。最高峰白菊花尖位于石梁镇下村西北部，海拔 1394.7 米；最低点为信安湖出口，位于信安街道鸡鸣村，海拔 58.8 米。境内三面环山，南为仙霞岭余脉，仙霞岭为浙西南重要山脉，山高岭峻，地形复杂，江山市境内仙霞关为中国东南著名关隘，余脉自黄坛口入境，盘亘于石室乡、黄家乡境内，以低山丘陵为主，天苍岭海拔 309 米，为南面最高点。西为白际山余脉，白际山地处浙、赣、皖三省边际，余脉自常山县延伸至境内华墅乡、航埠镇，呈低山丘陵起伏地貌。北为千里岗山脉，自新安江水库南、开化县东，经常山县北、柯城区北止于兰溪江西，东西长约 100 千米，南北宽约 50 千米，略呈直线，耸立连绵，具"千里山岗"特征。千里岗山势陡峻，山体狭窄，南北两侧沟谷对称深切，山顶多尖锥状，露岩较多，黄沙层厚 0.3 ~ 0.5 米，多长茅草、灌木丛，斜面呈凹凸形，一般为 35° ~ 45°。千里岗北坡与新安江水库相连，南坡梯级延展至境内，渐为低山、丘陵，千米以上山峰有 11 座。

（二）气候水系

衢州柯城属亚热带季风气候区。全年四季分明，冬夏长、春秋短，光热充足、降水丰沛、气温适中、无霜期长，具有"春早秋短、夏冬长，温适、光足，旱涝明显"的特征。

境内全年气候四季分明，光照充足，气温适中，无霜期长，具有春早、秋短、夏冬长，温适、光足、旱涝明显的特征。冬季主要受干冷的极地变性大陆气团控制，多干、冷和晴朗少雨天气；夏季主要受湿润的热带副热带海洋气团左右，湿、热及多雷暴阵雨天气；春末夏初，冷暖气团势均力敌，锋面气旋活动频繁，大雨、暴雨显著增加，是主要降水季节；入秋后，北方寒冷空气逐渐加强，南方暖湿气流减弱后退，气温波动下降，是秋高气爽的季节。境内河流水流湍急侵蚀强，但自净能力强。受降水控制，径流季节变化大，水位易涨易落。其流量、水位、泥沙、水质都有季节性变化的特点。

柯城区内河道均属钱塘江流域。主要河道有一级河衢江；二级河江山港、常山港、乌溪江 3 条；三级河庙源溪、大头源、大俱源、徐姑垄溪等 9 条，总长 125.1 千米。河流总长度 993.7 千米，河网密度 1.64 千米/平方千米。最大河流为衢江，始于双港街道双港口，从西南至东北流经双港、荷花、白云、府山、信安 5 街道，流域面积 598 平方千米。江山港由江山市四都镇入华墅乡，继而出境入衢江区廿里镇，再从廿里镇入黄家、双港街道，在双港街道双港口入衢江。常山港由常山县招贤镇入境，由西向东流经沟溪乡、航埠镇、姜家山乡、白云街道，在双港口汇入衢江。乌溪江自衢江区黄坛口乡入境，然后由南向北流经石室乡、花园街道、新新街道，在信安街道鸡鸣村汇入衢江出境。

柯城区尚书塘水库位于衢州市柯城区衢化街道。2016 年，被选定为衢州市应急备用水源，通过在石室堰旁新建提水泵站实现同一管道双向输水，应急用水量可达 12 万吨/天，应急天数 5 天，备用水量 60 万吨。与其他应急备用水源相比，该工程达到了"设计方案最合理，工程投资最小，建设时间最短，实际效果最好，库区环境秀美"的目标，并于 2017 年 8 月通过了浙江省水利工程标准化验收。

柯城区寺桥水库防洪、灌溉、改善生态环境为主，结合发电等综合利用的中型水库，水库坝址位于石梁溪流域中游、石梁镇坎底村上游约 900 米处，坝址集水面积 58.07 平方千米，坝址以上主河道长度约 17.6 千米。2017 年投入建设工作，寺桥水库项目总投资约 26 亿元，水库总库容为 3433 万立方米，防洪库容为 547 万立方米，配套电站 1 座，装机 8000 千瓦。该项目建成后，将有效提升石梁溪流域和衢州市西区的防洪能力，提高灌溉保证率，进一步提升生态环境。

（三）自然资源

柯城地处金衢盆地西部，由北、西北之高山峻岭向东南依次为中山、低山、丘陵、盆地，呈阶梯形演替，形成土地资源以山地、丘陵、岗地为主体。山地类型分布在盆地、丘陵外缘之西北部，海拔在 500～1000 米以上；相对高度在 100～1000 米，面积约 34.90 万亩，占总面积的 38.42%。丘陵岗地类型处于中部盆地向南、北山地过渡地带，海拔 150～500 米之间；相对高度 30～100 米之间，面积约 23.21 万亩，约占全区土地总面积 25.55%。河谷平原类型分布在衢江南、北两岸及石梁溪、庙源溪等支流冲积形成的平原、平地，海拔在 45.5～250 米之间；相对高度 30 米，面积约 12.45 万亩，占全区土地总面积的 13.71%。

柯城区境内的大小河流 13 条，大部分属山溪性河流，落差较大，水流湍急，径流量较丰沛，具有较丰富的水力资源。拥有小型水力发电站 13 处，总装机容量 2650 千瓦，年发电量 1071 万千瓦小时。在建小水电一处，总装机容量 630 千瓦，衢江区到七里乡调水建电站一处（五源电站）。

城区矿产资源总体上区域内矿床内生的多，矿苗外露的少，只有富矿区有明显外露，如石梁镇下静岩村青刚石富矿区。砖瓦黏土主要分布在衢江两岸之石梁、万田、九华、姜家山、航埠等地，以低丘岗地之红壤土为主体，兼有红黄黏土，为砖瓦窑主要原料。此外，还有少量的石灰石、石煤矿储量，两矿苗皆是互生共生，矿苗由毗邻衢江区周家乡川坑矿区延伸而来，经过九华乡之上甫至石梁、沟溪五十都至七里冶岭。冶岭为富矿区，历史上为腌制竹浆的原料区。

柯城区境内地形复杂，气候条件优越，形成了丰富的植物生存环境，孕育了丰富的植物资源。有维管束植物 190 多科，1900 种。其中木本植物计有 779 种（包括种下分类单位和 109 个栽培种），隶属于 93 科 273 属。裸子植物：计 9 科 22 属 40 种，其中野生种类仅 10 种，隶属于 4 科 9 属。除马尾松、黄山松、杉木、柳杉有成片纯林或混交林外，其他种类多散生林内或沟谷中。被子植物：有 1600 多种，其中木本植物有 715 种（包括引种栽培 71 种），隶属于 84 科 257 属。可供开发的药用植物资源有 1200 种，药店收购的常用中草药有 400 多种。区内野生木本观赏树种有 250 多种。

柯城区有野生动物四大类 140 余种，其中两栖类十余种，爬行类 30 种，哺乳类 50 种，鸟类 50 种。经济价值较高的野生动物有 35 种，其中兽类 31 种，禽类 4 种。列入国家一级保护的野生动物有：云豹、黑麂、白颈长尾雉、黄腹角雉。列入国家二级保护的野生动物有：猕猴、大灵猫、小灵猫、斑羚、穿山甲、白鹇、雕、鸢及其他鹰类。省级保护的野生动物有毛冠鹿、鼬獾、豪猪、五步蛇、眼镜蛇等。境内鱼类主要有 12 科 49 种。

三、人文地理环境

（一）人口发展

表 6-2 所示第七次人口普查中，柯城区常住人口为 528 847 人，与 2010 年第六次全国人口普查的 464 527 人相比，十年共增加 64 320 人，增长 13.85%，年平均增长率为 1.31%。全区共有家庭户 197 414 户，集体户 12 126 户，家庭户人口为 484 829 人，集体户人口为 44 018 人。平均每个家庭户的人口为 2.46 人，比 2010 年第六次全国人口普查 2.63 人减少 0.17 人。

表 6-2　柯城区近三次人口普查数据

	全县常住人口	家庭户人口	男性人口	女性人口
第六次	464 527			
第七次	528 847	197 414	266 480	262 367

衢城向来有重男轻女的传统观念，性别比有所失调，随着社会进步，逐渐趋向平衡。如表 6-3 所示第七次全国人口普查中，柯城区常住人口中男性人口为 266 480 人，占比 50.39%；女性人口为 262 367 人，占比 49.61%。总人口性别比（以女性为 100，男性对女性的比例）由 2010 年第六次全国人口普查的 102.87 下降为 101.57。

表 6-3　柯城区第七次人口普查性别构成

	人口数（人）	占比（%）	总人口性别比	与六普比
男性人口	266 480	50.39	101.57	-1.3
女性人口	262 367	49.61		

柯城人口年龄构成逐渐呈现老龄化发展趋势。如表 6-4 所示第七次全国人口普查中，柯城区常住人口中 0～14 岁人口为 77 845 人，占 14.72%；15～59 岁人口为 341 866 人，占 64.64%；60 岁及以上人口为 109 136 人，占 20.64%，其中 65 岁及以上人口为 77 603 人，占 14.67%。与 2010 年第六次全国人口普查相比，0～14 岁人口的比重上升 0.18 个百分点，15～59 岁人口的比重下降 5.44 个百分点，60 岁及以上人口的比重上升 5.26 个百分点，65 岁及以上人口的比重上升 4.34 个百分点。

表 6-4　柯城区第七次人口普查年龄构成

年龄	人口数	比重
总　计	528 847 人	100%
0～14 岁	77 845 人	14.72%
15～59 岁	341 866 人	64.64%

年龄	人口数	比重
60 岁及以上	109 136 人	20.64%
其中：65 岁及以上	77 603 人	14.67%

如表 6-5 所示第七次全国人口普查中，柯城区常住人口中居住在城镇的人口为 405 758 人，占 76.73%；居住在乡村的人口为 123 089 人，占 23.27%。与 2010 年第六次全国人口普查相比，城镇人口增加 83 712 人，乡村人口减少 19 392 人，城镇人口比重提高 7.4 个百分点。

表 6-5 柯城区第七次人口普查人口城乡构成

	人口数	占比	城镇人口比重	与六普比
城镇人口	405 758	76.73%	76.73%	+7.4%
乡村人口	123 089	23.27%		

衢州市人口主要为汉族。衢州是一个少数民族散杂居地区，有 41 个少数民族成分，2.08 万人口，散杂居在衢州市 120 个乡（镇）的山区和边缘地区。在少数民族人口中，畲族群众有 1.58 万，其次是布依族、苗族和回族。

文明古城，钟灵毓秀，柯城区以悠久的历史、灿烂的文化，哺育出一代代著名人物，吸引过一批批文人墨客。近现代又涌现出许多英雄模范（表 6-6）。他们对地方乃至国家的政治、经济、军事、科学、文化和社会发展，做出过较大贡献或产生过重要影响。

表 6-6 著名人物

姓名	籍贯	突出贡献
叶洛（1912—1985 年）	浙江柯城	中国美术家协会会员，中华人民共和国成立后，努力创作连环画和油画。连环画《小兔子洗澡》选送莱比锡博览会展出
徐徽言（1093—1129 年）	浙江柯城	宋代抗金英雄，抗击金兵被俘，不屈而死
方光焘（1898—1964 年）	浙江柯城	介绍现代西方语言学理论、从语言事实出发建立汉语语法体系、建设我国的普通语言学理论以及培养语言学研究人才等方面都作出了突出的贡献
叶秉敬（1562—1627 年）	浙江柯城	多处讲学，著作宏富，秉敬书法也自成一体，其为官河南时所作的《灵山酌水赋》，笔法豪放遒劲，别有神韵

（二）产业特色

表 6-7 所示，柯城区近三年三次产业变化总体呈现协调发展趋势，以第三产业为主导。2020 年全区累计实现地区生产总值为 236.48 亿元，按可比价计算，同比增长 3.0%。分产业看，第一产业增加值为 8.30 亿元，同比增长 1.8%；第二产业增加值为 45.17 亿元，同比增长 2.4%，其中工业增加值为 23.84 亿元，同比增长 5.0%；第三产业增加值

为 183.01 亿元,同比增长 3.2%。三次产业占比为 3.5:19.1:77.4,三次产业贡献率分别为 2.3%、15.8%、81.9%。全区实现人均 GDP126520 元(按户籍人口计算的大柯城人均 GDP),合 18 342.6 美元,同比增长 4.3%。

2022 年全区累计实现地区生产总值 595.54 亿元,按可比价计算,同比增长 8.1%。分产业看,第一产业增加值为 8.49 亿元,同比增长 1.3%;第二产业增加值为 240.99 亿元,同比增长 12.4%,其中工业增加值为 205.34 亿元,同比增长 12.3%;第三产业增加值为 346.06 亿元,同比增长 5.6%。三次产业占比为 1.4:40.5:58.1,三次产业贡献率分别为 0.3%、56.7%、43.0%。全区实现人均 GDP134762 元(按户籍人口计算),合 20 888.5 美元,同比增长 8.0%。

表6-7　柯城区近年三次产业增加值及增速

	2016 年		2018 年		2021 年	
	增加值(亿元)	增速(%)	增加值(亿元)	增速(%)	增加值(亿元)	增速(%)
第一产业	8.7	1.9	7.8	-0.6	8.49	1.3
第二产业	35.7	1.4	43.41	5.3	240.99	12.4
第三产业	124.9	9.2	141.37	8.3	346.06	5.6
总计	169.3	7.1	192.58	7	595.54	8.1

如表 6-8 所示,柯城区第一产业中占比最高的是农业与林业,农业增速呈现波动上升的趋势,林业增加值年际变化较大,牧业与渔业增加值波动幅度不大。

表6-8　近年柯城农林牧渔总增加值及分项增加值

行业名称	2016 年		2018 年		2020 年	
	增加值(亿元)	同比(%)	增加值(亿元)	同比(%)	增加值(亿元)	同比(%)
总计	9.08	2.0	8.16	-5.7	—	2.6
农业	6.51	3.9	5.7	-8.4		3.0
林业	7.34	6.8	0.75	3.0		0.9
牧业	0.57	-23.7	0.35	-6.3		-0.8
渔业	0.93	6.7	0.99	3.8		3.6
农林牧渔专业及辅助性活动	—	—	0.36	0.7		0.6

近年来,柯城区在第二产业中每年都有不同产业增幅排在前五位,具体见表 6-9,2016 年增幅前五位的行业为汽车制造业、专用设备制造业、电气机械和器材制造业、印刷和记录媒介复制业、化学原料和化学制品制造业;2018 年增幅前五位的行业为医药制造业、家具制造业、废弃资源综合利用业、金属制品业、黑色金属冶炼和压延加工业;2020 年增幅前五位的行业为计算机、通信和其他电子设备制造业、医药制造业、专用设

备制造业、金属制品业和食品制造业。其中，医药制造业、金属制品业增幅更为明显。

表 6-9 柯城区近年第二产业增幅前五位行业

行业名称	2016 年	2018 年	2020 年
计算机、通信和其他电子设备制造业	—	—	248.9%
医药制造业	—	131.6%	98.3%
专用设备制造业	80.5%	—	50.4%
金属制品业	—	62.5%	44.3%
食品制造业	—	—	25.6%
家具制造业	—	112.5%	—
废弃资源综合利用业	—	68.0%	—
黑色金属冶压业	—	39.1%	—
汽车制造业	110.2%	—	—
化学原料和化学制品制造业	27.2%	—	—
电气机械和器材制造业	48.7%	—	—
印刷和记录媒介复制业	29.2%	—	—

具体如表 6-10 所示，柯城区第三产业仍以较为平稳的增速发展，尤其是进口业与出口业。建筑业近三年的增速呈现波动趋势。

表 6-10 近年第三产业主要行业增速

行业名称	2016 年	2018 年	2020 年
房地产业	—	—	2.9%
零售业	—	—	-14.7%
建筑业	3.1%	-16.0%	18.6%
餐饮业	—	—	4.6%
进口业	-6.5%	54.4%	7.7%
出口业	5.4%	5.5%	7.6%
交通运输、仓储和邮政业	—	—	5.7%
金融业			

【柑橘之乡】

衢州市柯城区是中国的柑橘主产区之一，平均每年总产量达 25 万吨。而有着 1400 多年栽培历史的衢州柑橘，更是维系着几代人的情感、生活和梦想。南宋时，衢州柑橘进临安销售。至明清，衢州柑橘闻名中华，那时衢州柑橘集中产于柯城航埠等地，那时的航埠即有"橘柚乡"之称。民国《衢县志》载："（柑橘）从前出产每年有数十万担之多。自明入贡，晚清始罢免。民国五年（1916）大冻，损折殆尽，至今种植者尚未成林，出产遂大减。"嗣后，日本侵略军两次侵犯破坏，柑橘生产损失严重，加之病虫灾害，至20世纪40年代，衢州柑橘渐趋衰微。1949年后，特别是改革开放以来，柯城柑橘生产发展迅速。柯城是名副其实的"柑橘之乡"。2012年成功创建了"国家级出口柑橘质量安全示范区"，成为全国首批柑橘产业仅有的两个示范区之一。2020年，柯城区成功入选"互联网+"农产品出村进城工程试点，成为衢州唯一上榜的县（市、区）政府统筹资金用于保障农产品供应链、建设电商服务设施设备等，推动柑橘提升转型、出口营销、电子商务、"互联网+"农产品出村进城。农产品销售打开了新局面，形成了"新农人培育+供应链整合+流量带货"的村播营销新体系，企业发展迅速。

结合"全域旅游"建设，着力招引以柑橘产业为主的三产融合项目，计划建设集柑橘全产业链、美丽田园风光、浓厚浙西乡村风情为一体的"农旅文药"融合示范区。

（三）旅游资源

柯城是山清水秀之乡，历史文物之都。诸多文化底蕴深厚的人文古迹、遗址及丰富的山水景点，为柯城旅游发展提供了很好的平台，旅游产业日益兴起。境内有天生石梁、如虹凌飞的围棋仙境烂柯山，有阙里气象、邹鲁流韵的南宗孔氏家庙，有蒲松龄《聊斋志异》中记载的"衢州三怪"出没的遗迹，有江南保存最好的古城门，还有闻名遐迩的天宁寺千手观音……

1. 烂柯山

烂柯山是位于衢州市东南13千米处的一座红砂岩小山，西临乌溪江，南连石室村，海拔164米，山明水秀，风景优美。早在两千多年前的春秋时期，此山称为空石山，后因晋代"王质遇仙，观弈烂柯"的神话故事流传，始称烂柯山。烂柯山已有1670余年历史。烂柯山融道、释、儒三教文化于一体，唐杜光庭在《洞天福地记》中称烂柯山为七十二福地之一、"青霞第八洞天"，名之为烂柯福地。烂柯山又为衢州佛教发祥地之一，其山南麓的宝岩寺，建于佛教大兴时期梁大同七年（公元541年），唐宋时多位高僧在此主持，宣扬佛法。同时也为儒家文人学士向往之地，历代名人往返，诗文唱和，曾盛极一时。

走进烂柯山，很远就可以看到一座雄伟奇特的石桥横卧于山顶，这就是"青霞景华洞天"的天生桥，桥拱东西横向，南北中空，桥洞高12～13米，跨度约40米，宽约30

米，石壁上镌刻着"烂柯山洞""天生石梁"等10余处摩崖石刻。

青霞洞顶端石梁上有一隙缝，长20余米、高约0.5～1米，深不到1米，人称"一线天"。近年石梁下洞中的地面上刻有围棋棋盘。棋盘之大堪称天下第一。石洞南面石崖上有一亭，始建于明万历年间（1573—1619年），取元代杨明"洞天春远日行迟"诗意，名为"日迟亭"。

因其美丽传说，这里成了"洞中方一日，世上已千年"的围棋仙地，声名远播日、韩、东南亚。作为围棋之乡，柯城重视围棋的普及推广和产业化发展工作，积极开展烂柯围棋文化建设、普及推广群众围棋运动、培育壮大围棋文化市场，举办了多项赛事。1990年衢州市举行了首届"烂柯杯"围棋大奖赛。2006年开始，衢州"烂柯杯"围棋大奖赛升级为"烂柯杯"中国围棋冠军赛，成为中国职业围棋大赛。新的"烂柯杯"逢双年由中国围棋协会、浙江省体育局和衢州市政府共同主办。

2. 桃源七里风景区

风景区内生态旅游资源丰富，有海拔1327米的大谷坪山脉、海拔1151米的老鹰石、落差70余米的杨花瀑布、飞来石瀑布、治岭石林、红军墓、望穿洞等自然景点，共有千米以上高峰15座，七里香溪沿村伴山而过。黄土岭、杨坞、均良、上村、大头、治岭等许多保存良好的古村落，与青山绿水、粉墙黛瓦构成一幅幅恬静自如、天人合一的画卷。是一处独具山里农家风韵的新兴旅游景区，生态山水、农屋农饭、避暑纳凉、高山蔬菜、峡谷漂流和耕读文化是旅游区最大的旅游特色。素有"全国农业旅游示范点""全国环境优美乡镇"之称。

四、研学旅行

柯城区自然与人文资源丰富，此次研学旅行挑选了具有代表性和独具研学价值的自然生态景观，具体如表6-11所示，围绕围棋主题的烂柯山和荆溪围棋谷，让学生感受柯城区独特的围棋文化。此外，还选择了柯城区历史悠久的码头主题，学生游览老街老镇，既可以感受风土人情，又可以展开人文地理相关主题的调查。

表6-11　柯城区研学旅行之旅

主题	线路
荆溪围棋之旅	烂柯山—荆溪围棋谷
桃源休闲之旅	坎底村—双溪村—桃源七里景区
码头寻古之旅	墩头老街—水亭门—衢州市博物馆

如表6-12所示此条线路结合柯城区自然景观与人文特色两大主题而设计，在著名

的烂柯山感受中国围棋文化的历史典故，并思考奇特悬空石桥的形成原因。随后前往荆溪村，结合村内经济林的种植情况，访问调查该村现住居民的主要收入方式。学生可以体验农耕工具的使用，既感受生产实践的乐趣，也可以体会当地浓厚的农耕文明。

表 6-12　荆溪围棋之旅

地点	研学内容	知识定位	设计意图
烂柯山	1. 观赏雄伟奇特的石桥并了解烂柯山名称由来的典故 2. 了解中国围棋文化的发祥历史	景区内山巅一条石梁悬空而架，仿佛是依山凿就的一座大石桥，犹如半天虹霞，蔚为奇观。石梁下的大洞，桥拱东西横向，南北中空，西边石壁上镌刻着"烂柯山洞"四字，东边石壁上刻有"天生石梁"四字。石梁下洞中的地面上刻有围棋棋盘。棋盘之大堪称天下第一 因晋代"王质遇仙，观弈烂柯"的神话故事流传，始称烂柯山。融道、释、儒三教文化于一体，可谓中国传统文化的"缩影"	通过让学生亲临大自然，感受自然中的地理知识，树立学生人地协调观，提升学生的地理实践力
荆溪围棋谷	1. 观察记录村内主要植被类型。 2. 观察村内主要种植作物种类，体验犁、耙等农耕工具的使用，体会浓厚的农耕文明	荆溪村整个村庄群山环抱，黛峰翠嶂，近可看烂柯山，远可观衢州最高峰水门尖。村内绿化主要以常绿阔叶林、针叶林为主，并种植有明显浙西特征的毛竹、板栗等经济林 荆溪村水稻种植面积近 500 亩，是柯城区现有农耕文化气息保存比较完好的一个村庄，村内民风淳朴，留守在村中的村民仍保持着"日出而作，日落而息"的农耕传统，村内耕牛、犁、耙等农耕工具几乎家家户户都有，农耕文化气息浓厚	

线路二的设计以休闲体验为主题，前往当地不同的村庄感受不同的人文特色。如表 6-13 所示，选择的坎底村与双溪村，村落的选址发展与自然地理环境有很大的关联，当地居民也依靠优美的生态环境而开发了农家乐，学生可以由此调查地理环境对人类生存发展的影响。随后前往桃源七里风景区，除了观察景区内的植被外，启发学生将从书本中学习的知识与实际生活相联系，从地形、气候等条件探究此地会成为避暑纳凉圣地的原因。

表 6-13　桃源休闲之旅

地点	研学内容	知识定位	设计意图
坎底村	体会农家乐，为村庄居民分发调查问卷，统计村民主要收入，感受地理环境对人类活动的影响	碧水游鱼石潭景，观游橘海心怡情。坎底村三面青山环抱，橘林满山皆是，竹林葱郁连绵，古木巍然屹立，清澈的溪流潺潺穿村而过，溪内有天然泳场，巨大的卵石，风景迷人，被誉为浙西"小丽江"，是名副其实的"天然氧吧"。在此创建集生态、观光、农家乐、柑橘自行采摘为一体的生态基地	提高学生学以致用的能力，培养学生的区域认知能力
双溪村	思考该村是结合了怎样的地理优势，发展旅游经济	双溪村历史悠久，文化底蕴深厚，早在明清时代就有建制。借"水清竹盛"的自然优势以及茶文化、竹文化、宗教文化和农耕文化的有机结合，成为了径山——山沟沟国家级森林公园的门户，也是大径山旅游综合体核心区域 村里大力开发和扶持农家乐旅游休闲项目，现有农家乐经营户 90 余家，其中扶持建设的大型休闲观光农业示范园区 4 家，农庄 2 家。日接待能力达 3000 余人次，解决了 1000 余村民的就业，取得了较好的经济效益和社会效益	感受人地协调关系

续表

地点	研学内容	知识定位	设计意图
桃源七里风景区	1. 思考该地成为避暑纳凉胜地的主要气候因素有哪些 2. 观察列举景区内主要植被有哪些 3. 调查当地农家乐发展现状及优势	景区属亚热带季风气候区，常年平均气温在14.3℃，四季分明、冬夏长春秋短、气候温和。具有日照少、日射弱、气温低、空气相对湿度大、空气负离子浓度高、空气清新等小气候特征，非常适合于盛夏避暑纳凉、游山戏水之游 景区内森林覆盖率达98%，杨木、黄连等植物群落分布其中，红豆杉、香榧、银杏等珍稀树种密集生长，林间有万亩毛竹	使学生感受到一方水土养育一方人，体验当地的人文精神和人文关怀

线路三（表6-14）主要探访柯城区的古街古城，选择墩头老街作为第一站，结合当地的地理环境与村名的关联，也可以小组合作测量墩头湖的水质情况。随后前往具有深厚历史底蕴的水亭门古城，观赏沿途的历史建筑，并调查街铺的旅游发展现状。最后参观衢州市博物馆，接受儒家文化的熏陶。此路线主要是培养学生的区域认知与自身文化底蕴的提升。

表6-14　码头寻古之旅

地点	研学内容	知识定位	设计意图
墩头老街	探访古街，思考村名及村庄结构布局有何特殊的地理意义	墩头村，北临常山江，南靠日月湖，村庄成为集中在两水域中间的土墩，因此得名墩头村 村庄结构布局呈"無"字形。站在河对岸从北往南看过来，一撇代表去毛村的路；一横代表墩头湖；四竖代表四条古街道；第三横代表衢江；四点代表四个码头。村庄的地理环境像个孤岛，南面是湖，北面是江，中间大，两头小，形似一条停泊在墩头潭边的巨船	人文地理的孕育离不开自然环境的作用，培养学生的区域认知思想
水亭门	1. 探访衢州古城，观赏沿街历史建筑，感受深厚的历史文化 2. 发放问卷调查古街沿线店铺，调查街道旅游发展现状，了解现代旅游与古老传承间的融合	水亭门是衢州富有历史的地方，街上保留着很多座历史建筑，经过将近两年的修缮，现在的水亭门历史文化街已经焕然一新。在古香古色的明清建筑中，夹杂着一些新建的店铺，立于历史文化街道上的书店、服装店、茶饮店为这片古老的地方增添了一丝文艺色彩，呈现了属于水亭风情的繁华。水亭门历史文化街区在保留着历史传承的同时，也引进了新时代的文化，让这座古街与时俱进	
衢州市博物馆	参观博物馆，感受学习衢州历史底蕴与儒家文化	衢州市博物馆馆藏有自然、历史及艺术类藏品，有新属新种蜥蜴类恐龙骨骼化石——"礼贤江山龙"、新石器时代至民国时期的石器、陶瓷器、金银器、铜器、玉器、杂件、书画、古籍，以及近现代革命历史文物等。主要文物有春秋变体字纹青釉桶形原始瓷罐、春秋青铜钟等	参观博物馆，开展学生视野，增强自身文化底蕴

第二节　古韵承千年，衢江秀天下

一、地理位置与行政区划

衢江区，面积 1748 平方千米，坐标为位于东经 118°01′—119°20′，北纬 28°14′—29°30′，地处浙闽赣皖四省边际，素有"衢通四省"之称，区位优势明显。衢江穿境而过，东临龙游县，附近还有开化县，南接丽水的遂昌县，北接杭州的建德市，西与市内的常山县、柯城区、江山市相依。

衢江区历史悠久，前身是衢县，衢县建于东汉初平三年（192），时名为新安，后又相继改名为信安、西安，民国元年始称衢县。

东汉初平三年（192），分太末县置新安县。为衢县建县之始，仍属会稽郡。

建安二十三年（218），析新安县置定阳县。

三国吴国宝鼎元年（226），新安县改属东阳郡。

晋太康元年（280），因与弘农郡新安县同名，改新安为信安，因信安溪得名，一说溪以县得名，仍隶东阳郡。

南朝宋、齐、梁三代，信安县隶属不变。

陈永定三年（559），置信安郡，领信安、定阳 2 县，隶缙州。

隋大业三年（607），太末、定阳 2 县并入信安，隶东阳郡。

唐咸通中（860—874），改信安为西安，因西溪得名，仍隶衢州。

宋、元、明、清，未曾改名先后隶属浙江西道、浙江东道、衢州路、龙游府、衢州府和金衢严道。

辛亥革命后（1911 年 11 月 7 日），成立衢州军政分府，兼理县事。

1949 年 5 月 6 日，衢县解放，始设军管会，后建衢州专员公署。衢州市，专署仍驻衢州，县政府迁至樟潭镇。

1951 年，撤销衢州市，县府迁回衢县城区，专署驻衢县。

1955 年 3 月，衢州专员公署撤销，衢县属金华专区。

1958 年 11 月，常山并入衢县；1960 年 1 月 1 日，龙游县并入；1961 年，复置常山县。

1979 年 9 月，恢复衢州市，县、市并存。

1981 年 4 月，撤县并入市。

1983—1984 年，龙游县析出，另立县治。衢江辖区不变。

如表 6-15 所示，自 2009 年至今，全区辖 2 个街道、10 个镇、9 个乡：樟潭街道、浮石街道；上方镇、杜泽镇、廿里镇、后溪镇、大洲镇、湖南镇、峡川镇、莲花镇、全旺镇、高家镇；太真乡、云溪乡、横路乡、灰坪乡、举村乡、周家乡、双桥乡、岭洋乡、黄坛口乡。

表 6-15　1949 年后衢江区行政区划变动一览表

时间	行政区划变动
1949 年	衢县解放
1951 年	撤销衢州市，县政府迁回衢县城区，专署驻衢县
1985 年	原县级市辖区划分为衢江区和柯城区，衢江区辖 8 区 46 乡镇
1986 年	县属姜家山乡划入柯城区，衢县辖 8 区 45 乡镇
1992 年	行政区划实行"撤扩并"，全县撤销上方、杜泽、石梁、樟潭、航埠、廿里、大洲、乌溪江 8 个区，乡镇扩并为 28 个
1994 年	先后恢复沟溪乡、双桥乡，全县辖 14 镇 16 乡
2001 年	撤销衢县，设立衢州市衢江区
2002 年	衢江区辖 12 个镇、14 个乡、509 个行政村：上方镇、杜泽镇、廿里镇、后溪镇、大洲镇、湖南镇、峡川镇、莲花镇、全旺镇、高家镇、樟潭镇、安仁镇、太真乡、云溪乡、横路乡、庙前乡、灰坪乡、长柱乡、坑口乡、岭头乡、举村乡、周家乡、洋口乡、双桥乡、浮石乡、下张乡
2009 年	全区辖 2 个街道、10 个镇、9 个乡

二、自然地理环境

（一）地形地貌

衢江区为丘陵山区。衢江区的地貌特征是"七山一水二分田"，山区面积 1218 平方千米，占国土面积的三分之二。低丘缓坡可开发利用的面积 37 万亩，规划期内可开发为建设用地的低丘缓坡资源约 4.8 万亩。

（二）气候水系

衢江区域属亚热带季风气候区。全年四季分明，冬夏长、春秋短，光热充足、降水丰沛、气温适中、无霜期长，年平均气温 16.3～17.3℃，具有"春早秋短、夏冬长，温适、光足，旱涝明显"的特征。全年冬季风强于夏季风，境内地貌多样。春夏之交，复杂的地形条件有助于静止锋的滞留，增加降水机遇。盛夏之际，台风较难深入境内，影响较小，静热天气较多。衢江区属盆地气候，全年光照充足，降水丰沛。

县境内水系为钱塘江上游支流，属山区性河流，源短流急，河床比降大，水位、流量、流速的变化，受降雨的控制，洪枯水位明显，具有山地型河流暴涨暴落的特点。干流衢江，由西向东横贯全境，出盈穿经龙游，在兰溪横山下与婺江汇合。南北两侧流入衢江的一级支流 10 条，二级支流 8 条。

黄鸭垅水库位于衢江区高家镇新安村（十里丰农场七大队旁），水系属衢江支流——芝溪，是一座以农业灌溉为主，兼顾防洪、养殖等综合利用的小型水库。坝顶采用彩色沥青路面铺设，两侧设置花岗岩平石，迎水侧设置了仿木栏杆。背水坡采用混凝土框格草皮护坡。水库为方便群众散步、结合景观考虑，沿小区旁设置了游步道。游步道采用陶瓷颗粒铺设内侧护坡铺种了草皮，外侧设仿木栏杆。沿管理房道路，采用了方格花岗岩板铺装。

（三）自然资源

衢江区矿产资源蓄有煤、石煤、石灰石、大理石等 40 多个矿种，其中石灰石储量居全省前列，达 60 亿吨，石灰石氧化钙含量达 52%～55%。

当地水资源丰富，总储量 23 亿立方米，北有库容 1.71 亿立方米的铜山源水库，南有库容 20 亿立方米的乌溪江大型水库，乌溪江流域拥有华东地区罕有的一级地表水，水质均为国家一级标准；地表水水质基本达到功能区要求，大部分河段水质保持在 I、II 类，为第 5 批"国家级生态示范区"。

衢江区背靠约 100 平方千米的工业园区（衢州市、衢江、柯城三大开发区)，总产值接近千亿的规模，发展生产性服务业具有巨大潜力。同时城区大量的土地储备，为新城区生活性服务业的繁荣带来巨大潜力，新城区目前可用地达到 3950 亩,熟地大约 2900 亩，可直接出让的土地达到 1800 多亩。

衢江区气候适宜，环境优越，森林资源丰富，为野生动植物的栖息繁衍提供了良好的生存条件。境内有野生动物 4 大类共 140 余种，其中两栖类 10 余种，爬行类 30 余种，哺乳类 50 余种，鸟类 50 余种。区内有维管束植物 1900 余种，隶属于 190 多科，其中木本植物计 755 种，分别隶属于 90 余科 279 属。

三、人文地理环境

（一）人口发展

如表 6-16 第七次人口普查数据显示，衢江区常住人口为 373 920 人，与 2010 年第六次全国人口普查的 341 436 人相比，十年共增加 32 484 人，增长 9.51%，年平均增长率为 0.91 %。全县共有家庭户 144 671 户，集体户 5137 户，家庭户人口为 344 965 人，集体户人口为 28 955 人。平均每个家庭户的人口为 2.38 人，比 2010 年第六次全国人口普查的 2.70 人减少 0.32 人。

表 6-16　衢江区近三次人口普查数据

	全县常住人口	家庭户人口	男性人口	女性人口
第六次	341 436			
第七次	373 920	344 965	199 782	174 138

如表 6-17 第七次人口普查报告性别构成显示，男性人口略高于女性。衢江区常住人口中，男性人口为 199 782 人，占 53.43%；女性人口为 174 138 人，占 46.57%。总人口性别比（以女性为 100，男性对女性的比例）由 2010 年第六次全国人口普查的 114.35 上升为 114.73。

表 6-17　衢江区第七次人口普查性别构成

	人口数	占比	总人口性别比	与六普比
男性人口	199 782	53.43%	114.73	+0.38
女性人口	174 138	46.57%		

如表 6-18 所示，在衢江区常住人口中，居住在城镇的人口为 170 930 人，占 45.71%；居住在乡村的人口为 202 990 人，占 54.29%。与 2010 年第六次全国人口普查相比，城镇人口增加 70 288 人，乡村人口减少 37 804 人，城镇人口比重提高 16.23 个百分点。

表 6-18　衢江区第七次人口普查人口城乡构成

	人口数（人）	占比（%）	城镇人口比重	与六普比
城镇人口	170 930	45.71	45.71%	+16.23%
乡村人口	202 990	54.29		

如表 6-19 第七次人口普查年龄构成显示，衢江区总体呈现老龄化趋势。在其常住人口中，0～14 岁人口为 52 412 人，占 14.02%；15～59 岁人口为 223 866 人，占 59.87%；60 岁及以上人口为 97 642 人，占 26.11%，其中 65 岁及以上人口为 70 722 人，占 18.91%。与 2010 年第六次全国人口普查相比，0～14 岁人口的比重下降 1.13 个百分点，15～59 岁人口的比重下降 6.62 个百分点，60 岁及以上人口的比重上升 7.74 个百分点，65 岁及以上人口的比重上升 6.72 个百分点。

表 6-19　衢江区第七次人口普查年龄构成

年龄	人口数（人）	比重（%）
总　　计	373 920	100
0～14 岁	52 412	14.02
15～59 岁	223 866	59.87
60 岁及以上	97 642	26.11
其中：65 岁及以上	70 722	18.91

衢江区人杰地灵，特别是在文学方面很有建树，有不少著名的专业作家与诗人。如表 6-20 所示研究德语文学的叶廷芳、郑国栓等人；此外，有衢州书画院的祝富荣院长，其作品已经被中国美术馆收藏。还有熟知的影视剧演员周迅等。

表 6-20　衢江区著名人物

姓名	籍贯	突出贡献
叶廷芳	浙江衢县	诗人、作家，研究方向是德语文学。代表作品是《现代艺术的探险者》《卡夫卡，现代文学之父》《现代审美意识的觉醒》《美的流动》等
李森祥	浙江衢县	当代作家，浙江省作协的专业作家，现主要从事电视剧编剧工作。李森祥的小说以农村、军营两大生活为主要题材，塑造出一系列生动的普通人尤其是农民的质朴形象
郑国铨	浙江衢县	作家，著有《文学理论》《小说创作艺术》《论文艺的继承和发展》《文学概论》《论文学观念的发展》《当代文艺学探索与思考》
祝富荣	浙江衢县	衢州书画院院长，一级美术师，衢州市美协主席。作品入选国内外美展，被中国美术馆等收藏。作品有《迎春》《钱塘颂》《珠穆朗玛——世纪丰碑》《万壑雷》《冰清玉洁》等
周迅	浙江衢县	影视女演员、歌手。荣获多次最佳女主角奖，主要代表作品有《李米的猜想》《如懿》《红高粱》等

（二）产业特色

如表 6-21 所示，2020 年全年全区生产总值（GDP）209.35 亿元，按可比价计算，比上年增长 3.6%。其中：第一产业增加值为 21.78 亿元，增长 1.9%；第二产业增加值为 75.84 亿元，增长 2.7%；第三产业增加值为 111.73 亿元，增长 4.7%。2021 年全年衢江区区生产总值（GDP）269.73 亿元，按可比价计算，比上年增长 8.7%。其中：第一产业增加值为 21.23 亿元，增长 6.9%；第二产业增加值为 123.63 亿元，增长 8.4%；第三产业增加值为 124.87 亿元，增长 9.2%。

表 6-21　衢江区近两年三次产业增加值及增速

	2016 年		2018 年		2020 年	
	增加（亿元）	增速（%）	增加值（亿元）	增速（%）	增加值（亿元）	增速（%）
第一产业	21.78	1.9	20.65	0.8	21.78	1.9
第二产业	63.89	5.8	74.62	10	75.84	2.7
第三产业	61.15	10.9	103.31	8.9	111.73	4.7
总计	146.82	7.2	198.47	8.3	209.35	3.6

来源：衢江区人民政府。

由表 6-22 可知，近年来衢江区第一产业中占比最高的是农业与牧业，农业与牧业的增速呈现缓慢下降趋势，牧业和渔业产值呈现波动式上升。此外，农林牧渔专业及辅助性活动产值增长幅度较大。

表 6-22　近年衢江农林牧渔总产值及分项产值

行业名称	2020 年		2018 年		2016 年	
	产值（亿元）	同比（%）	产值（亿元）	同比（%）	产值（亿元）	同比（%）
总产值	21.96	2.0	28.51	3.7	36.44	3.5
农业	19.65	3.1	18.37	3.8	17.95	7.6
林业	2.88	1.1	2.76	2.3	2.7	13.5
牧业	7.92	3.1	5.11	4.9	13.7	-3.4
渔业	2.15	3.3	2.02	1.5	1.88	6.3
农林牧渔专业及辅助性活动	0.3	4.2	19.37	3.4	0.21	18.9

来源：衢江区人民政府官网。

　　表 6-23 所示，衢江区近年来轻、重工业发展保持着稳步上升的趋势，其中高档特种纸产业和机械装备制造产业作为两大主导产业增长率也在逐年递增。

表 6-23　近年规上工业企业主要行业总产值及增速

行业名称	2016 年		2018 年		2020 年	
	产值（亿元）	同比（%）	产值（亿元）	同比（%）	产值（亿元）	同比（%）
轻工业	—	—	95.09	8.9	104.94	3.5
重工业	—	—	63.69	23.1	83.49	2.5
高档特种纸产业	57.31	7.8	65.8	9.5	64.9	-1.2
机械装备制造产业	54.13	1.3	37.13	17.0	45.44	11.8

　　近年来，衢江区第三产业逐渐占据主导地位，其主要行业以较为平稳的趋势增长。如表 6-24 所示，尤其是房地产业、建筑业、交通运输、仓储和邮政业及金融业等，其中金融业增速显著；但出口业近年来增速下降，出现了负增长情况；其他行业相比呈现较为稳定的速度波动。

表 6-24　衢江区近年第三产业主要行业增速

行业名称	2016 年（%）	2018 年（%）	2020 年（%）
房地产业	66.4	1.1	10.1
零售业	11.8	8.9	-1
建筑业	1.2	1.9	1.2
餐饮业	9.8	—	—
进口业	6.6	28.1	-4.5
出口业	4.0	-6.4	-0.6
交通运输、仓储和邮政业	3.2	3.1	1.4
金融业	6.8	10.7	12.2

来源：衢江区人民政府官网。
备注：房地产业为商品房销售额；金融业为存款余额。

【椪柑】

衢江椪柑是浙江的名果，有"亚洲宽皮橘之王"的美称。椪柑属芸香科，亦称蜜橘。宽皮橘类。浙江地方名果，有"亚洲宽皮橘之王"的美称。主产于衢州市衢江两岸。果形较大、端正，呈高扁圆形，油胞突起，橙黄色，有光泽；果皮较厚，松脆易剥；囊瓣肥大，脆嫩爽口，香气浓郁，汁甜味鲜。较耐贮藏。含糖、柠檬酸、维生素等多种营养成分。衢江区全年气候具有"春早、秋短、夏秋长"的特点，尤其是7—9月，昼夜温差达 8～10℃，具有浙江吐鲁番之美称，有利于农作物光合作用和营养积累，生产出优质农产品。它是中国椪柑之乡：全县现有 12 万户农户栽培椪柑，椪柑面积 20 万亩，年产椪柑 30 万吨，面积和产量均居全国县级之首。

【三元猪】

衢江区三元猪以肉瘦膘薄而著称，不但营养足、口味好，而且非常宜于加工成肉类制品，在市场上享有很高的声誉，福建、广东等沿海省市客商皆慕名而来收购。99 中国国际农业博览会授予"衢江区三元猪"名牌产品称号。三元杂交猪因其生长速度快、饲料报酬高、适应性强、瘦肉率高而深受广大养殖户的欢迎，并得到消费者的青睐。以生产"衢江区三元猪"为特色的衢江区养猪业，充分发挥品种、规模、技术、市场等优势，通过扩总量、上规模、创名牌、强服务，走产业化发展的路子，为农户提供产前、产中、产后的全程服务，使全县的养猪业取得了突飞猛进的发展。

（三）旅游资源

衢江区旅游资源主要由"三大区"组成，包括：衢南为山水文化休闲旅游区，有国家 4A 级景区的天脊龙门，有神奇秀丽的紫薇山国家森林公园，有绿水青山的九龙湖（卧龙山庄、梦龙山庄、湘思岛、月亮岛、仙霞湖等）；衢北溶洞奇观红色（探险）区、现代农业观赏区，有太真洞、白塔洞、金鸡洞，有革命老区、根据地的灰坪，有可以采摘花卉蔬果、体验农事、学习科普的莲花现代农业休闲旅游区等；衢东名胜古迹览胜区，有金仙岩摩崖石刻、恐龙蛋化石遗址、江心洲、浙西大草原、九仙岩、白鹭洲、桂花岩等。

1. 大路畲族风情文化旅游村

大路是浙西一个美丽的畲族小山村，位于衢州城东南 28 千米处。这里生态原始，景色迷人，青山、秀水、古树、山寨、流云、飞瀑、湿地、古村落……让游人流连忘返！大路村历史文化悠远，传说婀娜妖娆，畲族风情独特，是浙西的西双版纳。聚居在这里的畲族后裔至今仍保持着自己独特的文化艺术和语音，古遗风情淳厚；境内高山林立，最高峰六春湖海拔 1390 米；约有大小景观 60 多处，构成了雄、奇、险、秀、幽、特的神奇畲族风情文化旅游村。

大路自然村地处高山深谷，四面环山，形似"大箩"，故古称大箩。1982 年，村里修通了公路，因路与箩同音，故改名"大路"。唐宋时期这里就是衢州通往龙游、遂昌等地的主要交通要道，如今仍保存不少古驿道和古代客栈遗迹。清.雍正三年（1725）前，雷姓始祖就在这里以狩猎为生，村落环境、民风习俗等依然保存完好，独具地域文化魅力。每年的农历三月初三，村里都要举行盛大的"三月三歌会"，畲民们欢聚到一起，一起欢庆一起歌舞。现在的畲族文化广场已成为畲民举行畲族风情文艺表演、游客唱歌、跳舞的休闲娱乐场所。

2. 紫薇山国家森林公园

紫薇山国家森林公园坐落在浙江衢县南部，面积 5500 公顷。园内森林茂密，自然景观独特，有片半原始白豆杉丛林，公园集奇山异石、天然洞府、幽谷川流等于一体，聚山、林、泉、瀑、云、雾等于一谷，形成险、雄、奇、幽、美的山水特色。公园由龙门峡谷景区、药王山景区、大源尾景区、洞岩景区及九龙湖休闲度假区组成。

其中龙门峡谷景区内峡谷幽深，谷涧碧潭交错，飞瀑奔泻。众多的峰崖壁石，似人物或各种动物形象，惟妙惟肖。已开发有龙门峡谷、龙井瀑、龙女崖、寿星林等景点。龙门峡谷在沿县境内第一高峰水门尖（海拔 1452.6 米）至第二高峰巨龙顶（1450 米）的主山脊之间，由数十条呈 V 形的地质断裂带组成。谷峰高差 300～400 米，宽仅几丈，绵亘 10 余千米。峡谷纵横，有龙门峪、石木坞、小峡谷、大峡谷、弄堂峡、龙门峡口、吊桥峡谷等。谷内千仞壁立，有数百米甚至上千米高悬崖垂直发育。山如刀削，气势雄伟。旧县志载：龙门峡谷长 20 千米，深百丈，宽九丈。悬崖绝壁，罕见人迹，故称"龙门死谷"。峡谷内至今尚无人居住，保持了较为完整的原始状态。龙门双笋（龙凤石笋）傲然挺立，直刺苍穹。北石笋高 66 米，粗 17 米；南石笋高 50 余米，粗 9 米。龙井瀑布位于峡谷尽头，呈腰子形，飞瀑从 14 米处悬崖上直泻龙潭，潭深 8 米，瀑声隆隆，水质淳清。寿星林为孔家山自然村旁的一片古树群，有松、樟、水杉、奶源木莲、红豆杉、木荷等，树龄均数百年以上。有的木莲树胸径达 2 米以上，其中最大一株高约 35 米，胸围达 3.8 米。

3. 天脊龙门景区

天脊龙门景区位于黄坛口乡境内，是紫薇山国家森林公园、烂柯山—乌溪江省级风景名胜区内的主景区。景区建成于 2003 年 6 月，总投资 5500 多万元，现开发面积 14 平方千米。景区集奇山异石、天然洞府、幽谷川流和自然园林景观于一体，聚山、林、泉、瀑、云、雾等奇观于一谷，形成了险、雄、奇、秀、幽之胜，其中海拔 1452.6 米的水门尖，为浙西第一高峰。景区拥有大量珍稀物种。其中国家一级保护树种有红豆杉、香果树，国家二级保护树种白豆杉 4000 多亩，密集分布面积 1300 多亩，为全国之冠。珍稀动物有豹、苏门羚、毛冠鹿、穿山甲等，以及各种各样的鸟类。

四、研学旅行

衢江区自然人文资源丰富，本研学旅行选择衢江区较为特色的自然景观如药王山、紫薇星谷等，学生可以体验不同自然地理知识在生活中的实践应用，具体研学路线如表6-25 所示。此外，衢江区拥有的独特的地质地貌，例如著名的节理石柱与喀斯特地貌等，可以让学生在真实地理环境感受自然风光的绮丽与地理知识的魅力。最后，衢江区作为革命老区，充分利用其革命历史和遗址资源，设计了一条经典红色之旅，让学生在学习知识时感受革命筚路蓝缕，珍惜现有幸福生活，培养爱国主义情感。

表 6-25　衢江区研学路线

主题	线路
自然生态之旅	药王山—天脊龙门—紫薇星谷
奇特地貌之旅	湖南镇节理石柱景区—饭甑山—太真洞
经典红色之旅	灰坪乡—中共衢遂寿中心县委第二区委旧址—红色千里岗景区

自然生态之旅线路主要根据衢江县自然生态为主题而设计，学生可以把课堂所学的地形地貌、土壤、植被等知识结合此条线路的选点结合对应起来，让他们感受和学习自然中所蕴含的地理知识。研学内容如表 6-26，药王山既可以开展地质地貌的自然地理观察，又可以进行药王山名称的来源背景的人文调查。随后的天脊龙门景区，学生可以观察到火山岩峡谷地貌，进而辨析不同峡谷是如何形成的。最后的紫薇星谷，植被资源丰富，可以开展植被类型的调查，思辨植被资源丰富的原因及其对周边人类活动的影响。

表 6-26　自然生态之旅路线

地点	研学内容	知识定位	设计意图
药王山	1. 攀登药王山，观察记录其山体主要地貌类型与山间主要植被 2. 观赏神农瀑，了解其由来与独特之处 3. 了解药王山传说与典故，品尝竹筒饭	药王山体由上侏罗统磨石山群地层构成，形成变化多端、姿态各异的石林景区，如石龟、石鱼、石狮、石熊等。药王山间有众多草药，相传炎帝在此采药，留有"神农谷"等古迹 神农瀑由左右两道瀑布组成，每当艳阳高照的日子，上午九点左右，这里会呈现"双瀑托彩虹——潭映七彩"的美景，而且彩虹的位置会随着太阳的移动而变化	通过让学生亲临大自然，让学生感受自然中的地理知识，树立学生人地协调观，提升学生的地理实践力

续表

地点	研学内容	知识定位	设计意图
天脊龙门	1. 参观景区，思考属于什么地貌类型，"V"字型谷地如何形成 2. 观察思考山体主要由什么岩石构成，形成于什么地质年代	属火山岩峡谷地貌，为一大断裂构造。区内山岭走向复杂，范围广阔，山势挺拔、陡峭，流水切割山体，山体坡度均在 40 度以上，从龙门到水门尖为一条长达 25 华里的大峡谷，相对高差近 1000 米。这里有海拔千米以上的山峰 54 座，沟谷深达几百米，呈典型的"V"字型谷地，由而形成了峡谷纵横、峰峦盘踞的深谷奇峰景观 景区内的山体主要由火山岩构成，晚侏罗高坞组地层遍布其上，由紫灰色块状砾溶结凝灰岩组成	
紫薇星谷	1. 参观景区，调查山区主要植被类型有哪些，并思考当地适宜生长的条件有哪些 2. 了解当地民风民俗，并调查其生产生活现状，结合自然环境等分析其成因	景区自然景色清新宜人，植被丰盛，拥有大量的珍稀特种，有 300 年的红豆杉、白豆杉、枫树、500 年的罗汉松、樟树、香果树等一批古树名木，森林覆盖率高达 98%	

线路二（表 6-27）综合了当地比较奇特的地质地貌而设计，例如孤峰饭甑山以及喀斯特地貌等等。衢江的节理石柱发育年代悠久，对学生观察了解节理，感知地质年代变化有很大帮助。此条线路的另一处特色为喀斯特地貌的太真洞，可以帮助学生近距离观察石笋、石钟乳等，更好地认知理解喀斯特地貌。

表 6-27　奇特地貌之旅路线

地点	研学内容	知识定位	设计意图
湖南镇节理石柱景区	1. 了解该节理石柱形成的大致地质年代及形成过程 2. 观察节理支柱绘制大致形态特征，讨论其形成原因	衢江节理石柱发育于晚侏罗世至早白垩世，约一亿三千七百万年前。当时，我国东部为一广阔的陆地，有含煤的陆相沉积，且有火山喷发和岩浆活动。在地壳运动剧烈、火山活跃时，一股岩石熔流从裂隙的地壳涌出，随着灼热的熔岩逐渐冷却、收缩、结晶，当各种条件具备时，岩浆的结晶体便会爆裂成规则的柱状石。大量的石柱排列、捆扎、堆叠在一起，形成壮观的石柱世界。在这些石柱之间，仅有极细小的缝隙将其一一分开，地质学把这些裂缝称为"节理"	带领学生前往奇特地貌的景区观赏，感受大自然的鬼斧神工，实地了解其地貌类型等。更好地将书本知识与实际联系起来，加深学生印象，培养学生对地理学习的兴趣
饭甑山	1. 了解饭甑山命名来源 2. 观赏景区，了解境内复杂地貌形成的大致地质年代	饭甑山孤峰突兀，四面如削，形状像农家的饭甑，相传朱元璋赐名为"饭甑山"。景区内地质条件复杂，是金衢盆地边缘的红色碎屑沉积岩（白垩系）与中生代火山岩（晚侏罗系）接触地带，其构造复杂，地层岩石多样，构成五花八门的瑰丽山景。地貌自然形变繁杂，有丹霞、丹霞喀斯特、石灰岩喀斯特、火山岩奇峰、悬岩峡谷等地貌形态	
太真洞	1. 观察洞内主要地貌类型并参观不同洞群 2. 思考喀斯特地貌洞穴冬暖夏热的原因	太真洞位于浙江省衢江区北部，是一个岩溶喀斯特洞穴，海拔高度 265 米。不同洞群都有不同的喀斯特地貌景观，洞内奇石矗立，石笋如林，钟乳倒垂，大似龙帐，华盖而下，小如钢钟，玲珑剔透	

衢江县含有丰富的红色旅游资源，此条线路涵盖了灰坪村、革命旧址以及千里岗景区。具体内容参照表6-28，主要参观各革命旧址与纪念馆等，聆听革命烈士们的英勇事迹，培养学生爱国主义情感。此外，灰坪村还可以开展其他自然及人文地理研学活动，例如观察村内著名的白塔洞，组织观察洞内不同地貌景观并分析其形成原因。

表6-28　经典红色之旅路线

地点	研学内容	知识定位	设计意图
灰坪村	1. 参观纸槽屋红军联络站、老红军黄华炳故居、革命烈士纪念碑，聆听革命烈士们的英勇事迹 2. 观赏白塔洞，观察洞内主要地貌类型及景观，并分析其如何形成 3. 调查当地主要农业以什么为主及未来发展状况	白塔洞自古迤逦素负盛名，洞内不仅有宏伟壮观的罕见4座白塔，还有千姿百态的仙桥、天窗、观厅、真龙潭、地下河、金银山、石钟、石鼓等百余个奇、丽、险景观，形如梯地梯田的"大寨田"，与石花果、石笋相映密布，令人神往 灰坪纯山区地貌，农业以毛竹、蚕桑、茶叶为主，其中以白塔茶最负盛名	带领学生前往红色旅游基地，让学生深切感受爱国主义教育，体会现在幸福生活的来之不易
中共衢遂寿中心县委第二区委旧址	参观革命旧址、博物馆、纪念碑等，感受爱国主义教育	灰坪乡建立了"中共衢遂寿中心县委第二区委旧址"纪念碑。并被命名为第四批爱国主义教育基地。建立的中共衢遂寿中心县委第二区委陈列馆，分为"中共衢遂寿中心县委第二区委活动""北上抗日先遣队在衢州""革命精神励后人"三个部分，场馆内还陈列了当年战士留下的战斗、生活遗物，以及模拟当年战士生活的场所	
红色千里岗景区	参观景区纪念馆，学习红色故事，感受革命老区的光荣传统	如今，战火纷飞的年代已经远去，但一个个红色故事通过村民们口口相传，流传至今。村里把这些故事梳理记载，呈现在衢江红色千里岗革命纪念馆中，供后人学习	

第三节　承姑蔑文明，探龙游之谜

一、地理位置与行政区划

龙游县地理坐标为北纬28°44′—29°17′，东经119°02′—119°20′之间。地处浙江省西部金衢盆地，境内山脉、丘陵、平原、河流兼具。南仙霞岭余脉，北千里岗余脉，中部金衢盆地，衢江自西往东横贯中部，流程28千米。地形南北高，中部低，呈马鞍形。最高点是县西南茅山坑，海拔1442米。最低点是湖镇镇下童村，海拔33米。衢江、灵山江穿城而过，衢江船厂沙洲、石窟沙洲静卧县城东西。

龙游历史悠久，商周时建有姑蔑古国。秦王政二十五年（前222），秦灭楚，于姑篾之地设太末县，隶会稽郡，为龙游建县之始。唐贞观八年（634）更名龙丘县。五代吴越宝正六年（931），吴越王钱镠以"丘"与"墓"近义不吉，又据县邑丘陵起伏如游龙状，遂改龙丘为龙游。宋宣和三年（1121），因有诏讳"龙"字，改名盈川县。绍兴元年（1131）复称龙游。元时隶属江浙行省衢州路。朱元璋攻占衢州后，改衢州路为龙游府，仍置县。丙午年（1366）改龙游府为衢州府，县如旧。清沿明制。民国2年（1913）龙游县直属于省；3—15年（1914—1926）属金华道；16—21年（1927—1932）又直属于省。1949年5月6日，龙游县城解放；1949年5月12日，成立龙游市人民政府；1949年6月8日改为龙游县人民政府。1959年12月底，龙游县撤销并入衢县。1962年，龙游县复制。1973年，龙游县撤县。1983年9月，经国务院批准恢复龙游县建制，属金华地区。1985年5月，金华地区撤销，分设金华、衢州为省辖市，实行市管县体制，龙游县归属衢州市领辖。

龙游县隶属于浙江省衢州市，位于浙江省西部。北靠建德，东临金华市区、兰溪，南接遂昌，西连衢江区，辖2街道、6镇、7乡，总面积1143平方千米。如表6-29所示辖东华街道、龙洲街道；湖镇镇、溪口镇、横山镇、塔石镇、詹家镇、小南海镇；庙下乡、石佛乡、模环乡、罗家乡、社阳乡、大街乡、沐尘畲族乡。龙游县是浙江省历史上最早建县的13个县之一，是浙江东、中部地区连接江西、安徽和福建三省的重要交通枢纽，为传统农业县。

表6-29 龙游县行政区划

时间	行政区划变动
1949年	龙游县解放，分6区23乡镇
1950年	撤希唐区，另置湖镇区，旋调整乡境，分6区41乡
1954年	增设湖镇、溪口两个区属镇，全县6区2镇42乡
1956年	撤区并乡，乡镇合并为22个
1958年	建立人民公社，实行政社合一，5分公社下辖33个生产大队
1959年	复置城关镇，12月改称龙游镇，直属县
1984年	政社分社，恢复乡建制，龙游公社并入龙游镇，全县6区1镇31乡
1985年	湖镇、溪口两乡改为乡级建制镇，成7区、31乡
2014年	行政村规模调整，辖2街道、6镇、7乡、262个行政村

二、自然地理环境

（一）地形地貌

龙游县地处浙江省西部金衢盆地，地形南、北高，中部低，呈马鞍形。最高点是县西南茅山坑，海拔 1442 米。最低点是湖镇镇下童村，海拔 33 米。境内山脉、丘陵、平原、河流兼具。南仙霞岭余脉，北千里岗余脉，中部金衢盆地，衢江自西往东横贯中部，流程 28 千米。

（二）气候水系

龙游县地处亚热带季风气候区，具有明显的盆地特征，光照、气温、降雨、温度湿度等气象因子都有明显的变化，其特点是：温度适中、光照充足、雨量充沛、旱涝明显。垂直差异明显，春早秋短，夏冬长。龙游县年平均气温为 17.1℃，最热月的平均气温为 28.8℃，最冷月平均温度为 5.0℃，极端最高气温为 41.0℃，极端最低气温为 -11.4℃。全年无霜期为 257 天。≥10℃的活动积温 5441℃。年平均降雨量 1602.6mm，年平均相对湿度 79%。全年平均日照数为 1761.9 小时，总辐射量为 110 千卡/平方厘米。

境内河流属钱塘江水系。主干流衢江，自西向东横贯中部，南北各有支流 4 条，呈树枝状分布。支流上又有集雨面积在 5 平方千米以上溪流 17 条，河流总长 402.1 千米。年均径流量 10.78 亿立方米，丰水年 13.4 亿立方米。支流均属雨源型山溪，源短流急，河床比降大，水位易涨易落，受季节性降雨量影响明显，枯洪变化悬殊。50 年代后，上游大批水库建成对汛期的径流量有所控制，水位相对平稳，河道两岸洪旱危害减轻。

沐尘水库位于钱塘江上游衢江右岸支流灵山港的干流上。水库坝址位于沐尘乡贤江村上游约 1.5 千米处，库容 2349 万立方米。水库以防洪、供水灌溉为主，结合发电及改善水环境等综合利用。水库规模为大型，工程等别为 II 等。水库风景优美，雨季库区云雾缭绕，恍如人间仙境；水库泄洪时库水飞流直下、雄伟壮观；晴朗时节景色更为迷人，令人流连忘返。水库水源为一级饮用水源，承担着溪口镇人民的饮用水及生产、生活、生态用水的任务。

社阳水库位于龙游县社阳乡山坪头村，属钱塘江流域衢江南岸支流社阳溪水系。是一座以供水、灌溉为主，结合发电、洁水养鱼等多种经营为一体的中型水利工程。景色优美，集雨面积大，水生态环境好，库水清澈，呈现一派自然和谐景象，吸引了无数游人领略、观光。社阳水库是一级饮用水源，源源不断地向龙游城区供水，有效地保障了人民群众健康用水，改善了投资环境，提升了城市的品位。

（三）自然资源

龙游县境处金衢盆地，土地类型多样，垦殖历史悠久，开发程度较高。县境中部河谷平原向南北两侧推移，土地依次呈河谷平原，缓坡岗地、低丘、高丘、低山、中山。根据地形、土壤、开发方向等差异，大体三种类型。河谷平原含衢江及其一级支流进入盆地后所形成的冲洪积平原、江心洲等。海拔高度大部 50 米左右，相对高差 5~10 米，地表坡度小于 6 度，为盆地内最低一级地貌面。水稻土、潮土为主，面积 35.90 万亩，占总土地面积 21%，系耕地集中分布区，粮、棉、油、桑、畜主产地。低丘岗地分布衢江河谷平原外侧至盆地山麓边界，与衢江一级支流所形成河谷平原相间排列。海拔高度一般 60~250 米，相对高度 20~100 米，坡度 6~15 度。红壤土为主，面积 62.51 万亩，占总土地面积 36.60%。

龙游县水资源丰富，境内多年平均水资源总量 10.787 亿立方米，其中地表水 9.220 亿立方米，地下水 1.567 亿立方米。均为大气降水补给。现有塘库内湖蓄水面积 26.52 平方千米（为 39 785 亩），蓄水量 1.1524 亿立方米。衢江、灵山江平均入境水量分别达 106.3 亿立方米、3.85 亿立方米，过境客水集中汛期，流域内缺乏相应可调蓄水利工程，利用系数较小。地下水资源年平均可开采量 0.454 亿立方米。已开采量 0.191 亿立方米，占 42.1%。受降水量分布不均影响，中部平原径流量大于北部丘陵，南部山区大于中部平原。径流量年内分配不匀，年际变化大。灵山江步坑口水文站实测资料计算，洪水期 3—8 月径流量占全年径流量 74.4%，枯水期占 25.6%。丰水年（1962 年）径流量 8.94 亿立方米，枯水年（1978 年）4.65 亿立方米，相差一半左右。

龙游县矿产资源以非金属矿为主，主要是岩浆期后中低温热液型，有硫铁矿、萤石等，分布于县南花岗岩发育地区；沉积型非金属矿，有石煤、石灰石、白云石等，分布于县北。此外，县南花岗岩体和一些小型蛇纹岩可供开发。陈蔡群变质岩含石墨、震旦系西峰寺组底部白云岩，也有开发前景。

龙游县在森林植被分区上属中亚热带东部常绿阔叶林亚带，由于南北光热条件不同，又分为两个植被区。北部的浙皖山丘青岗、苦槠植被区，南部的浙闽山丘甜槠、木荷植被区，天然阔叶林呈现次生状态。因此，县内动植物资源较为丰富，主要植被类型大体有 9 种，有经济价值的野生动物主要有 35 种（兽类 31 种、禽类 4 种），国家一级保护动物有老虎、黑麂、花山鸡三种，国家二级保护动物有穿山甲、大小灵猫、獐、苏门羚、白鸟 6 种，国家一般保护动物多种。矿产有铜、硫铁、石煤、花岗岩。山区盛产毛竹、松、杉木材。

三、人文地理环境

（一）人口概况

表 6-30 第七次人口普查显示，全县常住人口为 360 229 人，与 2010 年第六次全国人口普查的 362 380 人相比，十年共减少 2151 万人，下降 0.59%。全县共有家庭户 157 781 户，集体户 5611 户，家庭户人口为 336 741 人，集体户人口为 23 488 人。平均每个家庭户的人口为 2.13 人，比 2010 年第六次全国人口普查的 2.55 人减少 0.42 人。

表6-30　龙游县近两次人口普查数据

	全县常住人口	家庭户人口	男性人口	女性人口
第六次	362 380			
第七次	360 229	157 781	186 734	173 495

表 6-31 第七次人口普查性别构成显示总体仍以男性人口居多，但男女性别比与六普比有所下降。全县常住人口中男性人口为 186 734 人，占 51.84%；女性人口为 173 495 人，占 48.16%。总人口性别比（以女性为 100，男性对女性的比例）由 2010 年第六次全国人口普查的 108.49 下降为 107.63。

表6-31　龙游县第七次人口普查性别构成

	人口数	占比	总人口性别比	与六普比
男性人口	186 734	51.84%	107.63	-0.86
女性人口	173 495	48.16%		

表 6-32 第七次人口普查年龄构成显示，在全县常住人口中，0～14 岁人口为 45 322 人，占 12.58%；15～59 岁人口为 217 847 人，占 60.47%；60 岁及以上人口为 97 060 人，占 26.94%，其中 65 岁及以上人口为 72 380 人，占 20.09 %。与 2010 年第六次全国人口普查相比，0～14 岁人口的比重下降 1.81 个百分点，15～59 岁人口的比重下降 6.89 个百分点，60 岁及以上人口的比重上升 8.69 个百分点，65 岁及以上人口的比重上升 8.13 个百分点。

表6-32　龙游县第七次人口普查年龄构成

年龄	人口数（人）	比重（%）
总计	360 229	100
0～14 岁	45 322	12.58
15～59 岁	217 847	60.37
60 岁及以上	97 060	26.94
其中：65 岁及以上	72 380	20.09

第七次人口普查城乡构成（表6-33）显示，全县常住人口中以城镇人口居多，居住在城镇的人口为 185 813 人，占 51.58 %；居住在乡村的人口为 174 416 人，占 48.42 %。与 2010 年第六次全国人口普查相比，城镇人口增加 56 124 人，乡村人口减少 58 275 人，城镇人口比重提高 15.79 个百分点。

表 6-33　龙游县第七次人口普查人口城乡构成

	人口数（人）	占比（%）	城镇人口比重	与六普比
城镇人口	185 813	51.58	51.58%	+15.79%
乡村人口	174 416	48.42		

龙游县汉族最多，次畲族，尚有蒙古族、回族、苗族、壮族、满族、水族、彝族、土家族、黎族、土族、毛南族、藏族、维吾尔族、布依族、朝鲜族、侗族、瑶族、白族、哈尼族、傣族、傈僳族、佤族、仡佬族。

龙游县人文荟萃，著名人物如表 6-34 所示，有提出著名"何氏公式"的何之泰、两大中国工程院院士郑树森和杨小牛先生、近代著名书画家佘绍宋以及独创泼墨山水画家包辰初等。

表 6-34　龙游县著名人物

姓名	籍贯	突出贡献
何之泰 （1902—1970 年）	浙江龙游	毕生从事水利科学研究和工程技术管理，提出水流起动流速与泥沙粒径和水深间经验关系公式，称"何氏公式"
郑树森 （1950—至今）	浙江龙游	中国工程院院士，主从事器官移植和肝胆胰外科领域研究，在国际上首次提出肝癌肝移植受者选择的"杭州标准"及移植后乙肝复发防治新方案
杨小牛 （1961—至今）	浙江龙游	中国工程院院士，主要从事通信信号处理与分析，软件无线电等科研工作
余绍宋 （1883—1949 年）	浙江龙游	平生旨趣尽在金石书画、画学论著、方志编纂，为近代著名史学家、鉴赏家、书画家和法学家
包辰初 （1928—至今）	浙江龙游	山水画家，现任中国美术家协会会员，其中泼墨山水极具艺术风格

（二）产业特色

2020 年全县生产总值为 247.61 亿元，按可比价格计算，比上年增长 4.4%。分产业看，第一产业增加值为 15.23 亿元，下降 5.4%；第二产业增加值为 104.17 亿元，增长 4.5%；第三产业增加值为 128.21 亿元，增长 5.6%。在第三产业中：交通运输、仓储和邮政业增加值增长 7.1%，批发和零售业增加值增长 12.0%，住宿和餐饮业增加值下降 4.9%，金融业增加值增长 6.5%，房地产业增加值增长 2.8%。三次产业增加值结构为 6.1：42.1：51.8（表 6-35）。

表 6-35　龙游县近三年三次产业增加值及增速

	2018 年		2019 年		2022 年	
	增加值（亿元）	增速（%）	增加值（亿元）	增速（%）	增加值（亿元）	增速（%）
第一产业	12.01	4.2	13.64	2.3	15.23	-5.4
第二产业	107.4	8.2	99.54	8.3	104.17	4.5
第三产业	122.57	7.5	118.77	8.4	128.21	5.6
总计	241.98	7.6	231.95	8.0	247.61	4.4

【荷花产业】

仲夏七月，万物繁茂绚烂。在衢州市龙游县横山镇天池村千亩荷塘中，荷叶挤挤挨挨，滔天绿浪直达天际，无数荷花或浮于碧波上，或亭立在水中央。每年 6—8 月，白墙黛瓦的屋宇与渐入佳境的花况交相辉映，鸟儿自由穿梭，白鹭来回飞掠，处处成景，步步入画。以莲会友，以莲迎客，如今的天池荷花景区已成为龙游县农村第一个国家 3A 级旅游景区，整个景区囊括横山镇天池、志棠、腰塘边、塔下叶 4 个村，总面积 26km²，从 320 国道会泽里段到 316 省道至志棠公路，道路两侧全是荷田，长度超过 7km。这一景观带的建立，每年为横山镇带来大量游客，年接待游客达 30 万人次。仅白鹤桥村占地 30 亩的"百荷园"（栽种 120 多个荷花品种）就带动了村庄周边 10 余家农家乐，每周客流量约 5000 人次。

【竹产业】

龙游县位于浙江西部，钱江源头，龙游县林业用地面积 103.24 万亩，占国土面积的 60.2%，是浙江省重点林业县之一，龙游县森林覆盖率达 56.9%，其中竹类资源是龙游县林业的优势资源，全县有竹林面积 41.3 万亩，其中毛竹林面积占 97%，毛竹年蓄积量 7100 万株，2006 年被国家林业局命名为"中国竹子之乡"，在 2006 年全国 30 个"中国竹子之乡"评选时，龙游县竹产业综合实力排名第 6 位，2008 年被国家林业局批准建立浙江大竹海国家森林公园。

龙游县也是国内笋竹加工利用工业化最早的地区之一，在 20 世纪 80 年代首创国内竹胶板生产先河。国内最大的竹材与竹笋加工龙头企业都在龙游县（中集腾龙竹业，龙游县外贸笋厂）。全县竹产品如竹胶合板、竹地板、竹家具、竹炭等销往国内 20 多个省区市，并出口到日本、韩国、欧美等 12 个国家，在竹板材系列产品中，竹木复合集装箱板与竹质火车车厢板分别占国内市场份额的 25% 与 60% 左右。龙游有着丰富的竹林资源，具有发展以竹子为主题、融入竹文化内涵生态旅游得天独厚的条件。龙游现有国家级森林公园 1 个（浙江大竹海国家森林公园）、省级林业观光园 5 个（坑口山庄、蓝色之际等）、竹生态文化特色旅游乡村 3 个（大街乡贺田模式、沐尘乡社里畲乡民族风情村、庙下乡晓溪生态沟）、竹乡农家乐 150 余家，有以"浙江大竹海国家森林公园"为依托投资在建的"浙江大竹海国家森林公园运动休闲区"项目与"竹韵小镇"建设项目。目前以国家级森林公园"浙江大竹海国家森林公园"、竹生态特色乡村游、竹海畲乡风情、竹海赛车道、竹乡农家乐、竹文化社区为依托的竹生态养生休闲旅游日益兴旺，使"游竹乡、观竹海、购竹品、吃竹笋、知竹韵"成为许多人的首选。随着人们生活水平的不断提高，依托竹林资源开展的农家乐及竹林休闲游得到迅速发展。

（三）旅游资源

龙游县位于浙江省西部，是浙江东、中部地区连接江西、安徽和福建三省的重要交通枢纽，素有"四省通衢汇龙游"之称，"儒风甲于一郡"之誉。因龙游县南山区盛产竹子，享有"中国竹子之乡"的美誉。龙游旅游资源丰富，景点众多，有龙游石窟、龙游民居苑、三叠岩、三门源、江滨公园、乌石山、六春湖等，此外，龙游的温泉也受到越来越多人的关注，吸引了大批游客前来。艺术方面龙游有多种地方戏剧流行，名伶辈出，是婺剧重要发源地。

1. 龙游石窟

龙游石窟位于龙游县城北 3 千米衢江之阳凤凰山，正当衢江和灵山江交汇处，"双溪合流，风景绝胜"青山绿水相衬，竹林古树掩映，山、水、洞、庙浑然一体，引人入胜。公元前 222 年，秦始皇在全国首批设县时，龙游为太末县治所，距今已有 2000 余年建县历史，历史文化积淀极其丰厚。境内的古遗迹、古石器、古陶器与自然景观融于一体，集游览观光，怀古朝圣于一地，历代文人骚客慕名前来游览，为后人留下了大量遗产。

这是一个成年已久的巨型地下建筑群。在方圆 0.38 平方千米的山上有规律地分布着不同大小、造型的 24 个洞窟，窟内面积，从 1000 至 3000 平方米不等，高度约 30 米，已开采的石窟为滑梯竖穴，自上而下开采，窟顶状似天穹，由洞口呈 45 度缓缓向下延伸，四壁陡峭笔直，棱角分明。洞窟内均科学地分布着三四根巨大的"鱼尾形"石柱，与洞顶浑然一体，其截面呈奇特的熨半形，尖头处棱角锋利，而且其布局与形状似乎是依照力学原理而设，难道古人早已参悟了建筑学的真谛？更让人叹为观止的是洞壁、洞顶和石柱上都凿着极有规律的半叶脉装饰纹，似乎一气呵成。龙游石窟规模宏大、气势磅礴。走进石窟，宛如时光倒流到远古。它的开凿年代、开凿者、布局、设计、施工、用途等等都是千古不解之谜。

2. 红木小镇

龙游红木小镇坐落于浙江省衢州市龙游县湖镇，钱塘江上游秀丽的衢江之畔，是由年年红家具（国际）集团投资开发创建的浙江省首批特色小镇，2018 年被认定为浙江省科普教育基地，总规划面积 3.5 平方千米，建筑面积 260 万平方米，累计投资已达 35 亿元。小镇整体布局为吉恒家具制造基地、中国红木家居文化园、木都商贸区、文化创意园 4 个功能区块，将国学文化与红木文化相融合，大量采用红木建造仿古建筑，打造中国独特的红木建筑风貌文化园，使用红木逾 3 万立方米。

"千年古建，江南一绝"，红木小镇建筑以唐、宋、明、清的风格融入木雕、砖雕、石雕等元素完美呈现，精雕细琢，翘角飞檐，画栋雕梁，苏式彩绘与水辉映，与宾相融，充满诗情画意，处处彰显文化的气息。

同时，该小镇依托龙游"两江、两山、两滩"的自然景观，种植200余万株珍贵名木，以垂直绿化模式开发节能环保、零排放无污染的生态居住社区，促进人与自然的和谐共生。小镇连续4年荣获"浙江省省级特色小镇创建对象优秀小镇"，获评"国家4A级旅游景区""全国优秀旅游项目""省级十大示范小镇"等荣誉。

四、研学旅行

龙游县旅游资源丰富，依据其自然及人文景观设计了三条主题研学路线（表6-36）。龙游最具独特地理价值的景点就是龙游石窟，学生可以通过参观龙游石窟，了解不同的地貌景观并探索其成因。此外三叠岩等景观也是龙游县独具鬼斧神工的自然资源，学生可以深入自然，感受生活中的地理。在人文景观方面，龙游县的红木文化也是国内一绝，县内凭借其深厚红木文化底蕴规划开发了红木小镇，充分发展红木的经济价值，同时传承传播其独特的红木文化。最后将龙游县中少数民族畲族聚居的畲竹社里列为研学地点之一，让学生感受独特的少数民族风情。

表6-36　龙游县研学旅行路线

主题	线路
鬼斧神工之旅	龙游石窟—三叠岩—三门源叶氏古建筑群
绿色生态之旅	天池荷花景区—六春湖—浙西大竹海
民俗文化之旅	龙天红木小镇—民居苑—畲竹社里

龙游县地貌类型丰富，学生可以深入奇特的地貌景观，感受大自然的鬼斧神工。此条线路（表6-37）选择了最为著名的龙游石窟，学生参观洞窟根据其地层判断出形成的地质年代等。此外，目前石窟仍存在许多未解之谜，进一步培养学生探索求知的兴趣。随后便前往同样是造型独特的地质景观——三叠岩，此处岩石是呈阶梯叠置状，可以启发学生思考形成原因；最后参观叶氏古建筑群，感受江南民居的建筑风格。将课本知识与真实场景的自然地理环境结合起来，提高地理实践力与区域认知。

表6-37　鬼斧神工之旅路线

地点	研学内容	知识定位	设计意图
龙游石窟	1.参观石窟，观察洞厅中不同石窟的形态大小，结合资料猜测其形成年代	龙游石窟是我国古代最高水平的地下人工建筑群之一，也是世界地下空间开发利用的一大奇观。龙游石窟集人文、艺术、文化、工程技术于一体，是中华民族博大精深的体现	通过让学生亲临大自然，让学生感受自然中的地理知识，树立学生人地协调观，提升学生的地理实践力

续表

地点	研学内容	知识定位	设计意图
	2.石窟现存未解之谜讲解，提高学生求知探索精神	龙游石窟不是自然形成的溶洞。浙中地区是丘陵地带，据考证，在距今约三亿至二亿五千万年以前，即地质年代的晚古生代石炭纪与二叠纪时期。石窟不是现代科技的产物。生产力的发展为人类活动提供越来越先进的地下开采机械。龙游石窟也非古代人所为。浩大的工程，低下的生产力，成为鲜明的对照。不可能是个别人和一般人所创造。除非是君主或首领才能组织如此规模的挖掘力量	
三叠岩	观察景区的植被类型以哪种为主，思考三叠岩形态及形成原因	三叠岩位于六重溪中游北岸山腰处，三层岩石断面呈阶梯状叠置，岩层向东南倾斜，造型独特，是地质景观 景区内景色迷人，地处群山环抱之中，茂林修竹，鸟鸣雀转，花香四季。底层岩洞称皇帝洞，岩背肖仙人形，附近有虎岩、狮岩、雪岩、鼠岩等景点，形成独特的龙盘狮蹲虎啸、群峰延绵的仙者景观，有"浙西名胜，东南灵洞"之誉。其间有狮、虎、牛、猴、鼠、蜥奇石怪洞，冬暖夏凉，犹如人间仙境，自古就有天地仙都之称	
三门源叶氏古建筑群	参观古建筑群，思考该群落的建筑风格有何独特之处	该建筑群是叶氏祖居之地，又因位处山区遭受动乱较少，整个村的建筑几乎完整地保留了清代晚期江南民居的特征。整座建筑傍山建造，坐东朝西，建筑面积五千平方米，主体建筑五幢，现尚存三幢，其门额分别题为"芝兰入室""荆花永茂""环堵生春"。相互之间各有甬道通联，再配以庭院、花园及一些附属用房，构成一个既自立门户又紧密结构互相呼应的建筑群	

　　线路二主张绿色生态之旅（表6-38）学生可以前往天池荷花景区以小组合作的方式开展土壤样本的挖掘和采样、池水的酸碱度等检测；在六春湖景区可以观察并绘制出沿途不同植被类型，感知自然地理环境的差异性。在浙西大竹海的研学地点，学生可以调查该景区的旅游资源开发情况，也可以访谈相关人员了解未来的旅游发展规划，还能亲自体验传统竹浆造纸的工艺，都有助于培养学生的地理实践力。

表6-38　绿色生态之旅路线

地点	研学内容	知识定位	设计意图
天池荷花景区	1. 观赏荷花并判断此地区符合荷花的生长基本条件有哪些 2. 对景区内的土壤和池水取样，并进行土壤酸碱度及湿度、池水酸碱性的检测 3. 参观景区内"三槐堂"与"关西世家"两座古建筑，并体验非物质文化遗产	天池荷花景区总面积26平方千米，拥有连绵3000亩荷塘，每年夏季，荷花悠然盛放，到处呈现"十里荷花别样红"的景观。景区内不仅是荷花仙境，更是富硒宝地，正是因为硒元素含量多，荷花才会生得如此茂盛 天池荷花景区不但有得天独厚的荷塘风景，更有深厚的人文底蕴，景区内有保存完好的30余处明清古建筑，如同一座没有围墙的乡间博物馆。其中国家重点文物保护单位——三槐堂和关西世家两座古建筑尤为珍贵："三槐堂"距今约400年，建筑面积达842平方米；"关西世家"始建于明代，相传为宋代杨家将后裔居住之处，砖雕精美，碑匾俱全，纪年准确，具有极高的艺术价值。	通过小组合作，进行简单的实验，提高学生的动手实践能力 教师提出问题，引导学生进行发散思维 参观体验非遗，感受当地独特的人文情怀

地点	研学内容	知识定位	设计意图
		还有省级非物质文化遗产保护名录《稻草龙》和《龙游婺剧》，市、县非遗保护名录《銮驾》《十八传郎》及众多的传统技艺、传统饮食和山歌等非遗项目	
六春湖	1. 对六春湖地形及植被进行观测，以小组为单位进行山地植被的绘制，并分析植被类型 2 学生进行南（北）坡、阳（阴）坡的判断，并分析阳坡植被茂盛的原因	景区内森林植被丰富，800 米海拔以下是茂林修竹，竹海涛涛，一望无际。海拔 800 米以上是木荷、苦丁茶、高山云雾茶、毛栗、满山红等乔灌木，一类保护植物南方红豆杉也有分布 阳坡受太阳光照时间较长，获得太阳辐射多，所以温度高。根据材料可知，阳坡与阴坡的降水条件、坡度差别不大，而导致阳坡与阴坡的植物多样性有明显差异，主要影响因素应为蒸发量大小导致的水分条件的差异，所以判断阳坡温度高，蒸发量较阴坡大，湿度低。在更高海拔地区，阴、阳坡面积减小，坡面差异对植物多样性的影响减弱。海拔升高，气温降低，热量条件变差，蒸发量减少，水分差异也相应变小，阴、阳坡相互影响增强，从而导致阴坡和阳坡的植物多样性差异减小	深入自然环境，巩固课本所学知识。通过山坡植被的绘制加深学生对垂直分异规律的理解
浙西大竹海	1. 深入竹海，思考该地区适宜形成竹海的地理优势 2. 调查当地旅游开发的项目及依托竹林发展休闲旅游的优势 3. 参观竹博物馆，并体验传统竹浆造纸项目	整个景区以竹海观光、体育休闲（赛车）和乡村旅游为发展，是乡村自驾时尚运动休闲旅游基地，主要体现龙南丰富的民居文化、生态文化、运动文化、畲乡风情竹浆造纸。龙游山区的传统手工业，书法家启功先生曾赋诗以"女儿肤"来形容龙游宣纸的细腻柔韧。手工造纸的程序是先将砍下的嫩竹剖成竹片，一束束捆好后置料塘中使其腐烂，然后利用水碓作动力，将腌透的竹丝放在石臼中舂成细末，再将打成的浆料放在槽桶中放水调匀，接下去就可以进行"抄纸"了。抄纸的工具是一种长方形的竹帘，两手持帘浸入槽桶中缓缓一兜，就得一层纸浆，然后翻转竹帘，将纸浆一层层覆在一块木板上，再将纸浆抬到木榨上榨干水分，贴上焙笼烘焙，等干透后就好了	深入调查休闲旅游发展现状，引导学生思考人类活动对自然的影响，注重人地协调 参观博物馆并体验非遗项目，体会中华造纸的先进智慧，提高学生的民族自豪感

　　龙游县红木文化独具特色，少数民族畲族也世代聚居在此，学生通过民俗文化之旅线路（表 6-39）可以感受到龙游县独特的民俗与文化。龙天红木小镇是以龙游红木为主题而建设的商业与旅游于一体的景区，学生不仅可以参观特色的红木建筑，也可以开展人文地理相关调查。在民居苑和畲竹社里，学生主要感受中国传统工艺与少数民族的风情与文化。

表 6-39　民俗文化之旅路线

地点	研学内容	知识定位	设计意图
龙天红木小镇	1. 探访小镇，观赏其独特建筑风格 2. 调查小镇内居住与商业发展现状	红木小镇是一座由红木打造的小镇，临水而建，白墙黑瓦，具有质朴的江南韵味。小镇集家具制造、旅游休闲、文化创意、商业服务和生态住宅于一体，遵循文旅融合发展理念	

续表

地点	研学内容	知识定位	设计意图
	3. 参观小镇内非遗馆与龙特馆	非遗馆内一顶顶看似其貌不扬的斗笠，都藏着龙游人的百年传承，瞬间将人拉回"孤舟蓑笠翁，独钓寒江雪"的画面之中。龙特馆，各种龙游特产不计其数，茶叶、原浆酒等应接不暇	探访古民居与特色小镇，了解特色文化，培养学生区域认知思想，并形成正确的情感态度观
民居苑	探访明清传统民居，观赏雕梁画栋，感受中国传统手工艺	龙游民居苑坐落在风光炫丽的鸡鸣山。在一百亩范围内集聚了"高冈起风""龚氏民居""翊秀亭""滋树堂"等近20座古代民居。依山傍水、错落有致地布设着极有代表性的民居古建筑，是我国屈指可数的古建筑集萃之地。其中"汪氏民居"的最大特点是前厅与后楼的建筑风格迥然有异后楼为主人居所，梁柱规格不大，无木雕装饰，而前厅梁柱粗可合抱，且砖雕、木雕、石雕一应俱全	
畲竹社里	1. 探访少数民族村落，并观赏特色景点 2. 品尝特色畲族美食，感受独特的少数民族文化	社里村地处龙游县南部山区，是沐尘畲族乡重点少数民族村。在社里，可参观特色牌楼、畲族文化广场、四姓大柱、文化墙和农具博览馆等景点，也可体验"三月三"畲族风情活动、畲族民歌和畲族婚俗等畲寨风情，还可以品尝"畲乡十四碗"畲族美食	

第四节　秀丽江山，魅力仙霞

一、地理位置与行政区划

江山市位于浙江省西南部，地属衢州市，位于浙、闽、赣三省交界处，是浙江省的西南部门户和钱塘江源头之一，在东经 118°22′37″—118°48′48″和北纬 28°15′26″—28°53′27″之间。东北面柯城区，东邻衢江区、遂昌县，南毗福建省浦城县，西部与江西省玉山县、广丰区接壤，北连常山县，同时地处东部沿海与中部地区过渡地带，在长三角经济影响区、海峡西岸经济影响区和沪昆经济走廊的重叠区。南北长 70.75 千米，东西宽 41.75 千米，总面积 2019 平方千米。江山交通十分便利，水、陆、空交通网十分发达。并且到相邻省份的边界中心城市，已经完美地形成了 2 小时交通圈，区位优势很明显。除了没有海运，江山的交通条件十分完美，素有"东南锁钥""入闽咽喉"之称。

江山历史悠久。自夏、商、周到春秋早期，江山属扬州於越之地。春秋晚期，为越国西鄙姑蔑之地；楚威王六年（前 334），楚灭越，属楚国。秦统一中国，建立郡县。始皇政二十五年（前 222），于姑蔑地置太（音：达）末县，江山属会稽郡太末县。西汉沿用秦制。东汉初平三年（192），析太末县西境置新安县，属会稽郡新安。三国吴宝鼎元年（266），划会稽郡西部置东阳郡，属东阳郡新安。晋太康元年（280），以弘农郡

（河南）有新安县，遂改新安为信安。南朝陈天嘉三年（562），东阳郡易名金华郡，属金华郡信安县。隋开皇九年（589），金华郡改称婺州，属婺州信安县；大业三年（607），复婺州为东阳郡，属东阳郡信安县。唐代废郡置州。武德四年（621），置衢州，分信安县地置须江县，"以县南有江郎山，北有须女泉故名"（明·天启《江山县志》），隶属越州总管府衢州，为江山建县之始。此后，衢州几度废复改易，须江县亦随之改属：武德六年（623）（《旧唐书》作武德八年），废衢州，须江县并入信安县，属婺州；垂拱二年（886），复置衢州，属衢州信安县；永昌元年（689），析信安县复置须江县，属衢州；天宝元年（742），改衢州为信安郡，须江县隶属信安郡；乾元元年（758），复为衢州，须江县又属衢州。五代吴越宝正六年（931），吴越王钱镠，因境南有江郎山，改须江县为江山县，仍属衢州。北宋沿用旧制。南宋咸淳三年（1267），江山县改名为礼贤县，仍属衢州，县治徙礼贤。元至元十三年（1276），改州为路，复礼贤县为江山县，隶衢州路，迁旧治。至正十九年（1359），朱元璋攻克衢州，改衢州路为龙游府；二十六年（1366），复称衢州府。先后为龙游府、衢州府属县。江山建制从唐武德四年（621）开始，至五代吴越王钱镠宝正六年（931），310 年左右称为须江县；南宋咸淳二年（1266）以前，约 340 年左右称为江山县；咸淳间称礼贤，为时约 10 年；1276 年后直称江山。明清，江山均属衢州府。辛亥革命（1911）后，属衢州军政分府管辖。民国元年(1912)，废府，直属于省。3 年，省以下设道，属金华道。16 年，废道，仍归省直辖。22 年，属省第一行政督察区。24 年，属省第五行政督察区。37 年，改隶省第三行政督察区。1949年 5 月 6 日，江山县解放。7 月 1 日建浙江省第三专区，属第三专区；10 月，第三专区改称衢州专区，属衢州专区。1955 年，撤衢州专区，改属金华专区。1985 年撤金华专区，分设金华、衢州两市（地级），江山属衢州市。1987 年 11 月 27 日，国务院批准江山撤县设市（县级），仍属衢州市，至今。

2000 年，江山市辖 15 个镇、14 个乡。2005 年 12 月 31 日，江山市新增两个街道、撤销 2 个镇和 8 个乡，江山市辖 2 个街道、13 个镇、6 个乡：虎山街道、双塔街道；上余镇、四都镇、贺村镇、淤头镇、凤林镇、峡口镇、长台镇、石门镇、大桥镇、清湖镇、坛石镇、新塘边镇、廿八都镇；张村乡、保安乡、碗窑乡、大陈乡、塘源口乡、双溪口乡。

截至 2012 年 6 月，江山市撤销 1 个乡，江山市辖 2 个街道、12 个镇、6 个乡：廿八都镇；张村乡、保安乡、碗窑乡、大陈乡、塘源口乡、双溪口乡。

截至 2022 年，如表 6-40 所示江山市撤销 1 个镇和 1 个乡，新增 1 个街道，下辖 11个镇 5 个乡 3 个街道、292 个行政村 18 个社区：虎山街道、双塔街道、清湖街道；上余镇、四都镇、贺村镇、凤林镇、峡口镇、长台镇、石门镇、大桥镇、坛石镇、新塘边镇、廿八都镇；张村乡、保安乡、碗窑乡、大陈乡、塘源口乡。

表 6-40　江山市行政区划

时间	行政区划变动
1950 年	设 8 区 81 乡，347 行政区
1953 年	改清湖、贺村、新塘边、峡口为镇，4 个镇外围村另设 4 乡。全县设 9 区 79 乡 4 镇
1956 年	撤区并乡，撤销 6 个区，乡镇合并为 33 个。其中 18 个象征归县直属
1958 年	设鹿溪、上余、坛石、红旗、长台、东方红、峡口 7 个政社合一的人民公社
1959 年	城关、贺村、峡口恢复镇建制，城关镇由县直辖
1961 年	恢复常山县，全县设 3 区、1 镇、21 个公社、340 个大队
1970 年	撤销区级行政机构，公社（镇）归县直辖
1983 年	实行政、社分设，以原人民公社范围建乡镇，设 6 区，1 直辖镇，45 乡
1987 年	全市设 5 区，11 建制镇，35 乡，17 个居民区，566 个行政区
2000 年	江山市辖 15 个镇、14 个乡
2005 年	江山市新增两个街道、撤销 2 个镇和 8 个乡，江山市辖 2 个街道、13 个镇、6 个乡
2012 年	江山市撤销 1 个乡，江山市辖 2 个街道、12 个镇、6 个乡：廿八都镇；张村乡、保安乡、碗窑乡、大陈乡、塘源口乡、双溪口乡
2019 年	江山市撤销 1 个镇和 1 个乡，新增 1 个街道，下辖 11 个镇 5 个乡 3 个街道，292 个行政村 13 个社区
2022 年	下辖 11 个镇 5 个乡 3 个街道、292 个行政区 18 个社区

二、自然地理环境

（一）地形地貌

　　江山市地貌类型多样，以山地丘陵为主，素有"七山一水二分田"之称，其中平坂和溪间谷地占 11.2%，山地丘陵占 88.8%，地势东南高、西北低，中部为河谷地带，整体为不对称的"凹状"。市域东南部为仙霞岭山脉，从福建浦城与江山市交界处枫林关入境，往东延伸，以中山为主，山势陡峻，海拔千米以上山峰 105 座，最高峰 1500.3 米；西北为怀玉山支脉，从江山大桥镇杨岗入境，为江山与常山的分界线，以低山为主，山势较缓，最高峰湖山尖 895.4 米；中部为河谷盆地，东起江山四都一带，呈长条状向西南延伸至江西省境内。盆地内，江山江两岸，峡口至茅坂段为冲积平原，西部为红岩低丘，东北部长台溪切穿和睦一带高丘，形成山前的红土低丘和冲积扇。

（二）气候水系

　　江山市地处中亚热带北部湿润季风气候区，受地形影响，兼有盆地气候的某些特点，冬夏季风交替明显，四季冷暖干湿分明，光照充足，降雨充沛，雨热同期。多年平均气温为 17.0℃，无霜期为 249.7 天左右，因地形影响，市域内雨热水平差异较大，立体气候明显，中北部海拔 250 米以下河谷丘陵和平原，年平均气温在 17℃以上。南部中、低山地，年平均气温不足 17℃。全区日照时空分布不均，河谷平原地区，全年日照可达 2063.3 小时，山地丘陵地区，云雾较多，日照百分率较小。降水量自北向南逐渐增加，南部山区为多雨区，年降水在 2000mm 以上，中北部降水量较少，最多不过 1700mm。市境相对湿度为 75% ~ 85%。南部山区较高，周村为 83%；中北部平原丘陵较低，坛石为 76%。

江山市年径流总量 22.8 亿立方米，其中地表径流 20.5 亿立方米，地下径流 2.3 亿立方米。主要河流为江山港江，为钱塘江的上游支流，属山区性河流，落差较大。水位、流量、流速的变化，深受降水变化影响，变化量较大。汛期一般出现在每年 4 月以后，特别是 5-6 月为降水集中的梅雨季节，汛期河水含沙量高，枯水期出现在 7—8 月伏旱期及以后时期。

白水坑水库位于衢州水系的江山港上游，是一座以防洪为主，结合灌溉、发电综合利用的大型水库，总库容 2.48 亿立方米，由双溪口溪与周村溪交汇而成，双溪奔腾，一阔一窄，清流潺潺，蜿蜒环抱，交汇处冲刷成坑，故称白水坑。水质达到Ⅰ类水标准，基本实现无污染。2017 年 6 月 23 日，白水坑水库标准化管理顺利通过考核验收，成为江山市首个通过省级验收的大型水库。

青龙湖水库位于江山市石门镇江郎山村余家坞自然村，所在流域为钱塘江支流江山港长台溪。水库于 2003 年 3 月动工兴建，2014 年 12 月建成，是一座以旅游为主，结合灌溉等综合利用功能的小二型水库。水库位置优越，坐落在江郎山景区内，库区内山清水秀，景色迷人，是一座打造精良、风景秀美的景观型水库，近年来通过水利工程标准化建设，软硬件设施不断完善提升，吸引了多方游客前来参观游玩。

（三）自然资源

江山市土地资源丰富，土地面积 2019.48 平方千米，分别占全省（陆地）、全衢州市土地总面积的 2.02% 和 22.86%，有平原和溪间谷地、岗地、低丘、高丘、低山、中山多种地貌类型，其中岗地和丘陵山地共占总面积的 88.8%，丘陵山地占总面积的 71.2%。大面积的山地为林业生产提供了良好的条件，地貌的立体分层也为多种经营奠定了基础，山地资源的开发潜力很大。

江山市雨水量充沛，年降水总量 1648.1mm，河流年径流量 22.8 亿立方米，其中地表径流 20.5 亿立方米，底下径流 2.3 亿立方米。人均水资源占有量约 4000 立方米。

江山市矿藏资源主要以非金属矿为主，属震旦系至第四系诸地层基本齐全，特别是石灰系、二叠系两套地层发育良好，而且分布较广，具有一定成矿条件。有石灰石、萤石、白云石、原煤、石煤、磷矿石、铝土、大理石、花岗石、硅灰石等 20 余种。据探查，原煤地质储量约 500 万吨，石煤地质储量约 1 亿吨，萤石矿地质储量约 100 万吨，主要分布在长台、塘源口、峡口、保安、张村、双溪口等乡镇；硅灰石储量约 100 万吨，主要分布在廿八都镇下灰山村；硬质耐火黏土地质储量 100 万吨以上，主要分布在方家村、政棠、西青弄一带；石灰石分布颇广且储量大，以市域北部地区最为集中，主要分布于大陈、虎山街道、贺村、坛石、大桥等乡镇。

江山市优越的气候条件、多样的地貌、土壤营造了优越的生存空间，动植物种类与数量繁多。自然植被有常绿阔叶林、针阔叶混交林、针叶林、灌丛 4 个组、7 个类型、15 个群系，木本植物 87 科、232 属、643 种，其中属国家和省级重点保护珍稀树种 27 种。动物方面，有脊椎动物 200 种左右，其中哺乳类 40~50 种，鸟类 107 种，爬行类 20~30 种，两栖类 10 多种，鱼类约 10 种。列入国家保护的珍稀动物有 20 多种，列入一级保护的有：白颈长尾雉、黄腹角雉、虎、云豹等。

三、人文地理环境

（一）人口概况

江山市近两次人口普查数据（表 6-41）显示，第六次人口普查江山市总户数为 175 611 户，总人口为 467 862 人。在第七次人口普查中，江山市常住人口为 494 412 人，与 2010 年第六次全国人口普查的 467 862 人相比，十年共增加 26 550 人，增长 5.67%，年平均增长率为 0.55%。

表 6-41 江山市近两次人口普查数据

	全县常住人口	总户数（户）	男性人口	女性人口
第六次	467 862	175 611	234 508	233 354
第七次	494 412	197 956	247 880	246 532

第七次人口普查性别构成（表 6-42）中，全市常住人口中，男性人口为 247 880 人，占 50.14%；女性人口为 246 532 人，占 49.86%。总人口性别比（以女性为 100，男性对女性的比例）由 2010 年第六次全国人口普查的 100.49 上升为 100.55。

表 6-42 江山市第七次人口普查性别构成

	人口数（人）	占比（%）	总人口性别比	与六普比
男性人口	247 880	50.14	100.55	+0.06
女性人口	246 532	49.86		

第七次人口普查城乡构成（表 6-43）中，江山市常住人口居住在城镇的为 289 269 人，占 58.51%；居住在乡村的为 205 143 人，占 41.49%。与 2010 年第六次全国人口普查相比，城镇人口增加 88 928 人，乡村人口减少 62 378 人，城镇人口比重提高 15.69

个百分点。

表 6-43　江山市第七次人口普查人口城乡构成

	人口数（人）	占比（%）	城镇人口比重	与六普比
城镇人口	289 269	58.51	58.51%	+15.69%
乡村人口	205 143	41.49		

第七次人口普查年龄构成（表 6-44）显示，在全市常住人口中，0～14 岁人口为 77 165 人，占 15.61%；15～59 岁人口为 285 297 人，占 57.70%；60 岁及以上人口为 131 950 人，占 26.69%，其中 65 岁及以上人口为 96 930 人，占 19.61%。与 2010 年第六次全国人口普查相比，0～14 岁人口的比重下降 2.12 个百分点，15～59 岁人口的比重下降 5.57 个百分点，60 岁及以上人口的比重上升 7.69 个百分点，65 岁及以上人口的比重上升 6.93 个百分点。

表 6-44　江山市第七次人口普查年龄构成

年龄	人口数（人）	比重（%）
总计	494 412	100
0～14 岁	77 165	15.61
15～59 岁	285 297	57.70
60 岁及以上	131 950	26.69
其中：65 岁及以上	96 930	19.61

江山市下辖 15 个镇，14 个乡，560 个行政村，总人口 56 万有余。人口以汉族为主，还有回、苗、壮、白、满、布依、蒙古、高山等少数民族。

江山市人才辈出，特别是近现代涌现出许多知名人物，他们都对国家的发展和历史进程产生了一定的影响，现展示部分江山名人如表 6-45。

表 6-45　江山名人

姓名	籍贯	突出贡献
徐元森（1926—2013 年）	浙江江山	长期从事金属冶炼、半导体材料、集成电路的研究工作，是国内外著名的集成电路专家。被评为全国及上海市劳动模范，1991 年起享受国务院有突出贡献专家特殊津贴
胡仁宇（1931—至今）	浙江江山	从事核物理实验、核试验诊断、惯性约束聚变和核安全研究，领导筹建了多个核物理实验室，在聚合爆轰热核反应研究、核试验近区物理测量等方面解决了一系列重大技术问题
毛江森（1934—至今）	浙江江山	从事脊髓灰质炎病毒、疫苗和细胞培养技术的研究，为发展脊髓灰质炎活疫苗做出贡献

（二）产业特色

2020 年，江山市生产总值为 312.64 亿元，按可比价格计算，比上年增长 1.6%。如表 6-46 所示，2019 年，江山市生产总值现价总量为 306.09 亿元，按可比价格计算，比上年增长 7.0%，三次产业增加值结构为 7.4：45.0：47.6。其中，第一产业增加值为 23.98 亿元，增长 0.4%；第二产业增加值为 136.43 亿元，增长 0.7%；第三产业增加值为 152.23 亿元，增长 2.6%。2021 年江山市生产总值为 365.75 亿元，按可比价格计算，比上年增长 8.5%。其中，第一产业增加值为 22.45 亿元，增长 1.3%；第二产业增加值为 167.83 亿元，增长 9.8%；第三产业增加值为 175.47 亿元，增长 8.4%。

表 6-46　江山市近年三次产业增加值及增速

	2018		2019		2020 年	
	增加值（亿元）	增速（%）	增加值（%）	增速（%）	增加值（%）	增速（%）
第一产业	20.85	3.3	22.70	2.0	23.98	0.4
第二产业	140.25	8.3	136.12	6.1	136.43	0.7
第三产业	139.37	9.6	144.59	8.0	152.23	2.6
总计	300.47	8.5	303.41	7.0	312.64	7.0

来源：江山市人民政府官网。

江山市经济以第二产业为主导，如表 6-47 所示，在规上工业企业中，木材加工业、金属制造业、塑料制品业、黑色金属冶压业等行业增长较为迅速；纺织业等行业增速较慢，出现负增长的趋势。

表 6-47　近年规上企业主要行业产量及增速

行业名称	2018 年		2019 年		2020 年	
	产量（亿元）	同比（%）	产量（亿元）	同比（%）	产量（亿元）	同比（%）
木材加工业	27.65	24.6	36.76	9.9	46.79	14.5
化工行业	38.18	25.5	39.90	-1.1	—	—
非金属矿物制品行业	—	—	40.72	8.7	44.56	1.3
金属制造业	4.71	12.2	7.47	27.5	10.2	18.8
电力生产供应业	17.92	28.0	21.02	19.9	—	—
专用设备制造业	5.71	18.0	6.66	5.2	7.25	0.5
食品加工业	5.78	-6.8	5.79	10.3	7.24	1.8
纺织业	5.95	4.6	4.56	-23.4	—	—
食品制造业	3.26	0.2	2.89	11.4	3.13	1.1
塑料制品业	4.64	23.8	6.12	14.6	7.36	12
黑色金属冶压业	5.33	11.8	5.36	0.6	5.17	16.6

近年来，江山市第三产业各行业发展都以较为平稳的速度增长，如表 6-48 所示，尤其是交通运输、仓储和邮政业、金融业、出口业等近年来增长的速度不断提升；但房地产业、批发与零售业近年来发展增速不断下降，出现负增长。

表 6-48　近年第三产业主要行业增速

行业名称	2018 年	2019 年	2020 年
房地产业	7.4%	2.5%	-1.8%
批发与零售业	6.4%	5.2%	2.7%
住宿餐饮业	7.8%	-2.1%	1.6%
出口业	-31.81%	-5.6%	8.89%
交通运输、仓储和邮政业	3.8%	3.3%	5.5%
金融业	5.1%	8.5%	6.1%

【中蜂产业】

江山市农户具有悠久的养蜂历史和饲养中蜂的经验，同时，山区大量的富余劳动力，为中华蜜蜂产业发展创造了条件。由于江山中蜂有着适应性强、采蜜量大、繁殖快、分蜂性弱、造脾快等优良的性状，深受养蜂户的喜爱。据调查表明，2017年全市共有中蜂 15 000 多群，以碗窑乡饲养中蜂农户为最多，养有中蜂 5000 多群，其余分布在长台镇、廿八都镇、张村乡、塘源口乡等乡镇。

江山市在具有得天独厚的资源优势基础上，经过近几年的发展，中蜂饲养形成了一定的规模，相关技术、信息、管理等体系也较为健全，其产品有了一定的知名度。2009 年就建成了全省唯一的一个"省一级中蜂种蜂场"——江山福赐德中蜂种蜂场，并组织成立了"江山山里头土蜂养殖专业合作社"，合作社拥有社员 517 户，在碗窑乡建成了"中华蜜蜂"高效生态养殖基地，合作社已率先为社员和基地农户免费提供蜂箱、免费培训，引导蜂农改变老式的圆桶饲养方法，从事中蜂现代活框饲养。江山市养蜂产业化协会为全市养蜂户提供产前、产中技术服务，进行中华蜜蜂标准化养殖技术咨询和培训，监督产品质量，负责病虫防治指导，并制定中华蜜蜂系列标准 3 个。

【猕猴桃产业】

　　江山市在 1985 年引种猕猴桃，种植历史有 30 多年，为今天的产业化发展奠定了基础，提供了宝贵的经验与教训，也为江山猕猴桃打响了一定的品牌知名度。2017 年江山猕猴桃种植面积达到了 2.4 万亩，年产量十多万吨，最有名的品种是"徐香"。江山市已经成为我国南方的猕猴桃生产基地之一。

　　江山猕猴桃曾荣获全国第二届星火计划成果展览会银奖、全国第八届农产品展销会金奖、全国"七五"星火计划成果展览会银奖、浙江省首届优质农副产品展销产品奖、两次浙江省农业博览会金奖、浙江省精品水果展示会一等奖、一次国家名牌产品、两次省名牌产品，先后被认定为绿色食品、浙江省森林食品和浙江省绿色农产品。2011 年 1 月 19 日经核查审定，江山市被评为"中国猕猴桃无公害科技创新示范市"。

（三）旅游资源

　　江山市山川秀丽，河湖清幽，人文景观独特，旅游资源开发潜力很大。市内景点众多，主要有江郎山景区、清漾景区、廿八都古镇、浮盖堆石洞群、和睦彩陶文化村、仙霞岭景区、戴笠秘宅、石鼓峡谷、月亮湖景区、市区景观等。名胜区内飞霞叠翠，集自然景观、人文景观于一身，集奇山秀水、古道雄关、古镇秘宅于一体，是人们回归自然、休闲娱乐的最佳选择。

1. 江郎山国家级风景名胜区

　　江郎山国家级旅游风景区位于浙江省衢州市江山市境内，距江山市 25 千米，面积 11.86 平方千米，有"雄奇冠天下，秀丽甲东南"之誉。相传江氏兄弟三人登巅化石形成现在自北向南呈"川"字形排列的"三爿石"，以丹霞地貌景观为主，海拔 824 米，拥有全国丹霞第一奇峰之称。

　　江郎山不仅聚岩、洞、云、瀑于一山，集奇、险、陡、峻于三石，雄伟奇特，蔚为壮观，且群山苍莽，林木叠翠，窟隐龙潭，泉流虎跑，风光旖旎。每当云雾弥漫，烟岚迷乱，霞光陆离，常凝天、山于一色，融云峰于一体。江郎山素有"雄奇冠天下，秀丽甲东南"之誉，拥有中国丹霞第一奇峰、全国一线天之最、天然造化的伟人峰，惊险陡峻的郎峰天游和千年古刹开明禅寺，千年学府江郎书院，全国最大的毛泽东手书体"江山如此多娇"摩崖题刻等自然景观与人文古迹相辉映的景点景观。

2. 仙霞关

　　仙霞关是中国古代关隘，古称古泉山、泉岭山，是与位于四川广元市南的剑门关、河南灵宝的函谷关及山西省代县的雁门关同齐名的中国四大古关口之一。仙霞关存有四道关门，五千米麻石垒砌的古道，为中国保存最完整的唐末黄巢起义遗址，是浙江省省级重点文物保护单位；浙江省经典红色旅游基地之一。

仙霞关位于浙江省江山市保安乡南仙霞岭上，地当福建、浙江、江西三省交界处，古称古泉山、泉岭山。关城东西与高山相连，南北有狭路沟通，为古代衢县（现代为浙江衢州）往来建州（现代为福建建瓯）之咽喉要地。素有"两浙之锁钥，入闽之咽喉"之称，历来为兵家必争之地，而战事频仍，正义烽火绵延不熄。

四、研学旅行

江山市拥有独特的地质地貌资源，例如极具地理意义的金钉子、丹霞地貌的江郎山等。依据其地理研学资源设计具体研学路线如表 6-49 所示，学生可以将书本上学习的地质年代演变、不同地貌类型特征与形成原因等知识在真实的自然环境中加以实践进一步理解。此外，江山市也拥有着悠久的码头历史，学生游览码头与古街古道，感受不一样的风土人情。

表 6-49   江山市研学旅行路线

主题	线路
地质历史探索之旅	江山阶金钉子—双塔石林
奇特地貌探险之旅	江郎山—钟鼓洞——线天—浮盖山
悠久历史发现之旅	清湖码头—和睦彩陶村—仙霞古道

江山市地质条件优越，根据特色地质设计探险之旅（表 6-50）。参观江山阶金钉子与双塔石林，观察当地的岩石、了解当地的地质变迁，理解自然地理环境变迁的历史，培养学生的区域认知与综合思维等素养。

表 6-50   地质历史探险之旅路线

地点	研学内容	知识定位	设计意图
江山阶金钉子	1. 沿途地形地貌观察记录。推测形成过程中所涉及的内外力作用 2. 根据地层化石推断该地层形成的地质年代	"金钉子"作为一种俗称是因为：大约 19 世纪，美国东西部铁路大动脉接轨时，为了纪念这个事件，在接轨处钉了一枚用金子打造的铁路道钉，简称"GSSP"，而在地质上的全球界线层型剖面点的简称也是"GSSP"，所以通俗称为"金钉子"剖面 江山阶金钉子位于浙江江山市双塔街道莲塘村碓边自然村，其作为地质遗存，代表了寒武纪时期的一段地球演变历史。4.9 亿年以前，这一带是一片汪洋大海，有三叶虫等远古节肢动物大量繁殖，生物资源积淀丰厚，曾发现大量三叶虫化石	通过让学生亲临地质景观，让学生了解悠久的地质历史，思辨不同地质时期的地质奇观的成因。培养学生综合思维的能力

续表

地点	研学内容	知识定位	设计意图
双塔石林	观察所经途中岩石的颜色、形态等特征，并根据所学判别类型与分析成因	在距离金钉子不远处，新塘坞村与莲塘村交界的小山上，有一片形成于寒武纪——奥陶纪的化石林，距今约 6.9 亿年。此处岩石主要由紫红色粉砂质泥岩夹薄层白云岩组成，属砂岩的一种，为气候温暖、水动力较弱的滨岸湖泊和潟湖环境沉积形成。此地远古时期沉降到海平面下，历经数千次的地壳变动形成了现在层层叠叠、连绵数里的地质奇观，被形象地称为"海底世界"	

　　江山市地貌类型丰富，学生可以深入奇特的地貌景观，感受大自然的鬼斧神工（表 6-51）。学生可在江郎山景区身临其境地观察丹霞地貌的特征；调查一线天两侧截然不同的植被类型，感受自然地理环境差异性；辨认浮盖山与钟鼓洞多种多样的岩石类型并分析其形成的内外力作用，将课本知识与真实场景的自然地理环境结合起来，提高地理实践力与区域认知等素养。

表 6-51　奇特地貌探险之旅路线

地点	研学内容	知识定位	设计意图
江郎山景区	实地观察结合学习的知识，判断江郎山地质地貌所属类型并思考其形成过程	江郎山位于江山市城区南 29 千米的石门镇。江郎山属于丹霞地貌，主峰三爿石四周被陡崖环绕，从海拔 500 米高耸至 869 米。主峰与周边的低丘平原形成强烈对比，气势恢宏丹霞地貌由巨厚的红色砂岩、砾岩组成的方山、奇峰、峭壁、岩洞和石柱等特殊地貌的总称。岩石地貌类型之一。主要发育于侏罗纪到第三纪，产状水平或缓倾斜的红色陆相地层中。具有顶平、坡陡、麓缓的形态特点。是流水侵蚀地貌的典型代表	深入奇特的地貌景观，感受大自然的鬼斧神工，并结合所学内容多角度分析相关问题，实现课本知识到实际地理环境的迁移，提高其地理实践力
钟鼓洞	观察钟鼓洞的特征，从外力作用对地表形态的塑造角度探究其成因	钟鼓洞位于郎峰下，高大宽敞，可容数百人。《江山县志》称"以挺扣之，上应如钟，下应如鼓，故名"	
一线天	思考一线天的两侧岩壁为什么会出现截然不同的两种景观，结合自然地理环境整体性与差异性分析其原因	一线天俗称小夅峡，位于三爿石亚峰和灵峰之间，高 312 米，长 298 米，宽 3.5～4 米。一线天两侧的石壁被称为阴阳壁。阴壁是亚峰的西崖，岩石裸露，寸草不生。阳壁是灵峰的东崖，草长茂盛，生机盎然	
浮盖山	1. 观察并记录途中岩石的颜色形态等特征并判断其类型 2. 观察思考沿途地貌类型及形成过程涉及的内外力作用 3. 结合浮盖山的气候地形等分析此地多云雾的原因	又名雾盖山、盖仙山。位于廿八都镇以南 9 千米。浮盖山主峰海拔 1146.4 米，全由花岗岩组成，层层盘石累叠成数十丈高的悬崖峭壁。山石雄峻，怪石磷峋。洞穴相通，盘绕曲折，如地下迷宫 浮盖山又名雾盖山，山林间常云雾遮罩。伫立峰巅，举目四望，云海沉浮，一望无际	

江山市历史悠久，在本研学路线（表6-52）中，学生可以在清湖码头感受古代水陆运枢纽的繁忙，并分析交通对于城镇发展的影响；在和睦彩陶村探访古民居，思考古代聚落的分布与河流的关系，分析影响聚落形成的不同因素；最后实地考察"全浙咽喉"仙霞古道，探秘地形对交通的影响，综合提升学生的区域认知与综合思维等素养。

表6-52　悠久历史发现之旅路线

地点	研学内容	知识定位	设计意图
清湖码头	1. 探访古镇 2. 结合浙江省地形图分析为何很长一段时间该地区都是以水运为主	清湖码头是连接钱塘江南源的水陆转运枢纽，在仙霞古道所联系的浙闽山区经济体中占有重要的经济地位。仙霞古道在明朝成为浙闽要途，清湖码头也在此时形成规模，在明朝直至民国早期大约四五百年间，清湖的工商业经济迅速发展，成为举足轻重的商业集镇	感受从古至今自然环境对人类社会的生产生活的巨大影响，帮助学生树立正确的人地协调观
和睦彩陶村	1 结合当地自然地理环境分析为何历史上古民居遗址大多分布于河流沿岸 2. 古时彩陶上多绘有各种鸟兽图腾，推测当时的人地关系处于那种状态	和睦村位于清湖镇南部，距江山市区10千米。和睦村历史悠久，人文荟萃，是个历史文化古村落。历史上古民居遗址大多分布于河流的凸岸处，更有利于聚落的形成及农业生产生活 早在新石器晚期就有人类活动。考古发掘在和睦乌里山发现商周印纹陶遗址	
仙霞古道	实地考察并结合地图探究分析为何仙霞古道会成为古时福建与中原地区的物资人员流通的重要节点	仙霞古道，古时称江浦驿道，浙闽官路。是京福驿道极其关键的一部分，古道穿仙霞岭，道路窄，多石块开凿，沿线有许多古遗迹。仙霞关位于仙霞岭上，江山城南42千米。素有"全浙咽喉"之称，仙霞关块石砌筑，由前后4道关组成，极为罕见。道路狭窄弯曲，呈"之"字形，四关以后磴道垂直而下	

第五节　柚都石城，水墨常山

一、地理位置与行政区划

常山县地处浙江省西南部、钱塘江上游，东邻柯城区，南靠江山市，西南与江西省玉山县交界，西北与开化县毗邻，东北部与杭州市淳安县相接。地理坐标介于东经118°41′51″—118°56′50″、北纬28°49′47″—29°11′49″之间，县域面积1099平方千米，南北长50.8千米、东西宽50.6千米之间。

常山历史悠久，春秋时期为越国姑篾之地，战国归楚，秦属会稽郡太末县。建县已近1800年的历史。东汉建安二十三年（218），析新安县置定阳县，县址定阳（今招贤镇），属会稽郡。为建县之始。三国吴国宝鼎元年（266），改属东阳郡。南朝宋、齐、梁三代，隶属不变；陈永定三年（559），置信安郡，领信安、定阳2县，隶缙州。隋大业三年（607），太末、定阳 2 县并入信安，隶东阳郡。唐武德四年（621），分婺州于信安置衢州，并分置须江、定阳 2 县，信安遂为州治；同时，析太末县之西设白石县并置籨州，州领太末、白石 2 县，白石为州治之所；七年（624）废衢州，并定阳、须江、白石、太末 4 县入信安县，隶婺州；武后垂拱二年（686），复置衢州，辖信安、龙丘、常山（县以境内山命名，此为常山地名之始）3 县，属江南道，信安为州治；证圣元年（695），分须江、定阳、弋阳 3 县置玉山县，隶衢州；天宝元年（742），改衢州为信安郡；乾元元年（758），复为衢州，同年，玉山县改隶信州；此后，常山县域基本不变，一直隶属衢州。明太祖己亥年（1359 年亦即元至正十九年），改衢州路为龙游府，治所西安县；丙午年（1366 年亦即元至正二十六年），又改龙游府为衢州府，西安倚廓，隶浙江等处行中书省（洪武九年改浙江承宣布政使司）金衢道；永乐二十二年（1424），建越王府；宣德二年（1427），越王府除。

常山县辖 14 个乡镇（街道）：天马街道、紫港街道、金川街道、白石镇、招贤镇、青石镇、球川镇、辉埠镇、芳村镇、何家乡、同弓乡、大桥头乡、新昌乡、东案乡（表 6-53）。

表 6-53　1949 年后常山县行政区划变动一览表

时间	行政区划变动
1949 年	常山县解放
1950 年	全县设 5 区，划 2 镇、38 乡、253 个行政区
1956 年	撤区并乡，全县为 1 区、1 镇、21 乡、248 个行政村
1958 年	常山县并入衢县，在原县境内设卫星（超美）、五星、火箭、红旗 4 个人民公社，下辖 24 个大队
1959 年	常山人民公社城关管理区改为常山镇，仍隶属于常山人民公社
1961 年	恢复常山县，全县设 3 区、1 镇、21 个公社、340 个大队
1980 年	恢复区建制，设城关、白石、招贤、芳村 4 区，全县为 4 区、1 镇、23 个公社
1984 年	23 个人民公社改称为乡，全县为 4 区、1 镇、23 乡
1986 年	白石、招贤 2 乡改为建制镇，同时撤销城关、白石、招贤、芳村 4 个区建制，至此，全县设 6 镇、18 乡、337 个行政村
2001 年	撤销二都桥乡、狮子口乡、湖东乡建制，与天马镇合并
2002 年	常山县辖 7 个镇、14 个乡，共有 11 个居民区、341 个行政村
2006 年	辖 7 个镇、7 个乡：天马镇、招贤镇、辉埠镇、芳村镇、球川镇、白石镇、青石镇；东案乡、宋畈乡、何家乡、新桥乡、同弓乡、新昌乡、大桥头乡，共有 7 个社区、4 个居民区、342 个行政村
2008 年	将天马镇塘底、童家、南弄、久泰弄等 4 个行政村划归辉埠镇管辖。调整后，辉埠镇辖 17 个行政村，天马镇辖 55 个行政村。将东案乡井河村划归芳村镇管辖。调整后，芳村镇辖 25 个行政村，东案乡辖 18 个行政村
2020 年	常山县辖 14 个乡镇（街道）：天马街道、紫港街道、金川街道、白石镇、招贤镇、青石镇、球川镇、辉埠镇、芳村镇、何家乡、同弓乡、大桥头乡、新昌乡、东案乡

二、自然地理环境

（一）地形地貌

常山县境内地势南北高、中间低，由西向东倾斜。千里岗山脉自县境东北向县北延伸，怀玉山余脉绵亘于县西南。境内海拔 1000 米以上的山峰有 40 座，北部多高山，海拔千米以上的山峰有九座，最高峰"白菊花尖"，海拔 1394.70 米；最低点在招贤镇大溪沿村，海拔 72 米，最大高差 1300 多米。南部是半山区，东部是金衢盆地的末端，中部多丘陵。整个县的地形结构为"八山半水半分田"。

全县地貌类型可划分出中山、低山、丘陵、侵蚀岗地、河谷平原等 5 种类型。中山主要分布于县东北部西岭脚—新桥一带，面积 88.27 平方千米，占全县总面积 8.1%；低山分布于县域西北面的球川—何家—东鲁—新昌以西、芙蓉水库、芳村、金源以北地区和东南部的钳口一带，面积 318.13 平方千米，占全县总面积 29%；剥蚀丘陵主要分布于中山与侵蚀岗地之间，面积 409.4 平方千米，占全县总面积 37.2%；侵蚀堆积岗地主要分布于芳村南部和青石一带，面积 216.6 平方千米，占全县总面积 19.7%；沿常山港两岸的河谷平原面积 66.7 平方千米，占全县总面积 6%；全县山地丘陵面积约占总面积的 3/4，属低山丘陵地貌类型。

（二）气候水系

常山县处亚热带地区，四季分明，雨量充沛。气候以亚热带海洋性气候为主，又具有山区气候的特点，一般规律都是夏洪秋旱。年平均气温 17.7℃，年平均降水量 1760.1 毫米，年平均相对湿度 76%，年平均无霜期 279 天，年平均日照总时数 1731.2 小时。常年空气质量保持在二级以上。

常山港在县内的支流有菱湖溪、芳村溪、龙绕溪、南门溪、马车溪、虹桥溪、里山溪、大坑溪、官塘溪等 9 条；县内的另一条主要溪流——球川溪流入江西，最终归入长江流域。县内水力资源十分丰富。

常山县境内河流分属钱塘江流域和长江流域。境内以钱塘江上游常山港为主，其中县境以上（招贤出口）流域面积 3176.1 平方千米；另有球川溪，属长江流域鄱阳湖水系，县境内流域面积 43.35 平方千米。

水力资源较丰富，主河流是常山港，长 46.6 千米，由西向东横贯县境中部，上接开化溪，经衢县，龙游、兰溪、金华，直下钱塘江。境内较长的小溪流有芳村溪、南门溪、虹桥溪、龙尧溪等四条，总长度达 113 千米。河流面积约 38 平方千米。按地形和流向分为钱塘江水系和鄱阳湖水系。钱塘江水系最大支流为常山港，常山港历史上在明清时期称"金川"。

鄱阳湖水系发源于玉山县紫坑岭和球川镇的蒗岭。球川溪因 1984 年千家排水库竣工大部分水量改往钱塘江水系。常山县内主要河流常山港为钱塘江的源头，上接开化县马金溪，下至衢州双港口。

常山县芙蓉水库位于钱塘江上游常山港支流芳村溪的上游，库区群山环抱、空气清新，景色优美，水生态治理效果佳，素有"天然氧吧"之称。坝址距县城 32 千米，是以防洪、发电为主，结合灌溉、供水等功能于一体的中型综合性水利枢纽工程。水库总库容 9580 万立方米，正常蓄水位 275.08 米，平均年供电量 3731 万 kW·h，芙蓉水库水质常年保持在 II 类水以上。

狮子口水库位于常山县天马镇原狮子口乡季村，水系属钱塘江水系常山港支流虹桥溪，是一座以灌溉为主，结合防洪、发电等综合利用的中型水库。水库总库容 1518 万 m³，正常蓄水位为 102.8m。如今的狮子口水库环境优美，生态良好，是常山"三衢湖"省级旅游度假区重点保护水源。

（三）自然资源

常山县矿产资源丰富，经过数十年地质矿产勘查，已发现矿产 38 种，矿产地 60 多处。其中，已查明资源储量的矿产 15 种，矿产地 23 处，截至 2017 年，在开发利用的矿产 15 种，矿山 49 处。其中石灰石、石煤储量分别达到 49 亿吨、10 亿吨，萤石矿储量达 1700 万吨，均居浙江省首位，尤其是石灰石氧化钙含量在 52-55%，是浙江省石灰石资源最丰富、品位最高的石灰石矿。

常山县矿产资源主要特点有：① 非金属矿产资源丰富。常山县非金属矿产资源丰富，以石灰岩、萤石、石煤、叶蜡石、饰面大理石、青石板、观赏石等矿产为主，优势突出，前景广阔；石煤资源丰富，有 5 处大型矿床和 1 处中型矿床。青石镇砚瓦山村已成为华东地区最大的青石花石交易市场。八面山特大型萤石矿储量达 1700 万吨。② 主要矿产分布集中，有利于规模开采。已探明石灰岩资源主要分布在辉埠镇一带，有大型矿床 2 处，储量大，品质好，水泥配料用矿产在附近均有分布，适宜露天开采，现已基本形成常山县辉埠石灰岩开采基地。萤石资源集中分布于新昌岩前—对坞一线，叶蜡石、石煤主要位于芳村一带，青石板、观赏石则主要分布于青石镇。矿产资源的空间分布有利于建立规模化的矿业及矿产品深加工体系。

常山县水资源总量 13 亿立方米，出境水水质常年保持在 II 类水标准。

三、人文地理环境

（一）人口概况

表 6-54 第七次人口普查显示，常山县常住人口为 259 966 人，与 2010 年第六次全

国人口普查的 241 368 人相比，十年共增加 18 598 人，增长 7.71%，年平均增长率为0.75％，实现了缓慢增长。全县共有家庭户 109 104 户，集体户 3476 户，家庭户人口为245 546 人，集体户人口为 14 420 人。平均每个家庭户的人口为 2.25 人，比 2010 年第六次全国人口普查的 2.58 人减少 0.33 人。

表 6-54　常山县近两次人口普查数据

	全县常住人口	家庭户人口	男性人口	女性人口
第六次	241 368	231 500	122 200	119 100
第七次	259 966	245 546	133 100	126 866

第七次人口普查性别构成（表 6-55）显示，在常山县常住人口中，男性人口为133 100 人，占 51.20%；女性人口为 126 866 人，占 48.80%。总人口性别比（以女性为100，男性对女性的比例）由 2010 年第六次全国人口普查的 102.62 上升为 104.91，性别比不平衡进一步加剧。

表 6-55　常山县第七次人口普查性别构成

	人口数（人）	占比（%）	总人口性别比	与六普比
男性人口	133 100	51.20	104.62	+2.29
女性人口	126 866	48.80		

第七次人口普查城乡构成（表 6-56）显示，在常山县常住人口中，居住在城镇的人口为 127 705 人，占 49.12%；居住在乡村的人口为 132 261 人，占 50.88%。与 2010 年第六次全国人口普查相比，城镇人口增加 36 635 人，乡村人口减少 18 037 人，城镇人口比重提高 11.39 个百分点。

表 6-56　常山县第七次人口普查人口城乡构成

	人口数（人）	占比（%）	城镇人口比重	与六普比
城镇人口	127 705	49.12	49.12%	+11.39%
乡村人口	132 261	50.88		

第七次人口普查年龄构成（表 6-57）显示，在全县常住人口中，0～14 岁人口为41 549 人，占 15.98%，比 2010 年比重降低 1.96 个百分点；15～59 岁人口为 149 094 人，占 57.35%，比 2010 年比重降低 6.01 个百分点。60 岁及以上人口为 69 323 人，占 26.67%，比 2010 年比重上升 7.97 个百分点；其中 65 岁及以上人口为 50 097 人，占 19.27%，比2010 年比重上升 6.69 个百分点。

表 6-57 常山县第七次人口普查年龄构成

年龄	人口数	比重
总计	259 966 人	100%
0~14 岁	41 549 人	15.98%
15~59 岁	14 909 人	57.35%
60 岁及以上	69 323 人	26.67%
其中：65 岁及以上	50 097 人	19.27%

本县绝大多数居民为汉族。清雍正年间，畲族蓝旺雨自福建上杭迁入定阳乡璞石村定居。光绪年间，畲族数家自衢州迁来廿六都(窑里)定居，后均繁衍成村庄。1949 年后，少数民族人数逐年增加。现今居住在县内的少数民族主要是彝族、满族、回族、蒙古族、满族、瑶族及畲族等。

常山县底蕴深厚、人才辈出（表 6-58），孕育出了两朝帝师，南宋"常山四贤"之一的范冲、中国历史上最年轻的状元汪应辰、奋战在刑侦一线立下赫赫战功的中共党员徐康剑、毕生从事传染病学与流行病学的方春望等一批历史名人与国家英雄。

表 6-58 常山名人

姓名	籍贯	突出贡献
范冲（1066—1141 年）	浙江常山	两朝帝师，南宋史学家，南宋"常山四贤"之一。
徐康剑（1973—至今）	浙江常山	中共党员，乌鲁木齐市公安局刑侦支队一大队教导员。一直奋战在刑侦工作一线，破获多起案件。2005 年荣获"全国劳动模范"称号。
方春望(1915—1995 年)	浙江常山	长期从事传染病学和流行病学的教学和研究工作。主编和撰写有《实用传染病学》《传染病与流行病学》《实用临床流行病学》等专著与高等医学院校教材。
鲁秀山（1910—1979 年）	浙江常山	长期从事中医药业务，熟悉中草药性能。对张仲景《伤寒论》的见解有独到之处，对"小柴胡汤"一方的化裁运用，更为得心应手，疗效显著。

（二）产业特色

2020 年，全县实现地区生产总值（GDP）1 601 490 万元，按可比价格计算，比上年增长 3.5%。分产业看，第一产业增加值 83 316 万元，增长 1.6%；第二产业增加值 676 921 万元，增长 4.2%；第三产业增加值 841 253 万元，增长 3.2%。如表 6-59 所示。第三产业中，交通运输、仓储和邮政业增加值增长 7.2%，批发和零售业增加值下降 1.4%，住宿和餐饮业增加值下降 9.0%，金融业增加值增长 12.2%，房地产业增加值增长 7.3%。三次产业增加值结构为 5.2：42.3：52.5。

2021 年，全县实现地区生产总值（GDP）1 875 787 万元，按可比价格计算，比上年增长 9.8%。分产业看，第一产业增加值 82 993 万元，增长 2.9%；第二产业增加值

854 057 万元，增长 11.9%；第三产业增加值 938 737 万元，增长 8.8%。第三产业中，交通运输、仓储和邮政业增加值增长 23.1%，批发和零售业增加值增长 14.6%，住宿和餐饮业增加值增长 15.8%，金融业增加值增长 11.4%，房地产业增加值增长 3.1%，其他服务业增长 4.4%。三次产业增加值结构为 4.4∶45.5∶50.1（表 6-59）。

表 6-59　常山县近三年产业增加值及增速

	2016 年		2018 年		2020 年	
	增加值（万元）	增速（%）	增加值（万元）	增速（%）	增加值（万元）	增速（%）
第一产业	82 686	1.7	79 108	2.3	83 316	1.6
第二产业	509 074	1.7	599 948	7.1	676 921	4.2
第三产业	543 968	11.5	725 124	6.8	841 253	3.2
总计	1 135 728	6.0	1 404 180	6.7	1 601 490	3.5

2020 全年实现农林牧渔业增加值 87 613 万元，比上年增长 1.6%。全年实现农林牧渔业总产值 131 681 万元，比上年增长 2.3%。农作物播种面积 19 185 公顷，其中：粮食作物播种面积 9737 公顷、油料作物播种面积 3430 公顷、蔬菜（含菜用瓜）播种面积 4482 公顷、中草药材播种面积 293 公顷、果用瓜播种面积 566 公顷。全年粮食作物总产量 60 141 吨，比上年增长 7.5%；油料产量 6647 吨，下降 4.4%；蔬菜产量 103 004 吨，增长 2.9%；果用瓜产量 20 216 吨，下降 11.1%。柑橘总产量 145 137 吨，增长 1.2%，其中胡柚产量为 118 303 吨，增长 1.4%；茶叶产量为 213 吨，下降 5.3%。生猪年末存栏为 5.1 万头，比上年增长 69.7%；年内出栏 4.3 万头，下降 46.9%。家禽年末存栏为 153.7 万只，增长 18.7%；年内出栏为 278.8 万只，下降 4.1%。全年肉类总产量为 9856 吨，增长 1.5%，其中猪肉 3919 吨，下降 35.9%；禽肉 5731 吨，增长 73.0%；鸡鸭鹅蛋产量 3150 吨，下降 4.7%。水产品产量 6721 吨，增长 2.6%。木材产量 7633 立方米，下降 54.5%。

常山县经济以第二产业为主导，在规上工业企业中，精制食用植物油、水泥、铜材、商品混凝土等行业近年来增长较为迅速，而纱、钢材、半导体分立器件等行业产量呈现出波动下降的趋势。表 6-60 为常山县近年规上工业企业主要产品产量及增速。

表 6-60　近年规上工业企业主要工业品产量及增速

产品名称	计量单位	2016 年		2018 年		2020 年	
		产量	同比（%）	产量	同比（%）	产量	同比（%）
精制食用植物油	吨	921	-9.4	560.0	-23.1	1496	72.7
水泥熟料	万吨	429.2	-2.6	444.3	-11.3	159 475	18.3
纱	万吨	3.5	-21.1	1.6	-21,9	1.2	-9.9
水泥	万吨	457.3	2.5	554.8	2.8	580.1	-1.3
商品混凝土	万立方米	—	—	20.6	50.8	71.1	5.7
轴承	万套	2889	3.7	3686.9	18.0	4605	12.3

续表

产品名称	计量单位	2016 年		2018 年		2020 年	
		产量	同比（%）	产量	同比（%）	产量	同比（%）
钢材	吨	5575	41.1	5190.4	-32.4	10 255	-22.3
铜材	吨	2686	21.3	8723	212.3	16 148	27.0
印制电路板	万平方米	41.7	10.2	37.4	-11.3	96.9	13.8
半导体分立器件	万只	1312	6.9	103.5	-6.5	251	43.4
初级形态塑料	吨	—	—	2428.0	-0.6	7129	—

近年来，常山县第三产业以较为平稳的高速增长，如表 6-61 所示，尤其是批发与零售业、交通运输、仓储与邮政业等，其中批发与零售业增速显著；但房地产业、建筑业近年来增速大幅下降，出现了负增长情况；其他行业相比呈现较为稳定的速度波动。

表 6-61　近年常山县第三产业增速状况

行业名称	2016 年	2018 年	2020 年
房地产业	82.9%	10.2%	-5.4%
批发和零售业	23.9%	40.5%	124.9%
建筑业	2.6%	7.4%	-95.6%
住宿和餐饮业	—	—	-71%
进口业	3.5%		14.0%
出口业	3.6%	-26.2%	11.4%
交通运输、仓储和邮政业	3.3%	3.3%	7.2%
金融业	2.4%	1.2%	—

【胡柚之乡】

常山胡柚是中国国家地理标志产品，是浙江省常山县特有的地方柑橘良种，系柚子与其他柑橘天然杂交而成，已有一百年的栽培历史。常山胡柚具有耐瘠、耐寒、耐贮、风味独特等显著特点。1986 年、1989 年连续两次在全国柑橘评比中被评为全国优质农产品奖，1991 年 2 月经农业部检测授予"绿色食品证书"称号，1995、1997 年在第二、三届全国农业博览会上获金奖，1996 年，常山县被命名为"中国常山胡柚之乡"，1998 年"常山胡柚"证明商标获国家商标局批准通过使用，成为浙江省第一件农产品证明商标。

常山胡柚以其独特的品质，受到全国水果著名权威专家的高度评价。我国多位园艺界专家称常山胡柚为"中华第一杂柑"，是一个很有发展前途的优良品种，对调整整个长江流域的柑橘品种结构具有战略意义，可以与畅销东南亚地区的世界名果"美国西柚"相媲美。

【油茶之乡】

除了常山胡柚外，常山山茶油也是当地重要的支柱产业。芳村传统油茶坊是个综合产业园，整个油茶产业园覆盖全镇 20 个村，将全镇各地的油茶种植户变成"供货商"，以"基地+产业园+农户"的模式带动基地周边 890 余户农户专职从事油茶种植，带动农户增收 60 余万元。常山县是浙江省油茶重点产区，全县油茶种植总面积为 28 万亩，常年油茶籽产量达 6000 吨。2020 年油茶产业总产值达 12 亿元，种植总面积和产量均位列全省首位。

此外，常山正着力打造国家油茶公园、常山油茶产业园、油茶博览园，建设油茶特色园区、常山县全国油茶交易中心，新建一条年均接待游客达 20 万人次的"常山油茶"森林康养游路线，全县"油+游"收入年均达到 1.2 亿元，实现从出"油"到出"游"的转变。常山油茶历史悠久，全国油茶交易中心、国家油茶公园落户常山，东海常山木本油料运营中心油茶籽油挂牌交易，常山油茶产区入选中国特色农产品优势区。

（三）旅游资源

常山风景秀丽，旅游资源丰富。建有国家地质公园 1 个（常山国家地质公园），国家森林公园 1 个（三衢国家森林公园），省级旅游度假区 1 个（三衢湖省级旅游度假区），省级自然保护区 1 个（金钉子），省级风景名胜区 1 个（三衢石林），4A 级景区 3 个（三衢石林、赏石小镇、梅树底景区）。

1. 三衢石林

位于常山县城北 10 千米的辉埠镇境内，景区面积 13.49 平方千米，最高海拔 518.8 米，是国家 AAAA 级旅游景区、国家地质公园、省级风景名胜区。三衢石林景区由大古山、小古山、三衢山三部分组成，以天坑、紫藤峡谷、石林迷宫等典型的喀斯特地貌为主要特征，被誉为"华东第一石林""世界上最大的象形石动物园""世界上最大的天然盆景"。三衢石林景区位于常山县境内，是常山国家地质公园核心景区、省级风景名胜区。

景区以喀斯特灰岩岩溶地貌景观为主要特征，融石林奇观、峡谷险胜、山林野趣于一体，与云南石林的壮年期岩溶地貌不同的是，三衢石林岩溶属幼年期，主要由峰丛构成，微地貌为石芽和溶沟。同时又是奥陶纪晚期（4.4 亿年前）的一个巨大的古生物礁，是研究华南古生代地史的重要地区。三衢石林因生物礁和优美岩溶地貌的结合而珍贵。典型的喀斯特岩溶地貌孕育出了千姿百态、亦真亦幻、韵味别致的石林迷宫奇观，掩映在绿色藤蔓中的溶沟石芽美轮美奂，在地质演变的作用下，形成了城堡石林、天井石林

（天坑）、小古山岩溶凹地、紫藤峡谷、仙人洞等典型的地貌景观，形态上表现为各类象形动物、城堡、长廊、天生桥及这些单元组成的石林，被国内外地质学家称为"世界上罕见的地质地貌景观"，更有"世界最大的天然盆景""世界最大的象形石动物园""秀甲东南，江南一绝"之美誉。2013 年 4 月 25 日，三衢石林景区被全国旅游景区质量等级评定委员会评为国家 AAAA 级旅游景区。

2. 桃花源景区

位于衢州市新桥乡坞石坑村，背靠县内最高峰白菊花尖，与杭州市淳安县一山之隔。平均海拔 650 米，森林覆盖率高达 98%，空气负氧离子每立方厘米含量高达 8000 个以上，素有"天然氧吧"之称。景区溪水常年流淌，夏季最高气温 28℃，平均气温 22℃，又有"天然浴吧"之称，是名副其实的"江南小九寨"。2016 年 12 月 30 日，经衢州市旅游景区质量等级评定委员会评定，桃花源景区被评定为国家 3A 级景区。

桃花源位于芳村镇境内，背靠县内最高峰白菊花尖，森林覆盖率高达 98%。景区溪水常年流淌，夏季最高气温 28℃，平均气温 22℃，有"天然浴吧"之称，是个名副其实的"江南小九寨"。整个区域有山林 17 000 亩，其中毛竹林 6000 亩，森林覆盖率达 97%，四面环山，依山傍水，竹海荡漾，景点丰富，这里民风纯朴，阳光和煦，风景如画，依稀就是梦中温馨的家。或溪中游玩，或林中吸氧，或山中摘菜，桃花源满足人们各种回归自然的需求。令人陶醉的山川美景，地道可口的农家菜肴，热情好客的山里人家，都会让你流连忘返，如临"桃源"之境。

四、研学旅行

"最好的课堂在路上，研学是行走的课堂"。在常山县自然生态及悠久底蕴的基础上设计了三条研学旅行线路，分别为自然生态之旅、科考探险之旅及历史文化之旅三个主题线路，具体路线如表 6-62 所示。学生可以自主选择线路，通过实地参观、听讲解、文物观摩、动手实践等环节，感知古迹背后的人文精神，增强对家乡文化的认同感，真正使历史知识"活起来"，引领学生走进田野，热爱家乡。

表 6-62　不同主题研学线路汇总

主题	线路
自然生态之旅	黄冈山景区—月亮湾—三衢石林
科考探险之旅	金钉子景区—中国观赏石博物馆—东方巨石阵
历史文化之旅	金源古建筑—对坞石桥群—竹文化休闲基地

常山县拥有得天独厚的自然景观，黄冈山有着雄伟的山体与独特的石壁景观，学生在倾听历史典故的同时观赏瀑布与蜿蜒山野的溪流，感受流水作用对地表形态的塑造

（表 6-63）。月亮湾的高山与峡谷可以让学生真切感受到大自然的塑造之美，学生也可小组合作动手测量水库的酸碱度等，进而培养学生的地理实践力。最后，前往被地质学家誉为"华东第一石林"的三衢石林，结合课本近距离观察喀斯特地貌，辨识峰丛、石芽、溶沟等微地貌，加深学生对相关地理事物的认知理解。

表 6-63　自然生态之旅路线

地点	研学内容	知识定位	设计意图
黄冈山	1. 攀登黄冈山，观察山体石壁形状，教师补充所蕴含的人杰地灵典故 2. 观赏瀑布与溪流，思考流水作用对其影响	黄冈山，海拔 713 米，因山上有一座千年古刹——万寿寺（又名永年寺）而远近闻名。从远处望，整座山就像一尊气势雄伟的佛像，所以山的最高峰被称为如来峰，万寿寺就坐落在佛的怀抱中。黄冈山永年寺的背后山坡上，有一块巨大的石壁。壁面上隐约可见四个人影，其中三人居左上角，呈站立相拥状，另一人立于右边，呈抱拳仰望状。这块石壁，今人尊称它为"四贤壁"	通过让学生亲临大自然，让学生感受自然中的地理知识，树立学生人地协调观，提升学生的地理实践力
月亮湾	1. 观赏月亮湾景观，观察思考其间峡谷的形成 2. 小组合作测量水库内水资源的 pH，并思考水库的建立对下游地区有何意义	月亮湾又名长风水库，形似半月，全程长十里路，因此又叫十里长风，沿线有"狮身人面像""石门佳气""长风碧波"等自然景观。两岸高山耸立，森林覆盖，保持着良好的地貌景观，大麦坞山与灯盏山被一深 400 米的峡谷对峙倚立于风水库两岸，犹如天门半开，深秋时节，晨雾从天门吐出蔚为壮观，浓雾弥漫整个山谷，崇山峻岭时隐时现，胜似瑶池仙境，随着旭日东升，阳光透过浓雾，形成光柱照射湖面，顿显万道霞光，向东望去，湖面微反射形成一片碧海银波，这就是有名的"长风碧波"。从长风水库眺望群山，大坞子猪尖有九条山脊从山顶蜿蜒伸向河岸，恰似九条青龙环绕山顶，素有"九龙戏珠"之称，更绝的是山顶酷似狮身人面像，堪称"中国的金字塔"	
三衢石林	观赏三衢石林景观，思考石林景观属于哪种地貌类型，并观察解释其主要特征	三衢石林，被国内外地质学家称为"世界上罕见的地质地貌景观""世界最大的天然盆景""世界最大的象形石动物园"。这座"华东第一石林"与"云南石林"的壮年期岩溶地貌不同的是，三衢石林岩溶属幼年期，主要由峰丛构成，微地貌为石芽和溶沟。是奥陶纪晚期的一个巨大古生物礁，在地质学上被称为"三衢山组礁灰岩"，素有"江南一绝"的美誉	

科考探险之旅具体线路如表 6-64 所示，常山县黄泥塘金钉子景区有着中国确立的第一枚"金钉子"，学生可以通过深入实践去理解这一抽象的地理概念所含有的重要地理意义。学生也可以在景区内寻找所埋藏的生物化石，与远古时期的生物"对话"。随后去往中国赏石博物馆，观赏文石、萤石、方解石等书本上列举的常见岩石，仔细观察其颜色机理等，最后深入石阵感受大自然的鬼斧神工，有利于培养学生的区域认知与综合思维等素养。

表 6-64 科考探险之旅路线

地点	研学内容	知识定位	设计意图
黄泥塘金钉子景区	1. 老师介绍金钉子的概念及常山黄泥塘金钉子的重要地理意义 2. 查阅资料，了解奥陶系达瑞威尔界的主要特点 3. 寻找景区内陈列或埋藏的生物化石并观察记录其形状特征	"金钉子"作为一种俗称其来由是：大约 19 世纪，美国东西部铁路大动脉接轨时，为了纪念这个事件，在接轨处钉了一枚用金子打造的铁路道钉，简称"GSSP"，而在地质上的全球界线层型剖面点的简称也是"GSSP"，所以通俗称为"金钉子"剖面 黄泥塘"金钉子"就是距今 4.6 亿年左右的一段全球标准地层剖面，地质年代是在奥陶纪中部的一段时间，要判断全世界所有那个年代的地层都必须把常山黄泥塘"金钉子"剖面当作尺子去比较，以此为标准，来推断分析其他各地的地质年代，所以它是全球标准地层剖面 专家考证，黄泥塘"金钉子"剖面 4.6 亿年以前是一片海洋，随着地球的运动，地壳的演变，河床的抬高，这里已形成陆地，海洋里的许多生物死亡后形成了化石，在黄泥塘"金钉子"景区内可以找到多种生物化石，其中笔石化石、牙形刺生物化石、腕足类生物化石、三叶虫生物化石为最主要的四种化石，还有少量的腹足类生物化石	了解具有特殊地理意义的景点，提高学生的知识广度与深度。在现实地理环境中巩固课本知识，培养学生学以致用的能力
中国观赏石博物馆	1. 复习回顾课本学习的三大岩石及相互关系 2. 教师在观赏途中补充讲解文石、方解石等形成原因。学生自主观察并记录不同石头的颜色、构成机理等	【三大类岩石及关系】岩浆岩、沉积岩、变质岩。岩浆岩和沉积岩形成之后，受地壳内部的高温高压的作用，改变了性质和结构，就形成了另一种岩石——变质岩 【文石】文石是一种碳酸盐矿物，又称霰石，与方解石等成同质多象。在自然界，文石不稳定，常转变为方解石 【方解石】方解石是一种碳酸钙矿物，其结晶体经敲击后可以得到很多方形碎块，故名之为方解。馆内有精彩藏品状若琼花的盘状方解石结晶体、体量巨大的榴莲状方解石结晶体、清新典雅的钟乳石状结晶体等	
东方巨石阵	1. 深入石阵观察巨石，了解大自然的鬼斧神工 2. 安全的前提下游玩相关项目，提高研学旅途的趣味性 3. 感受台风及地震体验馆，回顾常见自然灾害主要类型及应对措施，实地增强学生的防灾减灾技能	"东方巨石阵"占地面积约 15 亩，内有 99 块百吨天然巨石，分为自然阴石和阳石，组成一个八卦阵。整体由"易苑""八卦阵"和"羲苑"三大部分组成，建成后也将成为青石镇独具特色的人文景观标志 【常见自然灾害】主要分为气象灾害、地质灾害、海洋灾害及生物灾害等	

常山县不仅自然景观众多，历史文化意蕴也十分深厚。历史文化之旅（表 6-65）主要探访常山县内三所著名的古村落，主要是思考每处古村落的建筑分布与当地自然环境有何关系，了解当地居民特有的民风民俗，感受人类活动与自然环境的关系，培养学生的区域认知与人地协调观。

表 6-65　历史文化之旅路线

地点	研学内容	知识定位	设计意图
金源古建筑村	1. 探访古建筑村，观察其居住建筑分布，思考与当地自然地理环境有何关联 2. 体会保存下来的古建筑背后蕴含的乡土文化	此地有一千多年历史的古村落群，由四个紧紧挨着的村庄组成。粉墙黛瓦、小桥流水人家的古村落，源远流长、凝练精深的古文化，为东案乡金源村绘出了一幅古色古香的画卷 村基本围绕贯村里的两条交叉线而居——其中一条是宽约两米的村中街道。当时的筑路设计者为保一方平安而建，与村中街道平行延伸的，是一条近一米宽、平缓地淌着清澈水流的水渠。村妇们出得门来，蹲在渠旁，就可以洗菜浣衣	历史文化与人文地理的孕育都离不开自然环境的作用，学生参观当地独特的古建筑，感受古文化，培养学生的区域认知思想
对坞石桥村	1. 探访石桥村，思考当地聚落分布特点 2. 拜访王氏家族宗祠，感受古文化的熏陶	八面山层峦叠嶂，回龙尖笔峰高耸，对坞溪左萦右拂，自西而东贯穿整个村落。整个村庄沿溪而建。独特的地理环境使当地聚落呈线状分布 家族宗祠建筑平面呈纵长方形结构，沿中轴线自东向西依次为庭院、门厅、前进、天井、正厅、祭亭、寝室。前进建有木戏台，各进进深由深人浅。这是当地保存最完整、规模最大的古建筑，具有较高的历史、科学、艺术价值	
漾桥村竹文化休闲基地	1. 游览竹文化基地，体验竹筏漂流、竹雕制作等特色项目 2. 调查访谈当地以竹文化为主题的休闲旅游业发展现状	漾桥村紧依芳村溪，古航道建于唐、兴于宋，竹筏一直都是村民出行的主要交通工具，直到上世纪 80 年代末通村公路修建，才逐渐淡出。近些年，县里大力发展乡村休闲旅游，最终把目光投向了竹筏漂流。由于村里九成以上男丁都会撑筏，发展竹筏漂流，不但把漾桥的山水资源和传统技艺有效利用起来，也让更多村民可以参与进来，在家门口增收	使学生感受到一方水土养育一方人，体验当地的人文精神和人文关怀

第六节　钱江源头，养生开化

一、地理位置与行政区划

开化县位于浙江省西部，衢州市西北部，钱江源头，浙皖赣三省交界处，介于北纬 28°54′30″ 至 29°29′59″、东经 118°01′15″ 至 118°37′50″ 之间。东和东北与杭州市的淳安县接壤，东、南和常山县相连，西南同江西省的玉山县、德兴市毗邻，西和西北与江西省的婺源县相交，北和安徽省休宁县相依，素有"歙饶屏障"之称。县境周长 297.73 千米，东西宽 59.2 千米，南北长 66 千米，总面积 2236.61 平方千米。

春秋时期属越国，战国时期属楚。秦朝，属会稽郡太末县。东汉初平三年（192），分太末置新安县，今开化地域为新安县的一部分。建安二十三年（218），孙权分新安置定阳县（今常山县），开化属定阳县。唐朝咸亨五年（674），置常山县，今开化地域属常山县。

北宋乾德四年（966），吴越王钱俶分常山县西境的开源、崇化、金水、玉田、石门、龙山、云台七乡置开化场，"开化"一名即由开源、崇化二乡各取一字而得。北宋太平兴国六年（981），应常山县令郑安之请，升开化场为开化县，属衢州。元、明、清三代相沿未变。民国初年，属金华道。民国 16 年（1927）废除道制，直属浙江省。民国 24 年（1935）年，设衢州行政督察专员公署，开化属之。1949 年 5 月 4 日，开化县解放，属衢州专区。1955 年，衢州专区撤销，开化县属建德专区。1958 年 12 月，建德专区撤销，开化改属金华专区。

1985 年 5 月，撤销金华专区分置金华市，衢州两省辖市，开化县属衢州市。

截至 2020 年末，开化县辖一个办事处、14 个乡镇：芹阳办事处、华埠镇、桐村镇、杨林镇、音坑乡、中村乡、林山乡、池淮镇、苏庄镇、长虹乡、马金镇、村头镇、齐溪镇、何田乡、大溪边乡，共有 255 个行政村。如表 6-66 所示。

表 6-66　1949 年后开化县行政区划变动一览表

时间	行政区划变动
1949 年	全县划分为 4 个区、21 个乡、共计 213 个村、649 个自然村
1950 年	全县划分为 5 个区、2 个镇、40 个乡
1956 年	撤区并乡，全县为 2 个镇、23 个乡
1958 年	建立政社合一的人民公社
1961 年	调整人民公社规模，撤销管理区，设 32 个人民公社
1964 年	撤销明廉区，恢复村头区
1980 年	改城关镇公社为城关镇人民政府，全县有 5 个区、2 个镇、29 个公社、439 个生产大队、6 个居民委员会、2177 个生产队、1692 个自然村
1985 年	全县辖 5 个区、6 个镇、25 个乡、6 个居民段、445 个村、1689 个自然村
2002 年	全县辖 10 个镇、16 个乡、11 个居民区、448 个行政村
2002 年	常山县辖 7 个镇、14 个乡，共有 11 个居民区、341 个行政村
2004 年	全县辖 10 个镇、16 个乡、8 个社区、449 个行政村
2005 年	将原 26 个乡镇调整为 18 个，调整后，开化县辖城关、华埠、马金、村头、池淮、桐村、杨林、苏庄、齐溪 9 个镇，林山、音坑、中村、长虹、张湾、何田、塘坞、大溪边、金村 9 个乡
2020 年	开化县辖一个办事处、14 个乡镇，共有 255 个行政村

二、自然地理环境

（一）地形地貌

开化县地形以丘陵为主，素有"九山半水半分田"之称。整个地势西北高而东南低，中部和东南部逐渐由中山向低山、高丘、低丘、河谷小盆地过渡，最高峰为"白石尖"，海拔 1453.7 米。

开化县地势受新地质构造运动影响，具有典型的江南古陆强烈上升山地的地貌特征。由于受下古生界、加里东旋回的影响，出现焦坑口——阴山坝、薛家岭——华埠、里洪丘——泉坑三条斜交断层，控制龙山溪，池淮溪和马金溪三条水系，形成山河相间的地形。境内除沿河分布小面积的马金、池淮、华埠、杨林、村头等河谷平原外，其余地区群山连绵。由于外营力的切割作用明显，谷狭坡陡，山脊脉络清晰。整个地势西北高而东南低。西北部的齐溪、何田两乡的绝大部分，长虹、中村、苏庄三乡镇的北半部为地势最高的中山地区；位于东部的白石尖附近的大溪边乡的黄谷和林山乡，西南部的南华山、王山一带的杨林、桐村两镇是另外两个中山地区；中部和东南部逐渐由中山向低山，高丘、低丘，河谷小盆地过渡。

（二）气候水系

开化县属中亚热带北缘季风气候区，温暖湿润，雨量丰沛，四季分明。以气温划分，春秋短，夏冬长，其中春季平均 72 天，夏季平均 113 天，秋季平均 61 天，冬季平均 119 天。境内多山，容易引发局地性的气象灾害，是气象灾害的多发地之一。亚热带季风气候，四季分明、温和宜人。年平均气温 16.4℃，年平均降雨量 1814 毫米，日照时数 1712.5 小时。素有"中国的亚马逊雨林"之称。

年平均降水量 1805mm。降水年际分布不均匀，1998 年最多 2634mm，1963 年最少 1200mm。降水时空分布不均，月降水量 1—6 月依次递增，7—12 月依次递减，月降水量分配呈单峰型。月降水量以 6 月最多，又称为主汛期，平均 332mm，占全年总降水量的 18.4%。降水量最多的是 1994 年 689mm，最少的是 1958 年的 85mm。12 月最少，平均 55mm，最多的是 1997 年的 174mm，最少的是 1987 年无雨。一年中降水主要集中期是 4—6 月的梅汛期，平均降水量 836 米，占全年总降水量的 46%。10 月至次年 1 月是一年中降水最少的季节，4 个月平均降水量仅 268mm，占全年总降水量的 14.9%。

齐溪水库位于钱塘江南源马金溪上游开化县齐溪镇境内，属钱江源国家森林公园景区。其水面面积 3075 亩，正常库容 3800 万立方米，是开化最大的水库。具有防洪、发电、灌溉、养鱼、旅游等综合效益。库内主河道长度为 30.8 千米，多条支河汇集于此，四周群山环抱，四季宜人，是旅游避暑的胜地；库内四周峰峦叠嶂，自然、人文资源丰富；库水碧绿透彻，明净如镜。有诗赞齐溪水库曰："齐溪高峡出平湖，四面青峰映碧波，溪水晶莹鱼米足，明珠遍闪马金河"。

天子坟水库位于开化县齐溪镇里秧田村，是一座以防洪灌溉为主，结合发电等综合利用的小型水库。水库始建于 1978 年，坝址以上集雨面积 20.89 平方千米，正常蓄水位 379.22m，正常库容 16 万立方米，水库总库容 29.4 万立方米。水库坐落在钱江源国家森林公园核心景区内，是钱江源第一坝，库区清风掀微澜，鱼翔浅底；碧水望青山，白鹭几许。2014 年通过水库除险加固实施，水库面貌与周边环境相得益彰，浑然一体，成为钱江源国家森林公园一大亮点。

（三）自然资源

开化县属中亚热带常绿阔叶林带北部亚地带、浙皖山丘青冈苦槠林植被区，具有南北交汇过渡带的特色森林。植被类型繁多，可分常绿阔叶林、常绿落叶阔叶混交林、针阔混交林、针叶林、灌丛、人工植被、用材林、竹林、经济林等，植被种类也很多，可供开发利用的优良乡土造林树种有 100 余种。

水能资源是开化县得天独厚的自然资源和生态优势，多年平均水资源总量为 27.2 亿立方米，水资源可利用量 8.2 亿立方米，人均占有水资源量 7916 立方米。开化县内的水能资源主要分布在马金溪及其支流，另有苏庄溪等河道，水能理论蕴藏总量为 99 661kW。

开化县矿产资源也较为丰富。截至 2008 年，开化县已发现矿产有 28 个矿种（石煤、原煤、铀矿、金矿、银矿、铜矿、铁矿、磁铁矿、褐铁矿、菱铁矿、镜铁矿、铅锌矿、钒矿、锡矿、钼矿、辰砂矿、石灰石矿、白云岩矿、脉石英、石英砂岩、叶蜡石矿、钾矿、磷矿、硫铁矿、重晶石矿、高岭土矿、花岗岩矿、蓝石棉），矿产地 110 余处。

开化县拥有南北交汇过渡的特色森林资源，因此动植物资源也更加丰富。植物资源中有国家 I 级：南方红豆杉（红豆杉科）。国家 II 级：榧树、榉树、长序榆、连香树、厚朴、凹叶厚朴、长柄双花木、樟树、闽楠、毛红椿、野菱、花榈木、胡豆莲、野大豆、香果树、金钱松、鹅掌楸、连香树、杜仲、香果树。国家 III 级：长序榆、短蕚黄连、八角莲、黄山木兰、闽楠、胡豆莲、野大豆、紫茎、金刚大、延龄、短穗竹。以及浙江省珍稀濒危植物：竹柏、青钱柳、光叶榉、乳源木莲、野含笑、深山含笑、浙江红山茶、婺源安息香、七叶一枝花、狭叶重楼、曲轴黑三棱、华南舌蕨。动物资源有两栖类 7 科 26 种，爬行类 9 科 51 种，鸟类 30 科 104 种，兽类 21 科 58 种。其中国家 I 级保护动物有白颈长尾雉、黑麂、云豹、豹。国家 II 级保护动物有虎纹蛙、鸳鸯、鸢、赤腹鹰、雀鹰、松雀鹰、普通鵟、毛脚鵟、灰胸竹鸡、红隼、白鹇、勺鸡、草鸮、红角鸮、领角鸮、雕鸮、短耳鸮、领鸺鹠、斑头鸺鹠、猕猴、穿山甲、豺、黑熊、青鼬、水獭、大灵猫、小灵猫、原猫、鬣羚、阳彩臂金龟。

三、人文地理环境

（一）人口概况

如表 6-67 第七次全国人口普查数据显示，开化县常住人口为 258 810 人，与 2010 年第六次全国人口普查的 245 088 人相比，十年共增长 13 722 人，增长 5.6%，年均增长 0.55%。其中，开化现共有家庭户 109 504 户，集体户为 2857 户，平均每个家庭为 2.26 人，比 2010 年的 2.55 人减少了 0.29 人。

表 6-67　江山市近三次人口普查数据

	全县常住人口	总户数（户）	男性人口	女性人口
第六次	245 088	927 286	119 642	12 5736
第七次	258 810	109 504	127 837	130 973

表 6-68 第七次全国人口普查性别构成中，在开化常住人口中，男性人口为 127 837 人，占比 49.39%；女性人口为 130 973 人，占比 50.61%。总人口性别比（以女性为 100，男性对女性的比例）由 2010 年第六次全国人口普查的 95.28 上升为 97.61。

表 6-68　常山县第七次人口普查性别构成

	人口数（人）	占比（%）	总人口性别比	与六普比
男性人口	133 100	51.20	104.62	+2.29
女性人口	126 866	48.80		

表 6-69 第七次全国人口普查年龄构成显示，在全市常住人口中，0～14 岁人口为 41 480 人，占 16.03%；15～59 岁人口为 143 289 人，占 55.36%；60 岁及以上人口为 74 041 人，占 28.61%，其中 65 岁及以上人口为 53 406 人，占 20.25%。与 2010 年第六次全国人口普查相比，0～14 岁人口的比重下降 2.44 个百分点，15～59 岁人口的比重下降 7.13 个百分点，60 岁及以上人口的比重上升 9.57 个百分点，65 岁及以上人口的比重上升 7.38 个百分点。

表 6-69　开化县第七次人口普查年龄构成

年龄	人口数（人）	比重（%）
总计	258 810	100
0～14 岁	41 480	16.03
15～59 岁	143 289	55.36
60 岁及以上	74 041	28.61
其中：65 岁及以上	52 406	20.25

如表 6-70 所示，在第七次全国人口普查城乡构成中，开化县常住人口居住在城镇的人口为 131 023 人，占 50.63%；居住在乡村的人口为 127 787 人，占 49.37%。与 2010 年第六次全国人口普查相比，城镇人口增加 37 978 人，乡村人口减少 24 256 人，城镇人口比重提高 12.67 个百分点。

表 6-70 开化县第七次人口普查人口城乡构成

	人口数（人）	占比（%）	城镇人口比重	与六普比
城镇人口	131 023	50.63	50.63%	+12.67%
乡村人口	127 787	49.37		

开化县有 27 个少数民族，但世居的少数民族只有畲族，现居住着钟、蓝、雷三姓畲族。钟氏和蓝氏畲族是世居，雷氏畲族是 1949 年后通过国家分配大中专毕业生、婚嫁等形式来安家落户。钟氏畲族主要居住在上余镇江村民族村、木车村、塘岭三村、一都江村等地；蓝氏畲族主要居住在保安乡保安村、龙溪村，大陈乡北焦村等地。

开化县悠久的历史底蕴（如表 6-71 所示），孕育出了明代尚书状元张昇、参加多次战役的抗日烈士吕公良、私自组织冒险为红军提供情报的傅家富、令人敬佩的救火英雄方卫平和为国争光、取得两届奥运冠军的占旭刚等一批历史名人与国家英雄。

表 6-71 开化名人

姓名	籍贯	突出贡献
吕公良（1903—1944 年）	开化县华埠镇	抗日烈士，先后参加过晋中太谷战役、鲁南大会战、台儿庄战役和鄂北会战等。
张昇（1442—1517 年）	浙江开化	明代中叶著名学者和大臣，人称尚书状元。
占旭刚（1974—至今）	浙江开化	中国著名举重运动员，两届奥运冠军。他是中国举重第一个连续两届奥运会夺得冠军的运动员，也是男子举重两次夺冠的运动员。
方卫平（1979—2003 年）	浙江开化	中共党员、救火英雄。

（二）产业特色

如表 6-72 所示，2022 年开化县生产总值 150.5 亿元，按可比价格计算，比上年增长 1.5%（下文均为与上年相比）。分产业看：第一产业增加值 14.15 亿元，增长 0.7%；第二产业增加值 52.84 亿元，下降 1.0%，其中，工业增加值 29.91 亿元，增长 5.0%；第三产业增加值 83.5 亿元，增长 3.4%。

2021 全年全县生产总值 169.44 亿元，按可比价格计算，比上年增长 8.5%(下文均为与上年相比)。分产业看：第一产业增加值 13.59 亿元，增长 1.4%；第二产业增加值 62.88 亿元，增长 10.2%，其中，工业增加值 38.43 亿元，增长 19.4%；第三产业增加值 92.97 亿元，增长 8.6%。

表 6-72　开化县近两年三次产业增加值及增速

	2018 年		2019 年		2020 年	
	增加值（亿元）	增速（%）	增加值（亿元）	增速（%）	增加值（亿元）	增速（%）
第一产业	13.09	3.1	13.65	2.1	14.15	0.7
第二产业	43.44	4.4	52.42	6.2	52.84	-1.0
第三产业	75.46	9.0	80.73	7.7	83.5	3.4
总计	131.99	6.6	146.8	6.5	150.5	1.5

　　表 6-73 为开化县近年规上工业企业主要行业总产值与增速。近年来开化县经济以第二产业为主导，在规上工业企业中，因 2020 年部分规上工业行业没有确切数据，但大致可以得出，机械行业、建材行业、特别是医药行业近年来增长较为迅速；而冶金有色行业、石油化工行业等总产值呈现出波动下降的趋势。

表 6-73　近年规上工业企业主要行业总产值及增速

行业名称	2018 年		2019 年		2020 年	
	产值（亿元）	同比（%）	产值（亿元）	同比（%）	产值（亿元）	同比（%）
轻工纺织行业	20.67	10.9	21.17	4.4	—	—
机械行业	9.01	-7.1	22.39	151.2	—	—
石油化工行业	35.14	17.0	30.21	14.5	—	—
电力行业	4.71	1.7	5.18	10.2	—	—
冶金有色行业	1.08	61.4	0.93	-14.1	—	—
建材行业	2.88	39.4	3.07	6.4	—	—
电子行业	6.28	-16.9	7.72	11.7	—	—
医药行业	0.31	-53.9	0.63	105	1.63	311.0
其他行业	1.31	-6.3	1.24	-5.3	29.24	5.3

　　近年来，开化县第三产业主要行业以较为平稳的趋势增长，如表 6-74 所示，尤其是金融业、进口业、出口业、交通运输、仓储和邮政业等，其中金融业增速显著；但房地产业、建筑业近年来增速大幅下降，出现了负增长；其他行业相比呈现较为稳定的速度波动。

表 6-74　近年第三产业主要行业增速

行业名称	2018 年	2019 年	2020 年
房地产业	12.0%	-1.5%	-6.4%
批发和零售业	6.3%	4.3%	4.6%
建筑业	0.8%	-0.6%	-10.2%
住宿和餐饮业	6.3%	2.8%	—

续表

行业名称	2018 年	2019 年	2020 年
进口业	-42.8%	-13.1%	-14.5%
出口业	-5.6%	-6.6%	-3.0%
交通运输、仓储和邮政业	4.0%	3.0%	5.7%
金融业	2.5%	4.3%	8.6%

【有机硅工业/硅电子工业】

开化县有机硅产业创建于 20 世纪 80 年代初期。1980 年建成开化硅厂，主要生产工业硅粉。由于受应用范围的限制，以及市场、资金的制约，至 90 年代末，有机硅工业仅有开化合成材料有限公司 1 家企业。此后，随着全球经济的发展，硅材料被广泛运用，有机硅产业迎来了新的发展机遇。县委、县政府把有机硅、硅电子作为生态工业的主导产业来培育和发展，有机硅产业得到快速发展。

近年来，开化县委、县政府始终坚持"生态立县，特色兴县"的发展战略，突出硅产业这一特色龙头产业，围绕"打造百亿硅产业"目标，培育特色产业基地，建立高新技术研发中心，拓宽科企合作渠道，加快推动科技进步和提高企业自主创新能力，大力培育和发展以硅产业为龙头的高新技术产业，初步形成了硅产业集群发展的良好态势，促进了全县经济和社会各项事业的全面发展。

【制药产业】

中成药产业

1985 年，开化县制药厂获得浙江省首批颁发的"药品生产许可证"，并更名为浙江省泰康制药厂。主要生产红茴香注射液、寿星补汁口服液、金银花露、垂盆草颗粒等 30 余种中成药产品。1988 年产品逐渐发展到针剂、糖浆、冲剂、片剂、胶囊等 9 个剂型，60 多个品种。

木糖醇产业

开化县木糖醇生产始于 1983 年。生产企业为县日用化工厂，属国内最早生产木糖醇的 3 家企业之一。1990 年更名为开化县华康药厂。经过长期的技术改造，1996 年生产能力达到 1500 吨，是 1985 年的 5 倍。至 2004 年，先后开发出针剂原料级木糖醇、精制木糖醇、高纯度木糖醇、粉状木糖醇和粒状木糖醇。高纯度木糖醇被省科学技术厅评为高新技术产品。

（三）旅游资源

开化县位于浙江母亲河钱塘江的源头，地处浙皖赣三省七县交界，是连接浙西、皖南和赣东北的要冲。开化是浙西山区县，生态环境总体质量位居全国第 16 位，是全国 17 个具有全球意义生物多样性保护的关键地区之一、华东地区重要的生态屏障，是全国绿化模范县、国家生态县。作为钱塘江源头的开化县具有独特的生态旅游资源，良好的生态环境，深厚的历史文化底蕴，在生态文明建设中取得的重大成就，被授予"国家东部公园"荣誉称号。

1. 钱江源国家森林公园

浙江钱江源国家森林公园位于钱塘江的源头——浙江省开化县齐溪镇，与 3 省（浙、皖、赣）4 县相接壤。截至 2014 年，公园总面积 4583.4 公顷。园内有原始状态的大片天然次生林，林相结构复杂，生物物种丰富，起源古老区系成分独特，已成为华东地区重要的生态屏障。景区内负氧离子成分最高浓度达到每立方厘米 10 万多个。浙江钱江源国家森林公园同时也是中国 AAA 级旅游区，浙江省文明公园，浙江省首批生态道德教育基地。钱江源因其生态美景荣获"浙江最美生态景观"和"浙江省十佳避暑胜地"等荣誉。

钱江源国家森林公园由枫楼坑、水湖和齐溪水库组成东部景区，莲花塘、卓马坑、广潮元和里秧田组成西部景区，并由一条经年不断的莲花溪串连，形成了浙江钱江源国家森林公园巨大的绿色"元宝"。自 1999 年建立以来，浙江钱江源国家森林公园已初具规模，成为具有一定接待能力的综合性森林公园。

2. 古田山国家级自然保护区

古田山自然保护区总面积 8107.1 公顷，地处开化县苏庄镇境内，与江西婺源、德兴毗邻。主峰青尖海拔 1258m，水流经苏庄折入德兴的乐安江流入我国最大的淡水湖——鄱阳湖，再汇入长江水系。古田山国家级自然保护区分布着典型的中亚热带常绿阔叶林，是生物繁衍栖息的理想场所，香果树、野含笑、紫茎群落之大，全国罕见；属国家一级保护动物的有黑麂、白颈长尾雉、豹、云豹；二级保护动物有白鹇、黑熊、小灵猫等。

古田山景色秀丽，古木参天，名胜古迹众多。有大小瀑布十余处、30 余亩沼泽地、极目楚天的瞭望台、朱元璋点将台、方志敏红军洞、凌云寺、兔子石、张果老与吕洞宾摆的擂台等。珍稀古树名木有"元杉""唐柏""吴越古樟""苏庄银杏"皆被誉为浙江树王；"古田三怪"、世外桃源——宋坑更具有神奇色彩。

四、研学旅行

为了按照新课标要求，推进高中生地理学习的地理综合素养，培养学生的地理实践力、综合思维、区域认知和人地协调观，所以结合开化县优美的浙西山水与独特的人文景观设计了三条主题线路（表 6-75）。其分别是九曲金溪之旅、浙西山水之旅与经典文化之旅，线路中地理知识部分涉及了部分高中地理学习的内容，有利于学生书本知识结合实践活动，更直观地感知理解自然、人文现象。

表 6-75　开化县研学旅行路线

主题	线路
九曲金溪之旅	金溪砸碗花湿地公园—马金老街—天童山
浙西山水之旅	齐溪镇大龙村—九溪龙门—钱江源国家森林公园
经典文化之旅	长虹乡库坑村—高田坑—霞山村—华埠镇金星村

开化县位于浙江省的母亲河——钱塘江的源头，是全国 9 个生态良好地区之一，生态旅游资源极其丰富，根据开化县独特的"九曲金溪"设计了本研学路线（表 6-76）。首先前往湿地公园观测水源与土壤，了解湿地公园的建设对当地小尺度地理环境的调节具有重要作用。随后前往具有独特地貌的鸡公岩，让学生观察并思考其形成原因，同时将课堂上学习的各种侵蚀类型联系比较，加深其理解。最后来到开化著名的游坊老街，主要开展人文地理方面的学习与调查，可以通过访问及发放问卷等形式调查当地居民的收入及年龄结构情况，进一步了解不同区域人居环境的异同。

表 6-76　九曲金溪之旅路线

地点	研学内容	知识定位	设计意图
金溪砸碗花湿地公园	观赏河滩风景林，小组合作采取湿地公园内样本水，并测试湿地水的 pH；观察河滩内土壤的颜色并测试其性质	此湿地公园两岸青山环抱，溪水清澈见底。河滩风景林的建设价值是以满足人类生态需求，美化环境为主要目的的，分布在风景名胜区、森林公园、度假区、狩猎场、城市公园、乡村公园及游览场所内的森林、林木和灌木林	公园测试土壤与水质，学生将课堂内容通过动手实践更能加深印象，培养了学生的地理实践力
秀丽潭头鸡公岩	前往鸡公岩，观察鸡公岩的独特形态，除了聆听民间传说的传奇故事之外，用地理的视角分析此岩石形成的原因	一座拔地而起的鸡公岩，高约 15 米，昂然陡直，独立无倚地镇守在河旁。整座悬崖裂缝纵横，苔痕斑驳，绿意森森。悬崖顶端有一形似鸡头的岩石，岩石上方七棱八角石研如精雕细刻的鸡冠，人立其下，仰头望去，会觉得高耸的鸡头随时朝向你的身体倾坠下来，令人悚然恐惧	
马金老街	游坊老街，感受古徽州风韵，思考为什么此地是以古徽州建筑为主，并访问在此居住的人家，调查居住的时间及家庭成员外出情况	开化县马金镇历史悠久，马金与徽州有着千丝万缕的联系，不仅地域相接，地情相近，而且居民多迁自古徽州。在徽商外出谋生的过程中，一些人选择在马金定居，他们不仅带来了先进的技艺和崇文重儒的文化传统，还影响了一代又一代马金人的生活方式	

浙西山水之旅路线（表 6-77）主要以开化自然山水为主，前往不同的山水地貌景点，探寻自然环境中所蕴含的地理知识。首先，攀登古田山，除了观察所处地势地貌

以外，学生通过观察记录沿途植被的分布及特点，感知山地垂直地带性规律在现实生活中的体现。随后前往九溪龙门村，观察当地地形地势之后主要思考该村为什么选址于此，分析村落的地理位置与自然环境的关系。最后进入国家森林公园，进行土壤剖面的挖掘与观测、植被类型的观察等野外调查活动。整个路线有利于培养学生的综合思维和地理实践力。

表 6-77　浙西山水之旅路线

地点	研学内容	知识定位	设计意图
古田山	攀登古田山，沿途观察植被类型分布，了解山地垂直性地带分布规律	古田山地处中亚热带东部，浙、赣、皖三省交界处，由于其特殊复杂的地理环境位置，分布着典型的中亚热带常绿阔叶林，是生物繁衍栖息的理想场所，生物的多样性十分突出。在植物区系组成上，兼具南北特点，是联系华南到华北植物的典型过渡带	通过让学生亲临浙西山水自然，感受自然中的地理知识，帮助学生树立人地协调观，提升学生的地理实践力
九溪龙门	1. 前往龙门村，思考村落的地理位置与自然环境有何关联 2. 观察龙门溪两侧的流水微地貌的塑造，并观察瀑布形态，判断其主要属于什么侵蚀类型	瀑布的形成是由于组成河床底部的岩石软硬程度不一，被河水冲击侵蚀得厉害，形成陡坎，坚硬的岩石则相对悬垂起来，河水流到这里，便飞泻而下，形成了瀑布	
钱江源国家森林公园	1. 观察森林公园，判断其地貌特征，辨别土壤类型并采取样本 2. 观察公园内植被类型，所属林相结构 3. 观察公园内的溪流山泉，并观察其流经的沟谷，判断其属于哪种侵蚀类型	浙江钱江源国家森林公园内峰峦叠嶂，具有典型的江南古陆强烈上升山地的地貌特征，形成了山河相间的地形特点。齐溪镇的绝大部分为地势最高的中山地区。浙江钱江源国家森林公园属于浙西中山丘陵，地带性土壤为红壤 园内有原始状态的大片天然次生林，林相结构复杂，生物物种丰富，起源古老、区系成分独特，已成为华东地区重要的生态屏障	

经典文化之旅路线（表 6-78）主要以人文地理为主线，沿途经过不同村庄感受开化县独特的人文风情。首先，前往中共浙闽赣省委旧址长虹乡库坑村，学生参观红色纪念馆感受红色文化接受爱国主义教育。第二站前往高田坑，此处适宜观测天文，夜晚可以开展观星活动，探索星空的奥秘。此外，学生可以通过访问或问卷调查的形式调查当地居民的年龄构成及旅游开发情况。最后来到金星村，学生参观根雕的同时还可以动手体验根雕的乐趣，感受非物质文化遗产的魅力。整个路线有利于培养学生的家国情怀和地理实践力。

表 6-78　经典文化之旅路线

地点	研学内容	知识定位	设计意图
长虹乡库坑村	到达中共浙闽赣省委旧址,参观老一辈革命家办公及生活的场所及纪念馆等,聆听红色革命故事	长虹乡是第二次国内革命战争时期方志敏等老一辈无产阶级革命家所创建的赣东北、闽浙赣及皖浙赣革命根据地的重要组成部分。1935 年 5 月,省委书记关英带领闽浙赣省委在开婺休中心县委所在地库坑设立秘密机关,活动半年有余,年底转移至江西婺源鄣公山	参观各地特色文化,切身感受红色革命精神,学生接受爱国主义教育;参观根雕博物馆,学生感受文化遗产与工匠精神,升华学生的爱国心与民族情
高田坑	1.从地理视角分析村内盛夏为什么成为避暑胜地 2.夜晚观赏星空,并思考此地适宜搭建远程天文台 3.调查访问村内居民,了解其家庭人员流动情况与村内旅游开发带来的经济发展 4.观赏高山梯田,了解梯田的形成及种植农作物的利弊	高田坑村是一个海拔高度近 700 米的村庄,由于地处高山,夏季平均气温比其他地方要低 5℃左右,是天然的高山避暑之胜地 高田坑村的天空跟青藏高原一样,非常通透。这里的观测条件是华东地区最好的,交通便利,视宁度好,最重要的是天光高度低	
霞山村	1.统观村落格局,结合自然环境思考空间布局有何独特之处 2.问卷调查古村落内主要产业,乡村休闲旅游发展现状如何 3.品尝特色美食汽糕等,体验传统草鞋编制等编织手艺	霞山传统村落地处钱塘江源头的浙皖赣交界处,整个霞山古村以马金溪为交通主线,古驿道(古街)为主轴,南北纵向以街巷为线,祠堂为点、民居为面的"南市北居"特色布局	
华埠镇金星村	1. 观赏根雕,体会日积月累的文化遗产,了解开化根雕背后蕴含的底蕴与故事 2.调查以根雕为主题的景区,如何以文化产业为核心打造特色小镇 3.观察园内主要植物类型,并分析其生长的主要条件	根雕,是中国传统的雕刻艺术之一,是以树根,包括树身、树瘤、竹根等的自然形态以及畸变形态为艺术创作对象,通过构思立意、艺术加工及工艺处理,创作出人物、动物、器物等艺术形象作品。开化是全国著名的"中国根雕艺术之乡",从唐代兴起的开化根雕,经过一千多年的演变发展,逐步形成了融根艺、佛学、美学、生态学于一体,具有独特艺术魅力的根雕文化,被列为浙江省非物质文化遗产	

第七章 研学浙西南的主题线路

第一节 探秘第一自然

一、以江郎山—双龙洞—仙都地质公园为主体的浙西南第一自然

第一自然指未经人类改造的自然，是人类与其他生命生存的根本，大多表征为区域内的山水林草田，但其载体却是地质地貌的构造。人类资源是否丰富及生活环境的适宜程度主要取决于地质环境的质量，其次取决于地质环境相对于生物存活的适宜程度。上亿年的地质构造与环境变迁孕育出如今的浙西南山地丘陵，不同地质地貌的背后究竟蕴含着哪些历史的演变，带领学生通过探秘第一自然，来深刻了解家乡经历的沧桑变化。

江郎山作为中国南方六处丹霞地貌区之一，2010 年被正式列入世界遗产名录，在此名录中江郎山是唯一的老年期丹霞地貌类型，其周边地区的白垩纪地层多被侵蚀为低地，唯有江郎三爿石却拔地而起、屹立苍穹的独特风貌。岩石是地貌演化发育的物质基础，不同岩性分布区常常发育特定的地貌形态，位于金华市的双龙洞景区就是浙西南地区典型的喀斯特地貌，独特的石笋、石钟乳等地下喀斯特景观都是用来探索自然环境的对象。而仙都地质公园则是以火山地质景观为特色，可用于研究探索地质历史时期的火山活动和辨别不同类型的火山岩。以上三处典型地貌区域都可以运用自然地理学中的研究方法与技术，分析了解独特的自然地理单元形成过程及过程关键指标的变化，提升学生对自然现象认知的广度与深度、激发对地球历史的探索兴趣（表 7-1）。

表 7-1　浙西南第一自然研学设计

研学主题	浙西南第一自然主题研学旅行	
研学地点	衢州江郎山、金华双龙洞、丽水仙都地质公园	
研学目标	江郎山	运用对岩石进行常量元素、氧化物含量的 X 荧光和薄片偏光显微镜鉴定，分析丹霞地貌的发育过程、三爿石的岩性、丹霞地貌发育的岩性特征与地貌的关系
	双龙洞	运用碳酸盐的理化特征实验分析喀斯特地貌与岩性的基本关系；使用流速仪测定溶洞内外水流流速差异并思考其原因；使用 pH 试纸测定不同区域水质的酸碱度
	仙都地质公园	了解地质历史可以通过采集火山岩样本，利用放射性碳十四测年方法及原理，分析得出该地火山群的晚期喷发时间及岩性判断

研学路线	第一天	江郎山（衢州）—双龙洞（金华）
	第二天	双龙洞（金华）—仙都地质公园（丽水）
交通线路	驾车	江郎山（京台+沪昆高速2小时41分）—双龙洞（长深高速1小时40分钟）—仙都地质公园
	高铁优先	江郎山（打车48分钟）—江山站（高铁27分钟）—金华站（打车16分钟）—双龙洞景区（打车45分钟）—金华南站（高铁31分钟）—缙云西站（打车23分钟）—仙都地质公园

二、浙西南三处典型选址第一自然研学设计

目前地理研学旅行效果较差效率太低的关键是如何解决学生的"游而不学""学而不精"等问题。而传统地理学侧重观察描述地理现象，重在定性分析，缺乏直观量化的工具和手段，也容易使得缺乏地理敏感性的学生研学"观察"流于表面。反之如果能将某些地理现象和地理过程通过相关指标量化，学生只需要采集分析相关指标数据，就能较为直观地得出相关地理问题结论，极大地促进了学生地理核心素养的地理实践力和综合思维的培养。因此，基于浙西南典型第一自然的三处选址，运用计量地理学的思维方法，借助实验器材与科技工具，通过定量分析的方法设计研学旅行（表7-2），引导学生探索家乡第一自然蕴藏的地理环境的演化。

表7-2　浙西南三处典型选址第一自然研学设计

地点	研学内容	知识定位	设计意图
江郎山景区	1. 实地观察结合学习的知识，判断江郎山地质地貌所属类型并思考其形成过程 2. 学习江郎山丹霞地貌背后地质历史的演变 3. 查阅资料并思考此地貌蕴含的地质历史的演变 4. 通过采集不同经纬度的主要岩层方岩组岩石标本，对其进行常量元素、氧化物含量的X荧光和薄片偏光显微镜鉴定，分析江郎山丹霞地貌发育的岩性特征与地貌的关系	【丹霞地貌特征】由巨厚的红色砂岩、砾岩组成的方山、奇峰、峭壁、岩洞和石柱等特殊地貌的总称。岩石地貌类型之一。主要发育于侏罗纪到第三纪，产状水平或缓倾斜的红色陆相地层中。具有顶平、坡陡、麓缓的形态特点。其作为流水侵蚀地貌的典型代表 【构造运动】江郎山集中发育了早白垩纪火山侵入杂岩、中晚白垩世构造形迹与红层盆地、新生代断层、构造盆地及断块山地、夷平面与红土风化壳、冲洪积扇、强烈侵蚀沟谷以及丰富的裸露岩石风化现象 【地质历史演变】自白垩纪以来，江郎山经历了峡口盆地的形成、红层沉积、盆地抬升、断裂变动、外力侵蚀、地貌老年化、再次间接性抬升等一系列连续的演化发展过程。展现了中国大陆东部的构造活动、盆地堆积、古生物演替、火山喷发、岩浆侵入、地貌变动以及古气候变化等重大事件，呈现出了丹霞地貌演变中神秘而又令人惊艳的地史记录	深入奇特的地貌景观，感受大自然的鬼斧神工，并结合所学内容多角度分析相关问题，实现课本知识到实际地理环境的迁移，提高其地理实践力

地点	研学内容	知识定位	设计意图
		【江郎山丹霞地貌区岩性特征】巍然屹立的三爿石岩性总体抗风化能力强，火山岩砾石和岩屑含量较高，使江郎山成为丹霞地貌发育晚年时期的典型代表。此地貌发育过程中方岩组岩性对地貌的形成起了基础和决定性作用，岩性差异风化是江郎山山体崩塌、扁平状洞穴形成的重要因素	
金华双龙洞景区	1. 平卧小舟前往冰壶洞，观察岩洞内石钟乳、石笋、石幔、石柱等地下岩溶景观，并思考各景观形成原理 2. 思考双龙洞内冬暖夏凉、四季恒温的地理原理 3. 采集双龙洞洞穴滴水、岩石裂隙水、地下河水和瀑布水，并用试纸测量不同水质的酸碱值，并思考其原因 4. 通过流速仪测量双龙洞景区洞穴内外水流水速变化，其原理是利用水流冲动流速仪的旋桨，同时带动转轴转动，在装有信号的电路上发出信号，便可知道在一定时间内的旋转次数，流速与转速之间有一定的关系，从而得出其流速 5. 运用碳酸盐的理化特征采取样本进行实验，分析双龙洞喀斯特地貌与岩性的关系	【地质构造】双龙洞地处江绍断裂带中段的北西缘，位于扬子地块和华夏地块交界处，属江南地区区，地质构造十分复杂。出露的主要地层有：侏罗统沉积与火山碎屑岩夹熔岩，下二叠统栖霞组燧石灰岩夹粉砂岩、页岩，上石炭统船山组厚层纯灰岩，中石炭统黄龙组碎屑岩夹灰岩透镜体，下石炭统砂岩、粉砂岩、页岩 【喀斯特地貌形成的外力作用】石钟乳、石笋均由石灰质聚集而成的。岩洞中的石灰质溶解在水里，水中的石灰质一点一点地聚集起来，在洞顶逐渐形成冰锥状物体，这就叫石钟乳，也叫钟乳石(类似北方冬季屋檐下的冰柱)。洞顶的水滴落在地上，石灰质也逐渐聚集起来，越积越高，形成直立的笋状柱体，叫石笋。石笋常与石钟乳上下相对，日久天长，有些石钟乳与石笋连接起来，就成为石柱。石钟乳和石笋都有各种各样的形状。那些顶天立地的"灵芝柱"，就是石笋和石钟乳对接起来之后形成的 【冬暖夏凉原理】喀斯特溶洞属于石灰岩地貌，夏天太阳辐射难以进入岩洞，冬天寒冷的风也难以吹进，故一年四季保持恒温。夏天因外界地表高温进入恒温岩洞后感觉凉爽；冬季外界寒冷，进入恒温溶洞感觉暖和	
仙都地质公园	1. 观察仙都景区内地质地貌，并思考其类型及形成原因 2. 到达鼎湖峰，判断其岩石类型及构成原因 3. 探秘火山口——凌虚洞，思考并描述构造现象及原因 4. 查阅资料了解火山地貌的研究可利用放射性碳十四测年方法及原理，得出仙都火山地貌晚期的喷发时间	【发育过程及成因】仙都地质公园位于丽水—余姚深断裂带上，此断裂形成于燕山晚期，直接制约着白垩世许多盆地的分布形态。附近还见喜马拉雅期的基性、超基性岩具挤压破碎现象，表明此断裂在较近时期内尚有继续活动 【火山地貌】景区内以鼎湖峰为代表的火山岩地貌，在中生代侏罗纪到白垩纪，距今一亿六千万年前。集雄、险、奇、峻于一体，加上神秘的凌虚洞火山喷发通道遗址，是研究火山岩地貌的绝佳场所。缙云仙都地貌有着非常显著的特色，是亚洲东部沿海、太平洋西岸火山地貌品种较齐全的、较系统的、较特殊的地貌集中区域。该地域历经了四次火山喷发，其中第三次喷发最为激烈，也为仙都奇特的地貌提供了特色风光的岩浆 【火山岩孤峰形成原因】是我国火山岩孤峰中的典型代表，为气泡凝灰岩，由火山间接喷发的岩浆和地壳急剧变迁而成	

续表

地点	研学内容	知识定位	设计意图
		【火山口构造形成】由大小不一的熔岩球叠加而成。步虚山巅原来是微型火山口，当喷发结束前夕，喷出口岩浆缓慢冷却，通道上部岩浆由于挥发的增加而稀释，黏度降低，喷气作用使管道内炽热的岩浆仍在高温高压状态中高速运动，半固结的流纹岩块形成了大小不一的球状体，固结成流纹岩球。凌虚洞属于典型的火山喷发通道，是目前国内发现的为数不多的形态完整、特征明显、典型奇特的古火山构造之一，成为研究古火山构造的理想场所	

三、浙西南其他地区开展第一自然研学的建议与思考

研学活动是培养学生地理实践力的一种有效方式，但目前的研学旅行价值被浅化，仅是让学生简单观察、记录或拍摄，学生思考少、生成问题少，缺乏深层的研究。除了前文设计的三大典型选址外，浙西南其他地区若开展第一自然研学需要突破传统野外研学模式：组织研学小组，形成研学共同体；使用地理工具测量，深入探索地理环境的演变；超越现象描述，注重过程分析；侧重学科融合，实现综合育人。

第二节　寻踪第二自然

一、以红木小镇—江南药镇—青瓷小镇为主体的浙西南第二自然

哲学上把未经人类改造的自然称为"第一自然"，把经过人类改造的自然称为"第二自然"。从原始时代开始，人类便开始利用并改造自然。神农尝遍百草后选出了"五谷"，教会人们农业生产，使我们的祖先结束了漂泊流徙的状态，过上了定居的生活。伏羲教民养六畜，还教先民结绳为网，捕鸟打猎，并教会了人们渔猎的方法。人类在不断地利用自然中发展起来。"靠山吃山，靠水吃水"，完美地体现了自人类诞生以来人地关系中极其重要的一部分，即人类依靠当地的自然资源禀赋养活自身或发展产业。通过研学旅行，了解当地的资源禀赋以及祖先是如何利用区位优势发展产业的，培养学生的区域认知、综合思维与人地协调观。

龙游红木小镇依托自然生态为基底，以红木制造为特色产业支撑，以文旅融合为发展理念，融合二、三产业一体化发展，实现"产业+文化+旅游+社区"四重功能叠加融

合，2015 年，小镇成功入选浙江省首批特色小镇创建名单之列，红木小镇是如何利用传统优势产业焕发生机的。磐安江南药镇是浙江省唯一以中药材历史经典产业为依托的特色小镇，中药小镇涵盖了中药材种植基地建设、中药材精深加工、中药材市场商贸流通、旅游保健、商贸服务、休闲养生等 7 大类产业综合发展，第一产业中药材种植规模全省最大，第二产业中药企业 GMP 认证全省最多，第三产业中药流通集散能力全省最强，磐安又有哪些区位优势来支撑江南药镇的第一、二、三产业融合发展？龙泉青瓷，是中国国家地理标志产品，是中国乃至世界陶瓷史上烧制年代最长、窑址分布最广、产品质量要求最高、生产规模和外销范围最大的青瓷历史名窑之一，龙泉青瓷产业在当地何以得到发展，又是如何能在千年传承中经久不衰？选择龙游红木小镇、磐安江南药镇和龙泉青瓷小镇设计研学旅行，一方面，上述三地均属于当地的传统产业，体现了自古以来当地居民对自然进行改造和利用的结果；另一方面，上述"三镇"有着相似的发展路径，即以现有产业为支撑，以文旅融合为发展理念，实现一、二、三产业融合发展。以红木小镇、江南药镇和青瓷小镇为例，分析在农业区位因素的限制下，传统特色产业如何依靠产业融合焕发新生机，培养学生综合思维与地理实践力，落实立德树人、解决生活中的实际地理问题的育人目标（表 7-3）。

表 7-3　浙西南第二自然研学设计

研学主题		浙西南第二自然主题研学旅行
研学地点		衢州龙游红木小镇、金华磐安江南药镇、丽水龙泉青瓷小镇
研学目标	红木小镇	通过阅读资料和实地考察，了解红木家具常用树种的生长习性与龙游县的自然地理特征，培养学生的区域认知。以小组为单位，对家具制造基地中的商家进行问卷调查，思考并总结红木家具产业发展的区位条件
	江南药镇	通过查阅资料了解当地特色中药材的生长习性与当地自然地理特征，分析当地中药材产量全省第一的农业区位条件；参观游览药膳一条街、中药文化风情街、中药材博览馆等，设计问卷调查，了解当地药企的发展概况，思考中药产业与旅游、康养等产业如何融合发展，并以小组为单位展示成果，培养学生综合素质
	青瓷小镇	通过游览龙泉青瓷博物馆，了解青瓷的千年历史，感受龙泉青瓷文化传承与创新，思考传统文化如何焕发新生机；参观考察溪口瓦垟窑遗址和龙泉窑遗址了解"龙窑柴烧"技艺，分析总结龙泉发展青瓷产业的区位条件
研学路线	第一天	红木小镇（衢州）—江南药镇（金华）
	第二天	江南药镇（金华）—青瓷小镇（丽水）
交通线路	驾车	红木小镇—江南药镇：长 152.7 千米 途经沪昆高速、长深高速，历时 2 小时 11 分钟
		江南药镇—龙泉青瓷小镇：全长 245.1 千米，途经台金高速、长深高速，历时 3 小时 7 分钟

二、浙西南三处典型选址第二自然研学设计

当前地理研学旅行更注重对第一自然，即纯粹的自然环境的观察，缺少对第二自然的关注，并且在研学过程中以走马观花的"游客体验"模式为主，学生缺少真正的思考与能力的培养。通过设计问卷、发放问卷、走访调查、总结展示调查结果等过程（表 7-4），全面地培养学生提出问题、分析问题和解决问题的能力，在其理解当地人类活动与地理环境的关系的同时，学生地理核心素养中的人地协调观得到培养，并且有利于提升学生团队协作、人际交往等通用能力。

表 7-4　浙西南三处典型选址第二自然研学设计

地点	研学内容	知识定位	设计意图
龙游红木小镇	1. 借助资料了解红木家具常用树种的生长习性与龙游县的自然地理特征 2. 参观我国最大的红木家具制造基地——吉恒红木家具制造基地，了解红木家具的生产技艺及其变化，总结龙游发展红木家具产业的有利区位条件 3. 以小组为单位，对吉恒红木家具制造基地中的商家进行问卷调查，了解红木家具的销售现状（销售方式、销量、销售范围与销售困境等），思考并总结集聚对当地红木家具产业的影响 4. 游览沿江红木长廊，观察领略不同时期建筑，指出建筑特征如何体现地域文化与当地自然地理特征 5. 参观紫檀风情街、木都商贸城和滨江休闲街，思考如何利用现有资源实现第二、三产业融合发展	红木小镇是一座由红木打造的小镇，临水而建，白墙黑瓦，具有质朴的江南韵味。小镇集家具制造、旅游休闲、文化创意、商业服务和生态住宅于一体，遵循文旅融合发展理念 【农业区位】红木家具是指用酸枝、花梨木等古典红木制成的家具，是明清以来对稀有硬木优质家具的统称。龙游有多种红木家具树种生长分布 【工业区位】工匠在厂里设计，用的人在五星级宾馆里，两个信息不对称。为了让设计人员更好地了解客户需求，红木小镇建造了一个创意园，客户可以直接参与到设计当中，最大程度地掌握市场需求 企业发挥自身产业优势，以高档家居产业集聚为导向，打造以吉恒产业制造基地为载体的高端原木家居全产业链平台，推进红木行业向工业 4.0 转型升级。同时积极开发探索互联网新零售模式，实现从单一制造领域向制造、材料交易、设计研发、木建筑输出、文化创意全产业链延伸 【地域文化与景观】小镇临水而建，白墙黑瓦，典型的江南风格。紫檀宫通过红木博览区、品鉴区、收藏区，传播国学与红木文化，传承中国和谐居家的哲学理念 【产业融合发展】龙游红木小镇是一个集家具制造、旅游休闲、文化创意、商业服务、生态居住"五位一体"的现代生态文明小镇 2020 年十一黄金周小镇游客达 18 万人次。它已成为辐射周边、带动区域经济发展的引爆点，实现了"一个小镇推动一个产业、带动一个商圈、影响一个区域"	以现有产业为支撑，以文旅融合为发展理念，拉动区域现代服务业转型升级是当前区域实现一、二、三产业融合发展的新路径。以红木小镇为例，分析产业融合发展所需条件及其影响。培养学生的综合思维与地理实践力

地点	研学内容	知识定位	设计意图
江南药镇	1. 查阅资料，了解白术、元胡、玄参、浙贝母、杭白芍等"磐五味"的生长习性 2. 通过阅读地形图或野外考察，了解磐安地形特征、气候水文特征 3. 实地考察磐安县土壤剖面以及土壤的理化性质 4. 参观游览药膳一条街、中药文化风情街、中药材博览馆等，设计问卷调查，了解当地药企的发展概况，思考中药产业与旅游、康养等产业如何融合发展，并以小组为单位展示成果 5. 分析江南药镇的建设有利条件和对当地经济发展的有利影响	"江南药镇"位于金华市磐安县，围绕中医药特色产业、中药养生服务业、商务经济等重点领域，打造一座集"药材天地、医疗高地、养生福地、旅游胜地"于一体的省级特色小镇 【农业区位】磐安县生态环境得天独厚，野生药材资源丰富。磐安是国家环保总局首批命名的"国家级生态示范区"。全县森林覆盖率达 80.1%，境内空气清新，生态环境对药材生长具有广泛的适宜性，亚热带季风气候，良好的土壤条件，加上复杂多样的小生境十分有利于各类药材的生长。全县境内有药用植物 1219 种，占全省的 68%，动物药材42 种。"浙八味"中白术、元胡、玄参、浙贝母、杭白芍主产磐安，俗称"磐五味" 【产业发展】在省财政厅、省经贸委、省农业厅的大力支持下，磐安县建立了多个中药材示范基地。随着中药材 GAP 的实施，磐安洁净无污染的生态环境和丰富的道地药材引起许多企业的关注，成为药企投资的热土。全县中药材深加工出现良好的发展势头，依托磐安丰富的中药材资源优势，保健品系列开发进一步加强 【产业融合发展】江南药镇基础配套持续完善，4家中高级商务配套酒店落地小镇，面积约 28.8 万平方米的浙八味药材城改造一新，三级乙等以上中医院即将落成，随着从幼儿园到中学的教育体系逐渐完备，小镇成为集"教育、卫生、医疗"资源配套和"餐饮、住宿、购物"一条龙服务的新型特色药镇，创建后，新增城镇就业 1.9 万人，小镇作为"城"的特质越来越凸显，发展潜力迸发	通过了解当地的自然区位条件，分析磐安发展中药产业的优势条件；参观江南药镇，了解传统产业如何与现代产业融合、迸发新的生命力。分析江南药镇的建设对当地经济建设的有利影响。培养学生的地理实践力、综合思维和区域认知
龙泉青瓷小镇	1. 查阅资料，了解龙泉瓷土产量与分布状况 2. 游览世界级非物质文化遗产，龙泉青瓷博物馆，了解青瓷的千年历史，感受龙泉青瓷文化传承与创新，思考传统文化如何焕发新生机 3. 参观考察溪口瓦垟窑遗址和龙泉窑遗址了解"龙窑柴烧"技艺，分析龙泉发展青瓷产业的优势区位条件 4. 体验龙泉青瓷拉坯、彩绘、泥塑项目，感受传承千年的青瓷技艺	"一部中国陶瓷史，半部在浙江；一部浙江陶瓷史，半部在龙泉。"——陈万里。龙泉青瓷是中国制瓷史上烧制时间最长、影响最大的窑系，被誉为"青瓷明珠" 【产业区位】龙泉位于浙江西南部，毗邻福建、江西。境内丛山耸峙，溪流纵横，风光秀美，瓷土资源蕴藏丰富，山高林密，燃料充足。龙泉溪位于瓯江上游，水运畅通，烧制成的龙泉青瓷通过水运直抵温州港口。优越的自然环境为龙泉窑生产青瓷提供了十分优越的条件 【传承与创新】龙泉青瓷始于三国两晋，盛于宋元，以"清澈如秋空、宁静似深海"的哥、弟窑瓷器享誉海内外，其中"哥窑"与著名的官、汝、定、钧并称宋代五大名窑。2009 年龙泉青瓷传统烧制技艺入选"人类非物质文化遗产代表作名录"，成为迄今为止全球唯一入选"人类非遗"的陶瓷类项目	参观青瓷博物馆，感受青瓷文化传承，培养学生的家国情怀和民族自豪感；了解"龙窑柴烧"技艺，分析龙泉青瓷发展的有利区位条件，培养学生的综合思维与地理实践力

三、浙西南其他地区开展第二自然研学的建议与思考

第二自然指被人类改造过的自然，第一产业很好地体现了人类对自然的改造与利用。但当下的第一产业若想发展壮大，需要与第二、第三产业融合发展。当前研学旅行设计，大多停留在"观察"或"观赏"，学生缺乏真正的思考与锻炼。浙西南其他地区若开展第二自然研学可考虑从以下两点突破：第一，合理选址，研学地点应突出人类对于自然的改造与利用，在传统第一产业的基础上，走融合发展道路；第二，避免"走马观花"式研学，有关第二自然的研学尤其需要用到问卷调查和实地采访，让学生根据研学主题自己设计调查问卷或采访稿，以小组为单位进行调查并总结，让学生全身心地投入到研学中。

第三节　释疑第三自然

一、以廿八都—诸葛八卦村—云和梯田为主体的浙西南第三自然

第三自然是指人类与地理环境之间的交互作用，不管是"人"对"地"产生的影响，还是"地"对"人"产生的反作用，它们都共同反映了"人"与"地"之间的耦合程度。运用何种方式让学生感受到人地耦合关系，是当前地理教学面临的重要问题，通过带领学生研学浙西南地区，基于浙西南第一自然和第二自然，探究特定条件下人地耦合的生成与发展，释疑第三自然。

廿八都古镇为国家级历史文化名镇、中国民间艺术之乡，历史上是由浙入闽的第一集镇，素有"枫溪锁钥"之称，建镇已有一千多年历史。其基于地理环境塑造的交通对于当地聚落兴衰、人口迁移和文化发展等方面产生怎样影响？诸葛八卦村作为迄今发现的诸葛亮后裔的最大聚居地。村中建筑格局按"八阵图"样式布列，且保存了大量明清古民居，其如何依靠自然环境条件发展成为国内仅有、举世无双的古文化村落？被誉称"中国最美梯田"的云和梯田是如何融山、水、梯田、村落于一体，形成四季不同的景观，人与自然如何和谐共处及生态系统的可持续发展？以上问题都可让学生通过研学旅行自主释疑，让学生在真情实景中实践所学地理知识，深化其对人地关系的理解和认识，激发学生的家国情怀（表7-5）。

表 7-5　浙西南第三自然研学安排表

研学主题	浙西南第三自然主题研学旅行	
研学地点	廿八都古镇、诸葛八卦村、云和梯田	
研学目标	通过选择具有三个人地耦合关系代表性的地点，让学生通过参观体验、动手绘制、调查问卷、实验调查等多种方法，感受从其体现的地理环境决定其当地生产生活方式再到影响文化的发展，同时人类社会的进步促进当地自然环境改变的人地环境相关关系的形成机理和过程，培养学生的地理学科核心素养	
研学路线	第一天	廿八都古镇（衢州）—诸葛八卦村（金华）
	第二天	诸葛八卦村（金华）—云和梯田（丽水）
交通线路	第一天	自廿八都到诸葛八卦村乘坐大巴经京台高速、沪昆高速，时长 2 小时 5 分钟，总路程 165.5 千米
	第二天	自诸葛八卦村到云和梯田乘坐大巴经苏宁高速、长深高速，时长 2 小时 39 分钟，总路程 197.0 千米

二、浙西南三处典型选址第三自然研学设计

地理研学作为提升地理实践力的重要教学形式正快速发展，然而现有的地理研学教材割裂了地形、气候、土壤、水文、植被等自然地理要素或经济活动、聚落、民俗等人文地理要素及其相互关系，忽略了地理学的区域性和综合性。如何在野外实践过程培养学生的综合性区域思维，需要在地理研学实践过程中开拓适宜性主题及其方法。通过将第一、二、三自然融合探索浙西南地区典型景观，可为地方综合性野外实践地理研学课程设计提供新方法和经典案例（表 7-6）。

表 7-6　浙西南第三自然研学设计

研学地点	研学内容	地理知识	设计意图
廿八都古镇	1. 参观仙霞关，观察当地的地貌形态，尝试绘制所处位置以及地貌示意图，结合历史资料，尝试解释仙霞关的发展 2. 利用当地交通路线变迁图和当地土地利用类型规划图，找寻交通与聚落兴衰的重要关系	【地理位置】廿八都处于仙霞岭中，山多地少，农业经济基础差。其经济的发展主要是出于所处的特殊的地理位置，而不是建立在农业生产力水平发达和扎实的地方经济基础上的 【交通兴，则城市兴；交通衰，则城市衰】 仙霞古道周围百里，皆高山深谷，极为险峻，黄巢义军依据地形优势，开凿古道，用于军事 随着道路开通，此地开始用作商货运输，大量的官员、士兵、商人及挑夫等都纷纷到廿八都定居，逐渐促进了廿八都的兴起 近代以来由于新式交通工具的兴起，远离铁路、公路交通的市镇，廿八都却衰落了	通过活动，让学生体会地对人的影响和人对地的影响。廿八都衰落的根本原因，就在于交通路线和交通方式的改变。此外，军事、经济等多方面的因素，也加快了其衰落的步伐

续表

研学地点	研学内容	地理知识	设计意图
	3. 参观古建筑民居,感受地理环境造就的独特民族文化 3. 参观文昌阁,了解当地所处的重要军事位置 4. 采用调查问卷的方式,调查当地居民的主要收入来源	【人口迁移】移民之所以选择廿八都作为栖息地,并不是因为这里的生存环境多好,而是因为他们原来的处境恶劣,难以维持生计。产生这类移民的主要原因是迁出地的推力,如自然灾害、战争动乱、人地矛盾等。路经仙霞古道时,看到廿八都枫溪谷地土地肥沃,山深林茂,民风纯朴,就定居下来,开垦荒地,维持生活,他们迁至廿八都定居带有很大的偶然性 【地域文化与景观】古建民居,不仅数量多,保存完好,而且它的建筑风格与别处民居迥然不同。布局上以地势、环境、巷道之不同,错落有致,富于变化。民居的基本结构为平面长方形的四合院式,二进一天井,也有三进二天井的厅堂,房内厅堂自成院落,门扇、窗户上的图案少见雷同 【城镇空间结构】廿八都沿路而设,与周围的市镇形成了线状结构的布局,这是地理环境造成的。廿八都处于仙霞岭中,四周大山环绕,山势峻峭。为了适应山区对外经济联系的需要,市镇多布局于江浦街道上,如清湖、浦城等,从而形成了一计八都布局上的线状结构 【方言文化】是"方言王国"镇上有9种方言和130余种姓氏,小区域的方言仅几户人家通用,体现民族文化多样性	
诸葛八卦村	1. 参观诸葛村村落格局,结合当地的地形地貌图,思考背后原因 2. 观察水口设置,分小组探究其设置原因 3. 观赏民居建筑,学生用图绘制建筑风格,探究其由来	【村落格局】诸葛八卦村村落布局与地形地貌结合得十分巧妙。村落四周,经八座小山环绕,山体似连非连,酷似八卦的八个方位,暗合了八卦图形的风格特征。村落的中心有一方池塘——钟池,半边池水半边平地,构造奇特。水面与平地上各有一眼水井,构成一幅完整的太极图。整个村镇坐落在八座小山的围合之内,布局严谨,令人称奇。整个村落山环水抱,内外呼应,构成一个符合理想环境的人居空间。由于地形独特及人多地少,为节省用地,民居建筑密度比较高,街巷多依附于建筑的空隙。房屋大多沿着山坡走势建造,住宅与住宅之间的小道十分狭窄,适宜的空间尺度使邻里之间互相帮助,相互协作,形成了融洽的生活氛围 【水口设置】整个水系犹如村落的血脉,从水的实用功能来看,水系能够满足灌溉、浣洗、消防、排水、温度和湿度调节等要求;而从水的审美功能上讲,水系四通八达,将村中的道路、院落、广场、门楼贯连起来,为村民提供了休憩、交往的公共空间 【民居建筑】诸葛八卦村民居建筑在布局、功能、规模、体量和色彩上遵循极其严格的等级区分。村落中的建筑围绕着宗祠、大公堂依次向外围分布。所有民居都有独立的院落,保证了相对私密独立的空间。在构造上喜欢利用天井构造、小热容的围护结构、狭窄的巷道、双层座砖屋顶隔热、高大的外墙遮阳这样的建筑设计形式,以达到日间自然通风、夜间迅速降温的目的,所以一年四季,置身宅院之中都可感到身心舒爽、温度适宜。为解决采光等问题,住宅多为三开间或三开间两过厢式建筑,宽敞明亮,空气流通,又能节约能源	思考如何借鉴其生态内涵,尊重自然规律,利用一定的现代理论和科技手段,审慎地"顺应自然,调整自我",创造出一个自然景观、人文、智能环境和谐统一的人地关系耦合系统

续表

研学地点	研学内容	地理知识	设计意图
云和梯田	1. 探秘梯田起源及生态与不同海拔层次土壤探究 2. 揭秘"九曲云环日出云海"之谜，设置水循环的模拟实验 3. 实地考察"九山半水半分田"，通过调查、访谈等方式，深刻了解梯田的人地关系 4. 探访周边古村落生态模式 5. 梯田生态系统的保护与持续发展	【土壤、生物多样性】了解云和梯田和坑根村的风土人情和历史渊源。探究了解影响土壤肥力的因素，对各海拔线上土壤的 pH、肥力、湿度进行测量。深入梯田，从地理角度考察梯田的山地、坡度、降水及海拔梯度；从生物多样性维度出发探究梯田各类物种 【水循环】欣赏日出云海的美妙景象。通过探讨梯田自然系统中的水循环，用水循环模拟实验进行验证，从而破解日出云海景象之谜 【地理环境整体性】乘坐缆车向下俯瞰纵览梯田全貌。在课程老师引导下，观察梯田构成四要素，即森林、水系、村寨、稻田的布局，了解四要素的作用及功能并制作模型 【生态建设】通过完成多个定向任务完成探究，包括村民采访、溯源古村风俗、团队挑战、水质检测、以物换物等 【人地关系耦合】基于所见所闻所学进行推理，总结保护梯田生态系统需要从哪几个方面展开，思考保护生物多样性的重要性，思考人与自然如何和谐共处及生态系统的可持续发展	让学生感知云和梯田独特的自然地理环境特征，这一特征使云和山地农业所蕴含的文化在长期的传承和延续中得到保存，反映当地畲族、汉族的文化传统，体现人地关系的耦合发展

三、浙西南其他地区开展第三自然研学的建议与思考

相比以往地理研学资源开发，第三自然研学更侧重于研学内容的逻辑性，不论是自上而下还是自下而上都有利于培养学生的地理思维能力。同时第三自然属性的研学兼顾地理环境的整体性和区域差异性，能够有效避免地理研学的视角单一等问题。在研学旅行的设计过程中要注意以下方面：首先，研学内容选择要注重乡土性。选择乡土地理资源作为研学旅行内容可有利于学生培养地方感，提升地理问题意识，激发学习兴趣，增强家国情怀。其次，研学要注意合理规划研学目标和层次。不同学情层次的学生在面对同一个研学目的地时，其学习目标方式也应当合理规划出不同层次和方式，才能满足多样化的学习需求。使不同层次的学生都能从地理研学活动中感受体会科学之美、地理之美。最后，地理研学设计要注重地理科学思维的渗入和科学教育方式的融入。既要有符合学生学习逻辑的科学教学方式方法，也要在活动中体现地理科学思想的融入，否则抛下这两者之后的研学，只会空有其表，继续出现"游而不学""学而不研"等现象。

参考文献

包建丰, 尹隽, 林群蔚, 2020. 松阳茶产业的三十年[J]. 茶博览 (12):44-48.

陈初才, 1991. 浙江省金衢地区生态环境演变[J]. 山地研究 (2):73-80.

陈桥驿, 1990. 吴越文化和中日两国的史前交流[J]. 浙江学刊 (4):94-97.

成孝济, 涛生, 1995. 钱塘江流域水土流失特点和动态分析[J]. 浙江林业科技 (5):10-13.

崔建新, 周尚哲, 常宏, 2005. 全新世环境考古研究进展[J]. 冰川冻土 (6):913-919.

邓辉, 陈义勇, 贾敬禹, 等, 2009. 8500 a BP 以来长江中游平原地区古文化遗址分布的演变[J]. 地理学报, 64(9):1113-1125.

邓伟军, 2012. 中学乡土地理教材的编写类型和编写原则研究[D]. 北京：首都师范大学.

丁丽玲, 王武强, 赵理名, 2020. 发展农旅融合振兴乡村经济——缙云县农旅融合发展的思考与探索[J]. 现代化农业 (12):47-50.

董楚平, 2000. 吴越文化概述[J]. 杭州师范学院学报.

段义孚, 宋秀葵, 陈金凤, 2017. 地方感:人的意义何在?[J]. 鄱阳湖学刊 (4):38-44.

方向明, 2013. 严文明先生与浙江新石器时代考古[J]. 南方文物 (1):10-16.

葛佳浩, 张建珍, 2021. 基于地方感培养的乡土地理教学策略研究[J]. 地理教学 (22):4-9.

郭蕾, 文彦君, 王思涵, 王天英, 2022. 城乡中学生地理研学旅行需求的比较分析——以陕西省杨陵区为例[J]. 地理教学 (3):61-64.

何杰, 2021. 基于地理实践力培养的绘图实践活动设计与实践——以绘制校园等高线图为例[J]. 中学地理教学参考 (18):84-86.

黄丹, 刘晓菊, 2021. 基于多学科融合的研学课程设计与实施——以金沙遗址研学为例[J]. 中学地理教学参考 (7):4.

姜道章, 1998. 论传统中国地图学的特征[J]. 自然科学史研究 (3):262-272.

兰伟香, 陈雅雯, 吴梓嫣, 2021. 云和"木博馆":讲述"木"故事[N]. 丽水日报, 2021-08-20(4).

蓝宁悦, 张妍瑜, 2020. 目的论视角下的文化旅游翻译文本分析——以遂昌县汤显祖纪念馆为例[J]. 文化产业 (9):73-75.

李岩, 2007. 好川文化管窥[J]. 丽水学院学报 (6):83-85.

李志华, 2020. 华侨华人与侨乡社会经济变迁研究——以青田县为例[J]. 中国经济史研究 (5):193.

丽水市水利局, 2008. 丽水市河流简明手册[M]. 北京:中国水利水电出版社.

练健俊, 王梦萍, 李泽鹏, 等, 2022. "番茄哥"的致富经高山蔬菜产业发展新出路——以庆元县欣兴果蔬专业合作社为例[J]. 长江蔬菜 (13):71-72.

刘斌, 2021. 良渚与中国百年考古——被低估的中国新石器时代[J]. 中国文化研究 (4):1-11.

刘导, 陈实, 2022. 美国地方本位教育对生活化地理教学的发展启示[J]. 地理教学 (2):47-50.

刘锐, 2017. 宁绍—杭嘉湖地区末次冰消期以来的古气候环境演化与早期人类文明[D]. 南京大学.

刘伟龙, 张琳娴, 2022. 地理学科与多学科融合的校园项目化实践活动[J]. 地理教学 (1):42-45.

柳岳清, 杨羡敏, 吴昊旻, 等, 2009. 浙西南山区月平均气温分布研究[J]. 安徽农业科学, 37(28):3719-3721.

鲁茜茜, 2020. 地方感视角下的乡土地理案例编制研究[D]. 济南：山东师范大学.

鲁晓敏, 叶高兴, 吕劲天, 等, 2019. 松阳传统村落 最后的江南秘境[J]. 城市地理 (17):30-43.

马小雪, 袁孝亭, 2017. 初中地理教学中学生地方感的培养[J]. 地理教学 (10):12-15.

毛丽珍, 2020. 以景宁畲族自治县畲族博物馆为例研究保护发扬畲族传统文化[J]. 文物鉴定与鉴赏 (20):158-159.

毛日华, 2021. 以竹代木林旅融合龙泉走绿色发展之路[J]. 浙江林业 (2):28-29.

毛玉明, 吴初平, 黄玉洁, 等, 2015. 钱塘江源头水源林林分结构与功能分析[J]. 浙江林业科技, 35(5):1-5.

彭邦本, 2005. 姑蔑国源流考述——上古族群迁徙、重组、融合的个案之一[J]. 云南民族大学学报(哲学社会科学版) (1):105-109.

钱锋, 2021. 基于矿山生态修复技术的山体景观营造方法研究——以庆元县城市森林公园（铅锌矿）区块为例[J]. 浙江园林 (3):91-98.

乔平, 1963. 为什么要讲乡土地理, 怎样讲? [J]. 人民教育, (9):44-47.

全旦红, 2019. 景宁畲族文化旅游资源产品化开发研究[D]. 兰州：西北师范大学, 2020.

舒锦宏, 2010. 论好川文化陶器造型[J]. 中国陶瓷, 46(6):78-81.

宋春红, 叶捷, 叶雅仙, 2021. 红色资源 永放光芒——浙江省松阳县红色资源保护利用工作概述[J]. 文化月刊 (6):92-93.

孙先进, 2021. 高中地理研学活动中隐性思政教育的实践探索——以"蒙村农业园"研学活动为例[J]. 辽宁教育 (15):60-63.

孙先进, 2021. 问题导向式地理研学活动设计研究——以洪庄城郊农业研学为例[J]. 中学地理教学参考 (12):90-91+94.

唐文跃, 2007. 地方感研究进展及研究框架[J]. 旅游学刊 (11):70-77.

王腾飞, 林梦影, 吴丹丹, 2016,等. 浙江省涉农地理标志产品分布特征及其人文成因[J]. 浙江农业科学, 57(11):1760-1762.

吴春英. 青田, 2020. 挖掘地名文化助推绿色发展[J]. 中国地名 (9):8-9.

吴江洁, 孙斌栋, 2016. 通勤时间的幸福绩效——基于中国家庭追踪调查的实证研究[J]. 人文地理, 31(3):33-39.

吴立, 朱诚, 郑朝贵, 李枫等, 2012. 全新世以来浙江地区史前文化对环境变化的响应[J]. 地理学报, 67(7):903-916.

吴松涛, 1995. 瓯江志[M]. 北京：水利电力出版社.

吴哲, 2020. 文旅融合背景下龙泉青瓷文化旅游发展研究[D]. 兰州：西北师范大学.

肖丹, 2018. 乡土地理教育与青少年地方感的影响研究及教学建议[J]. 地理教学, (3):42-45.

谢妙娴, 郭程轩, 庄惠芬, 2018. 让文化遗产研学旅行助力地理核心素养的培养——以"流域的综合开发"为例[J]. 地理教育 (12):52-55.

许鸣, 2020. 丽水市旅游地理空间布局特征及其可达性研究[D]. 杭州：浙江农林大学.

叶可陌, 李雄, 2020. 丽水瓯江流域古城山水风景系统构建特征研究[J]. 风景园林, 27(7):114-120.

叶艳妹, 林耀奔, 刘书畅, 2019, 等. 山水林田湖草生态修复工程的社会-生态系统(SES)分析框架及应用——以浙江省钱塘江源头区域为例[J]. 生态学报, 39(23):8846-8856.

叶之强, 2020. 全域旅游背景下遂昌县旅游景点开发与景观打造研究[D]. 杭州：浙江农林大学.

易碧玉, 2021. 高中地理核心素养之地理实践力的培养探究——以福建省连江县长龙茶园研学基地茶业生产为例[J]. 试题与研究 (17):85-86.

于海燕, 俞洁, 陈英旭, 等, 2008. 钱塘江流域生态功能区划研究[J]. 环境污染与防治 (4):86-89.

虞文喜, 1993. 丽水地区志[M]. 杭州：浙江人民出版社：40-41.

张敬斐, 赵应苟, 吴俊锋, 等, 2020. 莲都区农业产业发展存在的问题及对策[J]. 江西农业 (10):134-135.

张雷, 2007. 探究式中学乡土地理教育研究[D]. 长春：东北师范大学.

张卫民, 2022. 乡土特色农业研学课程设计——以中山市神湾菠萝为例[J]. 地理教育 (S1):209-211.

张韵蓉, 2021. 文旅融合背景下云和县乡村文化遗产旅游活化策略研究[D]. 桂林：广西师范大学.

张真珍, 2020. 基于地方感教育的地理研学教材开发[D]. 昆明：云南师范大学.

张中华, 焦林申, 2017. 城市历史文化街区的地方感营造策略研究——以西安回民街为例[J]. 城市发展研究, 24(9):10-14.

赵文忠, 2015. 基于参与主体视角的丽水莲都区新型城镇化路径研究[D]. 杭州：浙江大学.

郑洪波, 周友胜, 杨青, 2018. 中国东部滨海平原新石器遗址的时空分布格局——海平面变化控制下的地貌演化与人地关系[J]. 中国科学:地球科学, 48(2):127-137.

中华人民共和国教育部, 2012. 义务教育地理课程标准(2011 年版)[S]. 北京：北京师范大学出版社.

周华, 吕叶晓, 2020. 青田县小窗口大服务[J]. 浙江国土资源 (5):64.

周宣森, 1983. 浙江省金衢盆地的自然地理特征和土地的农业利用类型[J]. 自然资源 (3):8-14.

朱竑, 刘博, 2011. 地方感、地方依恋与地方认同等概念的辨析及研究启示[J]. 华南师范大学学报(自然科学版) (1):1-8.

朱言, 2021. 花开缙云, 共铸幸福家园[N]. 浙江日报, 2021-07-15(9).

Diem, R. A, 1981. Teaching Social Studies in the Elementary Schools—the Basics for Citizenship Theodore Kaltsounis Englewood Cliffs, N. J. : Prentice-Hall, 1979. 368 pp. $13. 95 hard bound[J]. Journal of Teacher Education, 32(2):52-52.